Gustav Schönfeldt

Neues Lexikon der französischen, sächsischen, österreichischen und böhmischen Kochkunst

Gustav Schönfeldt

Neues Lexikon der französischen, sächsischen, österreichischen und böhmischen Kochkunst

ISBN/EAN: 9783741104428

Hergestellt in Europa, USA, Kanada, Australien, Japan

Cover: Foto ©Gila Hanssen / pixelio.de

Manufactured and distributed by brebook publishing software (www.brebook.com)

Gustav Schönfeldt

Neues Lexikon der französischen, sächsischen, österreichischen und böhmischen Kochkunst

Neues

Lexikon

der

französischen, sächsischen, österreichischen und

böhmischen

Kochkunst.

Prag und Wien,
in der von Schönfeldischen Handlung.
1785.

Vorrede.

Wieder ein Kochbuch! wird das Publikum ausrufen, als wäre man damit nicht schon zum Ueberflusse versehen. O ja, ich räume es gerne ein, daß man eine Menge Kochbücher vorräthig habe, allein man erlaube mir eine Frage: Sind sie denn durchgehends so eingerichtet, daß sie ihrem Besitzer nützlich, und zugleich bequem sind? Zwar werfe ich diese Frage nicht in der Absicht auf, um sie zu tadeln, oder ihnen so geradezu den Nutzen abzusprechen, allein ich kann mit offener Stirne behaupten, und mir mit Grunde schmeicheln, daß jeder Leser mir Beyfall geben wird, wenn ich sage, daß dieses Werk an Bequemlichkeit alle übrige übertreffen wird. Ich will zum Beweise nur einige Eigenschaften der inneren Ein=

richtung

richtung anführen. Die Gattungen der Speisen sind unter gewisse Rubriken gebracht, so, daß man z. B. die verschiedenen Zurichtungsarten der Forellen, unter der Rubrik, Forellen, findet, und nicht erst das ganze Buch durchzublättern brauchet. Diese Rubriken nun laufen nach der alphabetischen Ordnung. So gewiß es aber ist, daß ein jedes Land seine eigene, und sich von andern merklich unterscheidende Art hat, ihre Speisen zuzurichten, eben so sehr war ich bedacht, mein Kochbuch allgemein nüzlich zu machen. In dieser Absicht also habe ich zu einer jeden Zubereitung der Speisen bey ihren gehörigen Rubriken hinzugesetzt: auf sächsisch, böhmisch, französisch, und österreichisch, je nachdem das Buch in diesem oder jenem Lande zum Gebrauche kömmt. Endlich habe ich in manchem Hause die Bemerkung gemacht, daß Frauen von

ver-

Vorrede.

verschiedenem Range, die sich um die häuslichen Geschäfte anzunehmen, gar kein Bedenken trugen, sehr oft in Verlegenheit geriethen, wie sie einen von ohngefähr angekommenen Gast bewirthen, oder welche Gerüchte sie ihm in der Eile vorsetzen sollten. Der Fall mag sich nun bey Tag oder Abends ergeben, so reißt sie mein Werk aus aller Verlegenheit. Man darf nur das Buch zur Hand nehmen, einige Rubriken nachschlagen, und dann der Köchinn, oder dem Koche befehlen, dieß oder jenes zu machen. Man sieht also leicht ein, was eigentlich meine Absicht bey der Verfertigung dieses Werkes war. Auffallender, ganz gewisser Nutzen, große Bequemlichkeit, und der Wunsch ein gemeinnütziges Buch, besonders für Haushälterinnen zu liefern, das war eigentlich die Veranlassung. Jeder, der dieses Buch mit Einsicht liest,

Vorrede.

liest, wird überzeugt seyn, daß man kein Werk solcher Art, daß einen so weit umfassenden Vortheil hat, aufzuzeigen habe.

Noch bleibt mir zu erinnern übrig, daß der Verfasser zur Erreichung seines Zwecks, in der Wahl der Zubereitungsarten mit der möglichsten Genauigkeit vorgegangen ist. Er hat daher solche Schriftsteller zu Hilfe genommen, denen das Publikum bereits die Güte ihrer Werke zugestanden hat. Und dieß wäre nun alles, was man mit Grunde nur in Kürze darüber sagen konnte, und sagen mußte.

Der Verleger.

Einleitung.

Die sorgfältige Zubereitung der Speisen ist eine der nothwendigsten und wichtigsten Beschäftigungen in jedem Stande. Wie viel hängt nicht davon für die Erhaltung unseres Lebens ab, und wie nachläßig wird oft dieß wichtige Geschäft betrieben. Es sollte freylich immer eine der vorzüglichsten Sorgen ausmachen, daß Leute, die sich dieser Arbeit widmen, darinn mit Genauigkeit zu Werke giengen, allein wer klagt nicht über Nachläßigkeit, die in der Küche herrscht? — — Hier verfällt man natürlich auf die Frage, worinn diese Nachläßigkeit ihren Grund habe, und ich kann, um aufrichtig zu seyn, keine andere Ursache angeben, als die wenige Sorgfalt der Haushälterinnen, oder jener Personen, die dem Küchengeschäfte vorgesetzt sind? Die Pflicht für eine gute Haushaltung zu sorgen, ist die erste; wie viele Vortheile entstehen nicht aus ihr? Sie bringt dem Hause Ruhe, dem Gatten Freude; der Haushälterinn selbst muß jeder Anblick der guten Ordnung zum Entzücken werden. Die Ordnung vermindert die Arbeiten um die Hälfte; Reinlichkeit ist die Seele des Lebens; dieß

sind

Einleitung.

sind Paradoxe, die auf dem unerschütterten Grund der Erfahrung gebauet sind. Nur ein paar Worte von der Reinlichkeit in der Küche. Gewiß ist es, daß man in Ansehung dieser nicht strenge genug seyn kann. Bey der Aufnahme einer Köchinn, oder eines Koches soll eine gute Haushälterinn, oder wer immer dieses Geschäft besorget, sichs zur ersten Pflicht machen, der in die Küche aufgenommenen Person mit Nachdruck folgende Anweisung für die Reinlichkeit der Küche, und für alles, was damit eine Verbindung hat, zugeben. Die Küche selbst muß sauber gehalten, vom Staube gereinigt, Tische, Hackbrete, u. d. g. täglich rein abgewaschen werden. Mit einer noch größeren Genauigkeit ist mit kupfernen Gefässen, Tiegeln, Schüsseln, Töpfen und Pfannen vorzugehen. Da diese Geschirre gut verzinnt seyn müssen, so hat eine Hausmutter selbst nachzusehen, ob das Zinn durch vieles Reiben, besonders mit feinem, und kalkichtem Sande, oder mit starkem Zinngras nicht abgerieben worden ist, denn dieser Umstand hat für die Gesundheit sehr oft nachtheilige Folgen, weil sich an den vom Zinn entblößten Theilen des Kupfers vitriolische und sehr schädliche Massen ansetzen, die sich mit den Speisen vereinigen, und dadurch oft widrige Zufälle verursachen; und selbst außer diesem Fall, der gewiß die größte Nachläßigkeit verräth, sind selbst die Speisen, wenn sie in unverzinnten Kupfergeschirren gekocht werden, dem Körper schädlich. Irdene Gefässe sollen mit heissem Wasser, und dem Sande wohl gereinigt werden, weil sie den Geschmack von Speisen sehr stark anziehen, wodurch oft manche Gerüchte verdorben worden sind. Geschirre von Zinn, als Schüsseln, Teller, Schalen, sind nett, und sauber zu putzen. Es soll denen Wäscherinnen nie gestattet werden, Zinngeschirre mit Sand zu reinigen, welche Arbeit sie aus Trägheit, um nur geschwind fertig

zu

Einleitung.

zu seyn, unternehmen, sondern sie sollen sich des Zinngrases und Laugenwassers bedienen, welches dem Gefäße nicht so sehr schadet, und den Glanz vermehrt.

Koch und Köchinn, Mägde zur Bedienung in der Küche müssen im Anzuge so viel es nur immer möglich ist, sauber und rein seyn. Besonders sollen die Schürzen, die sie doch häufig zum Abdrücknen der Geschirre brauchen, nicht schmutzig aussehen; denn der Anblick einer schmutzigen Köchinn oder Koches kann unmöglich ein Verlangen nach guten Gerüchten erregen, und gesetzt der Hunger plagte uns wirklich sehr, so wird man doch eine innere Unlust, eine widrige Empfindung haben, die uns das Angenehme einer Speise raubt. Die Reinigung des Wasserbehälters, oder der sogenannten Wasserstände verdient gewiß besondere Rücksicht, größtentheils im Sommer, wo sich die schleimichten Theile häufiger ansetzen, faulen, und dem Wasser einen widrigen Geruch geben, der seinen Einfluß auch auf die Speisen hat. Welch ein Vergnügen muß es nicht seyn, eine Haushaltung zu sehen, in welcher Ordnung, Reinlichkeit und Fleiß herrschen; Ruhe, und Gesundheit wird dafür der sicherste Lohn seyn.

Ueberhaupt aber muß man mit einer gleichen, und ununterbrochenen Genauigkeit bey der Erhaltung der Ordnung und Sauberkeit vorgehen. Eine einzige Lauigkeit hat schon üble Folgen, weil sie Gelegenheit giebt, bey einem zweyten Falle mit einer ähnlichen Nachläßigkeit die Geschäfte zu betreiben. Eine gute Haushälterinn hat noch überdieß darauf zu wachen, daß die Vorräthe nicht unnüß, nicht ohne Maaß verbraucht werden; denn sicher und gewiß ist es, daß Köche und Köchinnen damit sehr unwirthschaftlich umgehen, und das allgemein herrschende Vorurtheil haben: alles, was vorräthig ist, muß verbraucht seyn, und sollte man

Einleitung.

man die so kostbare Butter und das Schmalz ins Feuer werfen, und dadurch Häuser und Palläste anzünden; je nu, es ist so bey ihnen Mode — Alles, was ich hier gesagt habe, gründet sich auf Erfahrung und Klugheitsregeln. Möchte doch manche Haushälterinn, mancher Haushalter diese Wahrheiten beherzigen, nicht vom Strome des alten eingeschlichenen Schlendrians hingerissen, die Sorgfalt für die Küche als ein Nebending betrachten. Welcher Schade bliebe nicht manchesmal entfernt!

Um aber Jedermann die Besorgung der Küche leicht und angenehm zu machen, folgt hier ein Verzeichniß aller Arten vom Fleische, Fischen, Obste und Pflanzen, in welchen Monaten sie zu haben, und am besten und geschmackvollsten zu genüssen sind. Gewiß ist es, daß uns in jedem Monat, Felder, Gärten, Flüsse und Wälder etwas neues darreichen, welches sowohl unsere Gesundheit, als auch die uns so angenehme Veränderung im Geschmacke erhält; man kann sich daher leicht vorstellen, wie vortheilhaft und bequem dieses Verzeichniß für jene ist, die die Zubereitung der Speisen besorgen, da sie dadurch nicht nur des Nachdenkens überhoben sind, sondern überdieß sich bey jedem, der zu Tische ist, der Mannigfaltigkeit, und des veränderten Geschmacks halber Ehre machen werden. Dieß Verzeichniß fängt mit dem Jenner an.

Im Jenner. In diesem Monate kann man an Fleischarten nebst dem Rindfleisch folgendes haben: Kalbfleisch, Schöpsenfleisch, Schweinfleisch, Roth- und Schwarzwildpret, Hasen, Fasanen, Indianen, Rebhühner, Kapaunen, Hühner, Tauben und allerhand Arten von Vögeln; an Fischen erhält man Karpfen, Hechten, Bärschlinge, Schleyen, Aalen,

Einleitung.

ten, Aalrupen, Plateise, Lachsen, obwohl ein wenig kostbar und selten, Stockfisch, Laperdon, Fischottern, Häringe, Bricken, Pücklinge, Austern, Muscheln, Schnecken. An Kohlgewächsen liefert uns eine sorgfältige Aufbewahrung für den Winter, noch Köhlrüben, gelbe Rüben, Braunköhl, Weißköhl, rothe Rüben, Blumenköhl, oder Karfiol, Zellern, Petersill, Endivien, Rettige, Erdäpfeln, Brunnenkräße, Winterrapunzeln; gedrocknete Hülsenfrüchte sind zu jeder Zeit zu haben; eben das aufbewahrte Obst, nebst gebratenen Kastanien.

Im Februar. In diesem Monat erhält man noch alle die Arten vom Fleische, und Färkchen in Menge, Hasen sind gegen das Ende dieses Monats nicht mehr gut. An Fischen, besonders Lachse, Welse, gute Karpfen, Forellen einmargenirte, dann alle übrigen Fische, wie im Jenner, eben so noch alle Gattungen von Köhl und Wurzelgewächsen; in der Hälfte des Monats ist schon zu haben, Garten- und Brunnengresse, junge Petersill und Zeller, Rettige, Löffelkraut, Endivien, Gartenlauch, Kärbelkraut, Rapunzen, Spinnat, Scharlotten, Zwiebel und Knoblauch, dann junger Hopfen.

Im März. Nebst den bekannten Fleischarten giebt es schon gegen das Ende des Monats junge Hasen, oder sogenannte Märzhäschen und junge Hühner, wilde Gänse und Anten. An Fischen nebst den Lachsen, Karpfen, Hechten, Schleyen und Aalen noch Grundeln, Häberfische, Frösche und Krebse. Aus den Gärten erhält man schon alle Arten von Sallat, dann Sauerampfer, Spinnat, Krautpflanzen, Spargel, Schlüsselblumen, Reddisen, Salbey, Raute, Majoran und Schnittpetersillen; dann Erdschwämme und verschie-

Einleitung.

schiedene Kräuter. Auch junge Brennesseln sind nun vorzüglich gut und gesund.

Im April. Lammfleisch, junges Schweinfleisch, junge Hasen, Hühnchen und Tauben, gegen das Ende des Monats aber sind schon zu haben junge Gänse und Anten; ferners giebt es itzt Auerhähne und Hühner, Hasel und Birkhühner. An Fischen sind besonders gut die Aalen, Weißfische und Gründlinge, dann der Stör, der itzt gefangen wird, die übrigen Fische sind nicht so gut, denn sie haben itzt Laichzeit. Wildpret ist itzt selten mehr zu haben, weil es bereits verboten ist, das hohe Wild von itzt bis an Johannistag zu schüssen. An Gärtengewächsen, gute Rettige, Ruben, Pastinack, Zeller, Peterfill, junge Artischocken, Häupelsallat, junge Gurken oder Kukumern, dann kleine Kohlrüben, Kohlkraut, und Champignions, nebst Anniswurzeln.

Im May. Da giebt es gutes Schöpsen- und Kalbfleisch, Hasen, Gänse, Anten, Hühner, junge Kapaunen, und Indiane, oder Truthühner, Tauben, und Wachteln; von Fischen sind vorzüglich gut, Lachsen, Forellen, Weißfische, Berschlinge, Aalen, Aalrupen, Hechte, Karpfen, Karauschen und Haberfische, dann Frösche und Krebse, auch findet man itzt die Wasserhühner besonders gut, dann auch die Neunaugen. Von Küchen- oder Kohlgewächsen erhält man rothe, weiße und gelbe Rüben, Köhl, Prokolle, Kraut, frischen Kreen, Zeller und Petersillenwurzeln, dann Steckrüben, Häupelsallat, Meer- und gute Monatrettige, Sauerampfer, Gurken und Spinat in Menge; dann bedient man sich auch in diesem Monate der Holerblüh zum Backen, und macht auch Fanzeln davon, eben so der Erdbeere. Man muß auch in diesem

Einleitung.

diesem Monate die Butter wegen ihrer besondern Güte empfehlen.

Im Junio. In diesem hat man Kalbfleisch, Hammel- und Schweinfleisch, Gänse, Anten, Hühner, Kapaunen, Indianen, Tauben und Wachteln im besten Fleische, auch itzt man um diese Zeit Stahre, Drosseln und Amseln. Fische erhält man itzt von allerley Art; die Krebse sind nun am besten, so auch die Frösche. Auf den Teichen werden schon junge wilde Gänse und Anten geschossen. Die Gärten liefern uns Kraut, Köhlrüben, rothe, weisse und gelbe Rüben, Braunköhl, Kapust, Zeller, Petersill, Sauerampfer, Spinnat, Gurken, Häupelsallat, Fasolen. Vom Obste sind schon zu haben: Johannisbeere, Stachelbeere, Erdbeere, Kirschen, Amarellen, Muskatellerbirnen, Aepfeln; auch grüne Erbsen in Schotten giebt es schon.

Im Julio. Alle im vorigen Monate angezeigte Fleisch- und Fischarten sind auch in diesem Monate zu haben; nur ist zu merken, daß es mehr Fische giebt, weil die Laichzeit vorüber ist, und man itzt viel thätiger die Fischerey anfängt. Aus Küchengarten erhält man in Menge allerhand Köhl, Rüben, Sallat, besonders den schwarzen Rettig; die Obstgärten geben uns die mannigfältigsten Früchte, als Birnen, Aepfeln, Pflaumen, Aprikosen, Pelzkirschen, Weixeln ꝛc. ꝛc.

Im August. Nebst dem Kalbfleisch, Hammel- und Schweinfleisch giebt es eine Menge Spanfärkchen, die itzt am besten sind, so wie jedes Fliegelvieh am fetschigsten und sehr geschmackvoll ist; und da man um diese Zeit schon anfängt das Wild zu jagen,

Einleitung.

jagen, so giebt es schon frisches Schwarz- und Rothwildpret; der Hirsch ist um diese Zeit am besten; Hasen sucht man um diese Zeit nicht sonderlich auf. Rebhühner und Wachteln giebt es schon in Menge, und sie sind sehr gut zu genüssen, und so auch die häufigen Lerchen. An Kohl- und Wurzelgewächsen hat man keinen Mangel, besonders giebt es eine Menge Weißkraut, Kohlrüben und gelbe Rüben, auch Melonen; das Obst findet sich ist im Ueberflusse ein, besonders sind Aepfeln und Birnen im besten Safte. Holderbeere sind ist am sichersten und nützlichsten abzutrauben; auch Schwämme sollen ist zum Trocknen gesammelt werden.

Im September. Man hat in diesem seistes Rindfleisch, Kalbfleisch, Hammel- und Schöpfenfleisch, das ist besonders fett ist, dann Schweinfleisch. Spannfärkchen sind nun schon selten. Wildpret giebt es genug, so wie am Federvieh kein Mangel ist; man erhält schon allerley Vögel, als Schnepfen, Drosseln, Krammetsvögeln, Lerchen, Finken, auch die besten Haselhühner. Da ist die Fischerey anfängt, so erhält man gute und wohlgeschmacke Teichkarpfen, Hechten, Parmen, Pürschlinge, Weißfische, dann Forellen; Krebse hingegen sind nicht mehr gut, weil sie sehr haarigtes Fleisch haben; Gärten liefern noch immer, und eben in der Güte ihre Früchte an Kohl und Rüben, so wie auch das Obst noch fortdauert, außer daß die Pflaumen und Weixeln schon selten sind. Hingegen hat man schon Weintrauben und Adlersbeere.

Im Oktober. Auch in diesem hat man am Fleische keinen Mangel; Schwarz- und Rothwildpret ist in Menge vorhanden. Das Vögelfangen ist

Einleitung.

ißt im stärksten Betriebe, daher es ihrer auch bis zum Ueberflusse giebt, besonders sind Schnepfen, Lerchen und Zimer um diese Zeit in Aufnahme. Fische giebt es so viel, und so verschiedene, wie im August. Auch an Kuchelgewächsen oder Gärtenfrüchten leidet man noch keine Noth, es giebt besonders guten Braunkohl, Blumenkohl oder Karfiol, dann Dorschen, Rüben, und das große Weißkraut. Auch hat man noch frisches Obst, als die Herren- und Pergamutbirnen, Pfund- und Winteräpfeln, Vogeläpfeln, Quitten und Mispeln.

Im November. Wir haben darinn Rindfleisch und Schöpsenfleisch; Kalbfleisch wird schon selten, und das Schweinfleisch ist nicht mehr dienlich; hingegen hat man um so mehr geräucherte Fleische, als Schinken, Zungen, Schweinfleisch, Würste; Wildpret mangelt keines, Hasen giebt es genug, eben, so fette Gänse, Anten, Indianen, Kapaunen, Hühner, und eine Menge Vögeln, als Finken, Köhlchen, Meysen, Ammerlinge ꝛc. ꝛc. An Kohlgewächsen hat man guten Braunkohl und Weißkraut, dann Kohlrüben, Durschen und gelbe Rüben, und alles, was man vom Sommer her aufbewahrt hat.

Im December. In diesem Monate hat man gleichfalls noch alle Gattungen vom Fleische, als Schöpsen- Lamm- und Schweinfleisch, Spannfärkeln; das Fliegelvieh ist um diese Zeit kernigt, weil es mit Sorgfalt, und blos zum Verkaufe gefüttert wird. Es giebt ißt gute Schnecken, Austern, Muscheln; aus den Teichen erhält man die besten Fische von aller Art, besonders gute Karpfen, Aalen, und Neunaugen; so hat man auch frische Häringe, Bricken, Pücklinge; Lachsen werden ißt mit Vortheil

Einleitung.

theil einmargenirt, so wie die Forellen. An Kohl- und Wurzelgewächsen hat man aus dem Vorrath, den man in Kellern im Sande aufbewahret, immer noch nach Nothdurft zu nehmen. Auch Obst mangelt keines, besonders giebt es viel gedürrte Aepfeln, Birnen, Pflaumen, Weixeln.

Auf diese Art hat man nun von allem dem, was in jedem Monate zu allerhand Speisen zu haben ist, alles genau aufgezeichnet. Man darf nur in jedem Monate nachsehen, was man in selben vorzüglich erhält, und die Speisen verfertigen lassen, wozu man die Bereitung aus diesem Werke ersehen kann. In der That eine Bequemlichkeit, die zu auffallend ist, als daß man sich nicht den vollen Beyfall dafür versprechen könnte.

A.

Aale.

Aal gebraten. Man schneidet ihn in Stücke, und färbet sie, streuet Salz, Pfeffer und Lorbeerblätter darüber, gießt Weineßig mit etwas Citronensaft darauf, und läßt sie wohl zugedeckt etwa eine oder zwey Stunden darinn beitzen (man nennt es mariniren) spület sie hernach in dieser Lacke ab, drückt den überflüßigen Saft aus, und röstet sie auf dem Rost. Man gießt hernach entweder nur Weineßig darauf, oder aber man kann auch eine Sauce von Butter, Eyerdotter, Mehl, oder braun geriebener Semmel, und Petersilie, oder eine andere denen Köchen bekannte Sauce darüber machen.

Auf diese Weise wird er auch im Kastrol entweder in der Butter oder Schweinschmalz entweder nur so schlechthin braun gebraten, oder aber man tauchet die Stücke in einem dünngemachten Teig von Eyern und Mehl, oder braun feingeriebenen Semmelmehl ein, und bratet sie so.

Ohne Marinade oder Beiße, wird er entweder rein auf dem Rost oder im Kastrol, oder in einem dünnen Teig eingetaucht in Fett gebraten, und dann in einem irdenen, oder noch besser in einem metallenen wohl verzinnten Gefäß, mit Lorbeerblättern, Pfeffer,

Weineßig, Cardamomen und Muskatenblumen eingelegt, etwas beschwehrt und an einem kühlen Ort wohl verdeckt eine Zeit lang erhalten.

Eben dies kann man auch mit den Neunaugen oder Pricken, mit allen übrigen Fischen, und mit jedem Braten, wenn er von den Knochen abgelößt und in dünne Scheiben zerschnitten ist, vornehmen.

Aal gekocht. Sobald das Wasser anfängt zu sieden, thut man die Stücke mit etwas Dille hinein, und ißt ihn hernach mit Weineßig oder auch Kreu oder Merettig drein gethan, oder nach Belieben mit einer dazu schicklichen Sauce.

Oder aber: Nachdem man die Stücke in Salz und Wasser gekocht, herausgenommen, und kalt hat werden lassen, so kann man ihn auch mit Sallat, Eßig und Baumöl anrichten. Andere nehmen dazu auch hart gekochte Eyer, mit ausgebrochenen Krebsen, und richten dies ebenfalls mit Eßig und Baumöl statt des Sallats dazu an.

Aal geräuchert. Wenn er bey kaltem Rauche, so wie alles auf westphälische Art eigentlich sollte geräuchert werden, ganz davon eingenommen und durchzogen ist; so ist er gleichfalls delikat.

Aal gespickt. Nachdem er zuvor rein gemacht, einige Stunden im Salz gelegen, und davon ganz durchzogen ist, so läßt man ihn hernach in der freyen Luft trocknen.

Aal in Pfeffer, auf böhmisch. Man macht einen Pfeffer mit Karpfenschweis, Malvasier, und ein wenig Eßig, reibt Rockenbrod und etwas Bertramkraut dazu, läßt es aufsieden, seicht es durch, würzt es mit Pfeffer, Zimmet und Nelken, macht etwas Mehl süß mit Zucker, salzt es ein wenig, siedet wieder, daß die Brühe schmackhaft wird: Man schneidet nun

Aale.

den Aal in Stücke, röstet ihn mit Butter, und siedet ihn in dem gemachten Pfeffer.

Aal mit 3 Saucen, auf böhmisch. Man schneidet den Aal in gleiche Stücke, marginirt ihn mit seinen Kräutern, klar geschnittener Salbei, Provenceröl und Citrone ein, steckt ihn an einen kleinen Spies, allzeit ein Lorbeerblatt dazwischen, und läßt ihn braten; auf die Schüssel, mit der man serviren will, macht man von einem harten Eyerdotterteig einen drey- oder viereckigten Raif oder Rand, (einen jeden abgetheilt, damit eine jede Sauce abgesondert bleibt,) läßt ihn im Ofen ein wenig anziehen. Nun macht man in eine Kapsel eine Ramolabsauce, in die andere eine Beberradsauce, in die 3te eine grüne Sauce, in die 4te eine Rußsauce: (siehe diese Saucen unter ihrem Namen.) man legt den Aal um den äussersten Rand herum, und garnirt ihn mit ausgebackener Petersille.

Aal mit Oelsauce auf böhm. Der Aal wird zugerichtet wie bey Aal mit 3 Saucen gesagt worden. Zur Sauce schneidet man feine Kräuter, etwas mehr Scharlotten, macht Provenceröl heiß, thut die Scharlotten und Kräuter, ein wenig Eßig, den Saft von einer Citrone, und ein wenig Pfeffer und Salz hinein, läßt es aufkochen, und richtet den Aal in die Schüssel, gießt die Sauce drüber, und garnirt ihn mit grün-ausgebackener Petersille.

Aal blauabgesotten, auf deutsch. Nachdem er rein gemacht und in Stücke zerschnitten ist, kocht man ihn in Eßig, Wein und Salz, thut ein wenig Rosenwasser, Citronensaft, und klein geschnittene Citronenschalen daran, und läßt ihn noch einen Sud thun, drauf legt man Lorbeerblätter in die Schüssel, den Aal darauf, Citronenschnitze dazwischen, Kopf und Schwanz

Schwanz läßt man weg, die Brühe mäßig gesalzen, gießt man darüber.

Aal auf deutsche Art marinirt. Nachdem er rein gemacht, und zerschnitten ist, salzt man die Stücke, und würzet sie mit Muskatenblumen, bindet jedes Stück in Rosmarin und Lorbeerblätter ein, und leget sie auf den Rost: dann thut man sie gebraten in ein weites Zuckerglas, gießt guten Weineßig in den Kastrol, legt ganze Muskatenblumen, ganze Nelken, ganzen Pfeffer, Rosmarin und Lorbeerblätter dran, und läßt dies gut miteinander sieden. Nachdem diese Brühe kalt ist, gießt man sie über den Aal im Zuckerglas, und bindet es wohl bedeckt zu.

Aal auf englisch. Man schneidet ihn auf, nimmt Eingeweide und alles aus, bestreicht ihn mit Majoran, Thimian, Roßmarin, Muskatenblumen und Muskatennuß; rollet ihn zusammen, bindet und nähet ihn in ein Tuch und kocht ihn, richtet ihn dann mit Pfeffer und Eßig, oder auf andere Art.

Aal auf französisch gekocht. Wenn die Aalen abgezogen, und in Stücke geschnitten sind, werden sie ein wenig eingesalzen, mit Mehl bestreuet, und in der Butter gebräunet, dann wird eine gute Fisch- oder klare Erbsenbrühe dran gegossen, Championen, Zwiebeln und Petersilien alles klein untereinander gehackt, Pfeffer, und ein Bändgen feiner Kräuter dazu gegeben, und alles zusammen gekocht. Ist das Ragout halb gar, so thut man etwa ein Glas Wein dazu, läßt es damit noch ein paarmal aufwallen, und richtet sie hernach zu einem Voressen an.

Aal gebraten auf französische Art. Wenn die Stücke auf dem Rost gebraten sind, so nimmt man Sauerampfer, stößt ihn, und presset den Saft aus, thut Butter in den Kastrol, den Saft, mit klein geschnitschnittenen Zwiebeln, etwas Pomeranzensaft, und Salz und Pfeffer dran und läßt es aufsieden. Trägt dann die gebratenen Stücke warm auf, und diese grüne Sauce dazu.

Man macht auch eine Sauce mit Mehl in gebräunter Butter, mit Eßig, Salz und Pfeffer, und kurzer Brühe, oder eine Sauce in weisser Butter mit Salz, Pfeffer und Rokambolen.

Aal halb gebraten und halb gekocht, auf französische Art Anguille a la Matelote genannt. Nachdem er in der Butter etwas mit Mehl bestrichen braun geworden ist, nimmt man Fisch- oder Erbsenbrühe, thut die Stücke hinein, Championen, kleine Zwiebeln, ein Bündgen feiner Kräuter, Pfeffer, Salz, und gehackte Petersilien dran, und läßt alles zusammen kochen. Wenn der Ragout halb gar ist, so gießt man etwa ein Glas Wein dran, läßt es einige Walle thun, und richtet sodann die Aalen zum Voressen an.

Aal auf französisch gebraten. Der Aal wird abgezogen, in Stücke geschnitten, gesalzen, mit gestossenem Pfeffer, Nelken und Lorbeerblättern bestreuet, scharfen Weineßig mit einem Glas Wein drauf gegossen, und zugedeckt, etliche Stunden in dieser Marinade oder Beitze liegen gelassen, dann eingefärbt und auf dem Rost gebraten. Dann preßt man den Saft aus Sauerampfer, vermischt solchen mit Pomeranzensaft, und thut ihn mit kleingeschnittenen Zwiebeln und Kapern an die heisse Butter in den Kastrol, salzt und pfeffert es, und rührt ein wenig geröstetes Mehl darunter. Wenn dies zusammen gut geröstet ist, wird ein wenig Rindsbrühe mit einem Glas Wein dran gegossen. Fängt es an zu sieden, so legt man die gebratenen Aalstücke hinein, läßt sie darin ein wenig aufkochen, und giebt sie drauf zu einem Vorgericht warm auf.

Aal marinirt auf französisch. Nachdem sie rein gemacht, und in Stücke geschnitten sind, werden sie mit dem Saft unzeitiger Trauben, mit Citronensaft, Salz, Pfeffer, kleingeschnittenen Zwiebeln und Lorbeerblättern drey Stunden lang marinirt, dann in einem dünnen von Eyern und Mehl gemachten Teig eingetaucht, und in der Butter gebacken.

Aal gefüllt auf öster. Man füllt ihn entweder mit eine Fülle von Krebsen, Weisbrod, Ingwer, Pfeffer, Muskatennuß, ein wenig Salz, Krebsbutter, und kleingeschnittenen Citronen, welche man mit Eyern etwas dick anmacht, oder man nimmt dazu ein Stück Schweinenfleisch, eine Handvoll Muschelmehl, kleingeschnittene Citronen, Nelken, Pfeffer, Koriander und Salz, oder aber gehacktes Kalbfleisch, abgesottene Morgeln oder Kapern, kleingeschnittene Citronen, Muskatennuß, Pfeffer und Ingwer; rührt die Fülle mit Eyern so lange, bis sie glatt von der Hand geht, womit man den abgezogenen, gereinigten, und mit Pfeffer und Salz wohl geriebenen Aal anfüllt; wenn aber der Aal gros wäre, kann man alle 3 Füllen darein machen; oben die Schweins- in der Mitte die kälberne, und unten die Krebsfülle. Nun wird ein guter mürber Teig gemacht, welchen man dünne walzt; schneidet daraus fingerbreite Streifen, und windet sie um den Aal, doch so, daß der Aal fingerbreit bedeckt, und eben so breit wieder bloß seyn muß. Man legt ihn so krum in eine flache Blatte, bestreicht ihn mit Citronensaft und verschliffener Butter, streuet Mutschelmehl darauf und bäckt ihn im Backofen, und schmückt ihn sodann mit Blumen.

Aal in seiner eigenen Brühe auf österreich. Man thut einen abgezogenen zerstückten Aal in einen Topf, streuet Salz, gehackte Schartottenzwiebeln,

Salbei und Pfeffer darauf, und läßt ihn also eine Weile dämpfen.

Aal in Schmalz gebacken mit einer Orangensauce auf österreich. Der abgezogene Aal wird beliebig zerstückt, eine Stunde in Salz gelegt, wieder abgetrocknet, mit Citronenschalen gespickt, mit Mehl bestreuet und in Schmalz gebacken. Zur Sauce nimmt man von ein paar Orangen die Schalen, welche man zu sehr dünnen Scheibchen schneidet, und in Wasser legt, damit sie ihre Bitterkeit ein wenig verlieren; röstet sie hernach in Butter, wenn sie gelbbraun sind, wird ein wenig Mehl dazu genommen, und giebt sie in eine halbe Kanne Brühe von Fleisch oder Fisch, welche mit eben so viel Wein vermischt worden. Der Aal wird um die Schüssel gelegt, und die Sauce nach Belieben mit Citronensaft verstärkt.

Aal auf sächsisch gebacken. Man zieht ihm die Haut ab, macht ihn rein, schneidet ihn in Stücke, und siedet ihn in Wasser und Salz. Dann werden die Stücke trocken herausgenommen, in Grieß mit Mehl vermischt gewälzet, an die heiße Butter gethan, resch gebacken, hernach in die Schüssel gelegt, Lorbeerblätter und saure Pomeranzen darzwischen gethan.

Aal auf sächsisch gebraten. Die rein gemachten und ausgenommenen kleinen Aale werden ein wenig mit Salz eingesprengt, in die Runde wie eine Schnecke gelegt, an einen subtilen Spieß gesteckt, auf einen mit Butter beschmierten Rost gethan, gewendet und mit Butter begossen, doch immer vom Rost losgemacht, daß sie nicht verbrennt werden. Wenn sie gar sind, werden sie vom Spies gezogen, in die Schüssel gethan, Butter mit Citronensaft darauf gegossen, oder eine beliebige Brühe drüber gemacht.

Aalruppen.

Aalruppen mit Citronenbrühe auf böhmisch. Man läßt in einer Kastrole oder Pfanne Weineßig mit etwas Wasser und Salz vermengt aufsieden, und begießt erst die reingemachten Aalruppen mit diesem siedenden Eßig, thut sie drauf hinein, und läßt sie blau absieden, thut hernach in eine blecherne Schüssel ein gutes Stück frischer Butter mit Muskatenblumen, Citronensaft, und kleingeschnittenen Citronenschalen, die Aalruppen mit der Brühe drauf gegossen, zugedeckt, aufs Kohlfeuer gesetzt, und ein wenig aufsieden gelassen.

Aalruppen auf französisch. Nachdem sie rein gemacht sind, werden sie gesalzen und gepfeffert, in die Kastrole an die zerlassene weiße Butter gethan, kleine Zwiebeln, Petersilien, Championen und Morgeln alles klein gehackt dazu gegeben, und geröstet. Dann gießt man gute Fisch- oder klare Erbsenbrühe dran, doch nicht viel. Wenn sie damit ein wenig aufgekocht sind, rührt man ein gelbes Eingebrenntes darunter, läßt sie damit noch ein paar Walle thun, und richtet sie dann mit der Sauce an.

Aalruppen auf sächsisch. Sie werden mit laulichtem Wasser und Salz abgerieben, reingemacht, und bis auf die Leber ausgenommen, dann mit warmem Eßig begossen, daß sie blau werden, in Wasser langsam gesotten, daß sie nicht hart werden, und nicht stark gesalzen. Inzwischen wird eine Brühe von Fleischsuppe, etwas Wein, Ingwer, Pfeffer und Muskatenblumen, und geriebener Semmel gemacht, auch ein Stück gewaschener Butter dazu gegeben, die gekochten Aalruppen dazu gethan, und mit aufgekocht, aufgegeben, und kleingeschnittene Roßmarin mit Citronenschalen und Muskatblumen untereinander gemengt, drüber gestreuet.

Aalruppen mit Erbsenbrühe auf sächsisch. Die Erbsen werden ganz zu Brey gekocht, zerrieben, und durch einen Durchschlag getrieben, in einen Fischtiegel gethan, und beygesetzt. Sind sie zu dick, wird etwas Fleischbrühe dran gegossen, und ein wenig Salz. Wenn es siedet, werden die reingemachten, und mit heissem Eßig abgeschröckten Aalruppen drein gethan. Wenn sie eine Weile sachte gekocht haben, thut man Pfeffer und Muskatblumen, und ein Stück frischer Butter dazu, und richtet sie damit aufgekocht an.

Abgetriebenes.

Abgetriebenes von Citronen auf böhmisch. Man schneide von 2 Semmeln die Rinde ab, und thue die Brosse in ein klein Kastrol, gießt Milch darüber, bis es bedeckt ist, läßt es 2 Stunden weichen, wärmts auf gelindem Feuer, thut nebst einem guten Löffelvoll Mehl ein wenig frische Butter hinein, rührts auf dem Feuer gut ab, gleich einem Brandteig, schlägt hernach 4 ganze Eyer ab, und gießt sie im Umrühren darauf, und läßts beym Feuer wieder dick werden und erkalten; reibt hernach von 4 Citronen die Schalen, ein wenig gestossenen Zimmet, und ein halb Pfund frische Butter daran, rührts wohl ab, schlägt 8 Eyer und 8 Dotter eins nach dem andern daran, rührts wieder gut ab, thut dazu 4 Loth Zucker und macht nun von dem harten Teig einen Reif auf die Servirschüssel 3 Finger hoch, gießt die Sauce hinein, machts eben, bestreichts oben mit Zucker, macht von Papier oder Blech einen Reif wieder aussen herum, setzt es in einen nicht allzuheissen Backofen, wo es anderthalb
Stunde

Stunde sieden muß; denn wird der papierne Reif abgemacht. Dies kann auch von Aprikosen, Maulbeeren, Pomeranzen und Pomeranzenblühten gemacht werden. Will mans von Krebsen machen, so nimmt man anstatt der Butter Krebsbutter; die Krebsschwänze werden kleingeschnitten hinein gethan, auch kann man etwas Ochsenmark dazu nehmen, aber nur nicht zu süß machen.

Abgetriebenes von Artischocken auf böhm. Man siedet die Artischocken im Salzwasser, nimmt hernach die Blätter ab, wovon man die besten zum Garniren aufbehält, die Böden schneidet man würsticht klein, rührts mit einem Spinatdopfen ab, und verfährt, wie oben gesagt; thut endlich die Artischocken dazu, zuckerts, aber nicht zu süß, füllts in den mit den Artischockenblättern besteckten Reif und machts gleich. Das nehmliche kann man von Spinatdopfen und Pistazien machen.

Aepfel.

Aepfel gebraten, werden entweder ganz an der Hitze, und hernach mit oder ohne Zucker gegessen, oder man schelet sie und bräunet sie entweder nur schlechthin in der Butter oder im Schmalz, oder man taucht sie zuvor in einen dünnen Teig von Eyern und Mehl ein, und streuet hernach fein geriebenen Zucker entweder mit oder auch ohne gestoßenen Annis darüber.

Aepfel gekocht. Man bricht die Stiele und Blüthen ab, kocht sie in Wasser oder auch Wein, und thut Butter, braun geröstete und geriebene Semmel, Zucker und gestoßenen Anis, und richtet sie auf diese Weise statt eines Sallats zum Braten an. Man kann sie auch auf die Weise gereinigt von ihren Schalen und Kernen ganz klein geschnitten, und mit gestoß-

Aepfel.

stossenen Muskatenblumen, Rosinen oder Korinthen, und Zimmet d. i. Kaneel dran gethan, zu einer Sauce anrichten.

Aepfel auf besondere preußische Art gebraten. Wenn sie geschälet sind, und ihnen das Kernhaus ausgestochen ist, so werden sie in Scheiben geschnitten, in einen dünnen Teig von Bier, Mehl und Butter drein gegossen eingetaucht, in Schmalz oder Butter gebacken, und mit Zucker bestreuet.

Aepfel falsche zu backen auf böhmisch. Man salzt feines Semmelmehl ein wenig, läßt das dazu erforderliche Schmalz heis werden, schüttets ins Mehl, giebt etwas mehr Wein als Wasser untereinander, läßts sieden, macht damit den Teig an, schlägt ihn wohl ab, giebt dazu von 4 Eyern das Klare oder Weiße und einem Dotter, rührt ihn damit eine halbe Stunde; dann thut man ein viertel Pfund in Rosenwasser gestoßene Mandeln in eine Schüssel, giebt dazu 3 Dotter und von 2 Eyern das Weiße, macht sie süß mit Zucker, schneidet Oblaten rund aus, streicht die Fülle darauf, bedeckt sie mit derley runden Blättchen, drückt sie außen herum wohl zusammen, daß sie beysammen bleiben, tunkt sie in obbemeldten Teig, bäckt sie in Schmalz, rüttelt sie aber beständig, damit sie auflaufen.

Aepfel gesulzt auf böhmisch. Man siedet die geschälten Aepfel mit halb Wasser und Wein ganz weich, gießt die Brühe ab, worein man Zucker, Zimmet und Hausblase giebt, sie durch ein Tuch treibt, auf die in ein Geschirr gelegten Aepfel gießt, und ers kalten läßt.

Aepfel roth zu sieden auf böhmisch. Wenn man eine Anzahl rother Aepfel mit einem weißen Tuche sauber abgerieben hat, legt man einen an den andern in den Topf, gießt rothen Wein darauf, und siedet sie; denn wird ihnen die Haut abgezogen, der Wein, worinn sie gesotten, wieder daran geschüttet und mit Tragantsaft, Zucker und Rosinen angemacht, und kocht sie in der Schüssel auf.

Aepfel süsse in süsser Brühe auf böhmisch.
Man kehrt die Aepfel, wenn sie geschält sind, in Mehl um, bäckt sie in Schmalz, setzt sie in einer Brühe von Rosinen, Zibeben, Mandeln, Zimmet, Zucker und Nelken auf Kohlen, und kocht sie auf.

Aepfel borsdorfer mit Gelee auf französisch.
Man schmort die geschälten Aepfel in Wasser und Wein, und thut Zitronenschalen und ein Stück Zucker dazu. Man nimmt sie, wenn sie gar sind, heraus; läßt aber die Brühe mit noch einem dazu gegebenen Stück Zucker sieden, und denn kalt, d. i. zur Gelee werden. Man richtet die Aepfel in einer Aßiette an, sticht den Gelee aus und belegt die Aepfel damit. So macht man auch Birnen, aber nur mit rothem Wein.

Aepfel gefüllt und gebacken auf französisch.
Man schält eine beliebige Quantität Aepfel, schneidet oben einen Deckel davon ab, hölt sie aus, füllt sie, (wozu man ein wenig geriebenes Weisbrod in Schmalz röstet, gestoßene Mandeln, Rosinen in wenig Zucker und Zimmet darzu thut, und es zu einer Fülle rührt) thut den Deckel wieder drauf, macht einen Teig von Wein, Zucker und Mehl, kehrt die gefüllten Aepfel darinne um, und bäckt sie in Schmalz; dann bestreut man sie mit Zucker und übergiebt sie trocken, oder mit einer selbst beliebigen süssen Brühe.

Aepfel gebacken auf österreichisch. Der Teig ist bekannt; (siehe davon Aepfel gefüllt und gebacken.) Man schält borsdorfer Aepfel, schneidet sie beliebig rund oder in Viertel, legt sie mit Zimmet und Citronenschalen

Aepfel. 13

nenschalen in ein Geschirr, und siedet sie ein paar Stunden in weissen Wein, tunkt sie in den Teig, bäckt sie gut aus, legt sie auf ein Blech, bestreuet sie mit feinem Zucker, und brennt sie mit einer glühenden Schaufel, wendet sie um, bestreut sie abermal und brennt sie, daß sie recht croquant werden, richtet sie auf einer Serviette an, ohne mit Zucker zu bestreuen. So macht man Melonen, Aprikosen, Pfirschen und Kirschen, nur daß letztere nicht gebrennt werden.

Aepfel auf pohlnisch. Man schneidet das Ingeweide und die Blüte von denen hiezu gewählten guten Aepfeln aus, hackt sie aber nicht gar klein, thut sie nebst einem Stückchen klein geschnittenen Zitronat, ein wenig fein gestossenen Zimmet, auf Citronenschalen abgeriebenen und ein wenig gestossenen Zucker, eine Handvoll geriebener Semmel, 3 Eyerklaren in ein Gefäß, rührt alles wohl durcheinander, ballet sie eyerförmig zusammen, und bäckt sie im Schmalz, das man zuvor zum Feuer setzt, kocht sie mit rothem Wein, Zucker und ein Stückchen Zimmet im Kastrol, bis die Brühe kurz wird, und garnirt sie mit Cruton. Oder man schneidet sie plattenweis, und thut sie mit Zimmet, Wein, und auf Citronenschalen gerieb nem Zucker in ein Geschirr; man reibt, und röstet schwarzes Brod in Butter, bestreicht ein mit der Servierschüssel gleich grosses Kastrol mit Butter, macht darein eine Lage von dem Brod, und eine von obigen Aepfeln so lang, bis es genug ist, thut den mit Zucker versüßten Wein, worinn zuvor die Aepfel waren, daran, und bäckts im Ofen; man stürzt es sodann auf die Schüssel, und reibt ein wenig Zucker darüber.

Aepfel borsdorfer oder maschenst. geschält, auf peußisch. Man setzt die geschälten Aepfel in Breihan auf, thut geschnittne Citronschalen, ein wenig
weissen

weissen Wein und Zucker daran, bis die Brühe eingeschmort ist, und die Aepfel weich sind; man richtet sie sodann mit Zitwer an, und bestreut sie mit Zucker und Zimmet; auch kann man Korinthen in Butter braten und zu den Aepfeln thun.

Aepfel borsdorfer mit Anis auf preußisch. Man wäscht die kleinen borsdorfer Aepfel rein, gießt Breihan, und thut etwas rein gelesnen und gewaschenen Anis daran, und läßt sie gar kochen.

Aepfel auf sächsisch gefüllt. Die Aepfel werden geschälet und ausgehölet; dann werden geschälte Mandeln, Citronat, Citronenschalen und Aepfel untereinander klein gehackt, und Zucker und Zimmet darunter gemengt, dies wieder in die ausgehölten Aepfel gefüllt, Aepfelschnitte drauf gedeckt, ein paar kleine Stücke Zimmet an beyden Seiten des Deckels eingesteckt, in einen guten und dick fliessenden Teig eingetaucht, an die zerlassene Butter im Tiegel gethan, und gebacken.

Aepfel mit Kuchen auf sächsisch. Die Aepfel werden geschälet, das Kernhaus ausgestochen, in vier Theile geschnitten, jedes Stück wieder in kleinere Schnitte, an das heisse Fett in Tiegel gethan, und ein wenig gebraten, dann Eyer in einen Topf gequierlet, geriebene Semmeln, Salz, und ein wenig Sahne darunter gerührt, über die Aepfel gegossen, und gebacken.

Aepfel auf sächsisch. Man schält Borsdorfer, und schneidet den Kern aus, kocht Wasser und Wein, Zimmet, Zucker und Citronenschalen, worinne man die Aepfel halb kocht, und läßt sie auf einem Siebe ablaufen; stößt ferner etwas Biskuit, Zitronat, Zimmet, etliche harte Eyerdotter und bittere Mandelläibchen, womit man die Aepfel faschirt, spickt sie mit feinem Filé von Pistazien, Mandeln und Zitronat, setzt sie in die Schüssel, läßt den von den Aepfeln erhaltenen Saft einkochen, gießt ihn über die Aepfel, bäckt sie im Ofen, und servirt sie warm.

Aepfel faschirt auf sächsisch. Man schält und hölt gute Aepfel aus, setzt halb Wasser, halb Wein mit einem Stückchen Zucker, Zimmet und Citronenschalen aufs Feuer, giebt hernach, wenn es kocht, die Aepfel hinein; man legt sie, wenn sie weich sind, auf ein Haarsieb, daß sie ablaufen. Der Kreen dazu wird von süssem Rahm und Eyerdottern gemacht, welchen man kocht, kalt werden läßt, und in die Servierschüssel halb gießt. Die Aepfel setzt man, wenn sie zuvor mit eingemachten Maulbeeren gefüllt, und mit fein geschnittenem Citronat besteckt oder gespickt worden sind, in die Servierschüssel und gießt den übrigen Kreen so darüber, daß sie davon bedeckt sind; bestreut sie sodann mit fein gestossenen Mandellaibchen und setzt sie in Ofen, bis sie die rechte Farbe bekommen. Anstatt des Kreen, kann man Reis in Milch kochen, mit etlichen Eyerdottern und frischer Butter, ein wenig Zucker, Zimmet und Pomeranzenblüthen abtreiben, und auf obbesagte Art damit verfahren; oder man thut unter den Kreen ein paar Loth fein gestossener Pistazien, besteckt die Aepfel nicht mit Citronat, sondern mit fein geschnittenem Filé von Pistazien, macht den Kreen grün mit einem Spinatdopfen, welchen man hinein thut.

Asch.

Asch auf österreichisch gesotten. Der Sud wird wie zu den Säiblingen gemacht, die Aschen werden auch eben so zubereitet, nur giebt man ihnen ein frisches Feuer, denn sie sind geschwind gesotten, besonders wenn man viele hat. Anis-

Anisbrod.
Anisbrod. Siehe Brod.
Apfelplatten.
Apfelplatten. Siehe Platten.
Apfelschlegel.
Apfelschlegel. Siehe Schlegel.

Aprikosen.

Aprikosen oder Marellen getrocknet. Man nimmt sie frisch von den Bäumen, drucket die Kern aus, daß sie breit und plat werden und desto geschwinder trocknen.

Aprikosen kandirt oder in Zucker eingemacht. Dies geschieht auf eine doppelte Art, frisch und getrocknet; frisch werden sie, sobald sie vom Baum genommen sind, in reines frisches Brunn- oder Quellwasser, worein man etwas Weinstein thut, gelegt, um ihnen dadurch die grüne Farbe zu benehmen, und drauf, nachdem sie abgetrocknet sind, kandirt, oder mit Zucker überzogen. Man nimmt gemeiniglich zu einem Pfund auch ein Pfund Zucker, und also gleichviel von beyden; getrocknet kandirt. Wenn sie auf besagte Weise getrocknet sind, so läßt man sie zuvor in siedendem Wasser ein wenig aufquellen, darauf thut man sie in einen Kastrol oder Kessel, nimmt Zucker, und zwar zu einem Pfund fünfviertel Pfunde, diesen gestossen und damit bestreuet, etwas von dem Wasser, worinnen man sie hat aufprellen oder aufkochen lassen, dran gegossen, und über ein mäßiges Kohlfeuer gesetzt, daß der Zucker nicht anbrenne. Drauf nimmt man sie aus diesem Syrop heraus, läßt jede insbesondere wohl abtropfen, thut sie in ein Glas, rüttelt sie ein wenig und sachte auf, gießt den Sirop durch dünne Leinwand darüber, und läßt sie zwey oder drey Tage offen oder aufgedeckt stehen, hernach deckt man sie wohl zu, und hebt sie zum fernern Gebrauch auf.

Aprikosen zu Saucen oder Sulzen oder Tunken gemacht. Man siedet sie im Wein, Bier, oder Wasser, nimmt sie ganz weich gekocht heraus, reinigt sie von ihren Schalen, zerdrücket sie zu Brey, thut sie in ein Haarsieb, gießt das darauf, worinn man sie gekocht hat, und läßt sie durch in den Kastrol oder Kessel rinnen, thut Zucker, Kaneel, und Muskatenblumen daran, und läßt sie zum andernmal sieden. Will man einen Teig oder Latwerg daraus haben, so läßt man sie entweder so lange und stark sieden, bis der Teig von der Pfanne los wird, oder will man den Teig geschwinder fertig haben, so quirlet man ein wenig feines Mehl, oder auch braun geriebene Semmeln daran. Man thut auch nach Belieben Butter daran.

Aprikosen grün mit der Schale einzumachen, auf böhmisch. Man muß dieselben zuvor in einer Lauge von Asche und Wasser warm, aber nicht siedend, blanchiren, und wieder mit frischem Wasser abwaschen, sodann in geläutertem Zucker thun, so, daß sie ganz davon bedeckt sind, ein wenig sieden, herausnehmen, und abtropfen lassen. Man thut sie hernach in eine Pfanne, giebt noch ein wenig Zucker zu, wiederholt dieses Zusetzen des Zuckers drey oder viermal. Das letztemal läßt man den Zucker absonderlich sieden, und giebt die Aprikosen hinein, setzt von gleichem Sud Zucker zu, deckt ihn zu, läßt es noch einen Wall thun, und schäumts wohl ab, thut sie in Topf, und läßt sie erkalten. Hieraus macht man zuweilen ein trockenes Konfekt.

Aprikosen und Pfirschen einzumachen, auf böhmisch. Sie dürfen hiezu nicht ganz reif, oder weich seyn; sie werden von einander geschnitten, die Kerne heraus, und zu jedem Pfund Früchte ein Pfund Zucker genommen, solchen gekocht, geläutert, wenn es dick wird, werden die Früchte hinein gethan, einmal aufgekocht, denn mit der Schaumkelle herausgenommen; der Zucker wird noch etwas, aber nicht zu dick, nachgekocht, dann beydes abgekühlt, und zusammen eingemacht. Wässert es, so wird es noch gekocht, bis es steht.

Aprikosen oder Morellen auf sächsisch gefüllt. Sie werden geschälet, halb von einander geschnitten, und die Kerne weggenommen. Dann werden Bienchen, Pistazien und Citronschalen ganz klein geschnitten, kleine reingewaschene Rosinen darunter gemengt, mit süßem Wein angefeuchtet, in die Aprikosen gefüllt, die halben wieder ganz zusammen gesetzt, in eine Schüssel gethan, guten Wein daran gegossen, Trisenet darüber gestreuet, auf ein gelindes Kohlfeuer gesetzt, und aufgekocht, so sind sie gleich gar.

Artischocken.

Artischocken auf böhmisch gefüllt. Die Artischocken werden abgesotten, das Rauhe aus der Mitte genommen, dann ein Stück Fleisch von der Brust einer Henne, mit Rindsmark, und ausgelösten Krebsschwänzen klein gehackt, geröstete und geriebene Semmeln mit zwey Eyern und vier Dottern gut zerklopft, und mit gestoßenen Muskatblumen dazu gethan, und gut untereinander gerührt, die Artischocken damit gefüllt; in die siedende Suppe gethan, und ein wenig sieden lassen.

Artischocken auf dem Rost, auf böhmisch.
Man kocht sie in Salzwasser ganz, läßt sie ablaufen, setzt sie auf den Rost, begießt sie mit Butter und ein wenig Weineßig, und würzt sie mit Muskatenblumen; haben sie ein wenig gebraten, macht man das Rohe ab, und legt sie in eine Schüßel. Hierauf rührt man Weineßig, Zucker, Muskatenblumen, gestoßenen Zimmet, geschnittene Zitronenschalen, geriebenen Brod und frische Butter untereinander, gießt es an die Artischocken, welche man auf der Kohlpfanne durchsieden läßt.

Artischocken einzumachen, auf böhmisch.
Wenn man das Rauhe von den Artischocken weggemacht, und in lauligtem Wasser gesäubert hat, läßt man sie erkalten, und das Wasser ablaufen, legt sie dicht aufeinander in ein Fäßchen, daß es voll wird, gießt darauf so viel Seidel Wein, als man dazu Maaß Wasser braucht, giebt auch dazu etwas Salz; das Fäßchen muß gut vermacht und alle acht Tage umgeschüttelt werden. Sie müssen sodann vor dem Gebrauch erst gewässert werden.

Artischocken mit feinen Kräutern, auf deutsch. Man dünstet oder bratet fein geschnittenen Sauerampf und Körbelkraut ein wenig in frischer Butter, stäubt ein wenig Mehl daran, füllt sie mit etwas Bouillon an, und läßt die Kräuter verkochen, thut hernach die Böden hinein, legirt sie, und drückt ein wenig Citronensaft dazu.

Artischocken im Ofen, auf französisch.
Man schneidet die Spitzen ein wenig ab, blankirt sie nicht zu stark im Wasser, macht sie trocken, legt sie nebst allen Sortenwurzeln von der Hand geschnitten, auch von allen Arten ganzer Kräutern, schnitzweis geschnittenen rohen Schinken, etliche Lorbeerblätter, ein

Stückchen frische Butter, Pfeffer und Salz, und Provenceröl in ein Kastrol, und bratet sie im Ofen.

Artischocken mit weißer Sauce, auf französisch. Man siedet sie mit Salz in einem großen Topf mit Wasser recht stark, nachdem werden sie in frisches Wasser gethan, inwendig sauber ausgeputzt, in ein Blanquet gelegt, und gar kochen lassen; man giebt endlich die Sauce über die Aepfel in eine Schüssel mit ein wenig gehackter Petersille; oder man giebt eine Coulissauce von Sardellen darüber.

Artischocken auf italienisch. Dieß geschieht anfänglich, wie bey denen sächsisch faschirten gesagt worden. Man paßirt feine Kräuter in einem Kastrol mit 2 fein gehackten Sardellen, Provenceröl, Pfeffer und Salz auf dem Feuer, läßt darinn die Böden ein wenig dünsten, drückt von einer Citrone den Saft dazu. Oder man schneidet die Hälfte von den Blättern ab, blanchirt sie in Salzwasser so lange, bis man sie putzen kann, thut feine Kräuter, ein wenig Rockenböl, Pfeffer und Salz hinein, gießt auch Provenceröl darüber, und bratet sie auf dem Rost, und drückt den Saft von einer Citrone darüber. Oder macht eine weiße Sauce vom gutem Bouillon, thut die weiß gesottenen Böden hinein, läßt sie aufkochen, thut ein wenig fein geschnittene Petersille dazu, legirt sie mit Eyerdottern, und giebt den Saft von einer Citrone dazu.

Artischocken auf österreichisch gefüllt. Die geputzten Artischocken werden nicht gar zu weich gesotten, und das Wasser davon abgeseihet, und die Krotzen herausgenommen; hierauf werden die Lämmernieren mit den Mägen und Lebern von Hühnern, und überhaupt vom Geflügel, und die Milch und Leber von Karpfen und Hechten zusammen ganz klein gehackt, dieß in die abgetriebene Butter mit ein wenig Milchraum, etlichen Eyern, Gewürz und Salz gethan, gut untereinander gerührt, die Artischocken damit gefüllt, und in einer guten Rindssuppe gesotten.

Artischocken mit Speck, auf sächsisch. Man kocht die Artischocken im Salzwasser gar, macht das Rauhe heraus, schneidet ziemlich viel Speck würflich, giebt die Hälfte in eine Pfanne, setzt die Artischocken darauf, streuet die andere Hälfte Speck darüber, würzt sie mit Salz, gestossenen Muskatenblühen, Nelken und Pfeffer, bratet sie, macht eine von obigen Brühen darüber, und thut den Speck daran.

Artischocken gebacken auf sächsisch. Man siedet sie mit Salz in Wasser, viertheilt und putzt sie, marginirt sie in Eßig, Salz und Pfeffer, tunkt das Unterste in einen von Mehl und Wein gemachten Teig, bäckt sie aus, und garnirt sie mit grüner Petersille.

Artischocken faschirt auf sächsisch. Man schneidet die Böden von den Artischocken, reibt sie mit Citronen, thut sie mit Eßig und Salz in frisches Wasser, blanchirt sie hernach tüchtig in Wasser ab, und läßt sie in einer Bräs sieden, schneidet hernach einige von den Böden mit etlichen Schambinionen, und feinen Kräutern ganz fein, vermischt dieß mit ein wenig klar geriebener Semmel, ein paar Eyerdottern, Pfeffer, Salz und etwas frischer Butter zusammen, faschirt damit die andern Böden, welche vorher mit ein wenig Eyerklar bestrichen werden, bäckt sie mit ein wenig Coulis auf einer Tortenpfanne im Ofen, und giebt sodann noch ein wenig Coulis, nebst dem Saft von einer Citrone dazu.

Artischocken auf sächsisch gefüllt. Die Artischocken werden in frisches Wasser gelegt, dann die Spitzen oben ein wenig weggeschnitten, zusammen gebunden, und im Wasser und Salz gekocht, doch nicht zu weich, sie noch gebunden gehalten, und vertriefen gelassen, inzwischen eine Fülle von Krebsen gemacht, das Innere mit dem Rauhen aus den Artischocken gezogen, die Krebsfülle dafür hinein, zwischen die Blätter legt man etliche ausgelöste Krebsschwänze, thut sie in eine Schüßel, macht aus einem paar gekochten und geriebenen Artischockenboden, Gewürz und Butter, eine Brühe darüber, gießt sie über die gefüllten Artischocken, und läßt sie damit aufkochen.

Artischocken in Butterbrühe auf sächsisch. Die Stiele und Spitzen von den Artischocken werden abgebrochen, und solche eine Weile im frischem Wasser liegen gelassen. Dann werden sie in Wasser und Salz so lange gekocht, bis sich die Blätter ziehen, hernach werden sie heraus genommen, und umgewandt, daß das Wasser ganz davon abrinnen kann. Indessen wird Fleischbrühe in einem Tiegel beygesetzt, und wenn sie siedet, thut man geriebenes und in Butter braun geröstetes Brod, mit Pfeffer und Muskatenblumen, und mit den Artischocken hinein. Wenn es eine Weile damit gekocht hat, thut man ein Stück ausgewaschener Butter dazu, und giebt es auf.

Artischocken mit Eßig auf sächsisch. Die Artischocken werden in vier auch sechs Theile geschnitten, je nachdem sie größer oder kleiner sind, dann eine Stunde im frischen Wasser liegen gelassen, und ein paarmal frisches Wasser darauf gegossen. Wenn das Wasser gut davon abgeseihet ist, werden sie mit ein wenig Salz eingesprengt, an die heiße Butter in die Pfanne gethan, doch so, daß die Blätter oben

kom-

kommen, und gebacken, bis sie unten weich sind, darauf in die Schüssel gethan, und warm gemachter Weineßig darauf gegossen. Dann bäckt man abgepflückte grüne Petersille in der Butter gut knorblicht, läßt sie aber nicht schwarz werden, sondern hebt sie mit der Fleischgabel immer in die Höhe, und legt sie auf die Artischocken.

Artischockenböden mit Lämmerbröschen weiß gemacht. Man schneidet von den Artischocken die Blätter hübsch rund ab, reibt den Boden mit einer halben saftigen Citrone, und thut sie mit Salz und einem Glase Eßig in frisches Wasser; setzt hernach ein großes Geschirr mit Wasser ans Feuer, wirft die Artischockenböden, wenn es siedet, darein; wenn sie weich sind, giebt man sie in frisches Wasser, putzt das Haarige von der Mitte weg, und viertheilt sie; man giebt sie hernach mit einem Stückchen frischer Butter, einer ganzen Zwiebel, etwas fein geschnittener Petersille, ein wenig Basilikum und Thimian, klar geschnittenen Scharlotten, ein Lorbeerblatt, den Saft von einer halben Citrone, ein wenig Pfeffer und Salz, und mit den vorne blanchirten Lämmerbröschen in ein Kastrol, läßt es auf dem Feuer passiren; dann streuet man ein wenig Mehl daran, gießt gute Bouillon daran, und kocht sie kurz; alsdann werden sie mit einigen Eyerdottern legirt, und mit noch ein wenig Citronensaft angemacht. Oder wenn man sie wie anfangs gestopft zugerichtet, kann man sie mit Ochsengaumen, Champinionen und Griesteln meliren, und ferner so, wie oben verfahren. Um sie braun zu machen, muß man sie in eine Bräs einrichten und zuletzt in die Sauce thun; doch darf die Sauce nicht legirt werden.

Auerhahn.

Auerhahn gebraten auf böhmisch. W[enn]
er gerupft und ausgenommen ist, würzt man ihn [mit]
Ingwer, Pfeffer, Nelken und Salz, bratet i[hn]
am Spieß, wo man ihn oft mit siedendem Wein u[nd]
heissem Schmalz begießt. Die Brühe macht man [von]
Rheinwein, Pfeffer, Lebkuchen und Nelken, wor[in]
man, wenn sie bald fertig ist, Zwiebeln, reingewasch[e]-
ne Weinbeeren, gestossene Muskatenblumen und g[e]-
schälte Mandeln thut; man bestreut den Auerha[hn]
noch einmal mit Ingwer, Pfeffer, Zimmet und T[ri]-
sanet, und giebt die Brühe darüber; oder man s[ie]-
det den Auerhahn ein wenig, spickt ihn mit Spe[ck,]
Zimmet und Würznelken, und bratet ihn gema[ch.]
Die Brühe wird von einem gesottenen und gestoss[e]-
nen Leberlein, Lebkuchen, guter Fleischbrühe, Nelke[n,]
Pfeffer und Trisanet gemacht, aufgekocht, und darüb[er]
gegossen.

Auerhahn auf sächsisch gebraten. D[er]
reingemachte Auerhahn wird mit Salz von innen u[nd]
außen gut eingesprengt, mit gestossenen Nelken u[nd]
Muskatenblumen bestreuet, starker Weinessig dara[uf]
gegossen, und vier und zwanzig Stunden zugedeckt a[n]
einem kalten Ort stehen gelassen. Dann wird er ab[ge]-
waschen, gespickt. Sein Eingeweide, als Herz un[d]
Magen, wird mit frischem Speck klein gehackt, i[n]
Butter gedünstet, und ausgekühlt, hernach gerieben[e]
Semmeln, Muskatenblumen, und Nelken, und ei[n]
paar zerklopfte Eyer darunter gerührt, den Auerhah[n]
damit gefüllt, am Spieß gesteckt, oft mit Butter un[d]
bisweilen mit Citronensaft beträufelt, und langsam schö[n]
gelb gebraten; hernach wenn er gar ist, aufgegeben,
mit gelber Butter begossen, und Citronensaft darauf ge[-]
drückt. Auf=

Auflaufer.

Auflaufer. Siehe Rech.

Austern.

Austern auf böhmisch. Man nimmt kleingestoßene Mandeln, Zucker, Chokolade, Gewürz nach Belieben, gestoßene Citronenschalen, Austern, etliche Eyerdottern, dieß alles untereinander gerührt, in eine mit Butter beschmierte Form gethan, und langsam gebacken.

Austern gebacken auf böhmisch. Man rührt ausgewaschene Butter zur Sahne, dazu giebt man ohne Salz abgekochtes von feinen Gräten gereinigtes, und mit einigen Austern fein gehacktes Hechtenfleisch, nebst Eyerdottern, gestoßenen Muskatenblumen, und den Wassern von den Austern, die man einlegen will, rührt alles mit eben so viel fein geriebener Semmel untereinander. Nun nimmt man Muschel oder Austerschalen, giebt etwas von dem Farsch darein, legt etliche Austern darauf, bedeckt sie gut mit Farsch, streicht es mit einem warmen Messer glatt, kerbt sie bund, bäckt sie in einer Tortenpfanne, giebt oben und unten Kohlenfeuer, und giebt beym Anrichten Citronen dazu. Oder man blanchirt die Austern ein wenig in weißem Wein, und bäckt sie im Weinteig aus.

Austern von Karpfenmilch auf böhmisch. Man siedet die Milch in Eßig, salzt, und schneidet sie zu kleinen Stückchen, legt sie in die Austernschalen, thut Pfeffer, Butter und Muskatenblüte daran, bratet sie auf dem Rost, und drückt ein wenig Citronensaft daran.

Au=

Austern auf französisch gebraten. Man nimmt ganz frische Austern, öffnet die Schalen, salzt und pfeffert sie, mit klein geschnittenen feinen Kräutern, beträufelt sie mit weißem Wein, deckt sie wieder zu, bratet sie auf dem Rost, und hält ein dickes flaches und glühendes Eisen darüber. Hernach werden sie wieder aufgedeckt, und warm aufgegeben.

Austern marginirt auf französisch. Sie werden in dem Saft unzeitiger Trauben marginirt; Salz, Pfeffer, Würznelken, kleine Zwiebeln, und Citronensaft werden dazu gethan, man läßt sie in dieser Marinade liegen, tunkt sie sodann in einen dünnen klaren Teig von Mehl und Eyern, bäckt sie in Butter, und richtet sie mit gebackener Petersille an.

Austern zu rösten, auf französisch. Sie werden geöffnet, mit Salz und Pfeffer bestreuet, mit Citronensaft beträufelt, und eine Weile liegen gelassen. Inzwischen macht man von Dottern ein wenig Mehl, Salz und Wein, einen etwas dick fließenden Teig, taucht jede Auster mit einer löchrichten Kelle besonders darin ein, und thut eine nach der andern an die heiße Butter, giebt Petersillen und Zwiebeln klein geschnitten und Gewürz dazu. Wenn sie schon gelb geröstet sind, gießt man ein wenig Fleischbrühe mit einem Glas Wein daran, thut ein Stückchen Butter mit Meh[l] vermischt dazu, läßt es zusammen gut aufkochen, giе[ßt] es zu einem Vorgericht auf, und besetzt den Rand d[er] Schüssel mit Citronenscheiben.

Austern auf sächsisch gestofft. Die Auste[rn] werden ausgelöset, in eine zinnerne Schüssel getha[n,] aufs Kohlfeuer gesetzt, in ihrer eigenen Brühe e[in] wenig geröstet. Diese gießt man hernach zum th[eil] weg, nimmt ein Stück Brosse von einem Hausbro[d,] reibt solche auf einem Reibeisen, und giebt sie n[ebst]

einem

einem Stück gewaschener Butter, etlichen Löffeln voll
Fleischsuppe mit Citronensaft, geschnittenen Citronenschalen, mit Pfeffer und mit Muskatenblumen dazu,
deckt dies zu, und läßt es aufkochen.

Austern auf sächsisch gebacken. Man
nimmt frische Austern, löset sie aus den Schalen,
thut sie in kalten Wein, läßt sie eine Weile darin,
seihet sie durch einen Durchschlag ab, wälzt sie hernach in Grieß, thut die Hälfte gesalzener, und die
Hälfte geschmolzener Butter in einen Tiegel, läßt sie
heiß werden, thut die Austern drein; und nachdem
sie gelb gebacken sind, giebt man sie auf, und drückt
Citronensaft drauf.

B.
Bärsche.

Bärsche mit Buttersuppe auf böhmisch.
Man säubert und siedet sie mit Eßig in Salzwasser ab, macht eine Sauce von Wasser, Butter,
Citronensaft, klein geschnittenen Citronenschalen, und
ein wenig Muskatennuß, kocht sie oft umgerührt fein
dick, richtet sie über die Fische an, und läßt sie aufkochen.

**Bärsche gebacken mit einer Kapernbrühe
auf böhmisch.** Man läßt sie eine Stunde eingesalzen liegen, trocknet sie ab, wendet sie in Mehl um,
und bäckt sie in Schmalz. Denn läßt man Butter
in einem Tiegel heiß werden, brennt ein wenig Mehl
darein, thut 3 Theile Wein, einen Theil Wasser und
Eßig, eine Handvoll Kapern, klein geschnittene Citronenschalen, Ingwer, Pfeffer, Muskatenblumen,
Zimmet und Zucker dazu, richtet diese Suppe über
die Bärsche, läßts gemach sieden, und giebt noch ein
Stückchen Butter dazu.

Bär-

Bärsche gebackene in einer Malvasi[er]brühe gekocht, auf französisch. Wenn der F[isch] wie gewöhnlich gebacken, so röstet man Weiß oder E[ier]brod in Schmalz, gießt Malvasier daran, siedet a[lles] mit Ingwer, Pfeffer und Zucker, und richtet es a[n.]

Bärsche mit Gurken auf französisch. S[ie] werden ausgenommen, rein gemacht, in Stücke g[e]schnitten, und mit Salz und Pfeffer von innen u[nd] außen bestreuet. Indessen nimmt man kleine eingeleg[te] Gurken, schneidet sie scheibicht, thut sie mit gerösteter[m] Mehl und einem Sträuschen feiner Kräuter in d[ie] Kastrole an die zerlassene Butter und röstet sie, dan[n] gießt man ein wenig Fisch- oder Fleischbrühe daran[,] thut die Bärsche drein, und läßt alles zusammen ko[-] chen. Wenn es gar ist, giebt man es zu einem Vor[-] gericht auf, und belegt den Rand der Schüssel mi[t] gebackenen Petersillen oder Semmelrinden.

Bärsche auf sächsisch zu sieden. Wenn die Bärsche rein gemacht, und bis auf die Leber ausge[-]nommen sind, werden sie mit Salz eingesprengt, und eine halbe Stunde liegen gelassen, daß sich das Salz gut einziehen kann. Dann werden drey Theile Suppe ohne Fett, mit einem Theil Wein in einem Fischtiegel beygesetzt. Wenn es siedet, streicht man den Bär[-]schen das Salz zum Theil ab, blauet sie, und thut sie hinein, schäumet sie ab; und wenn sie eine Weile ge[-]kocht haben, thut man Ingwer, Pfeffer und Mus[-]katblumen dazu. Indessen wird eine Semmel in ei[-]nem Töpfgen mit Fleischbrühe gekocht, durch einen Durchschlag getrieben, wieder beygesetzt, die gar ge[-]kochten Bärsche mit einem Stück ausgewaschener But[-]ter dazu gethan, und zusammen aufgekocht. Die Bär[-]sche dann in eine Schüssel gethan, und die Brühe drüber gegossen.

Bärsche gebraten auf sächsisch. Man bestreicht sie mit geschmolzener Butter, bestreuet sie mit Salz und bratet sie auf dem Rost; dann macht man statt der Sauce einen kleinen Ragout von Musserons oder Champinionen.

Bärsche mit Baumöl auf sächsisch. Man schupt und säubert den Bärsch, kocht ihn in Salzwasser, gießt das Wasser davon, und läßt es erkalten, legt ihn in eine Schüssel, begießt ihn mit Baumöl und Citronensaft und bestreuet ihn mit Pfeffer.

Bärsche mit Citronen auf sächsisch. Man setzt halb Wasser und halb Eßig in einem Fischtiegel bey, salzt es, und wenn es siedet, thut man die rein gemachten Bärsche hinein. Nachdem sie eine Weile gesotten sind, thut man scheibicht geschnittene Citronen, Ingwer, Pfeffer, Muskatenblumen und geriebene Semmeln dazu, und läßt es noch ein wenig kochen, zuletzt wird ein Stück ausgewaschener Butter dazu gegeben, und angerichtet.

Barben.

Barben gebraten auf böhmisch. Man schupt und nimmt sie aus, macht Querschnitte darein, schmiert sie mit Butter und Salz, und bratet sie auf dem Rost. Die Sauce wird von Sardellen gemacht, die mit etwas durchgesiebtem Mehl vermengt sind, dazu kommen auch in der Sauce mürb gewordene blanchirte Austern, dann richtet man sie mit gebackener Petersilie oder Champinionen an. Man kann auch eine weisse Sauce von in der Kastrole paßirter Butter, Salz, Pfeffer, 2 Sardellen, ausgekernten Oliven und Rokenbolen machen.

Barben gedämpft auf französisch. Man kocht sie in einem Kastrol mit Wein, Salz, Pfeffer,

feinen

seinen Kräutern und frischer Butter, bis die Sauce eingekocht ist, welche man mit einem Löffelvoll gerösteten Mehl verdickt, garnirt sie mit Citronenscheiben. Man kann sie auch ohne Butter kochen, und mit einem Ragout von Champinionen, Trüffeln, Morcheln und Artischockenböden, der mit Salz und Pfeffer gewürzt, mit frischer Butter und mit einer klaren Erbsenbrühe in der Kastrole gekocht, anrichten.

Barben in kurzer Brühe auf französisch. Man schüttet über die nicht abgeschupte Barbe siedenden gesalzenen Weinesig, welchen man hernach in der Fischpfanne mit dem Saft von unreifen Trauben, oder mit Wein, Salz, Pfeffer, Nelken, Muskatennuß, Lorberblättern, Zwiebeln, grüner Citrone und dürrer Pomeranze kocht, thut sodann die Barbe hinein, und läßts einkochen: Nun wird der Fisch herausgethan, abgeschupt und mit grüner Petersille und Krebsen umlegt.

Barben auf französisch gebraten. Sie werden geschupt, ausgenommen und reingemacht, eingekärbt, mit Salz eingerieben, mit Butter beschmiert und auf dem Rost gebraten. Wenn sie gar sind, wird eine Sauce von Sardellen, Austern, Zwiebeln, Butter, ein wenig Mehl, und ein wenig Rindsbrühe und Wein gemacht, in die Schüssel gegossen, die gebratenen Barben drein gelegt, der Rand mit gebackenen Petersillen oder Champinionen besetzt, und als ein Vorgericht aufgegeben.

Barben gesalzen in einer Butterbrühe auf sächsisch. Man siedet sie in Salzwasser, welches man hernach abgießt, zieht ihnen die Haut ab, und legt sie in die Schüssel; dann nimmt man Fleischbrühe, Butter, ein wenig Petersille, Pfeffer, Ingwer, Muskatenblumen, siedet dies ein wenig auf, und gießts über den Fisch. Beiße

Beitze.

Beitze über Wildpret. Man siedet Lorbeerblätter, Rosmarin, Citronen, ganzen Pfeffer, Ingwer, und eine Zwiebel in Eßig, schüttets über das eine Stunde vorher eingesalzene Wildpret, im Winter heis, im Sommer aber kalt.

Biberschwanz.

Biberschwanz eingesalzen. Man erwärmt den Schwanz auf dem Rost, daß die schwarze Haut abgehe; um aber die Haut von den Klauen zu ziehen, muß man sie brühen, dann siedet man beides 2 Stunden, machts vollends sauber, schneidet Stückchen daraus, thut Wein, Pfeffer, Mandeln, groß und kleine Rosinen, ein wenig Eßig, gut Gewürz und ein Stückchen Zucker daran.

Biberschwanz auf sächsisch zugerichtet. Er wird in Stücke geschnitten, gut gesalzen, und in Fleischbrühe gesotten, bis er mürbe ist, dann werden zwen Theile, so viel Wein, als Fleischbrühe ist, drauf gegossen, geriebene Semmeln, Kapern, kleine Rosinen, die Kerne aus einer Citrone, Ingwer, Pfeffer, Muskatblumen, und nach Belieben auch Zucker dazu gegeben, und zusammen aufgekocht.

Birnen.

Birnen gedämpft. Man schält und bäckt sie im Schmalz gelb, thut sie nebst Zucker, Zimmet, Citronenschalen und Wein in einen Topf, deckt sie zu, und läßt sie beym Feuer dämpfen.

Birnen geröstet. Die Birnen werden so geschält, daß der Stiel daran bleibt; und eine Weile in Wein gelegt, dann werden sie im heissen Schmalz

(wel-

(welches nach Erforderniß vermehrt wird) braun geröstet, alsdann werden sie mit Zucker bestreut.

Birnen gefüllt und gebacken, geschieht wie bey gefüllt und gebackenen Aepfeln, siehe diese Rubrik.

Birnen im Schlafrock auf böhmisch. Man macht gute und zeitige Birnen inwendig hohl, siedet sie langsam in Zucker, bis sie weich sind, füllt Riebißel (Johannesbeer) oder Weichseln (Kirschen) hinein, umlegt sie mit einem Butterteig, den man messerruckendick auftreibt, bestreicht mit Eyerklar, bäckt und glasirt sie mit Zucker.

Birnen geschmort auf böhmisch. Man setzt die geschälten Birnen entweder ganz oder zerschnitten mit Zucker und Citronenschalen in Breihan, läßt sie gar schmoren, und bestreut sie mit Zucker und Zimmet: Soll dies mit rothem Wein geschehen, so muß man erst den Wein mit Zucker aufkochen, alsdann legt man die Birnen hinein, und verfährt, wie gesagt.

Birnen mit rothem Wein geschmort und zur Gelee gemacht auf französisch. Man schmort gute geschälte Birnen in rothem Wein mit Zucker und etwas Citronenschalen, alsdann werden sie angerichtet; man thut noch etwas Zucker und ganzen Zimmet in die Brühe, und läßt sie noch eine Weile kochen, und gießt sie etwas abgekühlt auf einen Porzelanteller; wenn es ganz kalt ist, sticht man es mit dem Löffel ab, und legt es auf die Birnen, welche mit länglicht geschnittenen Citronenschalen und Citronenscheiben (die mit Citronensträuschen ausgezackt) belegt werden.

Birnen von allerhand Arten feucht einzumachen auf französisch. Die Birnen werden stark gekocht, in kaltem Wasser abgekühlt, geschält, und

und wieder in frisches Wasser gethan, siedet Zucker à lissé und thut die Birnen hinein, läßt sie gut sieden, schäumet sie ab, und läßt sie erkalten; siedet sie wieder, bis der Sirup en perlé ist, und verdeckt sie erkaltet in Töpfen. Die Bergamotten müssen, wenn sie groß sind, zerschnitten werden.

Birnen auf sächsisch gefüllt. Man nimmt große Birnen, schneidet ein kleines Deckchen ab, und höhlet sie so genau aus, als man kann. Dann wird das Ausgehölete mit Mandeln und kleinen Rosinen klein gehackt, und Zucker und Zimmet darunter gerührt, in die ausgehöleten und geschälten Birnen gefüllt, die Deckel mit Hölzlein wieder vorgesteckt, an die heisse Butter in die Pfanne gethan, und geröstet bis sie braun sind. Indessen wird ein dünner Teig von Wein, Dottern, Zucker und Mehl gemacht, die gerösteten und ein wenig ausgekühlten Birnen drein getaucht, wieder an die heisse Butter gethan, gebacken und aufgegeben.

Birnen auf sächsisch gebacken. Die geschälten Birnen werden erst in Wein, Zucker und Zimmet ein wenig überkocht, dann ausgekühlt, hernach in einen von Eyern, Wein und Zucker gemachten Teig eingetaucht, und in der heissen Butter gebacken.

Birnen, Muskatellerbirnen eingemacht auf österreichisch. Die schönsten und besten Muskatellerbirnen, welche nicht überzeitig, sondern noch etwas grün sind, werden ausgesucht, subtil geschält, und der Butzen ausgestochen, doch daß die Stengel ganz dran bleiben, in ein frisches Wasser gethan, daß sie weiß bleiben, ans Feuer mit ihrem Wasser gesetzt, etwas Wein dazu gegossen, Zucker, so viel als nöthig ist, dazu gegeben, auch gestossene Gewürznelken. Nachdem sie gut übersotten sind, doch daß sie ganz bleiben,

und nicht vom Stengel fallen, werden sie beym
gel herausgenommen, und ausgekühlt in die
gethan. Die Sulze läßt man noch dicker ein
gießt sie hernach kalt drüber, verbindet die
und stellt sie an einen kühlen Ort zum Gebrauch

Birkhahn.

Birkhahn zugerichtet. Wenn sie ausge
men, gesäubert und etliche Tage ausgefroren haben,
und beißt man sie etliche Tage in gutem Weineßig
Wacholderbeeren und bratet sie am Spies. Die
wird mit einem Löffel voll in Butter geröstetem
Wein, Citronenscheiben, Zucker, Zimmet und
wer gekocht und daran gegossen.

Biskotenbrod.

Biskotenbrod, siehe **Brod.**

Bisquit.

Bisquit von Citronen. Man klopft
Eyern das Klare, vermengt es mit dem Saft
Citronen und einem Pfund klaren Zucker, knet
mit klarem Zucker, steckt es mit Mandeln aus,
streicht ein Blech mit Butter, und bäckt es im
ofen.

Bisquit mit kleinen Rosinen auf böhmi
Zucker, Mehl, Butter und Rosinen von jedem ein
Pfund. Die Rosinen werden gereinigt und getro
Die Butter wird ganz weiß gerührt, worein ma
Eyerdotter und 2 ganze Eyer so rührt, daß alle
ein Ey und ein Löffel voll Mehl und Zucker auf
mal eingerührt wird; dann kommen die Rosinen
ein: Man macht ferner kleine Models von Pa
schmiert sie mit Butter und bestreut sie mit Mus
mehl

mehl, fülle sie mit Teig, aber nicht zu voll, backt sie im Backofen hübsch gelb, thut sie aus den Papieren und streut Zucker darauf.

Blatteisel.

Blatteisel auf österreichisch abgeschmalzen. Die Blatteisel werden mit Salz und ein wenig Kümmel in Wasser abgesotten, dann ausgelöset, in eine Schüssel gethan, mit geriebenen Semmelbröseln bestreuet, und mit brauner Butter übergossen.

Blatteisel mit gelben Rüben auf österreichisch. Nachdem sie abgesotten und ausgelößt sind, werden halben Finger lang geschnittene gelbe Rüben, in einer guten Fleischbrühe übersotten, dann in Butter mit geriebenen Semmelbröseln, Milchraum und Gewürz, zugedeckt und gedünstet, bis sie ganz weich oder mürbe sind, zuletzt die Blatteisel hinein gethan, etwas von der Fleischbrühe, worinnen sie gekocht sind, dran gegossen, und ein paar Sud thun lassen.

Blumenkohl.

Blumenkohl, siehe Kohl.

Böuf.

Böuf a la Mode auf französisch. Man schneidet Speck fingerlang und dick, spickt damit ein dickes geklopftes Stück Rindfleisch von der Keule, welches man mit Pfeffer, Würznelken, englischem Gewürz und Salz gut anmacht; legt dünne Speckscheiben auf den Boden des wohlbedeckten Schmortopfs, das Fleisch nebst Citronenschalen, Lorbeerblätter, Muskatenblumen, Pfeffer, 3 bis 4 ganze Zwiebeln, ein paar Löffel voll Weinessig, eben so viel Wasser und einige Löffel voll weissen Wein darauf, klebt den

Deckel auf dem Topfe mit grobem Teig und Papier zu, daß kein Dampf heraus kann, setzt es am Abend auf die heiße Stelle des Feuerheerds, worauf man des Morgens rund herum ein gelindes Kohlenfeuer macht, und das Fleisch 8 Stunden schwitzen läßt, aber nicht zu sehr kocht. Eine viertel oder halbe Stunde vor dem Anrichten macht man den Topf auf, thut eine zerschnittene Citrone hinein, deckt wieder zu, und läßts langsam fortkochen. Man kann auch noch ein wenig Wein oder Weinessig dazu giessen, und das überflüssige Fett abnehmen.

Bœuf a la Mode mit Milch auf sächsisch. Man machts damit, wie oben, nur daß man den Topf mit dem Bœuf ohne mit Speck zu grundiren, gleich mit halb Wasser und Essig zusetzt, wohl zudeckt, und schnell dämpfen läßt. Wenn die Brühe eingekocht, gießt man wieder frische daran, bis es weich ist; dann reibt man Mehl in einer Schüssel mit siedender Milch an, thut Pfeffer, Würznelken und Kapern daran, gießts ans Fleisch, und läßts ein wenig mit kochen.

Bœuf, das sogenannte Bartholomäische zu machen auf sächsisch. Man nimmt ein fettes rindernes Bruststück, thut die Knochen heraus, nimmt geriebene Muskatennuß und Blumen, und Nelken, von jedem gleichviel, mengt dies unter einer Handvoll Salzes, reibt das Fleisch gut damit, gießt Wein und Essig, von jedem gleich viel drauf, und läßt es drey Tage zugedeckt an einem kalten Ort in dieser Beitze liegen, läßt hernach das Wässerige davon gut abseihen, trocknet es mit einem Tuch wohl ab, rollt es dicht zusammen, bindet es so fest als man kann, thut es in einen Topf, vermacht ihn gut mit einem Pastetenteig, setzt ihn in einen Ofen mit hausbacken Brod,

und

und läßt ihn zwey Stunden drin stehen. Nachdem er hernach ganz kalt ist, ißt man das Fleisch kalt mit Senf und Zucker.

Bohnen.

Bohnen immer grün eingemacht zu haben. Man zerschneidet die Bohnen, wovon man 6 Händevoll Bohnen und den 3ten Theil Salz in ein Gefäß thut, und solang mischt, bis es Wasser giebt, welches man in den Bohnenbehälter nebst den Bohnen, die man eindrücken muß, schüttet; nun fährt man immer so fort, bis zum Ende, wo man sie endlich mit einem weissen Tuch, dann mit einem beschwerten Bretchen so bedeckt, daß das Salzwasser eine Hand hoch darüber geht. Das Wasser muß eben so oft, das ist, 2, 3 mal abgegossen und erneuert, als die Bretchens abgewaschen werden; die Bohnen müssen bis im November beitzen, und vor dem Gebrauch in ordindärem Wasser geweicht, und einigemal abgewaschen werden.

Bohnen oder Fasolen auf böhmisch, wenn sie noch jung sind, delikat zu kochen. Man schneidet sie sehr klein, siedet sie mit Salzwasser ab, legt Butter in einen Dreyfuß oder Tiegel, thut die abgesottenen Bohnen ungedruckt darein, würzt sie mit Pfeffer, Muskatenblumen und Salz, und kocht sie auf.

Bohnen weisse, oder Fasolen auf französisch. Die weissen Bohnen werden wie Erbsen mit laulichtem Wasser zum Feuer gesetzt und gekocht, doch so, daß das Geschirr nur halb von Bohnen und dann von Bouillon angefüllt seyn muß: wenn sie weich sind, werden sie mit Pfeffer und Salz, klar geschnittener Petersille und Basilikum in einem Kastrol, in welchem

man

man zuvor Butter und fein geschnittene Zwiebeln
siren läßt, aufgekocht; sind sie angerichtet, so gar
man sie mit einem Stück Schinken oder geselch
Fl.isch, oder auch Würsten, das man, wenn es bl
chirt und gepuzt ist, mit kochen läßt.

Bohnen auf sächsisch gekocht. Den B
nen werden die Adern abgezogen, und sie in dü
länglichte Stücke wie feine Nudeln geschnitten, u
in einen Topf an die siedende Fleischbrühe gethe
Wenn sie bald weich sind, thut man geriebenes u
in Butter geröstetes Brod, Ingwer, Pfeffer, u
Muskatenblumen dazu, und läßt sie damit vollen
weich kochen. Zulezt thut man ein gutes Stück fr
scher Butter dazu. Man kann sie so über Hähne
oder ander Fleisch geben, oder auch würflicht zu eine
Zugemüse schneiden.

Bohnen auf sächsisch eingelegt. Ma
nimmt noch unreife Bohnen, zieht davon die Fase
weg, schneidet sie würflicht, läßt sie im Wasser über
sieden, seihet sie durch, läßt sie wieder trocken werden, und salzet sie, wie das Sauerkraut. Dann legt
man ein reines Tuch in einen Topf, thut die Bohnen
drauf, schlägt das Tuch über sie um, beschwert sie mit
einem Stein, und läßt sie an einem kühlen Ort stehen. Was nun unrein wird, das hänget sich an das
Tuch. Auf diese Weise kann man sie den ganzen Winter über grün erhalten. Wenn man sie aber zum Gebrauch nimmt, müssen sie erst abgewaschen, und dann
im Wasser übersotten werden. Sie können auch länglicht geschnitten, ein wenig im Wasser überkocht, und
mit Salzwasser und Pfeffer besprengt, eingelegt und
beschwert werden.

Bohnen oder Saubohnen auf französisch.
Sie werden geschälet, an die heiße Butter in das Kastrol

krol gethan, und lange drin gebrudelt. Dann wird ein wenig gute Rindsbrühe dran gegossen, Pfeffer, und anderes Gewürz dran gethan. Wenn sie gar sind, gießt man guten frischen Milchrahm, mit ein paar Eyern drein zerrührt darunter, läßt sie damit aufkochen, und giebt sie auf.

Bornkresse.

Bornkresse und Löffelkraut auf sächsisch. Von der Kresse und dem jungen Löffelkraut werden die Stiele abgelöset, das Kraut wird klein gehackt, und in einem Asch gerieben, dann ein wenig Eßig drauf gegossen, und wieder gerieben, zuletzt gießt man etwas Wein dazu und zuckert es.

Bouding.

Bouding von Reis auf böhmisch. Der Reis wird gesäubert, und in einem Kastrol mit Milch ganz gar und gelinde gekocht, wenn er kalt ist, verfährt man damit so wie bey dem englischen Bouding gesagt worden.

Bouding mit Krebsen auf böhmisch. Man schält von den gekochten Krebsen die Schwänze ab, und macht von den Schalen eine Krebsbutter. Mit der Semmel wird, wie bey obigen Boudings verfahren; übrigens kömmt nichts, als die kleingeschnittene Schwänze hinein; anstatt der Butter wird die Krebsbutter gebraucht, und nicht zu süß gemacht.

Boudings im Ofen auf englisch. Man schneide von einigen Semmeln die Rinde weg, das Innere aber klein, welches man in ein Kastrol thut, Milch darüber gießt, weichen, und im währenden Rühren kochen, und wieder erkalten läßt, wo es dann nebst etwas kleingeschnittenem Ochsenmark mit Butter

ver-

vermischt und 8 Eyer und so viel Dottern eines nach dem andern eingerührt wird, dazu kommen klein und große Rosinen, ein Stück kleingeschnittener Citronat, Zimmet, ein paar Citronen auf Zucker abgerieben, etwas Pistazien, und ein wenig Zucker. Diese Masse wird in ein Kastrol gethan, das zuvor mit Butter bestrichen und mit Semmel bestreuet ist, und eine halbe Stunde im Ofen gebacken, und mit Zucker bestreuet.

Bouding auf englisch. Ein Pfund feines Mehl, etwas geriebenes Semmelmehl, ein halb Pf. sehr kleingeschnittenes Ochsenfleisch, zwey Eyer, ein wenig süßer Raum, Zibeben, kleine Rosinen, etwas Zucker, Zimmet, Würzneelken und Muskatenblumen werden zu einem dicklichten Teig gemacht, in ein mit Butter bestrichenes Kastrol gefüllt, u. im Ofen gebacken. Oder, man schneidet von 2 Kr. weissem Brod die Rinde ab, schüttet über die Brosse ein halb Maaß süße Milch, stellt es so lange auf warme Asche, bis das Brod die Milch verschluckt hat, seicht es durch, rührt ohngefähr ein Dutzend Eyer, Zimmet, ein Viertelpfund kleine Rosinen, und würflicht geschnittene Citronenschalen, netzt eine Serviette mit Wasser, windet sie wieder aus, legt sie in eine tiefe Schüssel, bestreuet sie mit Weißmehl, überlegt es mit abgeschälten Mandeln, geschnittenen Citronenschalen und etwas Zimmet, thut das Abgerührte darein, hängt die Serviette wohl verbunden in einem Topf in siedendes Wasser, und läßt es anderthalb Stunden sieden; dann macht man eine beliebige Brühe daran, und siedet es auf.

Bouding gesotten von Champagner Wein auf französisch. Die Sauce wird wie die vorher besagten Boudings gemacht, nur daß man eine sauber mit Butter bestrichene Serviette im Ka-
stol

strol hat, worinn man die Sauce schüttet, sie gut zubindet, und in das im Kastrol siedende Wasser thut, welches man mit etlichen darein gegebenen Lorbeerblättern 2 Stunden sieden läßt. Die in der Serviette befindliche Masse muß unterm Kochen oft umgewendet, wenn sie gut ist, aus dem Wasser genommen, abgeseihet, ringsherum aufgemacht, und auf eine Schüssel gestürzt, und die Sauce darüber gegossen werden. Zur Sauce nimmt man ein Stück frische Butter, 4 Eyerdottern, und ein wenig Mehl in einem Kastrol, rührt es gut ab, giebt dazu ein Stückchen Zimmet, Citronenschale, ein Stück Zucker und 2 Gläser Champagner Wein, rührt die Sauce auf dem Feuer, ohne kochen zu lassen, gut ab; wenn sie aber anfangen will zu kochen, nimmt man sie vom Feuer und servirt sie. Jene, denen weiße Sauce beliebte, dürfen nur ein Stück frische Butter, ein wenig feines Mehl, vier Eyerdottern, und die Schalen von einer Citrone, ein wenig Salz, ein Glas frisches Wasser oder Wein in ein Kastrol thun, die Sauce auf dem Feuer abrühren, und abgeben.

Bouillon.

Bouillon, den man auch auf Reisen brauchen kann. Man kocht 2 alte Kapauner oder Hühner, deren Beine man zerschlägt, 8 Pf. mageres Rindfleisch vom Rücken oder anderm Orte mit einem Markbein und 1 und ein halbes Pf. von einem kälbernen Bein oder Schlegel mit Wasser in einem Topfe, schäumt es gut ab, giebt ein Stück Ingwer, 10 Kerner Pfeffer, Muskatenblüth, und 2 Lorbeerblätter dazu, läßt es gemach 8 oder 10 Stunden fortkochen; man schöpft zuweilen das Fette ab, seihet die Suppe durch eine grobe Serviette, preßt dazu den Saft von

dem

dem Fleische, so viel als möglich, aus, läßt es über Nacht stehen, schöpft denn das sich gesammelte Fette wieder ab, und kocht die Suppe wieder in einem andern Geschirr zu einem Sirup. Man gießt sie nun in eine Schüssel von Majolik, welche man 3 auch 4 Tage in einen sehr lauligen durchaus nicht zu warmen Sand setzt, um sie nach und nach zu trocknen. Wenn sie nun leimicht wird, zerschneidet man sie in beliebige Stückchen, welche man unter oftmaligem Umwenden in einer Schüssel an einem trocknen Orte trocknet. Beym Gebrauch für Kranke bedarf man hierzu keines Gewürzes mehr, für Gesunde aber kocht man Petersillwurzeln im Wasser, und giebt das Stückchen Bouillon dazu, welches man mit einem Löffel zerrührt; endlich salzt man es, gießt es auf das geschnittene Brod, und läßt es auf Kohlen weichen.

Bouillon auf französisch. Man nimmt ein Stück Fleisch vom Schlegel, Kalbsknochen, mageres Hammelfleisch, ein paar Hühner, thut alles in eine Marmite mit ein wenig Wasser, setzt es aufs Feuer, läßt es langsam anziehen, füllt es dann mit Wasser an, läßt es langsam sieden, thut Petersillwurzel, Zelleri, Pasternat, gelbe Rüben und Bori dazu; man muß sie aber nicht zu dunkel machen; sie muß Goldfärbig seyn.

Bouillon in der Fasten auf österreichisch. Man läßt die Erbsen erst sachte, doch stark einsieden, daß der Bouillon klar bleibt, thut hernach von allen Sorten Wurzeln, als Zelleri, Pasternat, Bori, eine ganze Zwiebel, und einen halben Mirsching Körbel dazu. Nachdem dieß zusammen gut gekocht ist, läßt man es eine Weile stehen, daß sich das Dicke setzen kann, und gießt es dann durch ein Haarsieb. Nun ein Stück frischer Butter in das Kastrol gethan, den Boden mit blattweis geschnittenen großen Zwiebeln belegt,

belegt, von allen Sorten Wurzeln, als gelben Rüben, Pasternat, Petersill, Zelleri und Borri, auch ein wenig Kuttelkraut dazu geschnitten, hernach Schleien oder Karpfen darauf gethan, dieß nun zugedeckt, sachte oder langsam dünsten lassen, dann die klare Erbsensuppe darauf gegossen, auch ein Stück Parmasankäse dazu gerieben, und gut versieden gelassen, nun ein wenig stehen gelassen, und sie hernach in die Schüssel, durch ein Haarsieb auf gebähete Semmelschnitte gegossen.

Brasse.

Brasse mit Ragout auf französisch. Er wird geschupt, ausgenommen, an den Seiten eingekärbt, mit Salz und Pfeffer eingerieben, mit geschmolzener Butter überstrichen, und auf den Rost gebraten. Inzwischen wird in einem andern Kastrol ein Stück frischer Butter beygesetzt, Championen, Petersille und Zwiebeln alles klein gehackt mit Salz und Pfeffer dazu gethan, und gut gebrünet, dann etwas Fisch- oder Erbsenbrühe daran gegossen, ein paar Eyer darein gequirlet, den gebratenen Brassen darein gethan, und ihn darinn gut aufsieden lassen. Dann mit dem Ragout zu einem Vorgericht aufgegeben, und den Rand der Schüssel mit gebackener Karpfenmilch, oder mit gebackenen Semmelrinden, oder Petersille, oder Fischwürstlein belegt.

Brasse gebraten auf französisch. Man bratet ihn wie einen Hecht auf dem Roste, macht eine Sauce darüber von frischer Butter, Petersille, und kleingehackten Zwiebeln, Salz, Pfeffer und einem Löffel voll Essig. Die Butter muß nicht zu dicht, und die Sauce muß dicklicht werden. Man belegt den Rand der Schüssel mit marginirten Fischen.

Braten.

Braten mit Knoblauch gespickt. Man häutet eine Kalbskeule, beizt sie 3 Tage in gutem Weinessig; dann bestreuet man sie mit Pfeffer und Würznelken, und bratet sie am Spieß; sie wird hernach halbgebraten mit Knoblauch gespickt und vollends ausgebraten. Zur Brühe schneidet man auch Knoblauch würflicht in ein Töpfchen, gießt Fleischbrühe und ein wenig Essig darüber, würzt sie mit Nelken, siedet es auf, und giebt sie am Braten.

Braten von einem Stück recht fetten Rindfleisch vom Lendenbraten auf böhm. Dieses Stück wird mit Schinken und Speck, den man fingerlang und dick schneidet, gespickt, mit Würze und feinen Kräutern gewürzt, wie das Boeuf a la mode. Man legt es in eine große Schüssel, salzt und pfeffert es, schneidet feine Kräuter, d. i. von den obigen, klar, Schinken und Zwiebeln aber, und das kernlose Mark von einer Citrone wird blätterweis geschnitten, nebst einigen Lorbeerblättern ans Fleisch gethan, und Provenzeröl darüber gegossen; man läßt es so eine Nacht stehen, und machts am andern Tage damit so, wie oben beym englischen Braten gesagt worden.

Braten vom Rindfleisch auf englisch. Das Stück von einem recht fetten Lendenbraten vom Ochsen salzt, pfeffert man, und steckt es an Spieß, verbindet es ferner doppelt mit Papier, begießt es mit Butter, die ganz klar und ohne Milch ist, sonst möchte das Papier löchricht werden, bratet es bey einem nicht zu hitzigen Feuer ohngefähr 4 Stunden. Eine halbe Stunde vor dem Anrichten nimmt man das Papier ab, läßt es abträufeln in die Bratpfanne,

und

und läßt das Stück unter öfterm Begießen vollends gut braten. Die Brühe läßt man durch ein feines Sieb laufen, schöpft das Fette davon, und giebt sie unter dem angerichteten Braten.

Braten gedämpft zu machen auf österreichisch. Man nimmt ein gutes Bratenstück vom Schwanz, spickt es gut mit grobem Speck, salzt es ein, bestreuet es mit gröblich gestoßenem vermischten Gewürz, belegt es mit Lorbeerblättern, gießt etwas Eßig und Wein darauf, und läßt es gut zugedeckt an einem kühlen Ort in dieser Beize vier und zwanzig Stunden liegen, und kehrt es in der Zeit ein paarmal um, steckt es dann an Spieß, setzt die Brühe unter, thut ein Stück Butter dazu, und begießt den Braten damit oft im währenden Wenden. Giebt ihn hernach auf, und die Brühe darüber.

Braten vom Rindfleisch, oder sogenannte gewickelte Braten, auf sächsisch. Man nimmt ein Stück vom Ziemen, schneidet es dünne und länglicht, klopft es gut, salzt und pfeffert es, und läßt es zwey Tage in Eßig liegen, bestreicht die Schnitte hernach mit kleingeschnittenem Speck, thut sie in eine Bratpfanne, und bratet sie im Ofen.

Braten vom in Eßig gebeizten Rindfleisch auf sächsisch. Man nimmt ein Lendenstück vom Ochsen, reibt es mit ein wenig Salz ein, und läßt es etwa acht Tage zugedeckt an einem kühlen Ort in starkem Weineßig liegen, spickt dann den Braten, und steckt ihn an Spieß. Wenn er verhartschet ist, wird er erst mit warmer Fleischsuppe begossen, dann mit Butter beträpfelt. Wenn er gar ist, wird er in die Schüssel gethan, mit Nelken und Zimmet bestreut, und aufgegeben.

Braten vom Kalbfleisch auf sächsisch. Man nimmt ein Stück Kalbfleisch aus dem Stoß, schneidet daraus dünne Schnittlein. Dann hackt man Nierenfett oder Rindsmark mit grüner Petersill klein, rührt darunter getriebenen Majoran oder Salbey mit Salz und vermischtem Gewürz, streicht dieß auf die Schnitte, rollt sie zusammen, thut sie in ein Kälberneß, steckt sie am Spieß, und bratet sie, oft mit Butter begossen, saftig.

Braten vom kälbernen Nierenstück auf französisch. Der Nierenbraten wird mit Speck gespickt, am Spieß gebraten, und oft mit Butter begossen. Wenn er bald gar ist, thut man ihn in das Kastrol, gießt gute kräftige Rindsbrühe, und ein Glas Wein daran, giebt Championen, Gewürz, und das, was von dem Braten herab getröpfelt ist, dazu, und läßt dieß zusammen übern Kohlfeuer gut kochen. Zuletzt, wenn er gar ist, rührt man ein dünnes gelbes Eingebrenntes darunter. Dann thut man das Ragout in eine Schüssel, legt den Braten darein, und ziert den Rand der Schüssel mit marginirten jungen Hühnern, oder mit gebackener Petersille.

Braten vom Rindfleisch auf französisch gedämpft. Man nimmt ein Stück vom Riemen, klopft es gut, und spickt es dicht mit Speck, streuet Salz und Pfeffer darauf, thut ihn in eine eiserne Pfanne, oder Terrine auf Speckschnitte, streuet vermischtes Gewürz, mit den Schnitten einer grünen Citrone darauf, vermacht hernach den Deckel gut mit Teig, und läßt es über einem gelinden Kohlfeuer langsam dünsten. Wenn dann der Braten bald gar ist, gießt man ein paar Gläser Wein darauf, vermacht den Deckel wieder, und läßt ihn noch etwa eine halbe Stunde gemach sieden. Darauf wird er mit dem

Saft einer Citrone angerichtet. Er kann auch so zubereitet werden. Man streuet Pfeffer und Nelken gestoßen mit Salz vermengt, und geschnittene Lorbeerblätter auf den Boden eines eisernen Kessels oder Grapens, reibt den Braten mit eben diesem Gewürz gut ein, legt ihn darauf in den Grapen, streuet Lorbeerblätter darauf, gießt Wein mit starkem Eßig vermengt daran, und läßt ihn gut zugedeckt, etliche Stunden liegen. Dann wird er mit frischem Wasser abgespielt, mit Speck gespickt, in das Kastrol gethan, Lorbeerblätter darauf gestreuet, ein paar Gläser Wein und etwas gute Rindsbrühe daran gegossen, den Deckel mit Teig gut vermacht, und bey gelindem Feuer zwey Stunden ununterbrochen gut dünsten lassen. Dann wird der Braten gut ausgekühlt, in Schnitte oder Scheiben geschnitten, und zu einem Beygericht kalt aufgegeben.

Braten vom Rindfleisch mit Ragout auf französisch. Der Rindsbraten wird erst halb gar am Spieß gebraten, dann in einen Kessel an eine gute Rindsbrühe gethan, Salz, Pfeffer, Nelken, ein Büschel feiner Kräuter, etliche Rosenbolen, Championes, Trüffeln und Artischockenböden dazu gethan, und übern Kohlen gut gekocht. Wenn er gar ist, wird ein Glas Wein daran gegossen.

Braten auf dem Rost zu machen auf österreichisch. Man bratet ein gutes Stück Rindfleisch auf dem Rost, thut es hernach in ein Rein, gießt Rindssuppe und etwas Wasser daran, und läßt es weich sieden, macht hernach Eingebranntes darüber, würzt es, thut kleingeschnittenen Knoblauch, geschnittene Citronenschalen, und etwas Weineßig dazu, und läßt es damit aufsieden.

Braten vom gehackten Rindfleisch auf sächsisch. Vier Pfund Ziemen, oder von der Oberschale werden mit frischem Speck, klein gehackt, in eine Schüssel gethan, Salz, Gewürz, kleingeschnittene Citronenschalen, und ein paar Eyer darunter gerührt, fest zusammen gedrückt, und geformet, wie einen Lendenbraten, in die Bratpfanne an die zerlassene Butter gethan, mit breiten Speckschnitten eben belegt, im Backofen gebacken, und, wenn er gar ist, Citronenschnitte darauf gelegt.

Braten vom rindernen Nierenstück, oder den sogenannten frischen Rindsbraten zu machen auf sächsisch. Man nimmt von dem Stoß, als wie vom Kalbe das Nierenstück, oder auch zwey oder drey von den dicken Rippen, wässert sie ein, und läßt sie dann ein paar Stunden mit Wasser und Salz kochen, hernach in eine Bratpfanne an die Butter gethan, und im Ofen gebacken.

Bratwurst.
Bratwurst. Siehe Wurst.

Brezeln.

Brezeln von Mandeln zu machen. Man stößt ein Viertel Pfund abgeschälte Mandeln mit Rosenwasser, thut sie in eine Schüssel, rührt sie mit einem Ey, 4 Loth Zucker, ein wenig Kardemom, Zimmet und Pfeffer zusammen, würkt dieß mit Mehl zu einer Maße, formirt daraus Brezeln, bäckt und bestreicht sie noch warm mit Eyweiß (Eyerklar).

Ebendergleichen auf sächsisch. Man macht aus Mandeln, Bienchen, Pistazien, Zucker und Rosenwasser einen Marcipanteig, wie schon gesagt, läßt ihn etwas trocknen, formirt hernach Brezeln daraus, bäckt

bäckt sie schön gelb, bestreicht sie hernach mit Eyerweiß, streuet Zucker darüber, setzt sie wieder in den Ofen, und läßt sie abtrocknen.

Brey.

Brey. Siehe Koch oder Mus.

Brod.

Brod mit Anis auf böhmisch. Ein Viertel Pfund Zucker wird mit vier Eyern wohl abgerieben, oder gut und lang untereinander gerührt, hernach werden fünf Loth Anis, und sieben Loth Mehl dazu gethan, ein Teig daraus gemacht, und gebacken, hernach in längliche dünne Stücke, gleich dem Mandelbrod oder Zwieback geschnitten, und am Feuer von weiten braun geröstet.

Brodbiskotten auf sächsisch. Man macht aus schönem Mehl und Wasser einen Teig, knetet ihn eine halbe Stunde, rührt dann gestoßenen Anis, Koriander und Zucker darunter, macht daraus Semmeln, bäckt sie in einem Ofen, schneidet sie hernach zu Schnitten, und bäckt sie wieder, aber nicht braun.

Brod von Mandeln auf böhmisch. Ein Viertel Pfund durchgesiebter Zucker wird zuvor mit zwey ganzen Eyern und fünf Dottern lange und wohl abgerührt, dazu schneidet man sechs Loth reingemachte süße Mandeln, und zwey Loth Citronat dünne und länglich, und thut auch gestoßenes Gewürz nach Belieben daran, hernach werden sechs Loth feines Mehl dazu genommen, ein dünner fliessender Teig daraus gemacht, und in die Trägelpapiere gegossen, und langsam gebacken, dann mit einem aus Kanarienzucker und

Eyweiß formirten Eis, während, daß sie heiß sind, bestrichen.

Ebendergleichen auf böhmisch. Es werden in zehn Eyern drey Viertel Pfund gesiebten Zuckers eine Stunde lang gerührt, hernach drey Viertel Pfund feines Mehl darein gethan, ein Viertel Pf. süße und kleingestoßene Mandeln, und vier Loth geschnittene Mandeln unter den Teig gerührt, doch sachte, daß die geschnittenen nicht zerrührt werden, darauf thut man den Teig in längliche viereckigte Wanneln. Sobald sie aufgelaufen und bräunlich geworden sind, schneidet man sie in breite längliche Stücke, thut sie wieder in die längliche flache Tortenpfanne, und läßt sie an der mäßigen Wärme dürre und braun werden.

Dergleichen auf österreichisch. Zwölf ganze Eyer und eben so viel Dotter werden in einen Hafen gut zerklopft, dann wird ein Pfund gedäheter Zucker, und ein halbes Pfund kleingestoßene Mandeln eine halbe Stunde lang gut darunter gerührt, hernach werden von zwey Citronen die Schalen klein geschnitten, und ein Pfund Mundmehl dazu genommen, und alles gut unter einander gemengt, in das gehörig ausgeschmierte Geschirr gegossen u. langsam gebacken. Nachdem es ausgekühlt ist, wird es in dünne längliche Schnitte geschnitten, und auf dem Rost gebräunet.

Dasselbe zu machen, auf schwedisch zu backen. Man rührt ein Pfund gesiebten Zucker, und eben so viel gestoßene Mandeln gut zusammen, wozu man 6 wohl abgeschlagene Eyer, Muskatenblumen, Zimmet, Kardamom und Würznelken von jedem ein halb Loth thut, welches alles gestoßen wird, und endlich formirt man mittelst etwas Mehls einen Teig, daraus man kleine Brode oder Semmeln macht, und

sie

sie in einem Kanditorofen ganz langsam backen läßt, wo man sie sodann mit wasserverdünntem Holunder-saft, und wenn es trocken, mit Marzipanenspiegel überstreicht, mit Aniszucker überstreuet, und wieder trocknen läßt.

Brod gewürztes oder Musketierbrod auf böhmisch. Nachdem man zuvor ein halbes Pfund Honig geläutert hat, so wird von gestoßenen Nelken, Kaneel, Ingwer, Pfeffer und Koriander, von jedem ein Loth, von Muskatennüssen zwey Loth, und zwey Cieronenschalen genommen; dieß alles in den Honig gethan, und ein wenig sieden lassen; damit wird so viel als nöthig ist, Backmehl genommen, und daraus ein fester Teig gemacht, der wohl durch einander gewalkt oder geknätet werden muß, daraus macht man ein Brod, setzt es in die Tortenpfanne, giebt ihm oben etwas mehr Gluth als unten, und läßt es zwey bis drey Stunden langsam backen.

Brod das schwedische auf böhmisch. Zu einem halben Pfund durchgesiebten Zucker werden zwey ganze Eyer und ein Eyerdotter genommen, dieß eine halbe Stunde lang wohl untereinander gerührt; dann nimmt man ein Viertel Pfund feines Mehl, ein halbes Pfund hausbacken geröstetes und geriebenes Brod, dieß alles zusammen und Anis nach Belieben dazu gethan, sechs Eyer daran geschlagen, und Schmetten und Butter, so viel als nöthig, auch etwas guten abgezogenen Brandwein dazu gegossen, den Teig wohl durchgearbeitet, auf das mit Zucker bestreute Tortenblech in der Form eines Brods gethan, mit zerrührten Eyerdottern bestrichen, und im Ofen bey mäßiger Hitze braun backen lassen.

Brod mit Zimmet auf österreichisch. Man zerklopft sechs Eyer und zwölf Dottern, thut ein halbes Pfund gesähten Zucker dazu, und treibt dieß anderthalb Stunden gut ab, daß es pfidumig wird, dann wird ein Loth gesähten Zimmet, acht Loth Stärke und eben so viel Mundmehl zugethan. Und nachdem alles gut untereinander gerührt ist, wird das dazu gehörige mit Schmalz ausgeschmierte Geschirr damit halb voll angefüllt, langsam gebacken, hernach geschnitten, und auf dem Rost gebräunet.

Brod von Zwieback, oder sogenanntes Zwiebackbrod auf böhmisch. Zu einem Viertel Pfund durchgesiebten Zucker werden vier Eyer geschlagen, dieß eine halbe Stunde lang wohl untereinander gerührt, dann ein halbes Pfund schönes Mehl dazu genommen, einen Löffel voll Anis daran gethan, und etwa noch vier oder fünf Eyer daran geschlagen, ein paar Löffel voll Most oder heurigen frischen Wein, oder im Nothfall einen Löffel voll reine gute Hefen, einige Tropfen starken abgezogenen Brandwein dazu gethan, einen wohl durchgearbeiteten Teig daraus gemacht, ihn an einen warmen Ort etwas stehen gelassen, bis er aufgeht, daraus ein länglichtes viereckigtes und etwa vier Finger hohes Brod gemacht, in der Tortenpfanne, oder auf einem Blech gebacken, dann einen halben Finger dick in längliche Stücke geschnitten, aufs Blech gethan, und bey mäßiger Hitze bräunen lassen.

Dergleichen hartes auf österreichisch. Man nimmt warm gemachtes Mehl in einen Weidling, macht mit guten Gerben und Milch ein Dämpfel, und läßt es aufgehen, dann Zucker in die Milch, und macht den Teig damit an, thut Anis und ein wenig Salz dazu. Nachdem der Teig gut durchgearbeitet ist, wird das dazu gehörige mit Schmalz ausgeschmierte Geschirr damit halb angefüllt, läßt ihn an

Brod — Brühe.

einen warmen Ort aufgehen, bis das Model davon voll wird, alsdann langsam gebacken, dünn geschnitten, und auf dem Rost gebräunet.

Dergleichen ordinaires auf österreichisch. Es werden achtzehn frische Eyer und acht Dottern gut zerklopft, dann wird ein Pfund geläuterten Zucker eine Stunde darunter gerührt, dann ein Viertel Pf. länglicht geschnittener Mandeln, ein halbes Pfund Mehl und eben so viel Stärke gut dazu gemengt, das zugehörige Geschirr mit Schmalz ausgeschmiert, solches halbvoll damit angefüllt, und bey mäßiger Hitze gebacken. Nachdem es ausgekühlt ist, wird es wie gewöhnlich geschnitten, auf den Rost gelegt, und gebräunet.

Bricken.

Bricken mit einer Brühe auf sächsisch. Man brühet sie erst mit siedendem Wasser ab, daß ihnen die Haut abgehet, dann thut man sie in einen Tiegel, macht eine Brühe von Wein, Kirschsaft, Zucker und Nelken, gießt sie darüber, und läßt sie damit aufkochen. Man kann auch eine Citronenbrühe darüber machen.

Brühe.

Brühe über gefüllte Hüner oder Tauben. Man nehme die Bratenbrühe aus der Pfanne, vermengt sie mit etwas geriebenem Brod, Butter und weissem Pfeffer, und läßt sie mit ein wenig Eßig kochen.

Brühe über Fische. Ein Glas Wein, 4 Löffel voll Weineßig, ein Löffel voll schönes weisses Mehl, Ingwer und ein wenig Pfeffer, etwas Zucker

cker und frische Butter läßt man zusammen sieden, und gießt es über die angerichtete Fische.

Brühe mit Sardellen über Fische. Man läßt ein paar Löffel voll von der Brühe, worinn die Fische gesotten worden, mit eben so viel Fleischbrühe, einem Stück Butter, Ingwer, Muskatenblüthe, gehackter Petersille, einer kleingeschnittenen Sardelle, Lorbeerblättern, Rosmarin, Citronen und Kapern aufsieden, und giebt endlich ein paar geschlagene Eyerdottern daran.

Brühe eine grüne über Gebratenes und auch über Fische auf böhmisch. Man wäscht, schneidet und stößt Brunnkresse klein, salzt sie ein wenig, gießt Weinessig daran, und treibt es durch ein Tuch; dann wird dieser Saft mit einem Stückchen Butter, einem Löffel voll Zucker, und mit ein wenig Pfeffer und Ingwer in einer Pfanne übers Feuer gesetzt, und läßt es sieden.

Brühe. Siehe mehr davon unter Sauce, Tunke und Bouillon.

Brühe über Hechte auf böhmisch. Zu einem Stück frischer gut zerrührter Butter werden sechs Dottern gut zerklopft, und ein paar Löffel voll Weinessig genommen, und gut untereinander gerührt, dann in ein Reinel etwas Petersillenwasser gethan, Citronensaft, geschnittene Citronenschalen, geschnittene grüne Petersille, geröstete Zwiebeln, und gestoßene Muskatenblumen dazu genommen, und indem es aufsiedet, das Obige dazu gegossen, gut untereinander gerührt, ein Stück frischer Butter gut in Mehl gewalket, oder nach Belieben geröstete und geriebene Semmeln dazu gethan, aufsieden lassen, und auf blaugesottene Hechte gegossen.

Brühe. 55

Brühe über einen kälbernen Braten auf böhmisch. Der kälberne Braten wird mit samnt den Nieren mit Knoblauch bestochen, so viel Eßig und Wasser darauf gegossen, als ihn bedeckt, Salz dazu gethan, und mit dem Messer überall bestochen, daß Eßig und Salz gut durchziehen können, eine Nacht darinn liegen lassen, hernach am Spieß gebraten, das Obere von der Brühe in die Bratpfanne gegossen, gestossenen Kaneel, Muskatenblumen, und ein Stück frischer Butter dazu gethan, unter den Braten gestellt, ihn oft damit im Wenden begossen, zuletzt diese Brühe in die Schüssel.

Brühe oder Potage, die sehr kräftig ist, über Kapauner auf französisch, bisque de Chapon. Man gießt siedenden Eßig mit Zwiebelnsaft und Pfeffer vermengt, dem lebendigen Kapaun in den Hals, bindet ihn fest zu, und läßt ihn drey Tage in der freyen Luft hängen. Dann wird er rein gemacht, ausgenommen, im siedenden Wasser überbrühet, hernach drückt man ihm das Brustbein ein, kocht ihn mit vielen Speckschnitten, mit einem Paar mit Nelken gespickten Zwiebeln, und mit einigen Citronscheiben, und schäumt ihn gut ab. Wenn er gar ist, so läßt man ihn in der Brühe stehen, und macht indessen einen Ragout auf diese Weise: man nimmt im siedenden Wasser überbrühte (blanschirte) Kalbsprisel oder Kälbermilch, Champinionen, Trüffeln, und etliche Boten von Artischocken, thut solches zusammen kleingeschnitten mit ein wenig Mehl, und einer mit Nelken gespickten Zwiebel in das Kastrol zu den zerlassenen Speck, und läßt es rösten, aber nicht braun werden. Dann gießt man etwas von der Brühe darauf, worinn der Kapaun gekocht ist, und läßt es kochen, aber nicht zu viel einsieden. Ist das Ragout
gar,

gar, so läßt man Rinden vom geraspelten und gebähten Brod in einer guten Fleischbrühe auffschwellen, thut sie ordentlich in die Schüssel, legt den Kapaun darauf, gießt etwas von seiner Brühe darauf, thut das Ragout um denselben, drückt den Saft aus einem Paar Citronen darüber, zieret den Rand der Schüssel mit Citronenscheiben, und giebt es warm auf.

Brühe über Kapauner oder Hühner auf französisch. Citronen werden in Schnitte geschnitten, und mit Wein und einem Löffel voll Aepfelsaft beygesetzt. Wenn es gut aufgekocht ist, zwingt man es durch ein Tuch, setzt es wieder bey, gießt dazu Malvasier, thut Zimmet, Zucker, Muskatenblumen, Kardemomen, und ein wenig Safran dazu, und läßt es wieder damit aufkochen. Richtet hernach das Gebratene an, gießt die Brühe darüber, und streuet geschnittene Datteln und Mandeln darauf.

Brühe eine recht gute über Hechte auf österreichisch. Man bratet einige Stückchen Hecht mit Peterlingwurzeln im Schmalz fein braun, röstet einige Semmelschnitten fein gelb, so wie auch etliche geschälte Mandeln, welche man klein stößt. Man stößt alles untereinander, setzt es in eine klare Erbsenbrühe, läßt es einen Sud thun, treibt es etwas dick durch, würzt es mit Pfeffer, Ingwer, Muskatenblüthe und Salz, läßt es braun sieden, richtet sie auf gewürfelte, und im Schmalz geröstete Semmeln, und giebt gebranntes Schmalz, und ein wenig Pfeffer darauf.

Brühe, eine grüne über Hühner auf sächsisch. Die Hühner werden gekocht, dann zwey Hände voll grüner Petersille gehackt, und klein gerieben, fünf zerklopfte, und in etwas Hühnersuppe zerrührte Eyer, mit Ingwer und Muskatenblumen gut darunter gerührt,

gerührt, in einem Töpfchen beygesetzt, immer gequirelt, auch ein Stück Butter dazu gethan, die Hühner angerichtet, gebackene Petersille um den Rand gelegt, gebackene Semmelschnitte dazwischen gethan, und die Brühe darüber gegossen.

Brühe über Rebhühner auf sächsisch. Man stößt eines von den ungespickten und gebratenen Rebhühnern, das mit Nelken und Zimmet bestochen ist, im Mörser, zerreibt es in Wein und Fleischbrühe, treibt es durch ein Tuch, setzt es bey, thut dazu Nelken, Muskatennuß, Kardemomen, und Butter, und läßt es damit aufkochen, thut dann geröstete Brodschnitte in die Schüssel, gießt die Brühe darüber, und legt die gebratenen Rebhühner oben darauf.

Brühe über einen Fasan oder Auerhahn auf sächsisch. Man nimmt Malvasier, drückt Citronensaft darein, thut Zucker, Zimmet, Muskatenblumen, Kardemomen, und ein wenig Pfeffer und Ingwer dazu. Wenn es damit aufgekocht ist, thut man indianische Nüsse, eingemachte Pomeranzschalen, und Pistazien, alles klein geschnitten dazu, und läßt es damit noch ein wenig aufkochen. Dann thut man geröstete Semmelschnitte, und Muskatenbrod in die Schüssel, legt den gebratenen Fasan oder Auerhahn darauf, und gießt die Brühe darüber.

Brühe über gebratenes Wildpret auf sächsisch. Zu einem Viertel Pfund kleingestoßener Mandeln werden drey gute Aepfel geschält, und klein gehackt, genommen, in Wein zerrührt, durch einen Durchschlag getrieben, und beygesetzt, Zucker dazu gethan, mit Muskatenblumen und Zimmet gewürzt, und gut aufgekocht, über das Gebratene gegossen.

Brühe von Citronen auf sächsisch. Man gießt Wein und ein wenig Fleischbrühe in ein Töpfchen,

chen, thut eine Schnitte gerösteten Rockenbrods dazu, und läßt es ganz weich kochen, treibt es dann durch einen Durchschlag, und setzt es wieder bey, würzt es mit Muskatenblumen, Pfeffer, Kardemomen, und drückt den Saft aus einer Citrone dazu, thut ein wenig Trisenet, und geschnittene Citronenschalen dazu, läßt es damit gut aufkochen, und giebt es zu einem Braten.

Brühe von Johannesbeeren auf sächsisch.
Die reingemachten Johannisbeeren werden in gutem Wein gut zerrieben, durch ein Sieb gegossen und beygesetzt, gezuckert, Zimmet und ein wenig Ingwer dazu gethan, und solange sieden lassen, bis es etwas dick geworden ist, dann über gebratene Vögel gegossen, oder auch kalt zu jedem Gebratenen gegeben.

Brühe von Pomeranzen auf sächsisch.
Man läßt zwey Loth Butter in einem Tiegel heiß werden, thut einen Löffel Weitzenmehl dazu, und röstet es braun, gießt dann ein Glas Wein, ein wenig Essig, und den Saft von einer Citrone dazu, würzt es mit Nelken und Zimmet, zuckert es. Wenn es damit gut aufgekocht ist, thut man eine reife in dünne Scheiben geschnittene Pomeranze dazu, läßt es damit noch ein wenig aufkochen, und giebt die Brühe hernach zu etwas Gebratenem.

Brühe von Rosinen auf sächsisch. Man gießt guten Wein in ein Töpfchen oder in einen Tiegel, zuckert ihn gut, thut Kardemomen, Muskatenblumen, ein wenig Ingwer und Pfeffer, und etwas fein geriebenen Safran dazu, und läßt dies zusammen im Wein aufsieden. Indessen läßt man die schönsten Eibeben in Wasser aufquellen, wäscht sie in Wein aus, gießt den Wein, worinnen die Gewürze gekocht sind, durch ein Haarsieb, setzt ihn wieder bey, thut die Eibeben mit ein wenig Malvasier dazu, läßt es damit gut aufkochen, und gießt es über Gebratenes.

Brühe von Weinbeeren auf sächsisch.

Die Weinbeeren werden abgewaschen, im Mörser gestoßen, durch ein Tuch in einem Tiegel gepreßt und beygesetzt, eine halbe Stunde sieden lassen, aber immer gerührt. Indessen werden ein Paar hart und braun geröstete Semmelschnitte im Mörser ganz klein gestoßen, unter den siedenden Saft gerührt, doch daß er nicht zu dick werde, auch kleine Rosinen, Zucker, Zimmet, Nelken, und ein wenig Ingwer dazu gethan, und zusammen aufkochen lassen, dann über Gebratenes gegossen, oder auch kalt dazu gegeben.

Bubito.

Bubito auf sächsisch. Man läßt Kalbfleisch und ein Stückchen Speck aufwallen, hackts mit etwas Nierenfett recht klein, giebt dazu einige Eyer, wovon die Hälfte im Schmalz verrührt seyn muß, auch Majoran, Koriander, eine eingeweichte Semmel, süsse Sahne oder Schmetten, Pfeffer, Ingwer und Muskatenblumen, rührt alles zusammen, schüttets über die weichgekochten, in Stücke zerschnittenen und in Sahne gelegten Kalbsfüsse, und bäckts.

Budding.

Budding auf böhmisch. Man schneidet Mundsemmeln, ein halbes Pfund Rindsmark, und ein halbes Pfund Knochenmark gewürfelt, thut länglicht geschnittene Mandeln und Cubeben dazu, und menget dies alles untereinander, dies in eine blecherne Schüssel gethan, um den Rand derselben einen Teig gemacht, ein halb Maß süsse Schmetten, vier ganze Eyer und vier Dotter gut zerklopft, darauf gegossen, in den Ofen, oder auf ein Kohlfeuer gesetzt, und oben und unten gleich mäßige Gluth gegeben, und braun gebacken.

Budding von Kalbsfüßen auf sächsisch. Den weichgekochten Kalbsfüßen wird die Haut abgezogen, und mit einer Brosse aus einem Paar Semmeln ganz klein gehackt, ein halbes Pfund kleingeschnittenes Rindsfett, drey oder vier zerklopfte Eyer, Salz, geriebene Muskatennuß, auch nach Belieben mehr Gewürze, Zucker und Rosinen darunter gemengt, auch Rindsmark darunter gerührt, ein Kalbsnetz wie ein Säcklein gemacht, damit gefüllt, zwey Stunden in Fleischbrühe gekocht, dann herausgenommen, mit geschälten und länglich geschnittenen Mandeln bespickt, Zucker und Weinbeerensaft darüber gethan. Oder, will man es nicht süß haben, so kann man Citronen nehmen.

Butté.

Butté auf französisch. Man thut sie in das Kastrol an die zerlassene weiße Butter, und kocht sie erst darin ein wenig, dann gießt man ein wenig weißen Wein dran, thut Champinionen, Salz, Pfeffer, und ein Bündchen feiner Kräuter dazu, und läßt sie damit noch gut aufkochen. Dann richtet man sie mit der Sauce zu einem Vorgericht an, und besetzt den Rand mit gebackenen Championen.

Butterschnitte.
Butterschnitte siehe Schnitte.

Butterschollen.
Butterschollen siehe Schollen.

C.

Cabliau.

Cabliau gebacken, dies geschieht, wie beym Stockfisch, siehe **Stockfisch**.

Cabliau gefüllt auf französisch. Man schupt einen Cabliau, zieht ihm die Haut ab, hebt das Fleisch fleckweis in die Höhe und unterfüllts mit einer Fülle von Karpfen- und Aalfleisch, feinen Kräutern, Salz, Pfeffer, einigen Champinionen, ganz klein gehackt, wenn dies geschehen, zieht man ihm die Haut wieder auf, bäckt ihn in einer Tortenpfanne im Backofen, giebt ihn auf eine Schüssel, deren Rand man mit marginirten Aalstücken, gebackener Petersille oder Semmelrinden besetzt. Oder man macht einen Ragout von Champignonen, Morgeln und Trüffeln, welche man wohl gewürzt im Kastrol paßirt.

Carbonnade.

Carbonnade vom Lammfleisch, wird meistentheils wie die Kalbscarbonnade gemacht. Siehe Carbonnade vom Kalbfleisch.

Carbonadel von gespicktem Kalbfleisch. Sie müssen schön rund und kurz vom Bein seyn, man spickt und macht sie wie beym Granatin gesagt wird.

Carbonnade von Lammfleisch auf böhmisch. Man schneidet Oblaten rund, macht einen Farsch von lauter Lebern, streicht es auf die runden Oblaten, legt die kleinen runden Carbonadeln drauf, und auf diese wiederum Farsch, deckt es mit Oblaten zu, und bäckt sie im Schmalz.

Carbonnade von Hünern auf böhmisch. Hierzu nimmt man die Brust, und verfährt übrigens mit

mit dem Hünerfleisch, Hammel- Schwein- und Schöpsenfleisch wie bey den Carbonnaden von Kalbfleisch gesagt wird. Der Unterschied ist überhaupt nicht groß.

Carbonnade von Kalbfleisch, oder brabandische Kalbscarbonnade. Nachdem die Carbonnaden gut rangirt sind, tunkt man sie auf beiden Seiten in feines Mehl ein, legt sie in das Kastrol, worinn man Butter hat gelb werden lassen, thut daran Pfeffer und Salz, eine Zwiebel, ein Lorbeerblatt und ein wenig Thimian, setzt es aufs Feuer, und läßt sie auf beyden Seiten schön gelb werden, gießt hernach ein Gläschen weissen Wein und etwas Brühe daran, läßt sie gelinde kochen, thut sie heraus in ein sauberes Kastrol, schöpft die Sauce ab, und paßirt sie an die Carbonnade, welche man endlich aufkocht, und mit dem Saft von einer halben Citrone beträpfelt.

Carbonnade von Kalbfleisch auf deutsch. Man bereitet die Carbonnade; paßirt feine Kräuter mit frischer Butter im Kastrol, thut die Carbonnade hinein, pfeffert und salzt sie, wendet sie um, läßt sie ein paar Stunden liegen, macht sie hernach ein wenig warm, bannirt sie mit fein geriebener Semmel und legt sie auf den Rost: wenn es bald Zeit zum serviren ist, grillirt man sie schön und macht dazu folgende Sauce: man schneidet das Mark von einer Citrone blättchenweis in einen Löffel voll Coulis, läßt die Sauce aufkochen, gießt sie auf die Schüssel, legt die Carbonnade drein, macht ein wenig frische Butter gelb, drückt von einer halben Citrone den Saft darein, und gießt es über.

Carbonnade auf österreichisch. Man nimmt einen kälbernen Schlägel, schneidet das Fleisch davon in dünne Schnitte, klopft sie mit dem Messerrücken, salzt sie ein, bestreut sie mit ein wenig Kümmel, begießt sie mit Butter, und bratet sie auf dem Rost, thut sie dann in einen Tiegel, gießt gute Rindssuppe, etwas Wein, und ein wenig Eßig dran, und läßt sie weich sieden, giebt hernach ein Eingebrenntes, Gewürz, Milchraum, Citronenschalen und Kapern dazu, und läßt es damit gut aufkochen.

Carbonnade gebacken auf österreichisch.
Das Carbonadel wird gesalzen, ein wenig mit Eßig besprenget, mit Mehl bestreuet, und im siedenden Schmalz gebacken, dann eine gute Rindssuppe mit etwas Wein und ein wenig Eßig dran gegossen, und es weich kochen lassen, hernach ein Eingebrenntes dazu gegeben, Milchraum, Kapern, Citronenschalen und Gewürz dazu gethan, und nachdem es damit aufgekocht hat, aufgegeben.

Carbonnade mit Maurachen auf sächsisch.
Hier müssen die hübsch runden Carbonnaden nicht zu stark geklopft, wohl aber im warmen Wasser blanchirt und in eine Bräs gerichtet werden. Die Maurachen putzt und wäscht man, paßirt sie mit frischer Butter und Salz in einem Kastrol auf dem Feuer, und läßt sie gut kochen, wovon die Sauce nachher in ein Geschirr paßirt wird; auch werden ein wenig frische Butter, Zwiebeln, etwas Wurzeln, ein wenig Basilikum und Thimian einmal, und dann mit einem Löffel voll schönem Mehl zum andernmal paßirt, und dann mit der Maurachensauce und gutem Bouillon solang aufgekocht, bis die Sauce dick wird. Nun wird die Carbonnade in eine Serviette aus der Bräs und endlich in ein Kastrol mit der Sauce gethan, aufgekocht, den Saft von einer Citrone daran gedruckt und mit Maurachen garnirt.

Carbonnade.

Carbonnadel von Kalbfleisch auf sächsisch. Sie werden gut abgehäutet, klein und schön rund gemacht, und mit feinen Kräutern und frischer Butter ein wenig auf dem Feuer paßirt; man läßt sie wieder kalt werden; blanchirt eine dünn geschnittene Zwiebel in siedendem Wasser so, daß sie nicht zerfällt; dann wird die Carbonnade auf der einen Seite mit geschlagenem Eyerklar, dann mit Fasch und wieder mit Eyerklar bestrichen, und mit den runden Zwiebelscheiben so belegt, daß sie immer einen Messerrücken breit von einander seyn, dieses Spazium füllt man mit rohem kleingeschnittenen Schinken oder Zungen, auch mit Spinatdopfen und Trüffeln, und das Carbonnadel auswendig mit Spargel oder Maurachen aus; man setzt sie mit ein wenig Provenzeröl und Citronensafte in eine Tortenpfanne, bedeckt sie mit Speckbarten, diese wieder mit Butter bestrichenem Papier, und backt sie in einem nicht zu heissen Ofen: man thut nun das Papier sammt dem Speck hinweg, legt die Carbonnade auf eine Serviette, daß das Fett abträufelt, giebt eine klare piquante Sauce in die Schüssel, und rangirt sie hernach darauf.

Carbonnadel von Kalbfleisch auf andere Art. Man giebt sie in eine Schüssel, thut daran Salz, Pfeffer, ein paar Lorberblätter, Basilikum, Thimian, Petersille, Zellery, gelbe Rüben und Pasternatwurzeln scheibenweis geschnitten, auch Provenzeröl und das Mark von einer Citrone, läßt sie etliche Stunden so liegen, und grillirt sie in dem Saft auf dem Rost; dann werden ein paar klein geschnittene Sardellen in einem Kastrol mit Butter begossen, ein wenig feines Mehl und Kapern, ein Stengelglas voll Champagner Wein und ein wenig gute Brühe, endlich aber die Carbonnade dran gethan, und läßt sie im Um-

Castanien — Champignons.

rütteln auf einem Windofen ein paarmal aufkochen, drückt zuletzt den Saft von einer halben Citrone dran und übergiebt sie ganz warm.

Castanien.

Castanien glasirt. Man bratet große Castanien, schält und wirft eine nach der andern in geläuterten und a parte gesottenen Zucker, zieht sie gleich wieder heraus und thut sie in kaltes Wasser.

Castanien zu backen auf böhmisch. Man ziehet den Castanien die Haut ab, kocht sie ein wenig in Rosenwasser, macht einen Teig von feinem Mehl, süsser Schmetten oder Sahne, Zimmet, Zucker und Rosenwasser, welchen man mit Eyern anrühret und verdickt, wendet sie in dem Teige um, bäckt sie im Schmalz, und bestreut sie mit Zucker und Zimmet.

Castanien auf französisch. Man bratet, schält und drückt sie ein wenig breit, giebt sie auf einen Teller, macht einen Syrup von Wasser, Zucker, Citronensaft oder Pomeranzenblühtwasser, und schüttet ihn recht heiß darauf.

Champignons.

Champignons, werden wie der Blumenkohl im Salzwasser verwällt, mit Salz, Ingwer und Muskatenblumen gewürzt, und in einer Butterbrühe mit oder ohne Eßig gekocht.

Champignonen gebacken. Man schwällt sie Anfangs mit Butter in einem Kastrol, bestäubt sie mit Salz und weissem Pfeffer und dann mit Mehl, und bäckt sie in der Butter.

Champignonen gefüllt auf französisch. Man bedient sich hiezu der ganzen Champignonen, giebt

giebt die Stiele davon, füllt sie mit einer Fülle von Fisch- oder Kalbfleisch, Rindsmark, Speck und gutem Gewürz, setzt sie in Ofen, und richtet sie endlich mit Brühe von Champignonen oder von Rindfleisch an.

Champignonen mit Ragout auf französisch. Sie werden würflicht geschnitten, und in Speck oder Butter im Kastrole geröstet, dann gesalzen und gepfeffert, klein geschnittene Petersilie dazu gethan, etliche Eyer in sauern Schmetten mit ein wenig geröstetem Mehl zerrührt dran gegossen, gestoffene Nelken und den Saft aus einer Citrone dazu gegeben; und wenn es gar ist, zu einem Beygericht angerichtet.

Champignonenbrühe.

Champignonenbrühe. Siehe Jus.

Citronat.

Citronat, weissen auf böhmisch einzumachen. Das Gelbe wird erst von den Citronen ganz dünne abgeschält und davon weggenommen, dann werden sie auf einem Reibeisen in etwas Wasser gerieben, heraus genommen, in ein sauberes Tuch gethan, und in selbigem Wasser über dem Feuer ein wenig aufkochen lassen, hernach ausgedruckt, und aus dem Tuch genommen, dann nach ihrem Gewicht, noch einmal so viel Zucker ins siedende Wasser gethan, solchen geläutert, und zu einem nicht allzu dicken Syrup kochen lassen, nämlich nur so lange, bis das Wasser eingekocht ist; die Citronen ins Zuckerglas gethan, der Syrup zu etlichenmalen kalt drauf gegossen, hernach fest verbunden und aufbewahrt.

Compôte.

Compôte von Reinetten. Man schält und schneidet diese Aepfel in 4 Stücke, sticht Blüte und Kern aus, und legt sie in frisches Wasser. Der Saft von den Schalen von allen diesen Aepfeln wird ausgepreßt, mit einer beliebigen Quantität Zucker in eine Pfanne gethan und so lange gesotten, bis die Aepfel gut gekocht sind, welche man zuweilen umwendet, und endlich auf einer Serviette austrocknen läßt, und auf einen Teller anrichtet. Man läßt den Syrup noch mit ein wenig Zucker und Citronensaft aufsieden, und richtet ihn etwas abgekühlt über die Aepfel an.

Compôte von Citronenschnitten und Pomeranzen. Man schneidet die Citronen schnittenweise bis ans Weisse, thut die Kerne heraus, und legt sie ins Wasser so lange, bis das Mark davon ein wenig weich wird, dann wieder in anderes frisches Wasser, aus diesem aber in ein wenig Reinettendpfelbrühe, mit welcher man sie siedet wie die Reinettendpfel.

Compôte von Birnen. Dies kann von allen Arten Birnen geschehen; man steckt ihnen, wenn sie geschält sind, eine Würznelke an den Ort ein, wo man die Blüte ausgestochen hat, setzt sie im Wasser, Zucker und Zimmet wohl zugedeckt zum Feuer, und giebt, wenn sie halb gekocht sind, ein Glas guten rothen Wein daran, und kocht sie fertig.

Compôte von Kirschen, Himbeeren, Erdbeeren, Pfirschen, Weintrauben und Pflaumen, welche man, wenn sie weich genug gesotten, aus dem Zucker nimmt, den Zucker zum Syrup macht, und sie damit anrichtet.

Compôte von Quitten auf böhmisch. Die Quitten müssen mit genetztem Papier umwickelt, und in warmer Asche und Kohlen verscharrt kochen, wo sie sodann in 2 oder 4 Stücke geschnitten, mit Wasser und Zucker in einer Pfanne gesotten werden, bis die Brühe syruppigt ist, und trägt sie mit dem zuletzt darauf geträufelten Saft von einer Citrone auf. Oder man bratet sie, wie gesagt, schält und schneidet die recht gar gebratenen schnittweise, welche man in einer Schüssel mit gestossenem Zucker und ein wenig Pomeranzenblütwasser auf die heiße Asche setzt. Dies gehe freilich auf der Asche eben so langsam zu, als es, gekostet, sehr delikat ist.

Compote von Aprikosen auf böhmisch. Die grünen Aprikosen werden in einer Lauge von Asche und Wasser blanchirt, doch ohne zu sieden, man wäscht sie sodann einigemal, sticht ein Loch durch die Mitte, wirft sie in frisches Wasser, läßt sie über dem Feuer wieder grün, und so lange kochen, bis sie eine Nadel, die man hinein steckt, ohne sich anzuhängen, wieder herauszieht, wo man sie kalt werden und abtropfen, und mit ein paar Löffel voll geläutertem Zucker und halb so viel Wasser, beydes laulicht ein paar Stunden stehen, und dann ganz weich sieden läßt. Eben dieses kann man auch mit den grünen Mandeln machen.

Compote von Stachelbeeren auf böhmisch. Man blanchirt die Stachelbeere bis sie anfangen wollen zu sieden, da man sie wegnimmt, mit einer Serviette zudeckt, und dämpfen läßt. Man läßt so viel Pfund Zucker, als man Maaß oder Kannen Stachelbeere hat, a la plüme sieden, thut die Stachelbeere hinein, läßt sie einen Wall thun und weggenommen rühren, wieder einen Sud thun, wegnehmen, zudecken, und wieder grün werden lassen. Man kann den Syrup noch einmal sieden und sie dann kalt anrichten.

Com-

Compote.

Compote von Citronenmark auf französisch. Man kocht eine Sulze oder Gallert von Aepfeln, schält Citronen dick bis ans Mark ab, schneidet sie nach der Länge in 4 oder 6 Schnitte, thut sie in die Sulze, kochts zusammen, läßts wieder halb kalt werden, legt die Schnitten auf einen Teller und schüttet die Sulze darüber.

Compote von Calvillenäpfeln auf französisch. Wird wie das Compote von Reinetten gemacht, nur daß statt Citronensaft rother Wein genommen wird.

Compote von Reinetten auf französisch. Man schält und schneidet die Aepfel in Viertel, thut sie in einer Pfanne mit Zucker und Wasser auf ihre Schalen, und läßt sie einkochen, bis sie bräunlich werden; man richtet sie so an, daß die Schalen obenher kommen, und feuchtet sie mit ein wenig Pomeranzenblütwasser an.

Compote von Mispeln auf sächsisch. Man läßt die gesäuberten Mispeln in brauner Butter in einer Pfanne braun werden; wenn sie gar sind, giebt man ein halb Nösel oder halbes Seidel rothen Wein dazu, kocht alles zusammen dick, und servirt sie mit bestreutem Zucker.

Compote von Castanien auf sächsisch. Diese werden gebraten, geschält und breit gedrückt; dann in eine Schüssel gelegt, Syrup von Aepfeln, Aprikosen, Pflaumen oder sonstigem Obst darauf gegossen, zugedeckt und gesotten; unter dem Kochen setzt man ihnen zuweilen ein wenig Syrup zu, und endlich werden sie in einen Teller gestürzt und mit noch ein wenig Brühe angemacht.

Consommé.

Consommé. Ein mageres Stück Rindfleisch dergleichen Kalbfleisch, auch ein Stück Hammelschlegel, eine alte Henne, derley Rebhuhn, einen Fasan man blanchirt alles ein wenig, thut alles in siedendes Wasser, nimmts, wenn es einen Sud gethan hat, gleich wieder heraus, thut es in eine kleine Marmite, giebt ein Stück Schinken, und die beym Bouillon besagten Wurzeln dazu, füllt es mit gutem Bouillon an, setzts zum Feuer, läßts langsam sieden, bis das Fleisch ausgesotten hat, drückts, wie bey Brühe gesagt, durch eine Serviette. Man kann diesen Consommé auch auf Bouillonart machen.

Consommé von Schnepfen. Man schneidet von den gebratenen Schnepfen die Flügel und Füsse biegelweis ab, (es können auch Hüner, Fasanen oder Rebhüner seyn.) Das Fleisch von der Brust hackt man klein zu einem Hasché, macht von den gestossenen Beinen eine Gully, und nimmt ein wenig von der Gully zu dem Hasché, welchen man in eine oder mehrere ausgehölte Mundsemmeln füllt, die man in ein Kastrol thut und die übrige Gully dazu gießt, auch die Flügel und Füsse beylegt, und eine Viertelstunde im Ofen bäckt, dann wird die Semmel in eine Schüssel, die Biegel herum gelegt, und die Gully darüber gegossen.

Coulis.

Coulis von Kalbfleisch. Man nimmt einen Kalbsscheukel, schneidet ihn in dünne Schnitte, bestreuet sie mit Salz und gutem Gewürz, spickt sie mit Speck, rollt sie zusammen wie einen Nudelteig, thut sie aufwärts oder stehend gerichtet in einen engen und hohen Topf,

Coulis.

Topf, giebt oben drauf gehacktes Rindsmark, deckt einen Sturz drüber, vermacht ihn gut mit Teig, setzt ihn in einen Backofen, der mäßig geheizt und ausgebrannt ist, und läßt ihn etwa anderthalb Stunden lang dämpfen, gießt dann die Brühe davon ab, und bedienet sich ihrer bey schwachen Suppen.

Coulis die vorzüglichste zu machen. Man belegt das Kastrol mit Kalbfleisch, allerhand Wurzeln, ein paar Zwiebeln, auch ein wenig Schinken, Basilikum, Thimian, und ein wenig Lorbeerblättern, thut dazu ein wenig Wasser, läßts beym gelinden Feuer anziehen wie eine Glace, thut das Fleisch heraus in ein sauberes Geschirr mit dem Saft; thut in das Kastrol Butter, läßt es bey gelindem Feuer stehen, bis die Butter die Glace abgelöst hat, man röstet darinn das nöthige Mehl schön gelb, alsdann füllt man es mit Bouillon und Brühe, bis es goldgelb ist, thut dazu das vorher herausgenommene Fleisch, welches man langsam siedet, und fleißig abschäumet; wenn es ausgesotten hat, schüttelt man die Brühe durch ein Haartuch.

Coulis zu allen auf böhmisch. Man läßt Butter gelb werden, paßirt Semmelrinden dárinnen, läßt sie schwitzen, bis sie gelb wird, gießt dann Brühe darauf, läßts mit Gewürz und guten Kräutern kochen und giebts durchs Haarsieb.

Coulis von grünen Erbsen mit den Schalen auf böhmisch. Man läßt die Erbsen mit den Schalen auf frischer Butter schwitzen, thut dazu die gelben Häupter von Salat, und grüne Petersille, paßirt alles gut durch einander, gießt Brühe und kräftige Bouillon darauf, kochts und gießts durch ein Haarsieb.

Coulis von Rebhünern und grünen Erbsen auf böhmisch. Man stößt gebratene Rebhüner, gekochte Linsen, braun paßirte Semmelrinden und ein paar Eyerdotter in einem Mörsel ganz klein, thut es in ein Kastrol, kochts mit klarer Brühe und Kräutern, giebts durch ein Haarsieb und giebt Gewürz und Salz darein. Zu dem braunen Coulis wird allzeit die paßirte Semmelrinde und braune Brühe, zu den weissen aber Semmelmohlen und gute Kapauner oder kräftige Rindssuppe genommen.

Coulis von Hühnern auf französisch. Die geschnittenen und gebratenen Hühner werden in einem Mörser gestoßen. Dann bräunet man Semmelrinden mit Speck und feinen Kräutern in dem Kastrole, zerreibt hernach alles in einer kräftigen Fleischbrühe, thut es in ein feines Säckel, und preßt den Saft davon heraus.

D.

Dalken.

Dalken von Krebsen auf böhmisch. Zu einem Schock gekochter und ausgelößter und klein gehackter Krebse werden ein halbes Pfund abgeschälter Mandeln, in Schmetten geweichte Semmelrinden, und ein Stück Krebsbutter in einen Mörsel gethan, und dieß alles untereinander zu einer Masse oder zu einem Teig gestoßen, dann in eine Schüssel gethan, vier ganze Eyer und acht Dottern gut zerklopft, daran gegossen, Zucker, auch wenn man will, Zimmet dazu genommen, gut zusammen gerührt, einen etwas dicklich fliessenden Teig daraus gemacht, auf ein mit Butter beschmiertes Blech in Form kleiner Kuchen gegossen, und langsam gebacken.

Dalken

Dalken.

Dalken von Karpfen auf böhmisch. Das rohe und von seinen Gräten abgelöste Fleisch von Karpfen wird klein gehackt, dann fünf ganze Eyer, und zehn Dottern gut zerklopft, daran gegossen, ein paar Löffel voll süsser Schmetten, und ein Löffel voll Mehl dazu genommen, dieß alles untereinander zu einem dicklich fliessenden Teig durchgearbeitet, und wie die übrigen Arten von Dalken gebacken.

Dalken von Kapaunen auf böhmisch. Das Fleisch von gebratenen Kapaunen wird mit Rindsmark, einer in Schmetten geweichten und ausgedruckten Semmel, und einem Viertel Pfund geschälter Mandeln im Mörser klein gestossen, dann auf ein Mandelbret oder in eine Schüssel gethan, vier ganze Eyer und acht Dottern dazu genommen, und einen gut durchgearbeiteten Teig daraus gemacht, doch daß er nicht dick, sondern etwas fliessend wird. Nachdem der Teig, so viel als nöthig, gesalzen ist, so kann man ihn auch nach Belieben zuckern. Nun das Blech mit Butter geschmiert, und kleine runde Plätze in Form ganz kleiner Kuchen darauf gegossen und gebacken.

Dalken mit Hefen auf böhmisch. Die Rinden von schönen Mundsemmeln werden in süßen Schmetten geweicht, vier ganze Eyer und vier Dottern gut zerklopft, etwas zerflossene Butter, ein wenig feines Mehl, und zwey Löffel voll guter Hefen dazu genommen, dieß alles gut untereinander gerührt, einen fliessenden, doch nicht zu dünnen Teig gemacht, auf ein mit Butter beschmiertes Tortenblech in Form kleiner runder Plätze oder Kuchen gegossen, und backen gelassen.

Dalken von Hecht auf böhmisch. Das Fleisch von rohen Hechten wird von seinen Gräten gelöset,

löset, und klein gehackt, dann in einem Mörser mit einem Viertelpfund geschälter Mandeln, mit in Schmetten geweichten Semmelrinden, und einem Stück Butter gut zu einem Teig gestossen, hernach in eine Schüssel gethan; drey ganze Eyer und sechs Dottern gut zerklopft, daran gegossen. Dieß zusammen untereinander gerührt, einen etwas dicklich fliessenden Teig daraus gemacht, auf ein mit Butter beschmiertes Tortenblech in Form kleiner runder Plätze gegossen, und langsam gebacken.

Dalken, die gegossenen, auf böhmisch. Vier ganze Eyer und sechzehn Dottern werden gut zerklopft, in süsse Schmetten gegossen, und nur ein wenig feines Mehl dazu gethan, und gut zusammen geschlagen, dann ein Stück Butter zerrührt, bis sie schäumig wird, und dieß alles untereinander gerührt, Zucker und gestossenen Kaneel dazu gethan, einen dünnfliessenden Teig daraus gemacht, und wie Dalken gebacken.

Dalken von Mehl auf böhmisch. Zu einer Halbe süsser Schmetten werden zehn gut zerklopfte Dottern, schönes Mehl, Zucker nach Belieben und 2 Löffel voll gewässerter Hefen genommen, einen gut durchgearbeiteten fliessenden Teig daraus gemacht, und wie alle andere Dalken gebacken. Hernach, wenn man will, schmiert man entweder trockne gekochte, und kleingehackte Zwetschken darauf, und streuet entweder Zucker oder geriebenen Käsequark darauf, oder man thut auch etwas vom Eingemachten darauf.

Dick.

Dick auf österreichisch gesotten. Dieser wird wie der Hausen gesotten, und mit frischem Eßig abgeschröckt

Dientel.

Dientel.

Dientel auf österreichisch einzumachen.
Zu einem Pfund geläuterten Zucker thut man ein Pf. schön rother Dienteln, die nicht weich sind, und läßt sie gemach sieden, bis sie sich ein wenig sulzen, nimmt sie dann gut abgeseihet heraus, und thut sie in die gewöhnliche Zuckergläser, füllt sie damit, aber nur etwas über halb voll. Der Saft wird noch etwas dicker gesotten, bis er sich sulzet, dann laulicht darüber gegossen, die Gläser werden fest verbunden, und zum Gebrauch an einem kühlen Ort aufbewahrt.

Drosseln.

Drosseln auf sächsisch. Sie werden mit feinen Kräutern, geriebenem Speck, Citrone, Pfeffer, und Salz in einem Kastrol passirt, mit einer Fülle von Hasenfleisch, Speck, Trüffeln, eingeweichtem Brod, Eyerdottern, Zitronensaft, Burgunder Wein und der Leber von den Drosseln wird ein Reif gemacht, die Vögel darein gelegt, mit Speck bedeckt, und gebacken; dann giebt man sie mit einer Sauce von Schinkencoulis und Citronensaft auf.

Drosseln in Wein gedünstet auf sächsisch. Sie werden mit frischer Butter, Lorbeerblättern, Pfeffer und Salz in einem Kastrol gedünstet, mit ein wenig Wein begossen, und gar werden lassen; zuletzt werden sie mit Citronensaft und Basilikum servirt.

E.

Eierkuchen. Siehe Kuchen.
Eingemachtes. Siehe Brasse, Champignonen, Meerenten, Fleisch, Hammelfleisch, Hasen, Hühner, Kalbfleisch, Kapaun, Kramtsvögel, Krebse, Lachs, Lammfleisch, Muscheln,

scheln, Musserons, Ragout, Reh = und Rindfleisch, Rugetten, Schinken, Schleyen, Schöpsenfleisch, Stinte, Schollen, Tauben, Zunge.

Eiter.

Eiter von Kälbern auf österreichisch. Das Kalbfleisch wird mit Brieseln und einer in Milch geweichten Semmel klein gehackt, dann ein Stück frischer Butter pflaumig abgetrieben, das Gehackte mit ein paar Eyern gut darunter gerührt, das Rein gut mit Butter ausgeschmiert, etwas Milchraum darein gegossen, das Gehackte darein gethan, bey oberer und unterer Gluth backen lassen, solches statt des Suppenbrods aufgegeben, worüber man eine beliebige Suppe giebt.

Eiter von Krebsen auf sächsisch. Einem Schock lebendiger Krebse werden die Nasen weggeschnitten, das Bittere und Unreine herausgenommen, die schwarze Ader beym Schwanz herausgezogen, und dann im Mörser ganz klein gestossen, hernach in eine Schüssel gethan, ein Nößel oder Seidel Sahne daran gegossen, zwölf Eyer dazu geschlagen, dieß gut unter einander gerührt, durch ein Tuch gepreßt, das Zurückgebliebene weggeworfen, an das Durchgepreßte Salz, Ingwer, Pfeffer, Muskatenblumen und Kardemomen gethan, gut zusammen gerührt, in ein Rein an die zerlassene Butter gethan, oben und unten Glut gegeben, langsam und braun gebacken, dann aufgegeben, und mit Zucker und Zimmet bestreuet.

Elsen.

Elsen mit kurzer Brühe auf französisch. Sie werden erst in der Butter mit Zwiebeln ein wenig gebräunet, dann wird Wein mit ein wenig Eßig daran

daran gegossen, Salz, Pfeffer, Lorbeerblätter und ganze Nelken dazu gegeben, und wenn sie gekocht sind, zu einem Beygericht angerichtet.

Elsen auf französisch gebraten. Sie werden mit Mehl bestreuet, mit Butter betröpfelt, und auf dem Rost gebraten. Dann thut man ein Stück frischer Butter in das Kastrol, Petersille, Zwiebeln, Kapern, Fischlebern, alles klein geschnitten, vermischtes Gewürz und ein wenig Mehl. Wenn dieß zusammen gut braun ist, gießt man etwas gute Rindsbrühe und ein Glas Wein daran, und wenn es anfängt zu sieden, legt man die gebratenen Elsen darein, und läßt sie darinn gut aufkochen.

Endivien.

Endivien auf sächsisch gefüllt. Petersille wird mit andern guten Kräutern klein gehackt, dann werden Eyer in einem Töpfchen zerklopft, Salz, Pfeffer, ein wenig Sahne, und die Kräuter darein gerührt, hernach wird Butter in einem Tiegel zerlassen, das aus dem Töpfchen darein gethan, und zu einem dicklichen Brey gerührt, doch daß es nicht zu hart wird. Nun große Endivienblätter abgebrühet, ausgedrückt, auf ein Bret ausgebreitet, auf jedes Blatt einen Löffel voll von der Fülle gestrichen, zusammen gerollt, in eine Schüssel gethan, doch nicht auf einander, eine Muskatenblumenbrühe darauf gegossen, auf das Kohlfeuer gesetzt, und gut aufgekocht.

Endivien auf sächsisch gekocht. Man nimmt die großen schönen Blätter davon, thut sie in einem Tiegel oder Topf an die siedende Fleischbrühe und kocht sie weich. Dann thut man ein gelbes Eingebranntes, ein Stück frischer Butter und Muskatenblumen dazu, läßt es damit gut aufkochen, und giebt es es entweder statt eines Zugemüsses oder über Kalb- und Lammfleisch.

Enten.

Enten gedämpft auf böhmisch. Der Ente wird das Brustbein eingedrückt, solche in ein Reindel mit Rindsmark und Schweinfett gethan, Rosmarin, Lorbeerblätter, geschnittene Citronenschalen und einige Sardellen dazu gegeben, und zugedeckt gut dämpfen und braten lassen, dann etwas Wein und Hühnersuppe darauf gegossen, und sie weich sieden lassen, hernach einige Schnitze von einem Braten mit Kapern in einer Suppe gut weich gesotten, an die Ente gethan, und sie damit aufsieden lassen.

Enten, wilde Enten, mit spanischer Weinsuppe auf böhmisch. Man blanchirt sauber gepußte wilde Enten mit grobem abgewürzten Speck, macht sie mit Schweinfette braun, u. richtet sie mit einer guten Fleischsuppe zu, welche mit gutem Gewürz und Kräutern gemacht ist; wenn sie bald gar sind, thut man von Brunellen, ein Stück Zucker und spanischen Wein dazu; man kann die Enten in lauter solchem Wein kochen. Endlich wird die Suppe mit Brunellen garnirt, und die Enten in die Mitte gelegt.

Enten oder Meerenten mit Ragout auf französisch. Sie werden am Spieß gebraten, und im währenden Wenden mit geschmolzener Butter, Eßig, Salz und Pfeffer vermengt begossen. Wenn sie halb gar sind, thut man sie mit ihrer Bratenbrühe in das Kastrol, thut ein wenig Fisch- oder klare Erbsenbrühe mit Champignonen, Trüffeln, vermischtem Gewürz, und einem Büntchen feiner Kräuter dazu. Wenn alles zusammen gar ist, rührt man ein Eingebrenntes darunter, daß die Sauce dicklich wird. Richtet sie dann zu einem Vorgericht warm an, und besetzt den Rand mit Kapern und Citronenschnitten.

Enten, Meerenten auf französisch gefüllt.
Die Leber davon wird mit Trüffeln, Champinionen, Petersille und Zwiebeln klein gehackt, gesalzen und gepfeffert, die Meerente damit gefüllt, und am Spieß gebraten. Wenn sie halb gar ist, wird sie in ein Kastrol gethan, ein wenig klare Erbsenbrühe mit einem Glas Wein daran gegossen, ein Büschchen feiner Kräuter mit kleingeschnittenen Champinionen und Trüffeln, und Gewürz dazu gegeben. Wenn sie gar ist, richtet man sie zu einem Vorgericht an, und besetzt den Rand mit gebackener Petersille.

Dergleichen mit kurzer Brühe auf französisch. Sie werden mit Salz und Pfeffer eingerieben, mit Aalspeck gespickt, in einem Kessel an eine kurze Fleischbrühe gethan, ein paar mit Nelken gespickte Zwiebeln, mit einem Bündchen feiner Kräuter dazu gegeben. Wenn sie halb gar sind, gießt man ein Glas Wein daran, und thut ein wenig Butter dazu: Sind sie gar, nimmt man etwas von ihrer Brühe in einen Tiegel, thut ein Stück weisser in Mehl gewelzter Butter mit beliebigem Gewürz und einigen Rokenbolen dazu, läßt dieß gut aufkochen, gießt es in die Schüssel, thut die Meerenten darein, und besetzt den Rand mit gebackenen Semmelrinden, und Petersille.

Erbsen.

Erbsen, die grünen, auf französisch.
Man nimmt ganz junge grüne Schoten, löset die Erbsen heraus, schälet auch die recht grünen Schoten, thut beydes in das Kastrol an die zerlassene Butter oder an den Speck, thut Salz und vermischtes

tes Gewürz daran, ein Bündchen kleiner Zwiebeln, und Petersille. Wenn sie gar sind, zerklopft man etliche Eyer in frischem Rahm, rührt dieß darunter, giebt Zucker dazu, läßt sie damit aufkochen, und giebt sie zu einem Beygericht auf.

Erbsen auf sächsisch gebacken. Die zu Brey gekochten Erbsen werden durchgetrieben. Die Hände mit Mehl bestreuet, runde Klöße daraus formirt, solche in einem von Eyern, Mehl und Safran dicklich fliessenden Teig getaucht, an die zerlassene Butter gethan und gebacken.

Erbsen auf sächsisch gekocht. Die weich gekochten Erbsen werden klar durchgerieben, werden in einem Tiegel beygesetzt, ein wenig Fleischbrühe und kleingehacktes Rindsmark daran gethan, und damit gut aufsieden gelassen. Indessen werden ein paar Bratwürste gebraten, die Erbsen aufgegeben, die eine Bratwurst in die Mitte gethan, die andere in Stücke geschnitten, und um den Rand der Schüssel gelegt.

Erdäpfel.

Erdäpfel auf preußisch. Wenn die Erdäpfel gesotten und abgeschält sind, reibt man sie auf dem Reibeisen, mischt unter 4 Pfund Erdäpfel 2 Pf. zur Sahne geschlagene Butter, 30 Eyerdottern, formet mit denen auf Zucker abgeriebenen Schalen von 2 Citronen, und endlich mit dem zum Schaum geschlagenen Weissen von den Eyern; man bäckt es auf einer mit Sand bedeckten Tortenpfanne.

Erdäpfel auf sächsisch. Man siedet und schält die Erdäpfel, passirt die gewöhnlichen und oftererwähnten Kräuter mit frischer Butter in einem Kastrol, läßt die Erdäpfel mit Salz und Pfeffer darinn dünsten,

Erdäpfel — Essen.

sten, und dann mit Jus aufkochen, legirt sie mit Eyerdottern, und gießt ein wenig Eßig daran.

Erdäpfel mit Parmesankäse auf sächsisch. Sie werden wie oben passirt, mit Coulis versetzt, und mit Parmesankäse im Ofen gelb angelaufen gemacht.

Erdäpfel mit Senf, auf sächsisch. Man passirt kleingeschnittene Zwiebeln in Butter, salzt, pfeffert und dünstet die Erdäpfel damit, kocht sie mit Coulis auf, und legirt sie mit Senf, Eßig und Petersille.

Essen.

Essen von Lebern auf, böhmisch. Die Lebern von Hühnern, Kälbern und Lämmern werden ganz klein mit dem Fett von Kapaunern darunter gehackt, in eine blecherne Schüssel gethan, eine in Schmetten geweichte Semmel mit acht zerklopften Dottern, Majoran, geriebener Muskatennuß, Pfeffer, süßen Schmetten, und einem Stück frischer Butter, eine Stunde lang gut unter einander gerührt, auf Kohlfeuer gesetzt, oben und unten gleiche Gluth gegeben, und langsam und braun backen lassen. Mit Nieren, Herzen und Mägen vom Geflügel und kleinem Vieh macht man es eben so.

Essen von übergebliebenen Braten und Hühnern, auf böhmisch anzurichten. Das Fleisch wird von seinen Beinen ab- und klein geschnitten, schnittweise in eine Schüssel gelegt, und jede Schicht mit einer in Butter oder Schmalz gerösteten und geriebenen Semmel bestreuet, oder noch besser die Semmel gleich zuvor gerieben, und im Fette gebräunet. Dann macht man ein Eingebrenntes, gießt frische gute Brühe darauf, Gewürze dazu, aufgekocht, und darauf gegossen. Die Beine können

F auch

auch dabey in der Schüssel seyn. Hernach die Schüssel zugedeckt, auf ein gelindes Kohlfeuer gesetzt, und etwas dämpfen lassen.

Eßigbraten. Siehe **Braten.**

Eyer.

Eyer (gerührte) mit Spargel oder Schotenerbsen. Der grüne frische Spargel wird klein geschnitten, in die Schüssel an die Butter mit Muskatenblumen und ein wenig Pfeffer gethan, und aufs Kohlfeuer gesetzt. Wenn er in der Butter weich gekocht ist, werden etliche Eyer in einem Töpfchen zerklopft, und darunter gerührt, so lange gerührt, bis es gar ist, daß es aber nicht zu hart wird, dann aufgegeben, und Muskatenblumen darüber gestreuet. Mit jungen Schoten kann man es auch so machen.

Dergleichen mit Sardellen. Man nimmt die Hälfte so viel frischer Sardellen, als man Eyer nehmen will, wässert sie gut, löset sie von den Gräten, hackt sie klein, thut sie mit einem Stück frischer Butter in eine zinnerne Schüssel, setzt sie aufs Kohlfeuer, rührt es unter einander, bis die Sardellen ganz zergeben. Die Eyer werden in einem Töpfchen mit Muskatenblumen zerklopft, an die Sardellen gegossen, immer gerührt, doch daß es nicht zu hart wird, aufgegeben, und Muskatenblumen darüber gestreuet.

Eyer mit gerührten Stachelbeeren. Die Stachelbeeren werden in der Butter geröstet, bis sie gelb und weich werden. Dann wird etwas Butter davon abgegossen, die Beeren werden gut zerdrückt, gut gezuckert, die zerrührten Eyer dazu gethan, und unter einander gerührt, bis es gar ist.

Eyerfrikasse auf böhmisch. Die Eyer werden hart gekocht, dann plattweis wie Scheiben geschnit-

Eyer. 83

ten, in eine blecherne Schüssel gethan, Wein, Zucker, gestoßenen Käneel, Butter und in Würfel geschnittene, und in der Butter gebräunte Semmelschnitze dazu gegeben, verdeckt auf ein mäßiges Kohlfeuer gesetzt, und ein wenig dämpfen und aufsieden lassen.

Eyer auf französisch. Man gießt Pomeranzenwasser in eine zinnerne Schüssel, thut gestoßenen und durchgesiebten Zucker darein, giebt Citronensaft und ein wenig Salz dazu, schlägt Eyer darein, rührt dieß alles gut unter einander, setzt es auf ein gelindes Kohlfeuer, und läßt es kochen. Wenn sie sich von der Schüssel lösen, so sind sie gar.

Eyer mit Pomeranzenblüthen, auf französisch. Man gießt Pomeranzenblüthwasser in einen Topf, thut gestoßenen Marcipan, kleingeschnittene Citronenschalen, und etliche zerklopfte Dotter dazu, rührt dieß eine Stunde lang gut unter einander, gießt es dann in eine mit Butter gut ausgeschmierte zinnerne Schüssel, setzt sie auf ein gelindes Kohlfeuer, und wenn sie gekocht sind, beträpfelt man sie mit Citronensaft, streuet Zucker und Pomeranzenblüthe darüber, und giebt sie zu einem Beygericht auf.

Eyer gefüllte, auf österreichisch. Die hart gesottene Eyer werden geschält, mitten entzwey geschnitten, die herausgenommenen Dottern klein gehackt, ein Stück frischer Butter pfläumig abgetrieben, die gehackten Dottern mit etwas Milchraum, Salz, Gewürz, kleingeschnittene grüne Petersille, und Rosinen darunter gerührt, die Eyer damit gefüllt, solche in ein mit Butter ausgeschmiertes Rein, oder in eine Bratpfanne gethan, mit Butter begossen, mit Semmelbröseln bestreuet, Milchraum und süß Obers dazu gegeben, zugedeckt, und bey oberer und unterer Gluth, oder auch im Backofen gebacken.

Dergleichen mit Krebsen auf österreichisch. Die hart gekochten und geschälten Eyer werden mit zwey geschnittenen, die herausgenommenen kleingehackten Dottern mit drey rohen Eyern in abgetriebener Krebsbutter zerrührt, eine in Milch geweichte Semmel, gehackte Krebsschwänze, Milchraum, Gewürz und Salz dazu genommen, dieß alles gut unter einander gerührt, die Eyer damit gefüllt, in eine blecherne breite Schüssel gethan, Semmelbröseln darüber gestreuet, Milchraum und Krebsbutter dazu gegeben, und bey oberer und unterer Gluth schön gelb gebacken.

Eyer gestürzte, auf sächsisch. Man stößt an den Eyern an beyden Enden ein kleines Loch aus, bläst sie in einen Topf aus, thut ein wenig Sahne mit kleinen Rosinen, Zucker, Rosenwasser, ein wenig Mehl und Salz dazu, und quierelt dieß gut unter einander, setzt den dazu gewöhnlichen Tiegel übers Feuer, thut in ein jedes ausgeleerte Ey ein wenig Butter, läßt sie im Tiegel erst heiß werden, füllt sie dann mit dem Gequierleten halb voll, macht die ausgebrochenen Schalen wieder an jedes Ey an, hält sie mit einem Löffel nieder. Sind sie unten braun, werden sie umgewandt, noch mit ein wenig Butter, und den gequirleten Eyern gefüllt, und vollends braun werden lassen, dann angerichtet und Zucker darüber gestreuet.

Eyer zugerichtet auf sächsisch. Aus Eyern, ein wenig Milch, Mehl und Salz wird ein dicklich fliessender Teig gemacht, auch Safran dazu genommen, in ein länglichtes Säckchen gegossen, in das siedende Wasser gehalten, und so lange gekocht, bis er hart wird. Dann wird er aus dem Säckchen genommen, und ausgekühlt. Hernach werden fingerslange und zwey fingerbreite Stücke daraus geschnitten, solche in das heiſſe Schmalz gethan, und bräunlicht gebacken. Darauf werden aus dem Weiſſen der hartgekochten Eyer ſubtile Strieme geſchnitten, die gebratenen Stücke damit geſpickt, in eine Schüſſel gethan, eine Nelkenbrühe mit braun geröſtetem Mehl gemacht, darüber gegoſſen, aufs Kohlfeuer geſetzt, und aufgekocht, aufgegeben, und hartgeſottene, und kleingehackte Dottern darauf geſtreuet.

Eyer ſauer gemacht, auf ſächſiſch. Zu zehn Eyern thut man ein halbes Pfund Butter in die Pfanne. Nachdem ſie völlig zerſchmolzen, und heiß geworden iſt, werden die Eyer eines nach dem andern ganz hinein geſchlagen, doch nicht auf- ſondern neben einander mit Pfeffer überſtreuet, und ein wenig gebraten, dann Eßig und nach Belieben ein wenig Sahne darauf gegoſſen, damit aufgekocht und aufgegeben, doch daß die Dottern ganz und weich bleiben. Die Pfanne muß auch gut verzinnt ſeyn.

Eyer verdeckte, auf ſächſiſch. An den Eyern werden zu beyden Enden kleine Löcher gemacht, und ausgeblaſen. Das Weiſſe und Gelbe in einen Topf gequirlet, Salz, Pfeffer, Ingwer, und kleingehackte grüne Kräuter darunter gemengt, die Eyer damit gefüllt, die Löcher an beyden Enden mit Teig gut verſchmiert, ins ſiedende Waſſer gethan, und hart gekocht. Dann werden ſie geſchälet, an ein hölzernes Spießlein geſteckt, ans Feuer gethan, und im Drehen mit einem dünnen von Eyern, Mehl und ein wenig Safran gemachten Teig rund um begoſſen. Nachdem ſie braun gebraten ſind, begießt man ſie mit heiſſer Butter, und giebt ſie warm auf.

Eyer geröſtete, auf ſächſiſch. Nachdem die Eyer hart gekocht ſind, werden ſie geſchälet. Die beyden Enden zuſammen gedrückt, daß ſie rund werden, ringsherum gefärbet, mit Salz und Ingwer vermenget, bestreuet, an die heiße Butter gethan, und gelb geröstet, dann aufgegeben, und Ingwer darauf gestreuet.

Eyer gefüllte, auf sächsisch. Die hart gekochten Eyer werden geschälet und entzwey geschnitten, die Dottern herausgenommen, in einem Asche ganz klar zerrieben, klein geschnittene grüne Petersille mit geriebenen und in Butter oder Rindsfeit gerösteten Semmelbröseln mit gestoßenem Ingwer, Pfeffer und Muskatenblumen, und mit einem zerklopften frischen Ey darunter gerührt, doch daß die Fülle nicht zu dünne wird, die entzwey geschnittenen halben Eyer damit gefüllt, wieder zusammen gelegt, und in eine Schüssel gethan. Inzwischen wird grüne kleingehackte Petersille mit einem hartgekochten Eydotter, und einer in Suppe gekochten Semmelkrume in einem Asche zerrieben, in einer guten Fleischbrühe zerrührt, durch ein Sieb in ein Töpfchen gegossen, ein Stück Butter dazu gethan, aufgekocht, in die Schüssel über die Eyer gegossen, aufs Kohlfeuer gesetzt, und auf sie den gelassen.

Eyer hartgesottene, auf sächsisch. Nachdem die Eyer hart gesotten sind, werden sie ins kalte Wasser gethan, dann geschälet, hernach von einander geschnitten, und in eine Schüssel gethan, indessen wird Senf in einem Töpfchen aufs Feuer gesetzt, ein Stück Butter darunter gerührt; und nachdem es heiß ist, wird es in die Schüssel über die Eyer gegossen, aufs Kohlfeuer gesetzt, und mit den Eyern heiß werden gelassen.

Eyer zu backen, auf sächsisch. Man schlägt ein frisches Ey in ein Schüßlein, streuet ein wenig Mundmehl und Salz darauf, doch daß der Dotter ganz bleibt, thut es in ein Pfännchen an die heiße

Butter,

Butter, wendet es mit einem breiten löchrichten Löffel um, und bäckt es geschwind, daß der Dotter nicht hart wird, legt es dann in eine warme Schüssel, und bäckts auf die Weise. Das Weisse muß ein wenig bräunlicht und knörplicht seyn, so sind sie gut.

F.
Fanzel.

Fanzel von Kapaunern, auf böhmisch. Das Fleisch von gebratenen oder gesottenen Kapaunern wird mit Mägen und Lebern von Hünern und Fischen und mit gerösteten und in Schmalz gebackenen Semmelschnitten zusammen klein gehackt, dann vier ganze Eyer, und vier Dottern gut zerklopft, Salz und Muskatenblumen dazu gethan, alles dies gut untereinander gerührt, in das siedende Schmalz in Tiegel gethan, bey einer Glut von oben und unten gebacken, trocken aufgegeben, oder auch eine von Citronen und Kapern gemachte Brühe darüber gegeben.

Fanzel von Krebsen auf böhmisch. Man nimmt die Hälfte weniger klein gestoßener Mandeln, als ausgelöste klein gehackte Krebse, thut dies zusammen mit einem Stück frischer Butter in Mörsel, und stößt es ganz zu Brey, nun in eine blecherne Schüssel gethan, vier ganze Eyer und vier Dottern gut zerklopft, Zucker und geriebene Semmeln dazu gethan, gut untereinander gerührt, aufs Kohlfeuer gesetzt, zugedeckt, oben gleiche Gluth gegeben wie unten, braun gebacken, und eine süsse Brühe nach Belieben drauf gegossen.

Fanzel von Karpfen auf böhmisch. Ein Stück frischer Butter wird erst so lange gerührt, bis sie säumig wird, dann in Schmetten gut geweichte Semmelrinden, drey ganze Eyer, und vier Dottern gut zerklopft, und klein gehacktes Karpfenfleisch dazu gethan, dies alles gut untereinander gerührt, in das Kastrol ins siedende Schmalz gethan, zugedeckt, oben und unten gleiche Glut gegeben, braun gebacken, und entweder trocken aufgegeben, oder eine beliebige Brühe darüber gemacht.

Fanzel von Spinat, auf böhmisch. Der gesottene und abgeronnene Spinat wird klein gehackt, dünn in eine blecherne Schüssel gethan, ein Stück frischer Butter, klein gestossene Mandeln, vier ganze Eyer und fünf Dottern gut zerklopft, gestossene Muskatenblumen und ein wenig Zucker dazu gegeben, gut untereinander gerührt, in das Kastrol ins heisse Schmalz gethan, zugedeckt, oben gleiche Glut wie unten gegeben, dann in die Schüssel gethan, und nach Belieben aufgekochte süsse Schmetten darüber gegossen.

Fanzel von Hechten mit Krebsen, auf böhmisch. Das Fleisch von gebratenen Hechten wird von den Gräten gelöset und klein gehackt, und eben so viel ausgeröstete und klein gehackte Krebse darunter gemengt, dann ein Stück frischer Butter, 4 ganze Eyer und 4 Dottern gut zerklopft, geröstete und geriebene Semmeln dazu gethan, und dies alles zusammen gut untereinander gerührt, in einen Tiegel ins siedende Schmalz gethan, oben und unten gleichmässige Glut gegeben, braun backen lassen, trocken hernach in die Schüssel gethan, und nach Belieben entweder eine süsse oder sauere Brühe darüber gegossen.

Fasan.

Fasan mit Austern, auf böhmisch. Dem jungen Fasan wird das Brustbein zerdrückt, dämpft ihn in der Butter, stoßt ein Stück von einem gebratenen Fasan im Mörsel ganz zu Brey, thut dies in ein Töpfel,

Fasan. 89

Töpfel, von vier Citronen den Saft, ausgelöste Austern und Muskatenblumen, rührt dies gut untereinander, gießt es über den gedämpften Fasan, ein Stück frischer Butter dazu, und laßt es zusammen aufsieden.

Fasan mit Erdäpfeln, auf böhmisch. Man zerdrückt dem jungen Fasan das Brustbein, thut ihn in einen Tiegel mit frischer Butter und läßt ihn dämpfen, hackt hernach das gebratene Fleisch von einem Fasan oder Rebhuhn ganz klein, stößt es zu Brey im Mörsel, thuts in eine Schüssel, drückt aus 3 Citronen den Saft dazu, nimmt 4 gut zerklopfte Dottern und Muskatenblumen dazu, gut untereinander gerührt, dann geschälte und Blattweis geschnittene Erdäpfel dazu gethan, etwas gute Rindsbrühe dran gegossen, alles gut untereinander gerührt, an den gedämpften Fasan gegossen, ein Stück frischer Butter dazu gegeben, und gut aufsieden lassen.

Fasan in brauner Suppe, auf böhmisch. Man macht eine Coulis von gebratenem Fasan und Semmelrinden mit einer guten Kapaunersuppe, welche bevor mit Petersille und ganzem Gewürz gesotten worden; man treibt sie durch ein Haarsieb und läßt sie bis zum Anrichten stehen. Nun siedet man einen oder mehr Fasanen in einer gut gemachten Brühe, in welcher man auch Semmelrinden kocht, richtet sie an, die Fasanen in der Mitte, von der Coulis und Brühe darauf, läßts einen Sud thun, und garnirt die Schüssel nach Belieben.

Fasane auf sächsisch gebraten. Wenn sie rein gemacht und ausgenommen sind, werden ihnen die Flügel, der Schwanz und Kopf abgenommen. Drauf thut man sie in einen Backofen und läßt sie verbarschen. Dann wäscht man sie, speilert ihnen die Beine im Dicken auf, umwindet sie ganz mit breiten Speck-
stücken,

stücken, und bratet sie am Spies langsam, daß sie saftig und weiß bleiben. Die Pfoten läßt man lang. Der Kopf, Hals und Schwanz werden im Tiegel in der Butter gebraten, dann um den Rand der Schüssel gelegt, und den Fasan in die Mitte.

Fatsch.

Fatsch von Krebsen, auf böhmisch. Man treibt gute Krebsbutter mit 5 oder 6 Eyerdottern ab, und rührt geweichte Semmel und die ausgelösten klein gehackten Schwänze darunter.

Fatsch eine schwarze in Hünern, auf böhmisch. Man schneide spanische Zwiebelbriesel, Leber und Speck würflicht, läßts mit Thimian, Salz und Gewürz ein wenig schwitzen, und gießt eben so viel Schweinsblut als süsse Schmetten daran.

Fatsch zu Gallantin, auf böhmisch. Das geschnittene Fleisch von dem Kapauner oder Fasan, mit welchem man die Gallantin machen will, löst man gut von der Haut und Beinen, hackt gebratenes Kalbfleisch mit fettem Speck, und Mark mit Salz und Gewürz, 2 Eyer untereinander gehackt, streicht es schön dünn auf die Haut, alsdann harte Eyerdotter, Mandeln, Pistazien, und Schinkenspeck ordentlich darauf gelegt, dann wiederum Fatsch darauf gestrichen, zusammen gerollt, in ein Tuch gebunden, langsam a la Bresse kochen lassen, und kalt oder warm mit einer Sauce aufgegeben.

Fatsch zu allen zu gebrauchen, auf böhmisch. Es wird gebratenes Kalb- oder Kapaunerfleisch mit Champinionen, Petersille, Kräutern, Gewürz und Butter in ein Kastrol gethan, und ein Gasch oder Brey gemacht; man läßt es auskühlen, schlägt ein paar Eyer daran, streicht es auf Kälbernetze,

netze, rollt es auf, giebts in einer kupfernen Schüssel in Ofen und bestreut es mit Krebsbutter und Semmelbröschen.

Farsch auf eine andere Art, auf böhmisch. Man läßt die Lebern von Hünern oder Rebhünern ꝛc. schwitzen, mit klein gehackter Petersille, Kräutern und Champinionen, hackt alles untereinander klein mit geschobenem Speck und 2 oder 3 Eyern.

Fischotter.

Fischotter auf böhmisch. Wird zerschnitten mit Wurzeln und Kräutern, Zwiebeln, Scharlotten, Salz, Pfeffer und Eßig in ein Geschirr über Nacht gelegt; dann wird in ein Kastrol Speck und darauf die Fischotter mit allen, den Eßig ausgenommen, nebst einem Stückchen Schinken und einer Halbe Burgunderwein gethan, und läßt die Sauce zugedeckt verdünsten; man läßt ferner einen Löffel voll braunes Mehl in Brühe aufsieden, welche man an die Fischotter gießt und aufkochen läßt; endlich paßirt man die Sauce an die herausgenommenen Stückchen Fischotter mit dem Saft von einer Citrone.

Fleisch.

Fleisch eingepöckelt auf böhmisch. Man trocknet das Salz beym Feuer, und reibt es warm mit ¼ ℔ präparirten Saliter in ein gutes Stück Rindfleisch von der Brust oder Schweif, legt es in ein Fäschen mit grünem Thimian, Zwiebelschnitten, Lorbeerblättern, gehackten rothen Rüben, Koriander, Gewürz und Nelken, vermacht es gut und läßt es 4 Wochen in einem kühlen Orte stehen. Also macht man auch das schwarze Wildpret oder Schinken vom wilden Schwein, welchen man hernach räuchert.

Fleisch eingemacht mit Kräutern, auf böhmisch. Ein Stück Speck wird mit Petersille, Schnitling und Körbelkraut ganz klein untereinander gehackt, dann in einem Tiegel ins siedende Schmalz oder in die Butter gethan, und geröstet, hernach Kalb- oder Lammfleisch in kleine Stücke geschnitten und eingesalzen dazu gethan, und mit gedämpfet, nun eine Rindssuppe dran gegossen, geröstete und geriebene Semmeln, Muskatenblumen, Pfeffer und Ingwer dazu gethan, und aufsieden lassen.

Forellen.

Forellen mit Citronen, auf böhmisch. Citronen oder Pomeranzenschalen werden erst im Wasser weich gesotten, dann herausgenommen, im Mörsel gestossen, durch ein dünnes Sieb getrieben, dann wieder aus Feuer gesetzt, viel Citronensaft, und geschnittene Citron- und Pomeranzenschalen dazu gethan, gut aufsieden lassen, und auf die blau gesottenen Forellen gegossen.

Forellen blau gesotten, auf böhmisch. Man schreckt sie, wenn sie gesotten sind, mit kaltem Eßig ab, giebt einer kleinen Haselnuß groß Allaun hinein und deckt sie mit einem Tuch zu. Alle Fische, die blau gesotten werden, müssen viel Brühe behalten und mit einem Tuch zugedeckt werden; thut man sie aber gleich aus dem Heissen, ohne sie abkühlen zu lassen, so werden sie schwarz.

Forellen in Baumöl, auf böhmisch. Man läßt Baumöl und eine ganze Zwiebel in einer Pfanne heiß werden, welches man mit etlichen Tropfen kalten Wasser abschreckt und mit Pomeranzensaft oder Rosenessig vermischt; damit bestreicht man die auf dem Rost bratenden Forellen recht oft, bis sie gut sind;

dann

dann mischt man unter das übrige Baumöl guten Wein, Pfeffer, Ingwer, Muskatenblumen, Kapern, etliche Weinbeere, Zucker, Zimmet und Nelken, siedets und reichet es mit einigen Lorbeerblättern über den Fisch.

Forellen mit Austern auf französisch. Die Austern werden aus ihren Schalen gelöset und in einen Tiegel gethan, dann giebt man von vier Citronen den Saft, ein Stück frischer Butter, Zucker und Muskatenblumen dazu, läßt sie aufsieden, und gießt sie über die gebratenen Forellen.

Forellen auf österreichisch gesotten. Man macht den Sud wie zu den Sälblingen, nur braucht man die Forellen nicht so lange sieden zu lassen.

Forellen auf sächsisch gesotten. Sie werden auf dem Bauch geschnitten, ausgenommen und rein gemacht, dann wird Brunnenwasser in einem Kessel beygesetzt, und gut gesalzen. Die Forellen werden in ein Sieb gethan, Eßig drauf gegossen, drauf in das siedende Wasser. Wenn sie eine Weile gekocht sind, werden sie mit Wein abgekühlt, und noch ein wenig gekocht, dann ausgenommen, ein Bogen Papier drüber gethan, eine Weile stehen lassen, daß sie steif werden, hernach angerichtet.

Forellen auf sächsisch gebraten. Wenn sie rein gemacht sind, werden sie an den Seiten eingekärbet, und eine Weile so liegen lassen. Dann wird Baumöl in eine Pfanne gethan. Wenn es heiß ist, wird der Rost damit geschmiert, die Forellen werden darauf gethan, und langsam gebraten, oft mit einer Feder mit dem Baumöl bestrichen, immer mit einem Messer sachte vom Rost losgemacht, umgewandt, wenn sie auf der untern Seite braun und gar sind, den Rost wieder mit Baumöl beschmiert, und sie auf der andern Seite gebraten; hernach werden sie ausgekühlet, in

eine

eine Bratpfanne gethan, Baumöl und Eßig drauf gegossen, Pfeffer drüber gestreut, Lorbeerblätter drauf gelegt, ein Bretchen drauf gethan, und mit einem Stein beschwert. Will man sie aber warm gebraten essen, so werden sie mit brauner Butter geschmiert und begossen, in eine Schüssel gethan, und Citronensaft drauf gedrückt.

Frikando.

Frikando von Kalbfleisch. Man schneidet von der Keule sehr dünne Scheiben, klopft sie ein wenig mit dem Messer, spickt sie mit Speck, läßt sie in einem Hafen braun dämpfen, gießt Fleischbrühe darauf, giebt Pfeffer, Muskatenblumen und Zwiebeln dazu, läßts aufkochen und thut noch ein wenig klein geschnittenen Knoblauch dazu.

Frikasse.

Frikasse von Hünern, auf österreichisch. Die reingemachten Hüner werden in vier Theile geschnitten, geklopft und gesalzen, dann in einen Tiegel an die zerlassene Butter gethan, geschälte Zwiebeln mit Nelken bestochen, Lorbeerblätter, Rosmarin, geschnittene Citronenschalen, Muskatenblumen dazu gegeben, und bey oberer und unterer Glut langsam gedünstet, dann werden die Zwiebeln und Lorbeerblätter davon genommen, eine gute Rindssuppe und eben so viel Wein dran gegossen, und sie weich sieden lassen. Nun werden in einem Töpfel etliche Dottern zerklopft, Milchraum, Citronensaft, geschnittene Citronenschalen, Muskatenblumen und Saffran darunter gerührt; und nachdem die Hüner gar sind, thut man dies dazu, rührt es gut zusammen, läßt es aber nicht mehr zum sieden kommen, weil es sonst würde zusammen rinnen.

Fri-

Frikasse von Kalbfleisch, auf sächsisch. Das Fleisch wird in dünne Schnitte geschnitten, geklopft, gesalzen, mit Pfeffer und Muskatennuß gewürzt, mit Citronensaft beträpfelt, mit klein geschnittenen Citronenschalen und Thimian bestreuet, an die heiße Butter in die Pfanne gethan; und nachdem es auf beiden Seiten halb gebacken ist, drey oder vier Eyer dran geschlagen, ein paar Löffel voll Weinbeersaft dazu gethan, alles untereinander gerührt und aufgegeben.

Fülle.

Fülle von Ochsengehirn, auf sächsisch. Wenn es rein ausgeädert und gewaschen ist, wird es zerrieben, geriebene und in Rindsfett geröstete Semmelbröseln, mit kleinen Rosinchen, klein geschnittenen Mandeln, ein paar zerklopfte Eyer, Gewürz, Zucker und Zimmet darunter gerührt, an die heiße Butter gethan, und wie zerrührte Eyer ein wenig geröstet, ein Kalbsnetz damit gefüllt, im Ofen gebacken, und dann entweder so aufgegeben, oder eine süße Brühe drüber gemacht.

Füsse.

Füsse von Kälbern gebacken auf sächsisch. Die Kalbsfüsse werden weich gekocht, halb von einander geschnitten, in einem von Sahne, Eyer, Mehl, und Salz etwas dick gemachten Teig eingetaucht, an die heiße Butter gethan, und schön gelb gebacken.

Füsse und Ohren von Schweinen auf sächsisch zugerichtet. Die Füsse werden mit Bindfaden zusammen gebunden, in guter Fleischbrühe mit den Ohren gekocht. Nachdem sie halb gar sind, giebt man Salz, Gewürz, und geschnittene Citronenschalen dazu, und läßt sie vollends gar werden, doch daß die Füsse nicht zerfallen. Dann werden die Ohren
läng-

länglicht geschnitten, in einen Tiegel gethan, die Fleischbrühe, worinn sie gekocht sind, mit ein wenig Eßig drauf gegossen, ein Eingebrenntes mit Butter und Mehl, und klein geschnittenen Zwiebeln, mit etlichen Lorbeerblättern und geschnittenen Citronenschalen dazu gegeben, und damit aufkochen lassen. Die Füsse werden indessen ausgelegt, und ausgekühlt, dann in warme Butter getaucht, in geriebene Semmeln, mit klein geschnittener Petersilie, Muskatenblumen und Salz vermengt, gewälzt, in der heissen Butter gebraten, die geschnittenen Ohren alsdann aufgegeben, und die gebackenen Füsse um den Rand der Schüssel gelegt.

G.
Gänschen.

Gänschen mit Ramoladsauce, auf sächsisch. Man bratet sie meistentheils am Spies, und stößt zur Brühe Petersilie, Körbelkraut, Sauerampfer, Betram, Basilikum, Thimian, Brunnkresse, ein paar Schalotten, eine Zwiebel, ein Lorbeerblatt, 4 harte Eyerdottern, einige Sardellen in einem Mörser klar gestossen, vermischt es mit Provenzeröl, Senf, Salz und Pfeffer, paßirts durch ein Haartuch, und giebts an die Gänschen.

Gänseleber. Siehe **Leber**.

Gallert.

Gallert, auf französisch. Man zerschlägt einen Hahn und vier Kalbsfüsse in einem neuen Topf mit Wasser, läßt dies zusammen ohne Salz gut kochen, schäumet dann das Fett davon ab, gießt die Brühe in ein Kastrol, thut Zucker, Zimmet, Citronenschalen, den Saft von etlichen Citronen, und etliche zerklopfte Eyerweis dazu, richt dies zusammen

gut

gut unter die kalte Brühe, läßt es gut aufkochen, und halb kalt werden. Dann gießt man den Gallert durch ein Haarsieb in eine Schüssel, stellt ihn an einen kühlen Ort, und giebt ihn dann kalt zu einem Beygericht.

Gallert von Schweinsfüßen, auf sächsisch. Die Schweinsklauen werden mit der Schnauze und etlichen Rückstücken im Wasser und Salz gekocht, bis sie bald weich sind. Dann wird es vom Feuer gesetzt, die Brühe davon genommen und ausgekühlt, das Fett von der Suppe abgehoben, solche durch ein Sieb wieder darauf gegossen, etwas Wein und Eßig, auch Ingwer, Pfeffer, Muskatenblumen, Safran, und ein wenig Zucker dazu gethan, und noch so lange kochen lassen, bis das Fleisch gut weich ist. Die Brühe hernach in eine Schüssel gegossen, daß sie sich setze. Das Fett wieder abgenommen. Das Fleisch ordentlich in eine Schüssel gethan, geschälte halbe Mandeln und große Rosinen darauf gelegt, die geläuterte Brühe warm darauf gegossen, an einem kühlen Ort zugedeckt, hingestellt, und stehen lassen. Von Ochsen- und Kalbsfüßen kann man es auch so machen.

Gans.

Gans auf sächsisch gefüllt. Die reingemachte Gans wird oben bey der Brust ausgenommen, die Gansleber mit dem Herz und Magen ganz klein gehackt, Sahne, Eyer, Salz, und Gewürz, nachdem es zuvor in der Butter geröstet, und kalt geworden ist, darunter gerührt, auch ein wenig geriebene Semmeln dazu genommen, die Gans damit gefüllt, an Spieß gesteckt, und saftig gebraten.

Gans mit Borsdorferäpfeln, auf sächsisch. Die Gans wird in Stücke zerhackt, gewässert, und

und im Waſſer mit ganzen Zwiebeln, Lorbeerblättern, Kräutern und Gewürz gar gekocht, und dann mit ein wenig braunem Mehl, würflicht geſchnittenen Borsdorferäpfeln, Korinthen, ein wenig Zucker und klein geſchnittenen Mandeln verſetzt; das Fett wird abgeſchöpft, und mit der durch ein Sieb filtrirten Brühe zuſammen gekocht, geſalzen, und über die Gans gegoſſen.

Gaſche. Siehe **Koch, Mus.**

Gebackenes.

Gebackenes von Chokolade, auf böhmiſch. Man nimmt 6 Eyer, ſo ſchwer Zucker, eben ſo viel Chokolade, und halb ſo viel Mehl, ſchlägt alles zuſammen, rührt das Mehl darunter, und gießts in die Form zu backen.

Gebratenes und Gehacktes.

Gebratenes oder Kaltgebratenes, auf ſächſiſch. Das Uebriggebliebene von Braten und Hühnern wird in dünne kleine Stücke geſchnitten, in zerklopften Eyern getaucht, an die heiſſe Butter gethan und gebacken, indeſſen wird etwas Fleiſchbrühe beygeſetzt, in einer Pfanne Rindsfett zerſchmolzen, ein wenig klein gehackter Zwiebeln mit geriebenen Semmelbröſeln daran gethan und gelb geröſtet, nun die aufgekochte Fleiſchbrühe mit etwas Wein daran gegoſſen, gut aufgerührt, geſtoſſenen Zimmet, Safran, Latwerge, und das gebackene Fleiſch dazu gethan, und alles zuſammen aufkochen laſſen.

Gehacktes von allerley Grünen, auf böhmiſch. Von geſottenen Artiſchocken werden die Aepfel mit aufgekochtem Karfiol oder Blumenkohl, gekochtem Spargel, und mit einem Schock geſottener und ausgelöſter Krebſe klein unter einander gehackt,

ge-

Gehacktes.

geröstete und geriebene Semmeln dazu gemengt, in ein Rönel mit Butter gethan, und gedämpfet, dann etwas Petersillenwasser darauf gegossen, Muskatenblumen, Pfeffer, und ein Stück frischer Butter dazu gegeben, und etwas dicklich wie eine Sauce sieden gelassen.

Gehacktes von Fasan oder Rebhühnern, auf böhmisch. Das bratige Fleisch vom Fasan oder Rebhühnern wird mit etwas frischem Speck und Rindsmark klein gehackt, in ein Rönel gethan, etwas Wein und Suppe darauf gegossen, gestossene Muskatenblumen, Citronensaft, geschnittene Citronenschalen, einige ausgelöste Austern, und ein Stück frischer Butter dazu gegeben, und etwas dicklich sieden lassen.

Gehacktes von Kapaunern, auf böhmisch. Das weisse Fleisch wird von gebratenen Kapaunern klein gehackt, dann in einer guten Hühnersuppe Semmelrinden so lange gekocht, bis ein guter dicklicher Brey daraus geworden ist, das gebratene gehackte Kapaunerfleisch mit etwas klein gestossenen Mandeln, mit ein wenig frischer Butter darunter gerührt, ein wenig mehr Hühnerbrühe, wenn es etwa zu dick seyn, und nicht kochen könnte, dazu gegossen, gut zusammen gerührt, und aufsieden lassen.

Gehacktes von Karpfen, auf französisch. Dem rein gemachten Karpfen wird die Haut abgezogen, das Fleisch davon genommen, von Gräten gelöset, und mit feinen Kräutern, Champinionen, Artischockenböden, und Fischmilch und Lebern klein gehackt. Dann wird dieß Gehackte in das Kastrol an ein Stück zerlassener weisser Butter gethan, und erst ein wenig gedünstet, darauf ein wenig Fisch- oder klare Erbsenbrühe daran gegossen, und zugedeckt, über Kohlfeuer gemach etwa eine Viertel Stunde lang sieden

sieden lassen, hernach in die Schüssel gethan, den Saft aus einer Citrone darauf gedrückt, den Rand mit gebackenen Champinionen, Kapern oder Fischwürsten belegt, und als ein Vorgericht aufgegeben.

Gehacktes von Kalbfleisch, auf sächsisch. Der Kalbsstoß wird entzwey gehackt, die eine Hälfte wird gesalzen, und ganz gekocht, die andere Hälfte wird mit Rindsmark nicht allzu klein gehackt, eine Citrone dazu in Schnitte geschnitten, damit in einen Tiegel oder Rein gethan, ein wenig Fleischbrühe und Eßig daran gegossen, Ingwer, Pfeffer, Kardemomen, Muskatenblumen, und ein wenig geriebener Semmeln dazu genommen. Nachdem dieß zusammen eine Weile gekocht hat, wird etwas saure Sahne mit einem Stück Butter darunter gerührt, und damit aufgekocht, hernach das Kalbfleisch aufgegeben, und das Gehackte um das Fleisch gethan.

Gehacktes von Gebratenem, auf sächsisch. Der kalte Nierenbraten wird mit dem Fett und den Nieren klein gehackt, dann in Rindsfett ein wenig überbraten, hernach ein wenig Wein und Fleischsuppe daran gegossen, doch nicht viel, Würz und Citronensaft dazu gegeben. Und nachdem es eine Weile gekocht hat, wird es in einer Schüssel, wie ein Igel angerichtet, mit kleinen fingerslang und breiten und in Butter gebackenen Semmelrinden bestochen, und mit geschnittenen Citronenschalen bestreuet.

Gehirn.

Gehirn von Ochsen, auf sächsisch zugerichtet. Das Ochsengehirn wird ausgeddert, rein gewaschen, in einen Durchschlag geschüttet, daß es gut abrinnet, dann in eine Schüssel gethan, etliche zerklopfte Eyer, Pfeffer, ein wenig Safran und Mustenblumen darunter gerührt, an die heiße Butter gethan, und gebacken. Man kann es auch so zugerichtet in einer kurzen Fleischbrühe kochen, und dann braune Butter darüber gießen.

Gerben. Siehe Hefen.

Gersten, Kaisergersten.

Gersten, Kaisergersten, auf böhmisch. Ein Löffel voll Mehls wird in einem Töpfel mit einem Ey und zwey Dottern gut zerklopft, und abgeschlagen, dann eine gute kalte Rindssuppe nach und nach darunter gerührt, bis das Töpfel an dem Rand voll wird, hernach in ein siedendes Wasser gesetzt, und eine halbe Stunde gut sieden lassen, doch muß das Wasser immer bis an den Rand des Töpfels stehen, und wenn es versiedet, siedendes nachgegossen, hernach siedende Rindssuppe in eine Schale gegossen, dieß mit einem zinnernen oder silbernen Löffel brockenweise hinein gethan, u. etwas Muskatenblumen daran gestreut werden.

Grundeln.

Grundeln auf österreichisch gesotten. Der Sud wird von Eßig und Wasser gemacht, in einen Rein oder ein Kastrol gegossen, und Salz und Lorbeerblätter dazu gegeben. Die Grundeln werden abgesäubet, in ein Becken gethan, ein wenig Wein oder Eßig darüber gegossen, welches abtödten heißt. So bald der Sud anfängt zu sieden, werden sie hinein gethan, und zugedeckt, so lange als ein paar Eyer sieden gelassen. Dann etwas vom Sud weggegossen, mit frischem Wasser abgeschröckt, und zugedeckt sie ein wenig stehen gelassen, daß sie schön körnig werden.

Grundeln in der Suppe, auf österreichisch. Nachdem die Grundeln frisch abgesotten sind, läßt man sie zugedeckt stehen, daß sie körnig werden. Dann werden kleingeschnittene Petersilwurzeln in einer guten Erbsenbrühe gekocht, ein Eingebrenntes gemacht, die Suppe darauf gegossen, Citronenschalen, Gewürz und Butter dazu gethan, die Grundeln hinein gelegt, und sie darinn aufsieden lassen.

Gurken.

Gurken gefüllt auf böhmisch. Man höhlt sie aus, füllt sie mit den gehackten, (wie bey den kleinen Pasteten) dann kocht man sie mit Kalbfleisch, Salz und Gewürz in guter Fleischbrühe, und richtet sie an; sie müssen aber, wenn sie ausgehöhlt und geputzt sind, eine halbe Stunde in Eßig und Salz gelegt werden.

Gurken auf sächsisch grün einzulegen. Man setzt Eßig in einem kupfernen Fischtiegel bey. Wenn er siedet, nimmt man ihn vom Feuer, thut die Gurken darein, und läßt sie zugedeckt, eine Stunde stehen. Dann legt man sie mit Fenchel, grob gestoßenem Pfeffer und Salz ein, und gießt den Eßig darauf, doch nicht zu viel, sonst werden sie weich. Deckt das Fäßchen zu, und beschwert es ein wenig. Will man aber die Gurken sehr grün haben, so läßt man den obigen Eßig noch einmal sieden, und gießt ihn warm auf die Gurken, und schlägt, wenn er kalt geworden ist, das Fäßchen zu.

Gurken, kleine oder Pfeffergurken, mit allerhand Gewürz auf sächsisch einzulegen. Die kleinen Gurken werden im Brunnenwasser erst abgewaschen, dann abgetrocknet und in ein Fäßchen gethan, aufgekochter Weineßig darauf gegossen, und zwey Tage zugedeckt stehen lassen. Dann werden grobgestoßener Pfeffer, Kardemomen, Nelken, Zimmet, Muska-

Muskatenblumen, alles ganz klein geschnitten, ein wenig Anis und Fenchelköpfchen, Salz, Lorbeerblätter, und Wein- oder Kirschblätter genommen, welche auch ein wenig zerschnitten seyn müssen. Dieß alles wird unter einander gemengt, der Eßig von den Gurken abgegossen, und die Gurken werden wieder aus dem Fäßchen genommen. Drauf streuet man von dem unter einander gemengten etwas auf den Boden, legt Gurken darauf, bestreuet sie mit dem vermengten Gewürz, und wieder Gurken darauf, und so fort. Wenn sie alle darinn sind, wird der Eßig wieder warm gemacht, und darauf gegossen, läßt es einen Tag so stehen, und schlägt hernach das Fäßchen zu.

H.

Häringe.

Häringe mit Sahne. Wenn die gesalzenen Häringe eine Nacht im Wasser gelegen haben, werden ihnen die Köpfe abgeschnitten, ins siedende Wasser gethan, und nur übersotten. Dann wird das Wasser davon abgegossen. Hernach läßt man gute Sahne in einem Töpfchen aufsieden, thut geriebene Semmeln, Ingwer, Pfeffer und Muskatenblumen dazu. Ist es damit aufgekocht, giebt man ein Stück Butter zu, legt die Häringe in eine Schüssel, und gießt dieß darüber, setzt die Schüssel aufs Kohlfeuer, und läßt es noch ein wenig damit aufkochen.

Häring mit einer Citronensuppe auf böhmisch. Sie werden gewässert, zerstückt, und in eine mit Butter bestrichene Schüssel gelegt, dazu giebt man gar subtil geschnittene Citronenschalen und Citronensaft; dann brennt man etwas wenig gesalzene Petersillsuppe ein, gießt sie an den Häring, würzt ihn mit Pfeffer, und

und Muskatenblüthen, läßt sie zugedeckt in der Schüssel aufsieden, und giebt noch ein wenig frische Butter daran.

Häring mit Senf auf böhmisch. Er wird gewässert, getrocknet, in 3 Theile zerschnitten, und ein wenig auf dem Roste gebraten, und übrigens so, wie der Stockfisch mit Senf gemacht.

Häring mit Eyern gebacken, auf böhmisch. Man wässert und trocknet ihn, wie gewöhnlich, schneidet Kopf und Schwanz weg, den Rücken aber auf, bratet ihn auf dem Rost, legt ihn in eine mit Butter bestrichene Schüssel, schlägt so viel Eyer darauf, bis die Schüssel voll ist, bäckt es auf einer heissen Gluthpfanne, und brennt heisses Schmalz daran.

Häringe frische auf französisch zugerichtet. Sie werden mit Salz bestreuet, nach einer Weile mit Butter beschmiert, und auf dem Rost gebraten. Dann thut man gehackte feine Kräuter mit Pfeffer, Salz, Stachelbeeren und Kapern an die heiße Butter in das Kastrol. Wenn dieß zusammen gut geröstet ist, gießt man einen Löffel voll Weinessig und ein Glas Wein daran, rührt nach Belieben ein wenig geröstetes Mehl darunter, läßt es gut aufkochen, gießt es in die Schüssel, thut die gebratenen Häringe darein, ziert den Rand mit Citronenscheiben, und giebt es zu einem Vorgericht warm auf.

Häringe mit Sardellen auf sächsisch. Man nimmt frische Häringe, wässert sie ein paar Stunden, zieht ihnen hernach die Haut ab, schneidet sie der Länge nach auf, löset sie von Gräten, schneidet sie dann in kleine Stücke, legt sie rund herum in eine Schüssel, thut Eßig, Pfeffer, Baumöl und Citronensaft in ein Töpfchen, rührt es unter einander, gießt es über die Häringe, und streuet kleingeschnittene Citronenschalen darüber.

Häringe auf sächsisch gebraten. Die gewässerten Häringe werden auf einem Rost braun gebraten, dann in eine Schüssel gethan, und entweder warmen Eßig mit Pfeffer vermengt, darauf gegossen, oder eine Pfefferbrühe mit kleingeschnittenen und in Butter gerösteten Zwiebeln darüber gemacht.

Häringe auf sächsisch gefüllt. Man nimmt frische Häringe, und nur solche, die Milch haben. Hat man keine frische, so läßt man die gesalzenen eine Nacht im Wasser liegen. Dann nimmt man ihnen die Milch heraus, hackt sie klein, thut sie in eine Schüssel, mengt geriebene Semmeln, Gewürz und ein paar Dottern darunter. Füllt die Häringe damit gut fest, näht sie zu, thut sie in den Tiegel an die zerlassene Butter, und bratet sie langsam schön gelb auf beyden Seiten, legt sie hernach in die Schüssel, und gießt heisse Butter darüber.

Häringe auf sächsisch gebacken. Den gewässerten Häringen wird der Kopf ab- und sie werden von einander geschnitten, dann in Mehl mit Grieß vermengt, gewelzt, an die zerlassene Butter in den Tiegel gethan, braun gebacken, und zum sauren Kraut gegeben.

Hahn.

Hahn, wälscher Hahn, auf sächsisch gebraten. Man hackt ihm den Hals, so weit das Rothe geht, ab, rupft ihn trocken, nimmt ihn aus, macht ihn rein, reibt ihn gut mit Pfeffer, Salz und Nelken vermischt, von innen und außen ein, besprengt ihn mit aufgekochtem und kalt gewordenen Eßig, und läßt ihn vier und zwanzig Stunden in der freyen Luft hängen, wäscht ihn hernach, füllt ihn nach Belieben mit einer beliebigen Fülle, bratet ihn an Spieß bey mäßiger

mäßiger Hitze langsam, begießt ihn oft mit Butter, daß er schön gelb wird, und giebt ihn, wenn er gar ist, auf.

Halbfische.

Halbfische oder Schollen, auf sächsisch gebraten. Den Halbfischen wird erst die Haut auf der obern Seite abgezogen, dann läßt man sie einen Tag im Wasser liegen, gießt hernach das Wasser ab, giebt ihnen eine scharfe Lauge, und läßt sie vier und zwanzig Stunden darinn liegen. Dann werden sie aus der Lauge genommen, wieder in frisches Wasser gethan, worinn sie wieder vier und zwanzig Stunden liegen müssen, daß die Lauge heraus gehe, und sie groß und dick werden. Hernach wird ein Rost über ein gelindes Feuer gesetzt, Hölzerchen darauf gelegt, die Halbfische darauf gethan, mit Butter oft beträufelt, auf beyden Seiten gebraten, dann aufgegeben, und heiße Butter darüber gegossen.

Halbfische mit grünen Erbsen, auf sächsisch. Nachdem sie gewässert, und im Wasser und Salz abgesotten sind, werden sie von Gräten gelöset, und in einen töpfernen Tiegel gethan. Vorher aber muß man Erbsen in Fleischbrühe beysetzen; und nachdem sie mit Gewürz, Semmel und Butter gar gekocht sind, werden sie in dem Tiegel an die Fische gethan, und zusammen aufgekocht.

Halbfische auf sächsisch gefüllt. Die gewässerten Halbfische, sie müssen aber zweyhäutig seyn, werden von oben beym Flossen bis an Schwanz aufgemacht. Dann wird grüne Petersille klein gehackt, geriebene Semmeln, ein Ey, Ingwer, Pfeffer, Muskatenblumen, und ein wenig Salz dazu gethan, dieß gut unter einander gerührt, in der Butter geröstet,

die

die Halbfiſche damit auf beyden Seiten gefüllt, ſolche in einen Tiegel gethan, eine gute und ſiedende Erbſenbrühe darauf gegoſſen, und wenn ſie gar gekocht ſind, ein Stück Butter daran gethan, und aufgegeben.

Hals.

Hals vom Schöps, Schöpfenhals, auf franzöſiſch zugerichtet. Ein großer Schöpshals wird gekocht, dann werden zwey Hände voll abgepflückter und abgewaſchener grüner Peterſilie in ein Kalbsnetz gefüllt, und zum Fleiſch gethan. Hernach ſiedet man Auſtern in ihrer eigenen Brühe, mit Muskatenblumen beſtreuet, und mit ein wenig Eßig daran gethan, drauf wird die Peterſilie aus dem Netz genommen, und klein gehackt, auch eine halbe Citrone dazu geſchnitten, an ein halbes Pfund Butter gethan, doch nicht eher, als bis die Butter in die Höhe kömmt, welche man über Kohlen immer rühren muß, die Auſtern mit ein wenig Eßig auch dazu gethan, und alles gut unter einander gerühret, zuletzt, wenn dieß alles gar iſt, werden geröſtete Brodſchnitte in die Schüſſel gethan, der Schöpshals darauf gelegt, die Brühe darüber gegoſſen, und der Rand der Schüſſel mit Oliven, Kapern, und Citronen belegt.

Hambutten.

Hambutten mit Roſinen auf ſächſiſch gekocht. Man nimmt getrocknete Hambutten, und große Roſinen, von beyden gleich viel, macht ſie rein, thut ſie in einen Topf, gießt halb Wein, und halb Waſſer darauf, giebt Zucker und Zimmet dazu, und läßt es zuſammen aufkochen.

Hammelfleiſch.

Hammelfleiſch, auf franzöſiſch zugerichtet. Man nimmt ein ſchönes Stück Schöpfenfleiſch, reibt
es

es mit Salz und Pfeffer, bestreuet es mit geriebenen Semmeln, und läßt es in dem Kastrol an dem zerlassenen Speck gut braun werden. Dann gießt man etwas Rindsbrühe daran, thut geschnittene Champinionen dazu, und läßt es gar werden. Hernach richtet man es in einer Schüssel an, und besetzt den Rand mit gebackenen Brodrinden oder Petersilien.

Hammelkeule. Siehe **Keule.**

Hammelrippen.

Hammelrippen auf französisch zugerichtet. Man nimmt ein schönes Stück von den dicken Rippen, und kocht es in einer guten Rindsbrühe gar, dann taucht man es in einem von Mehl und Eyern gemachten Teig ein, thut es an das siedende Schweinschmalz, und bäckt es, und richtet es hernach mit Salz und Pfeffer, und dem Saft unzeitiger Trauben zu einem Vorgericht an.

Hammelzunge. Siehe **Zunge.**

Hasen.

Hasen junge, oder halbwüchsige, auf englisch zu braten. Man spickt sie, sprengt sie mit Salz ein, steckt sie nach einer Viertel Stunde an einen hölzernen Spieß, und bratet sie über einem Kohlenfeuer, worauf man einige Hölzchen legt, damit es etwas flammt. Die darunter stehende Bratpfanne muß hinten etwas erhöhet seyn, legt vorn ein Stück Butter, und hinten oben eingemachten Citronat mit einer zerschnittenen Zwiebel hinein so, daß der Saft von dem Citronat und der Zwiebel nach und nach herunter in die Butter läuft; der Löffel, mittelst welchem man die unten zerlassene Butter auf den Hasen gießt, muß hiezu schlechterdings von Holz seyn. Wenn der Hase genug gebraten hat, thut man ihn vom Spieß in eine

zinnerne

innerne Schüssel, schiebt den Citronat nebst der Zwiebel in die Butter, welche man, wenn sie mit einem Löffel voll Wein und Citronensaft gekocht hat, über den Hasen schüttet.

Hasenjung, oder junge Hasen auf französisch zugerichtet. Es wird ein Ragout über ihn, wie über die Kaninchen gemacht, nur ist zu merken, daß man einen Löffel voll Eßig an den jungen Hasen gießt, und wenn man ihn anrichtet, den Rand der Schüssel mit ausgekernten Oliven besetzt.

Hasen gehackte, auf sächsisch gebraten. Der frische Hasen wird abgezogen, das Gehäse wie gewöhnlich davon gemacht, ausgewaschen und gehäutet, das Fleisch abgeschält, doch daß die Beine an einander bleiben, den vierten Theil Speck dazu genommen, und klein gehackt, in eine Schüssel gethan, ein paar Eyer, Pfeffer, Kardemomen, Nelken, Muskatenblumen und ein wenig Salz darunter gerührt, wieder um die Beine gethan, und formirt, daß es einem Hasen gleichet, mit Zwirn umgewunden, Butter in die Bratpfanne gethan, zwey gespaltene Hölzlein darein gelegt, den Hasen darauf gethan, mit Bienchen besteckt, oft mit Butter begossen, und im Backofen gebacken.

Hausen.

Hausen auf ein halbes Jahr brauchbar einzulegen, auf böhmisch. Man wäscht, zerstückt und siedet ihn in Salzwasser, läßt ihn in einem Tuche auf einem Sieb trocknen, und wieder in seiner mit halb Wein und Eßig vermischten Suppe kochen, man legt ihn, wenn er kalt worden ist, mit klarem Pfeffer und dazwischen mit Salbeyblättern oder Roßmarin in ein eichenes Fäßchen, welches man, wenn die Suppe

darüber

darüber gegossen, zuschlägt, und an einen kühlen Ort setzt.

Hausen auf österreichisch gesotten. Der Sud wird von Wasser und Salz gemacht, Zwiebeln und Lorbeerblätter dazu gethan, und sieden lassen, der in Stücke geschnittene Hausen hineingethan; und nachdem er gar gesotten ist, etwas vom Sud abgegossen, und mit gutem frischen Weinessig abgeschröckt. Nach Belieben kann auch ein frischer Kreen oder grüne Petersille dazu gegeben werden.

Hausen auf österreichisch gedünstet. Der zerschnittene Hausen wird vorhero gesalzen, dann mit klein geschnittenen Zwiebeln, Roßmarin, spanischem Kudlkraut, und geriebenen Semmelbröseln in Butter gedünstet, doch daß er schön körnig bleibt. Nun ein Eingebrenntes gemacht, Wein und Erbsenbrühe daran gegossen, Citronenschalen, und Milchraum dazu gethan, und aufgekocht, über den Hausen gegossen.

Hausen in der Suppe, auf österreichisch. Der rein gemachte und in Stücke geschnittene Hausen wird in Salzwasser abgekocht, und mit Eßig abgeschröckt, dann abgeseihet. Nun eine gute Sardellen- oder Citronensuppe gemacht, in Butter geröstete grüne Petersille, Gewürz, Salz, und den Hausen hinein gethan, und ihn darinn aufsieden lassen.

Hausen geselcht, auf österreichisch. Der Hausen wird in dünne Stücke oder Scheiben geschnitten, mit Karpfenblut eingeschmiert, daß er schön roth wird, eine Stunde lang im Salz liegen lassen, und dann in Rauch gehenkt. Nachdem er geselcht ist, wird er im Wasser abgesotten. Hernach kann eine Milchraumsuppe darüber gegeben werden. Man kann ihn auch mit einer Krautsuppe, oder mit Austern nach Belieben machen.

Hausen

Hausen — Hechte.

Hausen mit süßer Suppe, auf österreichisch. Man siedet den Hausen wie gewöhnlich ab, macht ein Eingebranntes mit Zwiebeln, gießt gute Erbsenbrühe mit Wein und Eßig daran, thut Citronenschalen, Rosinen, Zibeben, geschnittene Mandeln, gröblich gestoßenene Nelken, und Zucker nach Belieben dazu, und gut aufgekocht, über den gesottenen und abgeseihten Hausen gegossen.

Hechte.

Hechte mit Kapern. Man siedet den Hecht zuvor blau ab, gießt dann in einen Tiegel Wein mit Petersillenwasser, und läßt es aufsieden, hernach in ein Töpfel in Schmetten geweichte Semmel, ein Stück frischer Butter, und gestoßene Muskatenblumen gethan, dies gut untereinander gerührt, in den siedenden Wein gegossen, Kapern daran gethan, aufsieden lassen, und auf den Hecht gegossen.

Hechte mit Karfiol, auf böhmisch. Der Karfiol oder Blumenkohl wird erst ein wenig gesotten, dann etwas davon genommen, mit in Schmetten geweichten Semmelrinden, und einem Stück frischer Butter im Mörser klein gestoßen, in einen Tiegel gethan, Petersillenwasser dran gegossen, Muskatenblumen und ein Stück frischer Butter dazu gethan, und aufsieden lassen, den Hecht in dem übrigen Blumenkohl abgesotten, oder in Schmalz gebacken, nun alles zusammen gethan, ein Stück Butter in Mehl gewalkt dazu gegeben, und aufsieden lassen.

Hechte mit Krebsen, auf böhmisch. Der Hecht wird in fingerbreite Stücke geschnitten, gesalzen, und in eine blecherne Schüssel nebeneinander gelegt, ein Schock ausgelöster Krebsschwänze, geriebene und in Butter geröstete Semmeln, gestoßene Muskatenblumen, Citronensaft, geschnittene Citronenschalen, und ein Stück Krebsbutter dazu gethan, etwas Hünerbrühe dran gegossen, auch Zucker nach Belieben dazu gethan, auf ein mäßiges Kohlfeuer gesetzt, und etwas sieden lassen.

Hechte mit Semmeln, auf böhmisch. Sobald der Hecht blau abgesotten ist, wird er gleich warm mit siedender Butter begossen, und mit gerösteten und geriebenen Semmeln bestreut.

Hechte geröstet, auf böhmisch. Der Hecht wird erst blau abgesotten und ausgekühlt, dann mit Mehl bestreut und in Butter oder Schmalz gebacken.

Hechte mit Sardellen, auf böhmisch. Die ausgewässerten Sardellen werden klein gehackt, dann in einem Tiegel mit frischer Butter, gerösteten und geriebenen Semmeln gebräunet, dann guter Wein mit Petersillenwasser drauf gegossen, auch etwas Schmetten dazu genommen und aufsieden lassen. Nun durch ein Sieb gegossen, die Suppe wieder ans Feuer gesetzt. Zu den Sardellen einige gut zerklopfte Dotter, Citronensaft, und geschnittene Citronenschalen, gestossene Muskatenblumen, und ein Stück frischer Butter genommen, alles dies gut zusammen gerührt, an die Brühe gethan, und wieder aufsieden lassen. Jetzt einen Hecht in Butter dämpfen und bräunen lassen, und die Brühe mit den Sardellen drauf gegossen.

Hecht mit saurer Milch, auf böhmisch. Der reingemachte, entzwey geschnittene, und von seinem Rückgrad gelöste Hecht wird gesalzen, und ein paar Stunden im Salzwasser liegen lassen, dann ausgedrückt, in eine blecherne Schüssel gethan, und mit siedender Butter begossen, hernach geröstete und geriebene Semmeln drauf gestreut, saure Schmetten

darüber

Hechte.

darüber gegoſſen, zugedeckt, aufs Kohlfeuer geſetzt, ihn einſieden, dämpfen und braun werden laſſen, hernach in eine andere Schüſſel gethan, mit heiſſer Butter begoſſen, Sardellen und Kapern drauf geſtreut, und die Sauce drauf gegoſſen.

Hechte oder Forellen mit Auſtern, auf böhmiſch. Die Hechte oder Forellen werden erſt blau abgeſotten, dann thut man die eine Hälfte ausgelöſter Auſtern, und die andere mit ihren Schalen in einen Tiegel oder Kaſtrol, gießt guten ſüſſen Wein drauf, thut geſtoſſene Muskatenblumen, Pfeffer, Citronenſaft, geſchnittene Citronenſchalen, und ein Stück friſcher Butter dazu, läßt es gut aufſieden, und gießt es hernach auf die blau geſottenen Hechte oder Forellen.

Hechte mit weiſſer Brühe auf böhmiſch. Der Hecht wird erſt blau geſotten, dann ihm die Haut mit ſammt den Schuppen abgezogen, mit Mehl beſtreut, in eine blecherne Schüſſel gelegt, ein groſſes Stück friſcher Butter dran gethan, einige Löffel voll Wein, ein paar Löffel voll Peterſillenwaſſer dran gegoſſen, Citronenſaft, geſchnittene Citronenſchalen und Muskatenblumen dazu gethan, dies wohl, doch ſachte, mit der Schüſſel untereinander gerührt, auf ein mäßiges Kohlfeuer geſetzt, und nur ein wenig aufſieden laſſen.

Hechte in Butterbrühe, auf böhmiſch. Der reingemachte Hecht wird in gewöhnliche Stücke geſchnitten, eingeſalzen und mit gutem Weineßig begoſſen, und ſobald das Waſſer im Keſſel anfängt zu ſieden, mit ſeinem Eßig hinein gethan, blattweis geſchnittene Peterſillenwurzeln dazu, und ſieden laſſen. Sobald nur wenig Brühe dran iſt, thut man ein Stück friſcher Butter in Mehl gewälzet, und geſtoſ-

H   ſene

sene Muskatenblumen dazu, und läßt ihn damit aufkochen.

Hechte mit Petersille, auf böhmisch. Der Hecht wird in gewöhnliche Stücke zerschnitten, und in Butter mit geschnittenen Petersillenwurzeln, und gestossenen Muskatenblumen gedämpfet, dann gesottene Hechtenlebern, mit einer in Schmetten geweichten Semmel und den gesottenen Petersillenwurzeln in einem Mörser zusammen klein gestossen, dann heraus genommen, Petersillenwasser dran gegossen, gut zerrühret, und durch ein dünnes Sieb getrieben. Das Durchgetriebene wird aus Feuer gesetzt, Muskatenblumen, klein geschnittene grüne Petersille mit einem Stück Butter drein gethan, gut aufsieden lassen, und auf die gedämpften Hechte gegossen.

Hechte gefüllt, auf böhmisch. Nachdem der Hecht reingemacht ist, wird ihm die Haut wie dem Aal abgezogen, das Fleisch von seinen Gräten gelöset, klein gestossene Mandeln, in Schmetten geweichte Semmelrinden dazu gethan, und dies alles in einem Stück frischer Butter gut zusammen gerührt, dann zwey ganze Eyer und vier Dottern gut zerklopft, Muskatenblumen dazu gethan, und zusammen gemenget, die Hechthaut damit gefüllt, doch daß sie nicht zu voll wird und springt, jetzt den Kopf dazu gethan, und mit der etwas dran gelassenen Haut angemacht, in einem dünnen von Mehl und Dottern gemachten Teig eingetaucht, in das siedende Schmalz oder in die Butter gelegt, und braun gebacken. Der Kopf muß nicht zu salzen vergessen werden. Einige braten ihn nur auf dem Rost, und begiessen ihn hernach mit frischer Butter.

Hechte mit Sudcitronen, auf böhmisch. Der Hecht wird erst blau gesotten, und trocken in die

Schüssel

Schüssel gelegt, dann Zucker, Ingwer, Pfeffer,
Safran, Muskatenblumen, und blattweis geschnittene Sudcitronen mit einem Stück Butter, und gerösteten geriebenen Semmeln an die Brühe gethan und aufkochen lassen, hernach den Hecht mit den runden Citronenschnitzen belegt, und die Sauce darauf gegossen.

Hechte mit Schmetten, auf böhmisch.

Der Hecht wird rein gemacht, in Stücke geschnitten, und eingesalzen, dann in frischer Butter gedämpfet, Wein drauf gegossen, Rosmarin, Lorbeerblätter, geschnittene Citronenschalen und gestossene Nelken drein gethan, und aufsieden lassen, hernach saure Schmetten dazu gegossen, und ein Stück frischer Butter in Mehl gewalket dazu gethan, auch etwas Kapern hineingelegt, aufsieden lassen, und auf den Hecht gegossen.

Hechte mit Pomeranzen, auf böhmisch.

Der reingemachte Hecht wird in fingerbreite Stücke geschnitten, gesalzen, und in eine blecherne Schüssel neben einander gelegt, frische Butter dazu gethan, aufs Kohlfeuer gesetzt, und etwas dämpfen lassen, dann aus vier Pomeranzen den Saft dazu gedrückt, und die Schalen geschnitten, gestossene Muskatenblumen dazu genommen, etwas guten süssen Wein drauf gegossen, ein Stück frischer Butter in Mehl gewalket, drein gelegt, und aufsieden lassen.

Hechte mit Austern, auf böhmisch.

Ein grosser rein gemachter Hecht, wird mitten durch entzwey geschnitten, das Rückgrad herausgenommen, dann schneidet man dünne Schnitze daraus, salzet sie, bestreut sie mit gerösteten und geriebenen Semmeln, und bräunet sie erst in der Butter, Citronensaft, gestossene Muskatenblumen, und ausgelöste Austern dazu, und läßt es gut aufsieden.

Hecht in Butterbrühe, auf böhmisch.
Die Hechte werden blau abgesotten, die erste Brühe wird weggegossen, dann ein guter Wein in Tiegel gegossen, ein wenig klare Erbsensuppe, gestoßene Muskatenblumen, und ein Stück frischer Butter dazu gegeben, und indem es zu sieden anfängt, die blaugesottenen Hechte hinein gethan und aufsieden lassen.

Hechte mit Erdäpfeln, auf böhmisch.
Die Hechte werden rein gemacht, in große Stücke geschnitten, und in Butter gedämpft, die Erdäpfel werden geschälet, in dünne Schnitze geschnitten, und ebenfalls besonders vor sich in der Butter gedämpft, nun geröstete und geriebene Semmeln, einige Löffel voll Petersillenwasser, Citronensaft, Muskatenblumen und ein Stück frischer Butter zu den Erdäpfel gethan, und ein wenig kochen lassen, die gedämpften Hechte jetzt in eine blecherne Schüssel gethan, die Sauce drauf gegossen, auf ein gelindes Kohlfeuer gesetzt, und aufkochen lassen.

Hechte mit Sauerkraut, auf böhmisch.
Das Sauerkraut wird erst ein wenig abgesotten, dann in ein Sieb gethan, und das Wässerige abrinnen lassen, hernach in einen Tiegel mit Butter gedämpft. Die Hechte werden blau gesotten, in Stücke geschnitten, die Köpfe ganz gelassen; dann dünne Semmelschnitten in Schmalz gebacken, die Köpfe in eine blecherne Schüssel in die Mitte gethan, die Schnitten neben beygelegt, die Hechtstücke drauf, hernach das gedämpfte Kraut darüber, nun saure Schmetten drauf gegossen, jetzt ein Stück frischer zerflossener Butter drüber, zugedeckt, oben und unten gleichmäßige Glut gegeben, und braun werden lassen.

Hechte gebraten, auf böhmisch. Das Eingeweide von rein gemachten Hechten wird herausgenomgenommen, die Hechte werden in grosse Stücke geschnitten, und eingesalzen, und so lange liegen lassen, bis sich das Salz ins Fleisch eingezogen hat, dann werden die Stücke mit gestossenen Nelken, Pfeffer, Ingwer, und geschnittener Salbey, mit diesem zusammen gemengten Gewürz von innen und aussen gut gerieben, hernach in siedendes Schmalz oder in Butter gebraten, und in die Schüssel gelegt, nun viel Pomeranzensaft mit gestossenen Muskatblumen und gerösteten geriebenen Semmeln in das gebratene Fett gethan, aufgekocht, und über die gebratenen Hechte gegossen.

Hechte mit gelber Brühe, auf böhmisch. Die reingemachten und in Stücke geschnittenen Hechte werden in gutem starken Weinessig abgesotten, der Essig hernach davon gegossen, die Hechte in die Schüssel gethan, in einen Tiegel etwas Wein gegossen, geröstete und geriebene Semmeln, getrockneten und fein geriebenen Safran, mit Pfeffer, Ingwer, Muskatenblumen, Citronensaft, blattweis geschnittenen Citronen, Zucker, und mit einem Stück frischer, ein wenig in Mehl gewalkter Butter gethan, gerührt, gut aufsieden lassen, und auf die Hechte gegossen.

Hechte mit rother Brühe, auf böhmisch. Man siedet die Hechte erst blau ab, thut dann in einen Tiegel Sulze von Hannebutten mit Honig und Vieressig, rührt dies gut untereinander, giebt gestossenen Zimmet, Zucker, Muskatenblumen, Ingwer, Citronensaft, und geschnittene Citronenschalen, mit etwas frischer Butter dazu, läßt es aufkochen, und gießt es über die Hechte.

Hechte auf Englisch. Der reingemachte Hecht wird nicht zerschnitten, sondern ganz in gutem Weinessig gesotten, dann in eine blecherne verzinnte Schüs-

Schüssel gelegt, ein Stück frischer Butter, gehackte grüne Petersille, und Muskatenblumen dazu gethan, auf ein mäßiges Kohlfeuer gesetzt, und zugedeckt dämpfen lassen.

Hecht auf französisch. Viel kleine geschälte Zwiebeln werden zerschnitten, mit einem Paar geschälter und geschnittener sauerer Aepfel, und eine halbe Semmel in ein Töpfel gethan, Wein drauf gegossen, und zu einem ganz dünnen Brey sieden lassen, dann in ein dünnes Tuch gegossen und ausgepreßt, wieder aufs Feuer gesetzt, noch etwas mehr Wein drauf gegossen, geriebenen Safran, Muskatenblumen, Kubeben, geschälte und länglich geschnittene Mandeln, ein Stück frischer Butter, und Zucker nach Belieben dazu gethan, gut aufsieden lassen, und über die blau gesottenen heissen Hechte gegossen, dann ein halbes Pfund klein geschnittener Zwiebeln in Butter gebräunet, darauf gethan.

Hechte auf andere Art, auf französisch. Wenn die Hechte rein gemacht, und in Stücke geschnitten sind, werden sie mit Wasser, Essig und Salz beygesetzt. Indessen wird in einem Töpfchen eine Brühe von Wein, Ingwer, Pfeffer, Kardemomen, Muskatenblumen, Safran und Zucker gemacht. Wenn nun die Hechte gesotten sind, werden sie mit der löcherichten Kelle herausgenommen, und in die Schüssel gethan. Von der Brühe gießt man von oben ein wenig in das Töpfchen, und läßt es mit aufkochen. Inzwischen setzt man in einem andern Töpfchen Malvasier und gestossenen Zimmet bey, läßt es aber nicht zum Sieden kommen, denn der Malvasier verliert sonst den Geschmack. Dann wird die Brühe in die Schüssel über die Hechte gegossen, und der Malvasier drüber, und giebt es verdeckt auf.

Hechte

Hechte mit Ragout, auf französisch. Die reingemachten Hechte werden in große Stücke geschnitten, mit Salz und Pfeffer gut von innen und auſſen gerieben, an die zerlaſſene Butter in das Kaſtrol gethan, ein Bändchen feiner Kräuter, ein paar Citronenschnitte und Gewürznelken dazu gegeben, und weiſſen Wein dran gegoſſen. Inzwischen daß dies zuſammen bey gelindem Feuer ſachte kocht, macht man vor ſich beſonders ein Ragout von Champignonen, Auſtern, Kapern und klein gehackten Zwiebeln, das man erſt zuſammen mit ein wenig Mehl in der Butter braun röſtet, und dann mit Hechtbrühe und ein wenig Wein, auch ein paar Citronenschnitten aufkocht. Wenn nun beydes die Hechte und Sauce gar ſind, ſo werden ſie in einer Schüſſel zu einem Vorgericht angerichtet, und der Rand mit gerösteten Champignonen, oder Hechtlebern, oder Peterſillen beſetzt.

Hechte marinirt, auf französisch. Sie werden in Stücke geschnitten, und wie der Aal marinirt, dann an die zerlaſſene Butter in die Tortenpfanne gethan, und im Ofen gebacken. Indeſſen wird eine Sauce von Sardellen, durchgeſchlagener brauner Butter, von Kapern, dem Saft einer Pomeranzen, und mit weiſſem Pfeffer gemacht, in die Schüſſel gethan, die Hechte drein gelegt, und der Rand mit gebackener Karpfenmilch oder Hechtleber, oder Peterſillen beſetzt.

Hecht gefüllt, auf französisch. Er wird längſt dem Rücken aufgeschnitten, ihm die Haut vom Kopf an bis auf den Schwanz abgezogen, das Fleiſch mit den kleinen Gräten weggenommen, das Rückgrad ſtehen laſſen, das Fleiſch von Gräten gelöſet, und mit Karpfen- und Aalfleiſch, Peterſillen, feinen Kräutern und Champignonen klein gehackt, geſalzen und
ge-

gepfeffert, und ein paar Eyer mit Butter darunter gerührt, den Hecht damit gefüllt, die Haut zugenäht. Dann wird in dem Kastrole ein Eingebranntes von Butter und Mehl gemacht, Fisch- oder klare Erbsenbrühe mit einem Löffel voll unreiffem Traubensaft dran gegossen, den gefüllten Hecht drein gethan, und gekocht. Ist das Ragout bald gar, so thut man geschnittene Champignonen und Karpfenmilch dazu, richtet ihn mit dem Ragout in einer Schüssel an, und besetzt den Rand mit gebackenen Brodrinden oder Petersillen, und einigen Citronenscheiben.

Hecht mit weisser Sauce, auf französisch. Man reibt ihn mit Salz und Pfeffer ein, thut ihn mit einem Bündgen feiner Kräuter in das Kastrol, gießt ein wenig Wein und Wasser dran und kocht ihn. Indessen thut man ein Stück weisser Butter in das Kastrol, thut gehackte Hechtlebern, klein geschnittene grüne Petersille, geriebene Semmeln und Salz und Pfeffer, und gießt ein wenig Fisch- oder klare Erbsenbrühe dran, und wenn dies zusammen gut aufgekocht ist, schlägt man es durch ein Sieb, setzt es wieder bey, quierlet etliche Eyerweis drein, thut die Hechte dazu, läßt sie drinn ein paar Wall thun, giebt sie dann zu einem Vorgericht auf, und belegt den Rand der Schüssel mit gebackenen Petersillen.

Hechte mit sauerm Kohl, Austern, Krebsen und Morgeln, auf österreichisch. Nachdem der Kohl fein geschnitten ist, so mengt man ein wenig Kümmel und Salz darunter, thut ein großes Stück frischer ausgewaschener Butter dazu, und zugedeckt auf einem gelinden Kohlfeuer in seiner eigenen Brühe dünsten und schwitzen lassen. Sobald er recht gelinde oder mürbe ist, thut man noch ein Stück Butter, ein wenig Mehl, und auch etwas Weineßig dran

und

und läßt ihn damit ganz kurz einsieden oder einkochen. Nun werden ausgemachte Austern, ausgelöste Krebsschwänze, rein gemachte und geweichte Morgeln, und Hechtenfleisch von seinen Gräten gelöset und klein gehackt, in einen Tiegel mit Butter gethan, und zugedeckt gut dünsten lassen; dies nun an den sauern Kohl mit etwas süssem Raum gethan, gut untereinander gerührt, und zugedeckt ein wenig durchduften lassen.

Hecht mit Petersillwurzeln, auf österreichisch. Der Hecht wird geschupt, zertheilt, und frisch abgesotten. Nun eine gute Erbsenbrühe ans Feuer gesetzt, länglicht geschnittene Petersillwurzeln drein gethan, und gut weich sieden lassen; dann ein Eingebranntes von Butter, Mehl und Zwiebeln gemacht, die Erbsenbrühe dran gegossen, etwas Wein, oder auch statt des Weins etwas vom Fischsud, mit in Butter gerösteter grüner Petersille dazu gegeben, und gut aufsiedend über den abgeseichten Hecht gegossen.

Hechte gesotten, auf österreichisch. Der Sud wird gemacht wie bey den Grundeln. Sobald er aufsiedet, werden die reingemachten und in Stücke geschnittenen Hechte in den siedenden Sud gethan; und nachdem sie gar sind, etwas vom Sud abgegossen, und mit frischem Wasser abgeschröckt, welches bey allen Fischen zu beobachten ist.

Hechte mit Sardellenkreen, auf österreichisch. Nachdem der Hecht geschupt, und in Stücken gehackt ist, wird er frisch schön körnig abgesotten. Nun klein gestossene Mandeln, ausgelöste Sardellen, und ein wenig Knoblauch genommen, dies alles gut untereinander gestossen, in Milchraum gut gerührt, ans Feuer gesetzt, Citronenschalen und den Saft, auch Maskatenblumen, und ein Stück frischer

Bu-

Butter dazu gegeben, immer gerührt, doch nicht zum Aufkochen kommen lassen, sondern sobald es siedend heiß ist, über den Hecht gegossen.

Hechte mit einer Sardellensuppe, auf österreichisch. Der von seinen Gräten gelöste, und zu Stücken gehackte Hecht wird frisch abgesotten, daß er schön körnig wird; nun ein Eingebrenntes von Butter, Mehl, geriebenem schwarzen Brod und klein geschnittenen Zwiebeln gemacht. Nachdem es braun ist, wird eine gute Erbsenbrühe drauf gegossen, von einer Citrone die Schalen, klein geschnittene Sardellen, Wein, Milchraum, Pfeffer, Ingwer und Nelken dazu gegeben. Nachdem dies gut aufgesotten ist, gießt man es auf den gut abgeseihten Hecht, thut ein wenig Butter dazu, und läßt ihn aufsieden, daß die Suppe und der Hecht einen guten Geschmack bekommen.

Hecht mit Schwammsuppe, auf österreichisch. Der Hecht wird geschupt und zu Stückeln gehackt und frisch abgesotten. Die reingemachten Schwämme oder Pilslinge werden klein gehackt, und an eine gute Erbsenbrühe gethan; dann ausgelöste Sardellen, Kapern, Citronenschalen, und geschnittene grüne Petersille in Butter geröstet, mit Gewürz und Milchraum dazu gegeben, und dies zusammen gut untereinander aufgesotten, über den Hecht gegossen.

Hecht mit Austern, auf österreichisch. Der geselchte Hecht wird in Wasser abgesotten, und in eine Schüssel gethan. Nun ausgelöste Austern in Butter mit geriebenen Semmelbröseln gedünstet, dann Milchraum mit etwas Saft von den Austern drauf gegossen, Citronenschalen, Muskatenblumen, Citronensaft und Gewürz dazu gegeben, und aufsiedend über den Hecht gegossen.

Hechte.

Hecht mit Kreensuppe, auf österreichisch. Der Hecht wird blau abgesotten. Nun ein gelbes Eingebrenntes von Baumöl, kleingeschnittenen Zwiebeln und ein wenig Mehl gemacht, so viel Erbsenbrühe daran gegossen, als nöthig ist, daß es die gehörige Dicke bekommt, gut gerührt, dann etwas Milchraum und Kreen, Gewürz und Salz dazu gegeben, und gut aufsiedend über den Hecht gegossen. Diese Sauce oder Suppe kann auch über Karpfen, Hausen, und andere Fische gemacht werden.

Hecht mit Kreenpanadl, auf österreichisch. Der geschupte und in kleine Stücke geschnittene Hecht wird frisch abgesotten, dann eine gute Erbsenbrühe ans Feuer gesetzt, würflicht geschnittene Semmeln hinein gethan, und sieden lassen, hernach geriebenen Kreen, Milchraum, Gewürz, und ein Stück frischer Butter dazu gegeben, gut gerührt, und aufsiedend über den Hecht gegossen.

Hechteneier auf österreichisch. Die Hechten werden von ihren Gräten gelöset, und klein gehackt, dann wird ein Stück frischer Butter flaumig abgetrieben, einige gut zerklopfte Eyer, ein wenig Milch, in Milch geweichte Semmeln, Gewürz, grüne Petersille, und das Gehackte von Hechten dazu genommen, alles dieß gut untereinander gerührt, in ein mit Butter gut ausgeschmiertes Reinel gethan, bey oberer und unterer Gluth backen lassen, dann statt des Suppenbrods würflicht geschnitten, und eine gestoßene oder Gehäcksuppe darüber gegossen.

Hechte auf sächsisch gefüllt. Die Haut wird den Hechten abgezogen, doch so, daß der Kopf an der Haut hängen bleibt, das von den Gräten gelöste Fleisch wird klein gehackt, in eine Schüssel gethan, ein wenig gesalzen, vermischtes Gewürz darüber ge-

gestreuet, geriebene Semmeln, mit klein geschnittener grüner Petersille in Butter geröstet, dazu gethan, und ein paar Eyer daran geschlagen, dieß alles gut unter einander gerührt, die Haut damit gefüllt und zugenäht, mit heissem Eßig begossen, in einen Tiegel gethan, in weichem Wasser mit ein wenig Salz gekocht. Wenn er gar ist, wird er herausgenommen, und in die Schüssel gethan, geschnittene grüne Petersille, Muskatenblumen, und ein Stück Butter in die Brühe gethan, auch ein paar zerklopfte Eyer darein gequirlet, damit aufgekocht, über den Hecht gegossen.

Hechte über abgebrannte Wurzeln, auf sächsisch. Die rein gemachten und in Stücke geschnittenen Hechte werden mit Salz eingesprengt, nach einer Weile mit heissem Eßig begossen, an eine siedende kurze Rindsbrühe gethan, und nachdem sie gekocht sind, trocken heraus genommen, in die Schüssel gethan. Inzwischen setzt man in einem Pfännchen Butter bey, und wenn sie heiß ist, thut man kleingeschnittene Petersillwurzeln mit Citronenschalen daran, hebt sie aber immer mit einem Löffel in die Höhe. Wenn sie gelb sind, werden sie vom Feuer genommen, und in die Schüssel über die Hechte gestreuet. An die Brühe, worinn die Hechte gekocht sind, thut man Pfeffer, Muskatenblumen, ein Stück Butter, und quirlet etliche Dottern darein. Nachdem sie damit aufgekocht hat, gießt man sie in die Schüssel über die Hechte, setzt die Schüssel auf ein Kohlfeuer, und läßt sie damit aufkochen.

Hechte mit Häringen auf sächsisch. Es werden zwey Hechte genommen, ein großer von vier Pfunden, und ein kleiner von einem Pfund oder etwas darüber. Nachdem beyde rein gemacht, und ausgenommen sind, wird der große in Stücken geschnitten,

mit

mit Salz und Gewürz vermengt, eingerieben, in eine siedende Rindsbrühe gethan, und abgekocht, doch daß nicht viel Brühe ist. Inzwischen wird der kleine von seinen Gräten gelöset, in kleine Stücke geschnitten, dazu nimmt man drey frische ausgewässerte Häringe, zieht ihnen die Haut ab, löset sie von Gräten, und schneidet sie gleichfalls klein. Dann werden drey kleingeschnittene Zwiebeln in Butter geröstet. Wenn sie bald braun sind, werden die kleingeschnittenen Hechte mit den Härigen dazu gethan, und mitgeröstet. Der gekochte Hecht wird in eine Schüssel gelegt, das Geröstete darauf gethan, die kurze Fleischbrühe, worinn er gekocht hat, darüber gegossen, zugedeckt, aufs Kohlfeuer gesetzt, und aufgekocht.

Hecht mit Austern gebraten, auf sächsisch. Man nimmt einen großen Hecht, schupt ihn, macht ihn auf dem Bauch auf, doch nicht zu weit, nimmt das Eingeweide heraus, wäscht ihn, vermengt Austern mit ein wenig Salz und Pfeffer, füllt ihn damit, streut auch auswendig Salz und Pfeffer darauf, spickt den Rücken mit Häring, bindet ihn an einen Spieß, begießt ihn oft mit Wein und Butter. Macht dazu eine Brühe von Wein, Kapern, Citronen, Muskatenblumen, Pfeffer und Butter, und brennt sie ein. Wenn nun der Hecht gebraten ist, legt man ihn in die Schüssel, und gießt die Brühe darüber.

Hecht auf sächsisch gespickt. Wenn der Hecht rein gemacht, und ausgenommen ist, wird er wie ein Hase gespickt; mit Nelken, Pfeffer, Salz, und Butter unter einander vermengt, gefüllt, und zugemacht, dann legt man kleine Hölzerchen in einen Tiegel, den Hecht darauf, giebt ihm oben und unten mäßige Glut, und läßt ihn langsam braten, bis er gar ist, giebt ihn hernach so, oder mit Senf auf.

Hechte mit geriebenen Citronen, auf sächsisch. Die Hechte werden geschupt, rein gemacht, in kleine Stücke geschnitten, gesalzen und halb in Wasser, halb in Wein beygesetzt. Indessen werden etliche Citronen scheibicht geschnitten, in Wein ganz weich gekocht, gut zerrührt, und durch ein Sieb getrieben. Wenn nun die Hechte gut aufgesotten sind, wird das Wasser davon gegossen, und die Brühe darüber gethan, mit Ingwer, Safran, Zucker, und Zimmet gewürzt, ein dünnes gelbes Eingebrenntes dazu gegeben, damit aufgekocht, und aufgegeben.

Hechte, die kleinen, auf sächsisch zu braten. Die kleinen Hechte werden geschupt, am Bauch ein wenig aufgeschnitten, ausgenommen, wie Backfische schief gefärbt, mit vermischtem Gewürz von innen und aussen gerieben. Wenn sie eine Weile gelegen, beträpfelt man sie mit heisser Butter, und beschmieret auch den Rost damit. Nachdem sie schön gelb darauf gebraten sind, giebt man sie in die Schüssel, und drückt Citronensaft darauf. Will man sie einlegen, um kalt zu geniessen, so nimmt man statt der Butter Baumöl, bestreuet sie hernach mit vermischtem Gewürz und Lorbeerblättern, und gießt Weinessig darauf.

Hechte gehackt, auf sächsisch. Der rein gemachte geschnittene Hecht wird mit Salz eingesprengt, und halb in Eßig, und halb in Wasser gekocht. Dann wird das Fleisch von Haut und Gräten gelöset, klein gehackt, in einen Tiegel gethan, Wein und Erbsbrühe, Ingwer, Pfeffer und ein Stück Butter dazu gethan, und zusammen aufgekocht. Inzwischen werden Eyer hart gekocht, der Hecht angerichtet, die Dottern aus den Eyern genommen, entzwey geschnitten, und dazwischen gelegt. Man kann auch den Kopf ganz lassen,

Hechte.

laſſen, und in die Mitte legen, daß man ſieht, was er iſt, und ſtatt der Erbsbrühe, Fleiſchbrühe nehmen.

Hechte mit Sahne, auf ſächſiſch. Der Hecht wird wie gewöhnlich geſotten, dann von Haut und Gräten gelöſet, und klein gepflückt. Hernach wird ein Seidel oder Nößel Sahne beygeſetzt, gehackte Peterſille, Muskatenblumen, ein wenig Salz, Ingwer und ein Stück Butter dazu gethan. Nachdem dieß aufgekocht hat, richtet man den Hecht in einer Schüſſel an, gießt dieß darüber, ſetzt es aufs Kohlfeuer, und läßt es zuſammen aufkochen.

Hechte mit Meerrettig auf ſächſiſch. Der reingemachte und in Stücken geſchnittene Hecht wird in Waſſer und Salz gekocht. Dann thut man in einem Tiegel ein Seidel oder Nößel ſüſſer Sahne, ein Viertel Pfund gröblich geſtoſſener Mandeln, drey Löffel voll geriebenem Meerrettig und Muskatenblumen, läßt dieß zuſammen gut aufkochen, richtet den Hecht an, und gießt dieß darüber.

Hecht mit Kohl auf ſächſiſch. Der Hecht wird rein gemacht, ausgenommen, in Stücke geſchnitten, der Kopf, wenn er groß iſt, geſpalten, mit Salz und Pfeffer vermengt, eingeſprengt, und an die ſiedende Butter gethan. Inzwiſchen werden etliche Eyer zerklopft, und ein wenig Mundmehl darunter gerührt, und wenn der Hecht in der Butter gar gekocht iſt, wird er trocken heraus genommen, die Hälfte von den Eyern darein gegoſſen, ſo, daß der Boden der Pfanne ganz damit bedeckt wird, und erſt ein wenig geröſtet, daß es von unten hart wird, und zuſammen hält, dann die Stücke von Hechten neben einander darauf gelgt, daß der Kopf in die Mitte kömmt, nun die andere Hälfte von Eyern darauf gegoſſen. Iſt es von unten gut braun, wird es umgewandt, doch daß nichts davon zerfällt.

zerfällt. Indessen wird schöner Braun- oder Blattkohl in guter Fleischbrühe mit Pfeffer, Muskatenblumen und einem Stück Butter ganz mürbe gekocht, doch muß nicht viele Brühe seyn. Nun etwas vom Kohl in die Schüssel gethan, den gebackenen Hecht in einem Stück darauf gelegt, den übrigen Kohl mit seiner kurzen Brühe darauf gethan, das Fett, worinn der Hecht gebacken ist, darüber gegossen, zugedeckt, aufs Kohlfeuer gesetzt, und alles zusammen gut aufgekocht.

Hechte mit Sauerkraut, auf sächsisch. Man nimmt zwey große Hechte, schneidet sie, nachdem sie rein gemacht und ausgenommen sind, in kleine Stücke, doch bleibt der Kopf und Schwanz ganz, reibt sie mit Pfeffer und Salz ein. Der Kopf und Schwanz wird ebenfalls mit Salz eingesprengt. Indessen nimmt man Sauerkraut, drückt etwas aus, thut es mit einem Stück Butter an siedende Rindsbrühe, und läßt es gut einsieden. Der Kopf und Schwanz wird in Grieß und Mehl vermengt, gewälzt, und in Butter gebacken. Dann streuet man etwas von dem gekochten Kraut in die Schüssel, thut den Kopf und Schwanz darauf, streuet Pfeffer und Muskatenblumen darüber, gießt etwas Sahne überall darauf, streuet wieder Sauerkraut darüber, macht eine Lage von den kleingeschnittenen Hechten darauf und wieder Pfeffer und Salz und Sahne u. s. f. deckt die Schüssel zu, setzt sie aufs Kohlfeuer, und läßt alles zusammen gut aufkochen.

Hecht mit Salbey, auf sächsisch. Der Hecht wird geschupt, auf dem Bauch aufgerissen, ausgewaschen und rein gemacht, dann mit Salz, Ingwer, Pfeffer und Nelken vermengt, von innen und außen gut gerieben. Hernach wird mit frischer Salbey

bey rund um belegt, mit Bindfaden gebunden, daß sie daran bleibt, an einen subtilen Spieß gesteckt, auf den mit Butter beschmierten Rost gethan, mit heisser Butter oft begossen, und langsam gebraten. Wenn er gar ist, wird der Bindfaden weggenommen, doch daß die Salbey nicht abgerissen wird, der Hecht in die Schüssel gethan, und heisse Butter darauf gegossen.

Hechtfanzel. Siehe Fanzel.

Herz.

Herz von Kälbern, auf sächsisch gebraten. Man nimmt große Kalbsherzen, schneidet sie entzwey, doch daß sie an einander hängen, zieht ihnen das dünne Häutchen ab, spickt sie, steckt sie an ein Spießchen, bindet sie an einen großen Spieß fest, und bratet sie saftig, indem man sie immer mit Butter begießt.

Himbeersaft. Siehe Saft.

Hirschfleisch.

Hirschfleisch auf französisch. Man nimmt ein Stück von Nierenbraten oder ein anderes gutes Stück, marinirt es, wie schon mehrmal gesagt worden ist. Dann wird es am Spieß gebraten, und mit der Marinade oft begossen. Wenn es gar ist, kocht man die Marinade mit Kapern, weissem Pfeffer, Eßig oder Citronensaft, einem Stück Butter, und ein wenig grösteten Mehl darunter, gut auf, thut sie in die Schüssel, den Braten darauf, und giebt es auf. Das Fleisch von Rehböcken, von Hirschkühen, von Gemsen, wird auch so zugerichtet.

Hirschfleisch auf österreichisch. Das Wildprät wird eingesalzen, mit gestoßenen Kronawetbeeren und Kün bestreuet, mit gutem starken Weinessig begossen, und zugedeckt, etliche Stunden darinn liegen lassen, und oft umgekehrt, dann in einen Rein gethan,

than, die Brühe darüber gegeben, Waſſer dazu gegoſſen, ganze Zwiebeln und Lorbeerblätter dazu gegeben, und zugedeckt gut dünſten laſſen. Nachdem es gar iſt, wird in einen andern Rein ein gut braunes Eingebrenntes, von Butter, Mehl, kleingeſchnittenen Zwiebeln, und geriebenem ſchwarzen Brod gemacht, eine gute Rindsſuppe ſiedend darauf gegoſſen, gut in einander gerührt, über das Wildprät gegoſſen, vermiſchtes Gewürz, und geſchnittene Citronenſchalen dazu gegeben, und es darinn gut aufſieden laſſen.

Hirſchleber. Siehe Leber.
Hirſchohren. Siehe Ohren.

Hirſchpfeffer.

Hirſchpfeffer, auf franzöſiſch. Man nimmt ein ſchönes Stück Rindfleiſch, ſchneidet es in große Stücke, ſpickt ſie mit Speck, der mit Salz und Pfeffer beſtreuet iſt, thut ſie darauf in das Kaſtrol an den zerlaſſenen Speck, und bratet ſie erſt halb, dann nimmt man das Fett davon, gießt gute Fleiſchbrühe, und ein Glas rothen Wein daran, giebt vermiſchtes Gewürz, Lorbeerblätter, und grüne Citronen dazu, und läßt dieß alles zuſammen gut aufkochen. Wenn es gar iſt, rührt man ein wenig geröſtetes Mehl darein, und gießt ein wenig Weineßig dazu.

Hirſen.

Hirſen auf ſächſiſch gekocht. Zu einer Kanne Milch nimmt man ein Seidel Hirſen, brühet ihn mit ſiedendem Waſſer ab, und wäſcht ihn, und rührt ihn an die ſiedende Milch, und läßt ihn darinn mit Butter und Salz gut aufkochen, zuckert ihn auch nach Belieben, giebt ihn dann auf, und ſtreuet geſtoſſenen Zimmet darüber. Man kann ihn auch ohne Butter laſſen kalt werden, dann vier in etwas Milch zerklopfte Eyer darunter rühren, in die Pfanne an die heiße Butter thun, und wie einen Eyerkuchen backen. Die Abänderung mit ihm kann nach Belieben auch noch mit Rosenwasser und Zimmet ohne Butter und Salz mit Zucker vorgenommen werden.

Hohlhippen.

Hohlhippen von Mandeln, auf österreichisch. Zu einem Pfund Mundmehl werden vier Loth ganz klein gestossener Mandeln und acht Loth gefähten Zucker genommen, zusammen gemengt, den Teig mit guten süßen Obers, und sechs ganzen zerklopften Eyern angemacht, gut durchgeklopft, das Hostieneisen mit Schmalz beschmiert, resch gebacken, und geschwind mit dem Walger gerollet.

Hohlhippen, auf österreichisch. In einen Hafen oder Topf werden acht ganze Eyer zerklopft, vier Hände voll gefähtes Mundmehl darunter gerührt, etwas Milchraum, gefähten Zucker, und ein wenig Salz zugethan, den Teig gut abgeschlagen, und ihn in der Dicke eines Oblatenteigs gemacht, das Oblateneisen mit Schmalz beschmiert und gebacken, und solche also warm mit einem kleinem Walger zusammen gerollt.

Hollunder.

Hollunder auf österreichisch gebacken. Man thut gut durchgefähtes Mundmehl in einen Weidling, ein wenig Salz, etliche Eyer dazu, gießt weisses Bier oder Milch daran, arbeitet den Teig gut durch, daß er dicklich fliessend wird, den nicht zu sehr ausgeblühten Holler darein getaucht, ins siedende Schmalz mit den Stengeln gehalten, gebeutelt, daß er kraus wird, gebacken, und dann gezuckert.

Hollunder auf sächsisch gebacken. Man thut ein schönes Mehl in einen Napf, gießt süße Sahne daran, schlägt etliche Eyer daran, thut Zucker und ein wenig Salz dazu, rührt dieß gut unter einander. Indessen werden die Hollundertrauben in frisches Wasser gethan, dann in einen Durchschlag abgetriefet, darauf ein Stückchen nach dem andern beym Stengel in den Teig getaucht, gleich in das heisse Schmalz gehalten, mit dem Stiel umgedreht, und gerittelt, daß es krausig wird, schön gelb und knorblicht gebacken, und mit Zucker bestreuet. Man kann auch statt der Sahne Wein nehmen.

Honig.

Honig auf böhmisch läutern. Der Honig wird in einen messingenen Kessel oder überhaupt in eine solche Pfanne gethan, die man zum Einmachen braucht, über ein Kohlfeuer gesetzt, und abgeschäumet, hernach thut man ein ganzes Ey hinein, sobald es zu Boden sinkt, so ist er genug gekocht, und geläutert. Man muß aber immer rühren, daß er nicht anbrennt.

Hühner.

Hühner mit Citronen. Man läßt die zerschnittenen Hühner zuvor in Butter dämpfen, hernach siedet man eine in Wein geweichte Semmel in einer Rindsbrühe ganz weich, treibt es durch ein dünnes Sieb, drückt aus drey Citronen den Saft darein, thut Muskatenblumen, frische Butter, Zucker, und geschnittene Citronenschälen dazu, die gebratenen Hühner auch hinein gelegt, und aufsieben lassen.

Hühner mit grüner Brühe. Man nimmt gesottenen Spargel und etwas gekochten Spinath, drückt ihn aus, ein Stück von einem gebratenen Kapaun, und Rindsmark, schneidet dieß sehr klein, thut das Grüne

Grüne von Sellerie und Petersilienwurzeln klein geschnitten dazu, stoßt es gut unter einander, zerrührt es gut mit Hühnersuppe, und läßt es durch ein dünnes Sieb laufen, setzt es ans Feuer, thut kleine Hühner ganz in eine besondere Suppe und läßt sie sieden, daß sie weiß bleiben. Nun Butter und Muskatenblumen an die grüne Brühe gethan, und solche aufsiedend auf die Hühner gegossen.

Hühner mit Spargel, auf böhmisch. Die zerschnittenen Hühner werden mit Mehl bestreut, in ein Reinel mit Butter gethan, und dämpfen lassen, hernach wird geschnittener Spargel in der Butter gebräunet, an die Hühner gethan, gute Rindsbrühe darauf gegossen, und sieden lassen, eine in süßen Schmetten geweichte Semmel mit Butter, Saffran, und Muskatenblumen zerrührt, und an die Hühner gegossen.

Hühner junge in einer schwarzen Suppe, auf böhmisch. Man vermische das Blut von den Hühnern mit Wein und Eßig, die gesäuberten Hühner aber werden zerschnitten; man läßt sie in heißem Schmalz anlaufen, giebt dazu einen zerschnittenen sauren Apfel, der mit ein wenig geriebener Semmel in Schmalz geröstet worden, alsdann obige Mixtur, würzt alles mit Pfeffer, Muskatenblüthen, Zucker, Würznelken, Zimmet und kleingeschnittenen Citronenschalen, und kocht alles zusammen.

Hühner mit Karfiol oder Blumenkohl, auf böhmisch. Die Hühner werden erst weiß abgesotten, der Blumenkohl in ein anderes Reinel gethan, und sieden lassen, etwas davon, nachdem er gesotten ist, mit einer in Schmetten geweichten Semmel und einem Stück frischer Butter in einer Schüssel gut zerrieben, mit dem übrigen kleingeschnittenen an die Hühner

Hühner mit Muskatenblumen gethan, und aufsieden lassen.

Hühner ausgebackene, auf böhmisch. Die Hühner werden geschnitten, gesalzen, in Weinessig gelegt, und ein paar Stunden darinn beizen lassen, dann mit Mehl bestreuet, und in Schmalz gebacken. Die Petersille wird geschnitten, in Butter gedämpft, und daran gethan.

Hühner mit grünen Erbsen, auf böhmisch. Man nimmt grüne Schoten, löset die Erbsen aus, zieht die Haut von den Schalen, und dämpft sie in Butter, hernach gießt man gute Rindssuppe daran, Muskatenblumen, frische Butter, und ausgelöste Krebsschwänze dazu genommen. Die Hühner werden vor sich in einer guten Rindsbrühe gesotten, und nachdem sie gekocht sind, wird die grüne Erbsensuppe auf sie gegossen, und aufsieden lassen.

Hühner in Petersille, auf böhmisch. Man läßt die geschnittenen Hühner mit Mehl bestreut, zuvor in der Butter dämpfen, und sie hernach in guter Rindsbrühe sieden, jetzt kleingeschnittene Petersillwurzeln, mit einer Semmel in einer Suppe ganz weich gekocht, durch ein dünnes Sieb getrieben, und an die Suppe gethan, und Muskatenblumen, Butter und kleingeschnittene grüne Petersille dazu genommen, und aufkochen lassen.

Hühner oder Tauben gebackene, auf böhmisch. Man kocht sie zuvor ein wenig in der Fleischbrühe auf, schneidet sie hernach in vier Theile, läßt sie über Nacht zugedeckt im Rosenessig liegen, macht dann einen dünnen Teig von Mehl, Salz, Ingwer, und anderm Gewürz, ein paar Eyern, und dem Rosenessig, worinn sie gelegen haben, taucht sie darinn ein, legt sie in das siedende Fett, und läßt sie braun werden.

Hühner auch Huhn mit Krebsen gefüllt, auf böhmisch. Ein Schock gesottene und reingemachte Krebse werden klein gehackt, eine in Schmetten geweichte Semmel darunter gethan, vier Eyerdottern, Gewürz, Salz und Krebsbutter dazu genommen, gut unter einader gemengt, das Huhn damit mäßig gefüllt, in einer Rindssuppe gekocht, die Krebsschalen und Scheren in roher Krebsbutter fein gestoßen, an die Suppe gethan, und über das Huhn gegossen.

Hühner gefüllt mit Krebsen, auf böhmisch. Gesottene und ausgelöste oder rein gemachte Krebsen werden mit einer in Schmetten eingeweichter Semmel klein gehackt, ein paar Eyerdottern und Gewürz dazu gethan, gut unter einander gerührt, das Huhn damit ausgefüllt, und bey mäßiger Hitze immer mit Butter überstrichen, langsam und braun gebraten.

Hühner mit einer Sauce, auf böhmisch. Nachdem die Hühner rein gemacht sind, werden sie in vier Theile geschnitten, und ein wenig gesalzen, hernach mit Butter in einen Tiegel oder in ein Kastrol gethan, und verdeckt über die Gluth ein wenig dünsten lassen, hernach gießt man gute Rindssuppen darauf, thut ihre im Mörsel klein gestoßene Lebern mit einigen geschälten und kleingeschnittenen Mandeln dazu. Die Hühner herausgethan, und die Brühe so lange sieden lassen, bis sie dicklich, oder zu einer Sauce wird, und hernach darauf gegossen.

Hühner gedämpfte, auf böhmisch. Die zerschnittenen Hühner werden in ein Reinel oder ein Kastrol gethan, ein Glas Wein, ein wenig Weinessig, und gute Suppe darauf gegossen, Butter, geriebene Semmel, Muskatenblumen, Pfeffer, Zucker, Kaneel, und geschnittene Citronenschalen dazu genommen,

men, das Kastrol oder das Reinel dicht zugedeckt, und so lange sieden und dämpfen lassen, bis nur wenig Brühe daran ist, doch bisweilen umgerührt, daß sich nichts fest setze und anbrenne.

Hühner mit grünen Fasollen, auf böhmisch. Kleine Hühner werden weiß und ganz abgesotten, hernach junge Fasollen klein geschnitten, und ein wenig abgesotten, dann dämpft man die Fasollen in Butter, und thut am Feuer geröstete und geriebene Semmeln und Muskatenblumen dazu, gießt guten Wein und Hühnersuppe darauf, und ein Stück Butter dazu, läßt es aufsieden, und gießt es auf die gekochten Hühner. Das Lammfleisch kann auch so angerichtet werden.

Hühner auf böhmisch zugerichtet. Die Hühner werden in der Fleischsuppe abgesotten, dann eine Handvoll grüner Petersille, sechs Eyerdottern aus hartgekochten Eyern, und ein paar in Schmalz gebackene Semmelschnitze genommen, im Mörsel klein unter einander gestossen, mit Hühnersuppe abgerieben, und durchs Sieb gelassen, ans Feuer gesetzt, Muskatenblumen, frische Butter und Zucker dazu gethan, aufsieden lassen, und über die Hühner gegossen.

Hühner mit grüner Sauce, auf böhmisch. Man nimmt Rosmarin, Majoran, Spinath, grüne Petersille und Salbey, dieß alles klein gehackt, und in einem Mörsel gestossen, Wein darauf gegossen, gerieben, und durch ein dünnes Sieb gelassen, ein wenig Hühnersuppe daran gegossen, Muskatenblumen, Zucker und Butter dazu genommen, und aufsieden lassen, und auf die weißabgesottenen Hühner gegossen.

Hühner mit Stachelbeeren, auf böhmisch. Man zerschneidet die Hühner, dann thut man in ein Reinel frische Butter, legt so viel Stachelbeeren darein,

als

als den Boden bedecken, die Hühner darauf gelegt, Muskatenblumen und Ingwer dazu gethan, gute Suppe darauf gegossen, und sieden lassen, nun gesottene Lebern von Hühnern genommen, solche mit einer in süßen Schmetten geweichten Semmel klein gestoßen, Hühnersuppe daran gethan, und durch ein dünnes Sieb durchgerieben, diese Suppe zu jener mit geschnittenen Citronen und Butter gethan, und aufsieden lassen.

Hühner frikasirte, auf böhmisch. Die zerschnittenen Hühner werden mit Mehl bestreuet in ein Reinel mit frischer Butter, mit ganzen Zwiebeln, ganzem Knoblauch, ganzen Nelken, und mit einigen Sardellen gethan, und zugedeckt dämpfen lassen, nun Zwiebeln und Knoblauch heraus gethan, und Suppe und Wein darein gegossen, Butter in etlichen Eyerdottern zerrieben, Citronensaft, Muskatenblumen, und geschnittene Citronenschalen dazu mit eingerührt, und in die Suppe gethan, die Hühner herausgenommen, und in Butter gedämpften Majoran mit Petersille gethan, aufsieden lassen, und auf die Hühner gegossen.

Hühner in Butterbrey, auf böhmisch. Man zerschneidet die Hühner, thut sie in ein Reinel mit frischer Butter, und läßt sie dämpfen, doch daß sie weiß bleiben, dann ein Stück frischer Butter genommen, solche in etlichen Eyerdottern mit in Schmetten geweichter Semmel, Muskatenblumen und Safran dazu gethan, zerrührt, dieß auf die Hühner gegossen, und in der Suppe aufkochen lassen.

Hühner mit schwarzer Brühe, auf böhmisch. Das Blut von den Hühnern wird in Wein zerrieben, die Hühner werden zerschnitten, mit Mehl bestreut, in ein Reinel mit Butter gethan, Pfeffer, Nelken und Muskatenblumen dazu genommen, und zugedeckt dämpfen lassen, hernach Wein und Suppe darauf

darauf gegossen, das zerrührte Hühnerblut mit Citronensaft, geschnittene Citronenschalen und Zucker dazu gethan, aufsieden lassen.

Hühner mit Erdäpfeln, auf böhmisch. Kleine Hühner werden mit Sardellen erst in der Butter gedämpft, dann wird guter Wein drauf gegossen, und sieden lassen; nun werden gute frische Erdäpfel geschälet, in dünne Scheiben geschnitten, in der Butter gedämpft, an die Hühner in die Suppe mit Citronensaft gethan, auch dicke sauere Schmetten dazu genommen, und aufsieden lassen.

Hühner mit Sardellen, auf böhmisch. Junge Hühner werden zerschnitten, und in der Butter gedämpft, dann rein gemachte Sardellen klein gehackt, mit geriebener Semmel in Butter geröstet, Wein und Rindssuppe drauf gegossen, und sieden lassen, nun durch ein dünnes Sieb geläutert, und wieder ans Feuer gesetzt, jetzt drey oder vier Eyerdotter in Citronensaft, Butter, Muskatenblumen, klein geschnittenen Citronenschalen und etwas süssen Schmetten gut gerührt, an die siedende Suppe gegossen, und aufkochen lassen.

Hühner mit Krebsen, auf böhmisch. Die Hühner werden zerschnitten und gekocht, hernach in einen Tiegel ausgelöste Krebsschwänze mit geriebenen Semmeln, Butter und Muskatenblumen gethan, und dämpfen lassen, solches an die Hühner in die Suppe gethan, daß sie damit aufsiedet.

Hühner, Huhn gebacken, auf böhmisch. Das Huhn wird viertelweise zerschnitten, in guter Rindsbrühe zuvor halb gekocht, hernach in einem von Mehl und Eyern dünn gemachten Teig eingetaucht, und in Butter braun gebraten.

Hüh-

Hühner mit Coulis, auf französisch. Von Speck, Rindsmark, Kälbermilch, Trüffeln, Petersilien, und feinen Kräutern, alles untereinander klein gehackt, gesalzen und gewürzt, wird eine Fülle gemacht, die jungen oder auch alten Hühner damit gefüllt, und am Spies gebraten. Indessen wird ein Coulis von Champignonen gemacht, und über die gebratenen Hühner angerichtet.

Hühner braun zugerichtet, auf französisch. Man röstet erst klein geschnittene Zwiebeln in der Butter braun, dann thut man die zerschnittenen Hühner in Mehl gewälzet drein, und bräunet sie, drauf gießt man gute Fleischbrühe mit ein wenig rothen Wein dran, thut eine Coulis von Schnepfen, etliche klein gehackte Sardellen, eine Rokenbole, Salz und Pfeffer dazu. Und nachdem dies zusammen gar gekocht ist, wird es zu einem der Vorgerichte aufgegeben.

Hühner frikassirt, auf französisch. Die Hühner werden in vier Stücke geschnitten, in das Kastrol an den zerlassenen Speck, oder an die geschmolzene Butter gethan, und braun gebraten, dann wird ein wenig gute Rindsbrühe dran gegossen, Gewürz, Speck, Petersilie und Zwiebeln klein geschnitten, dazu gegeben, und gut zusammen gekocht. Wenn sie gar sind, wird die braune Brühe ein wenig mit Mehl verdickt, und dann zu einem Vorgericht aufgegeben. Diese Frikasse wird genennet: au roux. Die Frikasse au blanc wird so gemacht: Man läßt die jungen Hühner in der weissen Butter wohl brudeln; und nachdem man sie wie die vorigen gekocht hat, werden etliche Dotter entweder in unzeitigem Traubensaft oder in der Frikassebrühe, oder in frischem Raum (Schmetten, Sahne) zerklopft und dran gethan.

Hühner.

Hühner geschnitten, auf französisch zugerichtet. Die geschnittenen Hühner werden eingebogen, die Brust mit Speck belegt, und am Spieß gebraten. Inzwischen macht man ein Ragout auf folgende Weise: man nimmt Lebern, Kälbermilch, grüne Petersille und Wurzeln, Zwiebeln, Zellerie, Karpfenfleisch von den Gräten gelöset, ein paar Sardellen und ausgekernte Oliven, und ein Büschlein feiner Kräuter, hackt dies zusammen ganz klein, salzt und würzt es mit vermischtem Gewürz, rührt ein wenig Mehl und ein paar Dottern darunter, und dünstet es mit einem grossen Stück Butter in dem Kastrol, dann gießt man ein Glas Wein drauf, und etwas Fleischsuppe, und läßt es dicklich zusammen kochen. Hernach giebt man die geschnittenen und gebratenen Hühner auf, und thut das Ragout drüber.

Hühner gefüllt auf französisch. Die Fülle wird von Kälbermilch, Trüffeln, Champignonen, Artischockenböden und Rindsmark gemacht, dies alles zusammen klein gehackt, gesalzen, gewürzt, und in Butter mit klein geschnittenen Zwiebeln gedünstet, das Huhn damit gefüllt, zugenäht, mit breiten Speckschnitten belegt, mit Papier umwunden, und am Spieß gebraten. Inzwischen macht man eine Sauce von Trüffeln, Champignonen und Sardellen, hackt dies mit Zwiebeln ganz klein untereinander, röstet es in der Butter, gießt gute Kalbsbrühe dran, giebt ein Eingebrenntes dazu, und läßt es zusammen dicklich kochen, gießt dann die Sauce in die Schüssel, legt das gebratene Huhn drein, drückt Citronensaft drauf, und ziert den Rand der Schüssel mit Citronenschnitten. Auf eben die Weise können die Kapauner, Truthähne und jungen Hühner zugerichtet, auch die Fülle auf eine andere beliebige Art, wie bekannt, gemacht werden.

Hühner.

Hühner mit grünen Erbsen, auf österreichisch. Die kleinen grünen Zuckererbsen werden mit übersottenen ausgelösten und klein gehackten Krebsschwänzen in der Butter ganz weich gedünstet, dann Krebsbutter mit ein wenig Semmelbröseln und ein paar Dottern in Milchraum gerührt, dazu gegeben, und zusammen zu einer Masse dünsten lassen, gewürzt und gesalzen, die Hühner damit gefüllt, sie gebraten, und dann nach Belieben entweder eine Sauce dazu gegeben, oder sie in einer Rindssuppe aufgekocht.

Hühner frisch abgesotten, auf österreichisch. Nachdem die Hühner zerschnitten sind, werden sie gesalzen, in das Kastrol gethan, Zwiebeln, Rosmarin, ganze Citronenschalen, Petersille, Eßig, Wein und Wasser dazu gegeben, und weich gesotten, doch daß der Sud über die Hühner geht. Nachdem sie gar sind, wird eine Sauce von Butter, grüner Petersille und Milchraum mit ein paar Dottern gemacht, drüber gegossen.

Hühner in einer Sardellensuppe, auf österreichisch. Die zerschnittenen Hühner thut man in einen Tiegel, gießt eine gute Rindssuppe mit etwas Wein dran, und läßt sie sieden. Wenn sie gar sind, werden sie mit Butter, Mehl und Zwiebeln in der gehörigen Dicke eingebrennt. Hernach wird ein Stück frischer Butter abgetrieben, Milchraum, ausgelöste klein geschnittene Sardellen, geschnittene grüne Petersille, klein geschnittene Citronenschalen, und der Saft von einer Citrone darunter gerührt, an die Hühner gegossen, und damit aufsieden lassen.

Hühner mit Briesel und Spargeln gefüllt, auf österreichisch. Die Briesel und Spargeln werden klein geschnitten, und mit Semmelbröseln und geschnittener grüner Petersille in Butter geröstet,

dann

dann einige Dotter in Milchraum zerrührt, dran gegossen, immer gerührt; und nachdem es aufgekocht, und zu einem Brey geworden ist, die Hühner damit gefüllt und gebraten.

Hühner gefüllt, auf österreichisch. Man nimmt in Wein geweichte Semmelrinden, ein Stück hausbacken Brod, und die Mägen und Lebern von Hühnern, und hackt dies untereinander ganz klein, thut geschnittene grüne und in Butter geröstete Petersille, etliche zerklopfte und in Butter zerrührte Eyer, Milchraum, Gewürz und Salz, rührt dies alles gut zusammen, füllt die Hühner damit, wie bekannt, läßt sie in einer siedenden Suppe ein wenig aufwallen, und bratet sie hernach entweder am Spieß ganz langsam, und immer mit Butter begossen, oder auch im Tiegel in siedendem Schmalz oder in der Butter.

Hühner gebacken, auf österreichisch. Man schneidet die jungen Hühner in vier Theile, zerstößt ihnen die Beine, salzt sie ein, zerschmelzt Rindsmark und Hühnerfett, vermengt das Mehl mit geriebenen Semmelbröseln, bestreuet die Hühner damit, wie auch mit geschnittener grüner Petersille, legt sie ins siedende Fett, und backt sie schön gelb. Giebt sie dann so trocken mit einer Sauce auf, oder gießt auch nach Belieben, eine gute Rindssuppe drauf, und läßt sie drinn aufkochen.

Hühner mit Maurachen, auf österreichisch. Die gepuzten Hühner theilet man in vier Theile und dünstet sie in der Butter, gießt dann eine gute Rindssuppe dran, und läßt sie weich sieden, brennt sie hernach ein, daß die Suppe sämig wird, und ihre gehörige Dicke bekömmt. Nun werden frische oder getrocknete Maurachen mit geschnittener grüner Petersille und etwas Semmelbröseln in Butter ge-

gedünstet. Die Hühner legt man in die Schüssel, die Brühe wird drauf gegossen, die Maurachen drüber gegeben, aufs Kohlfeuer gesetzt, ein paar Dotter in Milchraum zerklopft, an die siedende Suppe gerührt, gut gewürzt, und damit aufgekocht, aufgegeben.

Hühner mit gebackenen Eyern, auf österreichisch. Man nimmt kleine junge Hühner, zerschneidet sie in vier Theile, zerklopft Eyer in einer Schüssel, salzet sie, taucht die Hühner drein, bestreuet sie mit geriebenen Semmelbröseln, thut sie ins siedende Schmalz oder in die Butter, und bäckt sie schön gelb. Eben so werden auch die gesottenen Lämmer, und Kälberfüsse, auch die Bosesen, und die gesottenen Lammsköpfe entweder zerlöst, oder auch ganz gebacken.

Hühner zugerichtet, auf sächsisch. Die reingemachten Hühner werden zerlegt, mit Salz, Muskatenblumen, Pfeffer, Nelken und Zimmet vermischt, bestreuet, ein wenig Wein drauf gegossen, und sie drey oder vier Stunden zugedeckt liegen lassen. Dann wird die Oberrinde von einer Semmel in einen Topf gethan, die Hühner mit der Brühe drüber gegeben, Fleischbrühe dazu gegossen, klein geschnittenes Rindsmark zugegeben, und langsam kochen lassen, bis es gar ist, dann aufgegeben.

Hühner mit Frikasse, auf sächsisch. Die reingemachten jungen Hühner werden zerlegt, mit einer Reibekeule geklopft, gesalzen, und in Butter schön gelb geröstet, dann wird Wein und Fleischbrühe dran gegossen, die Schale von einer halben Citrone, gehackte grüne Petersille und Gewürz dazu gethan, und weich sieden lassen, hernach werden vier Dotter in einem Töpfgen zerklopft, ein wenig Mehl drein zerrieben, etwas von der Hühnerbrühe drein gequirlet, ans Feuer gesetzt, aber immer gequierlet, auch ein Stück Butter darunter gerührt, die Hühner aufgegeben, dies an die Brühe gerührt, die Citronenschalen in die Mitte gethan, und die Brühe drüber gegossen.

Hühner gefüllt, auf sächsisch. Man nimmt Eyer, Gewürz, geriebene Semmeln und geschnittenen Speck, dies gut untereinander mit klein geschnittener grüner Petersilie gerührt, an die heisse Butter gethan, und gedünstet, die ausgenommenen Hühner damit gefüllt, zugenäht, in kurzer Fleischbrühe gekocht, gesalzen; und wenn sie gar sind, und die Brühe gut eingesotten ist, thut man süsse Sahne dran, läßt sie damit aufkochen, giebt sie auf, und thut Gewürz, Semmel und Butter dran.

Hühner ausgelegt, auf sächsisch. Die Hühner werden zerlegt, die Haut wird abgezogen, das Fleisch von den Beinen gelöst, und mit Rindsmark und Semmel klein gehackt, Eyer, Salz, Ingwer, Pfeffer, Muskatenblumen, Kardemomen, ein wenig Sahne, und gehackte grüne Petersilie dazu gethan, und alles gut untereinander gerührt, wieder an die Beine gethan, die Haut drüber, mit Fäden angebunden, an die siedende Fleischbrühe gethan. Und nachdem sie gar sind, aufgegeben, die Fäden weggenommen, die Brust in die Mitte gethan, das andere herum gelegt, und eine gute Muskatenblumenbrühe drüber gegossen.

Hühner mit sauerer Sahne und Citronen, auf sächsisch. Sobald die Hühner bald gar gekocht sind, nimmt man ein Seidel oder Nösel sauerer Sahne, zerreibt etliche Eyer mit geriebenen Semmelbröseln drein, thut vermischtes Gewürz dazu, nimmt die Hühner heraus, quierlet dies drein, legt eine Citrone krone hinein, und läßt sie ein wenig mitsieden, schneidet sie hernach in Scheiben und thut sie wieder dazu, und dann über die Hühner angerichtet.

Hühner weiß gebraten, auf sächsisch. Nachdem die Hühner gewürget, gebrühet und gewässert sind, thut man ein Viertelpfund Butter in eine Schüssel, rührt Pfeffer, ein wenig Salz und Muskatenblumen darunter, füllt das Huhn damit, steckt ihm auch etwas bey dem Hals hinein, speilert die Beine hinauf, steckt es an Spieß, windet ein großes Kälbernetz um dasselbige, und näht es ganz drinn ein, doch nicht zu enge, weil es sonst einschrümpft, bratet dann das Huhn langsam bey mäßiger Hitze. Wenn nun das Netz braun ist, so ist das Huhn gar, man giebt es dann auf, bestreuet es entweder mit Granatäpfelkörnern, oder belegt es auch mit Citronenschnitten.

Hühner auf andere Art gefüllt, auf sächsisch. Man nimmt die ausgelösten Schwänze und Scheren von gesottenen Krebsen, hacket solche mit grüner Petersille klein, thut in Butter geriebene Semmeln, vermischtes Gewürz, und etliche zerklopfte Eyer dazu, rührt dies untereinander, füllt die Hühner damit, und bratet sie wie gewöhnlich am Spieß.

Hühner mit Erbsen, auf sächsisch. Die jungen und ausgenommenen Hühner werden ganz gekocht, die Erbsen aus den jungen Schoten ausgelöset, die Schalen von den Schoten abgestreifet und das Grüne dazu gethan, beygesetzt, Fleischbrühe dran gegossen; und nachdem sie weich sind, doch daß sie ganz bleiben, wird ein Theil davon genommen, und mit einer gekochten Semmelschnitte zerrieben, der kleine grüne Spargel wird mit jungen Zuckerschoten und Pistazien klein geschnitten, zu den zerriebenen Erbsen gethan, untereinander gerührt, ans Feuer gesetzt, Ingwer,

wer, Pfeffer, Muskatenblumen, und ein Stück Butter dazu gethan, an die Hühner gegeben und alles zusammen gut aufkochen lassen. Die Hühner aufgegeben, die andern Erbsen an die Brühe zugethan, und noch ein wenig sieden lassen, bis alles gar ist; dann mit einer löchrichten Kelle die Erbsen, Spargeln und Pistazien herausgenommen, auf die Hühner gethan, und die Brühe drüber gegossen.

Hühner mit Austern, auf sächsisch. Man setzt alte Hühner bey und kocht sie weich, nimmt davon etwas von der Brühe ab, thut Gewürz, geriebene Semmeln, ausgelöste und in Wein zerriebene Austern, Citronensaft und geschnittene Citronenschalen, treibt dies alles untereinander, nimmt die Hühner heraus, und rührt es unter die Brühe; und nachdem es zusammen mit einem Stück Butter aufgekocht hat, wird es über die Hühner gegossen.

Hühner mit Sauerkraut, auf sächsisch. Die Hühner werden in guter Fleischbrühe beygesetzt, das Sauerkraut setzt man besonders zu, thut Kümmel und ein Stück Butter dran, und läßt es langsam gut einsieden, daß es mürbe wird, dann thut man sauere Sahne, Pfeffer und Muskatenblumen dran, rührt dies gut unter das Kraut, und läßt es noch ein wenig damit kochen. Man kann auch statt der Sahne Hühnerbrühe und Wein auch Kardemomen an das Kraut thun. Nachdem beydes sowohl die Hühner als das Kraut gar ist, wird das Kraut an die Hühner gethan, und zusammen aufgekocht.

Hühner mit Sahne und Meerrettig, auf sächsisch. Nachdem die Hühner gar sind, thut man in ein Töpfchen gute süsse Sahne, geriebenen Meerrettig, ein wenig gestossene Mandeln mit Muskatenblumen und ein Stück Butter, rührt dies gut untereinander, läßt es aufkochen, und gießt es über die angerichteten Hühner.

Hühnermagen. Siehe **Magen**.

J.
Ilichando.

Ilichando, auf böhmisch. Das von einem Kälberschlägel zum Braten taugliche wird geklopft, und auf den Rost zum Bräunen gelegt, drauf macht man ein ganz braun Eingebrenntes, gießt Rindssuppe drauf, thut das geröstete Fleisch drein, und läßt es gut weich aufkochen, legt zwey oder drey Nelken, geschnittene Citronenschalen, Muskatenblumen, dann Plätzel aus einer Citrone geschnitten drein, gießt Wein nach Belieben dran, und läßt es damit noch einige Wall thun.

Indianer. Siehe **Truthahn**.

Johannisbeere.

Johannisbeeren und Kirschen einzumachen, auf böhmisch. Von den Johannisbeeren und Kirschen werden die Stiele weggenommen, auch der Kern aus den Kirschen gedruckt, wenn man will, dann siedet man ein Pfund Zucker in Wein so lange, bis er durch den Schaumlöffel Blasen giebt, dann läßt man ein Pfund Johannisbeeren und Kirschen darinn recht einsieden, und sodann es ein paar Stunden lang erkühlen und stehen. Scheint der Syrup zu dünne zu seyn, so kocht man ihn noch einmal so lange, bis er ganz zähe wird, und einen Faden spinnt. Dann kalt ins Zuckerglas oder in eine Büchse gethan, fest zugebunden, und an einem kühlen Ort aufbewahrt. Will man diesen Saft lange frisch aufbehalten, so thut man Gewürz dran.

Johannisbeere. Siehe davon **Ribiseln.**
Johannisbeersaft. Siehe **Saft.**

Jus.

Jus. Man schneidet mageres Rindfleisch zu Schnitzen, und belegt das Kastrol auf dem Boden damit, schneidet die Zwiebeln scheibenweis, und legt sie auf das Fleisch; dazu kommen nun allerley Wurzeln, wie beym Bouillon; wobey aber das Kalbfleisch und Kundelkraut des Geschmacks halber nicht wohl zu entbehren sind. Diese Ingredienzien läßt man mit ein wenig Wasser beym nicht starken Feuer anziehen, bis es unten braun wird, alsdann füllt mans mit Bouillon, und läßts langsam sieden, bis das Fleisch ausgesotten hat, wo man es durch eine Serviette preßt, die zuvor in frisches Wasser getunkt werden muß.

Jus von Champignonen, auf französisch. Die reingemachten Champignonen werden in das Kastrol, und in Speck oder Butter mit Mehl gebrunet, dann thut man eine gute Fleischbrühe dran, läßt es damit aufkochen, und hebt es zum Gebrauch auf.

Jus von Rindfleisch, auf französisch. Man schneidet ein schönes Stück Rindfleisch, woran kein Fett ist, in dünne Schnitte, thut es in einen Topf, deckt einen Sturz drüber, vermacht ihn gut mit Teig, setzt ihn auf eine mäßige Glut, und läßt es zwey Stunden lang gemach dämpfen, hebt dann die Brühe, die daraus geflossen ist, zum Gebrauch auf.

K.

Kälbereiter. Siehe **Eiter.**
Kälberfüsse. Siehe **Füsse.**

Käse

Käse.

Käse auf Kapauner, auf böhmisch. Der Kapaun wird zuvor gekocht, hernach werden dünne Semmelschnitten in der Butter braun gebacken, und auf den Boden einer zinnernen Schüssel gelegt, dann reibt man guten Parmasankäse fein, bestreut die Butterschnitten damit, und auch mit Gewürz, nun den gekochten Kapaun in Stücke geschnitten, auf jede Semmelschnitte ein Stück davon, und wieder auf jedes Stück Kapaun eine mit diesem geriebenen Käse und Gewürz bestreute Semmelschnitte gelegt, zuletzt die Brühe vom Kapaun drauf gegossen, verdeckt über ein Kohlfeuer gesetzt, dämpfen und einsieden lassen.

Käse von Mandeln, auf böhmisch. Ein halbes Pfund geschälter Mandeln wird klein gestossen, hernach in einer guten Milch zerrührt und durch ein dünnes Sieb getrieben, ans Feuer gesetzt, und gut sieden lassen, dann einige Löffel voll von einer Milch, in der ein Stück von einer Hausenblase einen Tag lang geweicht hat, dazu gegossen, gut gezuckert, und nachdem es dicklich zu einer Sulze gekocht ist, vom Feuer genommen, gerührt bis es kühl geworden ist, und dann in die Form gegossen.

Käse von Mandeln, auf sächsisch. Ein halbes Pfund geschälter Mandeln wird im Mörser klein gestossen. Dann wird ein Loth Hausenblasen im frischen Wasser aufgelöset, gekocht und durch ein Tuch an die gestossenen Mandeln gegossen, drey Löffel voll Zucker dazu gethan, beygesetzt, und eine Viertelstunde lang sieden lassen, dann in ein schönes beliebiges Modell gegossen, an einen kühlen Ort hingestellt, so gestehet sie.

Käsekohl. Siehe Kohl.
Kaisergersten. Siehe Gersten.

Kalbfleisch.

Kalbfleisch mit Spinat, auf böhmisch. Man hackt ein Stück Kalbfleisch ganz klein, giebt dazu ein wenig Zwiebeln, Petersille, Majoran, ein wenig eingeweichte und wieder ausgedrückte Semmel, Rindsmark, macht darunter ein dünnes Eingerührtes von 3 Eyern, würzt alles mit Ingwer, Muskatenblumen und Salz, hackt alles mit ein wenig Weinbeeren untereinander klein, und schlägts auf kälberne Magen. Dann macht man kleine Würfel eines Fingers dick und zweymal so lang, überwickelt sie mit Zwirn, läßt sie in Butter in einem Tiegel braun werden, macht die Fäden los, und giebt sie wieder in einen andern Tiegel mit geputzten und überbrennten Spinat, würzt sie mit Ingwer und Muskatenblumen, kocht sie, brennt sie ein, und legt frische Butter darein.

Kalbfleisch mit Artischocken, auf böhmisch. Man hackt eine Kalbsbrust in kleine Stücke, überbrennt und putzt sie sauber aus, und röstet es in heisser Butter. Die Artischocken werden im Wasser blanchirt, und mit Gewürz ans Fleisch gethan; dann nimmt man halb Speck und halb Rindsmark, welches man klein hackt, mit Pfeffer, Muskatenblumen, Salz, Petersille, dürrem Majoran und Kundelkraut vermischt, und auf die Kalbsschnitze streicht, die man zusammenwickelt, an einem Vogelspieß unter öfterm Begiessen mit Butter bratet, und dann mit geriebener Semmel bestreut; wenn diese Schnitze mit Rosmarin oder Kapernsuppe gemacht werden, darf man sie nicht mit Semmel bestreuen.

Kalbfleisch ohne Wasser, auf böhmisch. Das Kalbfleisch vom Schlägel genommen, wird in dünne

dünne Schnitze geschnitten, und mit dem Messerrücken weich geklopft, dann werden die Schnitze in einer blechernen Schüssel neben einander gelegt, mit Butter fingersdick bestrichen, Muskatenblumen, einige Pfefferkörner, ganze Nelken, und geschnittene Citronenschalen dazu gegeben, zugedeckt, aufs Kohlfeuer gesetzt, und dämpfen lassen, doch öfters umgerührt und gewendet, daß es nicht anbrennt. Nachdem es gedämpft ist, drückt man etwas Citronensaft drauf, und giebt ein Stück frische Butter dazu, so ist es fertig.

Kalbfleisch gehackt, auf böhmisch. Ein Stück von einem kälbernen Braten wird klein gehackt, und ein Stück Rindsmark mit darunter, dann in einen Tiegel gethan, ein wenig Wein und Suppe drauf gegossen, eine in Wein geweichte Semmel, Gewürz, Kapern, geschnittene Citronenschalen, und ein Stück frische Butter dazu genommen, und so lange sieden lassen, bis es etwas dicklich geworden ist.

Kalbfleisch eingemacht, auf österreichisch. Es wird in einer guten Rindssuppe gekocht, ein wenig Wein dazu gegossen, länglich geschnittene Petersillwurzeln dazu gethan, eingebrennt, gut gewürzt und aufgegeben.

Kalbfleisch mit einer Citronensuppe, auf österreichisch. Das Fleisch wird in einer guten Rindssuppe mit etwas Wein gekocht. Wenn es gar ist, eingebrennt; dann wird klein geschnittene Petersille, Körbelkraut und Sauerampfer in Butter geröstet dran gethan, zuletzt Milchrahm, Citronenschalen, und Gewürz dazu gegeben, und es damit aufsieden lassen.

Kalbfleisch mit einer Zwiebelsuppe, auf österreichisch. Der kälberne Schlägel wird in dünne Stücke geschnitten, und gesalzen. Nachdem es drey

Stunden drinn gelegen hat, wird es in Rauch gehenkt und geselcht, dann in kleine Stücke geschnitten, und in einer guten Rindssuppe gesotten, hernach ein Eingebrenntes von Zwiebeln dazu gegeben, und mit Eßig ein wenig säuerlich gemacht.

Kalbfleisch mit einer Kapernbrühe, auf sächsisch. Man thut ein paar geröstete Schnitten von weissem Brod in ein Töpfchen, gießt Wein und Fleischbrühe drauf, thut gehackte Kapern dazu, läßt es gut zu Brey kochen und treibt es durch einen Durchschlag, setzt es wieder ans Feuer, thut Pfeffer, Kardemomen, Muskatenblumen, ganze Kapern, ein wenig Zucker, und ein Stück Butter dazu, giebt dies aufgekocht über das Fleisch in die Schüssel, streuet geschnittene Citronenschalen und kleine Rosinen drüber, setzt es auf das Kohlfeuer, und läßt es zusammen aufkochen.

Kalb- und Hühnerfleisch gehackt, auf sächsisch. Man nimmt ein Stück Kalbfleisch vom Hinterviertel, und ein paar alte Hühner, löset das Fleisch von den Beinen, hackt es mit Rindsmark ganz klein, salzt und würzt es, thut Safran dran, mischt kleine Rosinen drunter, thut es in einen hohen Topf, der nicht weit ist, gießt Fleischsuppe und Wein dran, und läßt es kochen, rührt es aber nicht. Wenn es gar ist, läßt man es auskühlen, schneidet es in breite halbfinger dicke Schnitte, legt sie an die heiße Butter in die Pfanne, und backt sie schnell braun, und legt sie in die Schüssel, die Brühe, worinn das Fleisch gekocht hat, wird in einem Töpfchen ans Feuer gesetzt, Zucker, gestossenen Zimmet und kleine Rosinen drein gethan; und nachdem es gut aufgekocht hat, in die Schüssel über das Fleisch gegossen, und Zucker und Zimmet drauf gestreuet.

Kalbfleisch.

Kalbfleisch in Butter, auf sächsisch. Nachdem das Fleisch in dünne Stücke geschnitten, und mit Salz und Gewürz gut eingerieben ist, thut man frische Butter in kleine Stücke geschnitten in einen Tiegel, giebt eine Lage Fleisch drüber, dann wieder Butter drauf, und so fort bis alles Fleisch drinnen ist, dann giebt man ihm oben und unten gleiche mäßige Glut, oder setzt es in einen Backofen, der nicht stark geheitzt ist, und läßt es sachte und langsam prägeln.

Kalbfleisch gekocht, auf sächsisch. Von einem Kalbsstoß werden dünne, drey Finger breite und einen Finger lange Schnitte geschnitten, solche mit dem Messerrücken geklopft, mit Salz, Ingwer und Nelken vermengt bestreuet, und zwar jedes Stück und auf beyden Seiten, in eine zinnerne Schüssel schicht- oder lagweise gethan, Rindfleischbrühe, die nicht sehr gesalzen ist, mit ein wenig Eßig drauf gegossen, zugedeckt, auf das Kohlfeuer gesetzt, und etwa eine Stunde sieden lassen, und wenn es gar ist, ein Stück ausgewaschener Butter dran gethan, damit aufgekocht und aufgegeben.

Kalbsbraten. Siehe Braten.

Kalbsbrust.

Kalbsbrust mit Ragout, auf französisch. Man thut eine gute fette Kalbsbrust in das Kastrol an den zerlassenen Speck, und bräunet sie mit ein wenig Mehl, dann bestreuet man sie mit vermischtem Gewürz, thut Büschlein feiner Kräuter mit Champignonen dazu, und gießt gute Rindsbrühe dran. Ist sie gar, so giebt man sie mit dem Saft einer Citrone, und mit gebackenen Champignonen, oder Petersillen, oder Brodrinden zu einem Vorgericht auf.

Kalbsbrust gefüllt, auf sächsisch. Die Kalbsbrust wird wie gewöhnlich ausgehölet. Dann werden ein paar Hühnerlebern mit Rindsmark klein gehackt, grüne klein geschnittene Petersille, mit geriebenen Semmeln, Salz, vermischtem Gewürz, und einem Paar Eyern darunter gerührt, in die Pfanne an die heisse Butter gethan, und geröstet, dann die Brust damit gefüllt, zugenäht, an Spieß gesteckt, und saftig gebraten.

Kalbskopf. Siehe Kopf.
Kalbsleber. Siehe Leber.
Kalbsnieren. Siehe Nieren.
Kalbsschlegel. Siehe Schlegel.
Kalbsschnitte. Siehe Schnitze, Schnitte.

Kalbsstoß.

Kalbsstoß auf sächsisch zugerichtet. Der Kalbsstoß wird erst in kurzer Brühe ein wenig gekocht, dann in Rindsfett und Butter gebraten, an die Brühe wird ein wenig Wein gegossen, geschälte und klein geschnittene frische Quitten dran gethan. Wenn diese halb weich gekocht sind, werden drey oder vier geschälte und klein geschnittene borsdorfer Aepfel dazu gegeben, und mit gekocht, zuletzt Zucker, Zimmet, ein wenig Quittensaft, eine blattweis geschnittene Citrone, mit ihrer geschnittenen Schale dazu gegeben. Und nachdem dies zusammen gut aufgekocht ist, giebt man den Braten auf, legt die Quitten, und Citronenschnitte drauf, und gießt die Brühe drüber.

Kalbsstoß gehackt, auf sächsisch zu braten. Das Fleisch vom Kalbsstoß wird von seinen Beinen gelöset, mit Speck und Rindsmark untereinander klein gehackt, in eine Schüssel gethan, Salz,

Ge-

Gewürz, ein paar Eyer, und ein wenig geriebener Semmeln darunter gerührt, wieder um die Beine gethan, und wie einen Stoß formirt, oben Löcher gestochen, kleine Schnitte Speck mit geschnittenen Mandeln drein gethan, in die Bratpfanne an die zerlassene Butter gelegt, und im Backofen gebraten. Wenn er gar ist, wird er mit geriebenem Brod, und dürren klein gestoßenen Rosmarin vermischt bestreuet, und aufgegeben.

Kalbsviertel.

Kalbsviertel auf englisch. Man läßt das wohlgesalzte und gepfefferte Fleisch mit etlichen Scharlotten, Thimian, Lorbeerblättern, Basilikum, Zwiebeln und mit dem blattweis geschnittenen Mark von einer Citrone in ein wenig guten Weineßig, welcher zuweilen vermehrt werden muß, eine Nacht stehen, bratet es in seiner Brühe mit einem Stück Butter, und giebts mit folgender Brühe auf: Man röstet Mehl mit Butter im Kastrol, welches man mit fein geschnittenen Scharlotten, einem Schöpflöffel voll Brühe, und einem halben Seidel sauren Schmetten vermischt, nicht gar zu dick gekocht, und mit Kapern, fein geschnittenen Citronenschalen, auch mit dem Saft von einer Citrone versetzt.

Kaldaunen.

Kaldaunen vom Rindvieh lange zu halten. Nachdem sie rein gemacht, und eine Nacht im frischen Wasser gelegen haben, werden sie gekocht und ausgekühlt, hernach wird der Boden eines Faßes mit Salz und Pfeffer ausgestreuet, die Kaldaunen drein gethan, Pfeffer und Salz drüber gestreuet, dann wieder Kaldaunen, und wieder Pfeffer und Salz drauf, und so fort. Dann wird Eßig aufgekocht, kalt drauf ge-

gegossen, beschwert, und in einen frischen Keller hingestellt. So oft man etwas davon nimmt, muß man wieder drauf sehen, daß der Eßig drüber gehe, und sie beschwert bleiben. Will man etwas davon zum Gebrauch nehmen, so schneidet man es würflicht, die Aepfel auch so, thut dies zusammen in einen Tiegel, giebt Pfeffer, Safran, Zucker, Rindfleischbrühe, ein wenig von dem Eßig, worinn sie gelegen sind, geriebenes Brod, und ein Stück frische Butter dazu, und läßt dies mit einander gut aufkochen.

Kaldaunen vom Rinde, auf sächsisch gekocht. Wenn sie rein gemacht sind, werden sie in länglichte Stücke geschnitten, an die Rindsbrühe gethan, und weich gekocht, dann Ingwer, Pfeffer, Safran, gehackte Petersille, dürren geriebenen Majoran, geriebenes Brod, und klein geschnittene und in Rindsfett geröstete Zwiebeln zugethan, und zusammen aufgekocht, daß die Brühe etwas dicklich wird. Sie können auch mit Wurzeln, grüner Petersille, Perlgraupen, und einem Eingebrennten, auch sauer, und mit Schotenerbsen gemacht werden.

Kalteschale. Siehe Sulz.

Kaninchen.

Kaninchen auf französisch zugerichtet. Sie werden geviertheilet, mit gewürztem Speck dicht gespickt, in das Kastrol an den zerlassenen Speck und Mehl gethan, und gebräunet. Dann wird Salz und Pfeffer drauf gestreuet, ein Büschlein feiner Kräuter dazu gethan, gießt gute Brühe und ein Glas Wein dran und läßt dies zusammen gut kochen. Wenn es gar ist, gießt man die Brühe in die Schüssel, legt die Kaninchen drein, und drückt den Saft einer Pomeranze drauf.

Kapaun.

Kapaun zum Birkhahn gemacht, auf böhmisch. Man siedet Pfeffer und Ingwer, und etwas Salz in starkem Wein, oder guten Weinessig auf, gießt es dem Kapaun oder der Henne lebendig in den Hals, bindet ihn fest zu, läßt ihn einige Tage in der freyen Luft hängen, und bratet ihn hernach, wie man will.

Kapauner gehackt, auf böhmisch. Das Fleisch von gebratenen Kapaunern wird von seinen Beinen geschälet, und klein gehackt, in einen Tiegel mit Rindsmark gethan, einige Löffel voll Suppe drauf gegossen, Citronensaft, geschnittene Citronenschalen, Muskatenblumen, und ein Stück frische Butter dazu genommen, und sieden lassen.

Kapaun weiß zugerichtet, auf französisch. Der Kapaun wird mit Salz, Pfeffer, Nelken, Lorbeeren, Zwiebeln, und grüner Citrone, alles untereinander vermischt, klein gestoßen und gerieben. Von innen und außen gut eingerieben und gewürzet, drauf gespickt, in eine Serviette eingewickelt, in einen Topf oder Kessel gethan, eine gute kräftige Fleischbrühe mit ein wenig weißem Wein dran gegossen. Wenn er gar ist, läßt man ihn erst in der Brühe halb kalt werden, und trägt ihn dann trocken auf einer weißen Serviette auf. Mit den Truthähnen, großen kalekutischen Hähnen, geschnittenen Hühnern, jungen Hühnern, Gänsen, Rebhühnern und andern Vögeln kann man es auch so machen, nur müssen sie recht fett seyn.

Kapaun mit Bräse, auf französisch. Man nimmt einen guten fetten Kapaun, schneidet ihn auf dem Rücken bis auf den Pörzel auf, reibt ihn

ihn von außen und innen mit Salz und Pfeffer, und bestreuet ihn mit kleingehackten feinen Kräutern. Dann belegt man den Boden eines kupfernen und verzinnten Kastrols mit Speckschnitten und Tranſchen von geklopftem Rindfleisch, streuet kleingeschnittene Zwiebeln mit vermischtem Gewürz darüber, legt den Kapaun mit der Brust unterwärts darauf, bedeckt ihn mit Schnitten von Schinken, gießt ein wenig gute Fleischbrühe daran, deckt den Deckel oben darüber, vermacht ihn gut mit einem Teig, daß der Dunst nicht heraus kann, giebt ihm oben und unten eine gleichmäßige Kohlengluth, und läßt ihn gemach dünsten. Ist er gar, so wird die Brühe von ihm in die Schüssel gegossen, der Kapaun darein gelegt, der Saft von einer Citrone darauf gedrückt, und warm aufgegeben.

Kapaun mit Ragout, auf französisch. Der gut mortificirte, oder mürbgewordene Kapaun wird mitten entzwey geschnitten, wohl mit Speck gespickt, in das Kastrol an den zerlassenen Speck, oder an die geschmolzene frische Butter gethan, ein wenig trocken geröstetes Mehl mit kleingeschnittenen Zwiebeln dazu gegeben, und zugedeckt gedünstet, dann wird eine gute kräftige Brühe daran gegossen, Salz und vermischtes Gewürz, mit Champinionen, Trüffeln, einem Sträußchen feiner Kräuter und mehr dergleichen nach Belieben dazu gethan, und gut eingekocht, daß die Brühe kurz und dicklich werde, dann zum Voressen mit gebratenen fetten Lebern, oder gebackenem Petersillenkraut aufgegeben.

Kapaun gefüllt, auf österreichisch. Nachdem der Kapaun oder Indianer rein gemacht, und ausgenommen ist, wird er eingesalzen, dann wird ein kälbernes Breit mit einer in Milch geweichten Semmel

mel mit ausgelösten Sardellen und Austern, mit in Butter gedünsten Artofeln, mit ein wenig spanischem Kundelkraut und Ochsenmark klein unter einander gehackt, sechs Eyer dazu geschlagen, gewürzt, gut unter einander gerührt, den Indianer damit gefüllt, ihn am Spieß langsam gebraten, oft mit Butter begossen, ihn aufgegeben, und nach Belieben eine gute braune Saftsuppe darunter gegossen.

Kapaun mit Linsen, auf österreichisch. Der reingemachte Kapaun oder Fasan wird mit Mehl bestreuet, in das Kastrol an den würflicht geschnittenen und zerlassenen Speck gethan, und bey oberer und unterer mäßiger Gluth langsam gedünstet, daß er schön braun wird, dann eine gute Hühnersuppe daran gegossen, und weich gesotten, die vor sich in einer guten Rindssuppe halb gar gesottenen Linsen werden dazu gethan, und mitsieden lassen, daß es die rechte Dicke bekömmt, gut gewürzt, und nachdem es gar ist, aufgegeben.

Kapauner mit Austern, auf österreichisch. Die Kapauner werden langsam am Spieß gebraten, und oft mit Butter begossen, inzwischen sechzig ausgelöste Austern mit ihrem Meerwasser an die heiße Butter in den Rein gethan, übersottene und geschnittene Kälberfüße mit geriebenen Semmelbröseln dazu gegeben. Nachdem dieß zusammen ein wenig gedünstet hat, gießt man etwas Milchraum daran, giebt Citronensaft, und die Schalen dazu, würzt es gut, läßt es gut aufsieden, und giebt es über die gebratenen Kapauner.

Kapauner mit einer Citronenbrühe, auf sächsisch. Die Kapauner werden weiß und nicht zu weich gekocht. Dann wird etwas von der Brühe in ein Töpfchen genommen, ein wenig Wein, Ingwer,

Ingwer, Pfeffer, Muskatenblumen, Kardemomen, geröstete und geriebene Semmeln, die Kapaunerlebern ganz klein gehackt, dieß alles unter einander gemengt, und nachdem es mit einem Stück Butter gut aufgekocht ist, durch ein Tuch gepreßt, an die Kapauner gethan, und alles zusammen aufkochen lassen. Hernach die Kapauner angerichtet, die Brühe darüber gegossen, die Schüssel mit geschnittenenen Citronen- und Pomeranzenschalen belegt, und etwas Zucker an die Brühe gestreut.

Kapauner mit Austern auf sächsisch gebraten. Der Kapaun wird gewürget, mit siedendem Wasser abgebrüht, ihm der Hüpp aufgebrochen, dann eine Weile im kalten Wasser liegen lassen, daß er weiß bleibt. Hernach wieder gesalzen, die Beine werden ihm im Dicken aufgespeilert. Hernach werden ausgelöste Austern mit Ingwer, Pfeffer und Muskatenblumen in Butter geröstet, dann ausgekühlt, ein paar Eyer darunter gerührt, der Kapaun damit gefüllt, und am Spieß bey mäßiger Hitze langsam gebraten, und oft mit Butter begossen.

Kapaunerfanzel. Siehe Fanzel.
Kapaunerkäse. Siehe Käse.
Kapaunerkoch. Siehe Koch.

Kardons.

Kardons, auf französisch. Sie werden in Stücke geschnitten, in das Kastrol an die siedende Fleischbrühe gethan, gehacktes Rindsmark, ein Bündchen feiner Kräuter, Salz, Pfeffer, und geriebene, und in Butter geröstete Semmeln dazu gegeben, und alles zusammen gelinde gekocht. Will man es dicker haben, rührt man ein Eingebrenntes darunter, und
richtet

richtet es dann zu einem Beygericht mit Citronensaft, und einem Löffel voll unreifen Traubensaft an.

Karpfen.

Karpfen, oder sogenannten bayrischen schmutzigen Karpfen zu sieden. Man fängt das Blut von einem milchenen Karpfen, vermischt es mit Eßig, zerstückt den Karpfen ungeschuppt, läßt Wasser, Eßig, Petersillenwurzel, Zwiebeln und Salz in einer Pfanne sieden, legt den Karpfen hinein, wenn er bald gar gesotten ist, giebt man ein Stück frische Butter, Ingwer, Pfeffer, Muskatenblüth, Nelken und das Blut daran, und siedet es noch einmal auf.

Karpfen gefüllt, dazu Champinionen, und Artischockenböden mit einer Suppe, auf böhmisch. Man schuppt ein oder zwey Karpfen, nimmt sie aus, löset das Fleisch inwendig ab, und schneidet es beym Kopf ab, doch so, daß der Kopf und Schwanz ganz an der Haut bleibe; von dem Fleisch macht man mit frischer Butter, geweichter Semmel, Gewürz, Eyerdottern, Thimian und geriebenen Citronenschalen einen Fatsch, füllt ihn in die Haut, und macht sie mit einem Faden zu, bestreut sie ferner mit Mehl, und thut ihn in braune Butter; dann thut man die Gräten von den Karpfen, Scharlotten, Thimian, Petersille und Semmelrinden in die braune Butter, wo die Karpfen gebräunt worden sind, läßt alles mit siedendem Wasser kochen, und streicht es durch ein Haarsieb; alsdann blauchirt und passirt man Champinionen, Artischockenböden, Zungen und Milch von Karpfen zu einem guten Ragout, welchen man sammt den Karpfen ins Kastrol thut, giebt die Brühe und das allenfalls übriggebliebene Fatsch dazu, kocht es gar, und richtet den Fisch auf Semmelnielschnitten, den Ragout aber am Rande der Schüssel an.

Karpfen in Baumöl und Milchraum gedämpft, auf böhmisch. Man schuppt und schneidet einen großen milchenen Karpfen in Stücke, welche man eine Stunde eingesalzen liegen, und dann abgewaschen in einen Tiegel, worinn vorher Baumöl heiß gemacht wird, mit dürrem Roßmarin, 4 oder 5 Lorbeerblättern, ein wenig Knoblauch und geschnittenen Citronenschalen recht dämpfen läßt, dann gießt man mit Muskatenblüthe gewürzten Milchraum daran, und läßt es nach und nach sieden.

Karpfen in schwarzer Suppe, auf böhmisch. Die Karpfen werden rein gemacht, das Blut davon aufgefangen, in große Stücke geschnitten, eingesalzen, und in Salz ein wenig liegen lassen, dann in ein Reinel gethan, gute klare Erbsensuppe darauf gegossen, das Karpfenblut wird zu vier geschälten und von Kernern befreyten Aepfeln, und zu drey geschälten Zwiebeln gethan, und klein gehackt, und mit geriebenen Lebzelten zu den Karpfen ins Reinel gethan, ein wenig Essig daran gegossen, gestoßenen Pfeffer, Ingwer, und Muskatenblumen dazu gethan, und zu einer Sauce sieden lassen, dann nach Belieben gezuckert, und ein Stück frischer Butter darein gelegt.

Karpfen gebacken, auf böhmisch. Die Karpfen werden von ihren Schuppen und Gräten gereiniget, hernach etwas gröblich gehackt, in die im Reinel heiß gewordene Butter gethan, zugedeckt und dämpfen lassen, bis es weiß wird, nun Muskatenblumen und Salz dazu gethan, gut unter einander gerührt, süße Schmetten darauf gegossen, und aufkochen lassen.

Karpfen auf französisch. Die reingemachten Karpfen läßt man eine Weile im Salz liegen, thut ein großes Stück gesalzener Butter in ein Reinel, die im frischen Wasser abgewaschenen und in Stücke geschnittenen Karpfen hinein, läßt sie ein wenig dämpfen, gießt dann ein Seidel Wein, und zwey Seidel Weineßig darauf, thut Pfeffer, Ingwer, Nelken, Muskatenblumen, Kaneel, alles klein gestoßen dazu, auch ein paar blattweis oder in Scheiben geschnittene Citronen, das Karpfenblut in etwas Weineßig zerrührt, und etwas klare Erbsensuppen darunter gegossen, ebenfalls dazu gethan, zuletzt ein paar Löffel voll Kapern, und einen Löffel voll Oliven dazu gegeben, und damit ein paarmal aufwallen laßen, nun angerichtet, und ein Pfund geschnittener und in Butter gebräunter Zwiebeln darüber gestreuet, nach französischer, jüdischer und rußischer Art.

Karpfen auf französisch zugerichtet. Die reingemachten Karpfen werden in große gewöhnliche Stücke geschnitten, eingesalzen, und etwa eine Stunde liegen lassen, daß sich das Salz ins Fleisch ziehen kann, nun in ein Reinel in die siedende gesalzene Butter gelegt, etwas Wein, ein wenig Weineßig darauf gegossen, Pfeffer, Ingwer, Nelken, Muskatenblumen, Kaneel, alles gestoßen, eingemachte saure Citronen, Karpfenblut in Eßig zerrieben, und etwas gute Erbsensuppen dazu gethan, dieß alles unter einander sieden laßen, zuletzt ehe man es vom Feuer nimmt, ein paar Löffel voll Kapern, eben so viel Oliven und kleingeschnittene Zwiebeln dazu gethan, und damit aufsieden laßen.

Karpfen auf französisch gebraten. Nachdem der Karpfen rein gemacht ist, wird er an den Seiten eingekärbt, mit Salz und Pfeffer gerieben, mit Butter gut bestrichen, und auf dem Rost gebraten. Wenn er gar ist, thut man ein Stück frischer Butter in das Kastrol, klein gehackte Petersillen und Zwiebeln mit ein wenig Mehl, und röstet dieses braun, darauf gießt man gute Fisch- oder klare Erbsenbrühe daran, aber nicht viel, salzt und pfeffert es, und wenn es gut aufgekocht ist, gießt man es in eine Schüssel, thut den gebratenen Karpfen darein, läßt es übers Kohlfeuer ein wenig aufkochen, drückt hernach den Saft einer Pomeranze darauf, und belegt den Rand der Schüssel mit gebackenen Petersillen.

Karpfen auf französisch gefüllt. Er wird gut geschuppet, längst dem Rückgrad aufgeschnitten, die Haut abgezogen, doch so, daß der Kopf daran bleibt, das Fleisch heraus genommen, von Gräten gelöset, und mit Aalfleisch, Petersillen, Karpfenmilch, Champinionen, und feinen Kräutern klein gehackt, ein Stück frischer abgetriebener Butter mit Salz und Pfeffer darunter gerührt, in die Karpfenhaut gefüllt, zugenäht, in das Kastrol an die zerlassene Butter gethan, und auf beyden Seiten erst gebräunet, dann eine gute Fisch- oder klare Erbsenbrühe daran gegossen, gutes Gewürz dazu gethan und gekocht. Zuletzt wenn es bald gar ist, werden drey oder vier Eyer mit ein wenig Mehl zerklopft, in kalter Brühe gut zerrührt, und daran gegossen. Wenn er gar ist, wird er mit der Sauce in einer Schüssel zu einem Voressen angerichtet, und der Rand mit gebackenen Champinionen und Petersillen besetzt.

Karpfen mit Krautsuppe, auf österreichisch. Die Karpfen werden geschuppt, oder von ihren Gräten gelöset, eingesalzen, und eine halbe Stunde im Salz liegen lassen, dann ausgedrückt, und in einen Kessel gethan. Hernach wird saures Kraut

klein

klein gehackt, und in Erbsenbrühe und seiner eigenen mürbe gesotten. Nachdem es gar ist, wird die Brühe davon auf die Karpfen gegossen, und selbige darinn gesotten, auch ein wenig Eßig und Wein dazu gegeben, daß der Sud über die Fische geht. Nachdem sie körnig gesotten sind, wird ein Eingebrenntes gemacht, die Brühe von Fischen abgegossen, und daran gethan, Gewürz und Milchraum dazu gegeben, gerührt und aufgekocht. Nun die Hälfte von der Suppe an das Kraut gegossen, in die andere Hälfte die Karpfen eingelegt, und beydes aufsieden lassen, doch das Kraut etwas länger. Hernach die Fische aufgegeben, und das Kraut darüber geschüttet.

Karpfen mit Zwiebelnsuppe, auf österreichisch. Sobald der Karpfen geschuppt und zertheilet ist, wird er gesalzen, und eine halbe Stunde im Salz liegen lassen, dann streift man ihn ab, thut ihn in einen Rein oder Kessel, gießt gute Erbsenbrühe, und eben so viel Wein daran, und läßt ihn einsieden. Dann nimmt man kleingeschnittene Zwiebeln, wie auch geschälte kleingeschnittene Aepfel, und röstet solche mit Semmelbröseln in Butter, hernach etwas von dem Fischsud, mit ein wenig Eßig und Citronensaft dazu gegeben, gut aufgekocht, über den Karpfen gegossen, und ihn einen Sud darinn thun lassen.

Karpfen mit Scherrübeln, auf österreichisch. Der reingemachte Karpfen wird in Stücke geschnitten, mit Mehl bestreuet, und in Schmalz oder Butter gebacken. Nun dünstet man die Scherrübeln in Butter, und bestreuet sie mit Zucker, daß sie schön braun werden, oder sie können auch mit Mehl bestrichen, gebacken, und dann in Butter und Milchraum gedünstet werden, hernach wird eine gute Erbsenbrühe
daran

daran gegossen, und sie sieden lassen. Jetzt die gebackenen Karpfen in eine Schüssel gethan; und nachdem die Scherrübeln weich sind, solche darüber geschüttet, zugedeckt, aufs Kohlfeuer gesetzt, und sie ein wenig aufsieden lassen.

Karpfen auf österreichisch geselcht. Man nimmt einen großen Karpfen, schneidet ihn mitten bis auf den Schweif von einander, daß er zusammen hängt, salzt ihn ein, läßt ihn 3 oder 4 Stunden im Salz liegen, hängt ihn in Rauch, daß er schön roth geselcht wird, siedet ihn hernach, in kleine Stücke gehackt, mit ein wenig Kümmel im Wasser ab, und schmalzt ihn hernach ab, oder gießt auch eine Milchraumsuppe darüber. Man kann ihn auch nach Belieben in einer Krautsuppe kochen.

Karpfen auf österreichisch gebacken. Nachdem der Karpfen geschuppt, in Stücke gehackt, gesalzen ist, und eine Stunde im Salz gelegen hat, wird er ausgedrückt, mit Mehl bestreuet, und rösch gebacken, dann in ein Reinel gethan, und ein Eingebrenntes gemacht, eine gute Erbsenbrühe daran gegossen, kleine Lorbeerblätter geschnitten, Roßmarin, Citronenschalen, Kapern, Gewürz und Milchraum dazu gegeben; und nachdem die Suppe gut aufgekocht ist, solche an den Karpfen gegossen, und ihn darinn aufsieden lassen.

Karpfen mit Citronensuppe, auf österreichisch. Man schuppt den Karpfen, zertheilt ihn, und siedet ihn frisch ab, doch daß er schön körnig bleibt, macht ein Eingebrenntes mit Zwiebeln, gießt eine gute Erbsenbrühe darauf, auch etwas Wein dazu, thut Gewürz, Citronenschalen, Salz und geschnittene grüne und in Butter geröstete Petersille hinein, läßt dieß ein wenig zusammen sieden, thut hernach

den

den Karpfen hinein, und läßt ihn darinn einen Sud thun.

Karpfen in Oel gedünſtet, auf öſterreichiſch. Der Karpfen wird geſchuppt, in Stücke zertheilt, geſalzen, und ſchön körnig abgeſotten, dann Wein in ein Kaſtrol mit etwas Fiſchſud gegoſſen, kleingeſchnittene Kapern, Lorbeerblätter, Roßmarin und ein wenig Knoblauch dazu gethan, und nachdem dieß eine Weile geſotten hat, wird inzwiſchen der Fiſch abgeſeihet, in eine blecherne Schlüſſel gelegt, mit vermiſchtem Gewürz beſtreuet, aufs gelinde Kohlfeuer geſetzt, und ihn zugedeckt etwas ſachte dünſten laſſen.

Karpfen auf öſterreichiſch geſotten. Man kann den Karpfen auf zweyerley Art ſieden: erſtens wird er wie der Hecht in den ſiedenden Sud gelegt, doch muß er etwas länger ſieden als der Hecht. Zweytens, nachdem er in Stücken geſchnitten iſt, wird er in ein Reinel, oder in einen Keſſel gethan, ein gemachter Sud darüber gegoſſen, und gemach ſieden laſſen. Nachdem er geſotten iſt, wird er mit friſchem Waſſer und Eßig abgeſchröckt. Nicht zu vergeſſen, daß er gut muß geſalzen werden.

Karpfen in ſchwarzer Suppe, auf pohlniſch. Man ſchuppt einen großen milchenen Karpfen, macht ihn auf, und fängt das Blut auf, das man mit gutem Biereßig vermiſcht. Den Karpfen legt man zerſchnitten und geſalzen in ein Reinel, (Dreyfuß) röſtet eine Handvoll Zwiebeln und geriebenes ſchwarzes Brod in Schmalz, würzt es mit Ingwer, Pfeffer, Muskatenblüthe, Zimmet und Würznelken, auch ein Stück Zucker, gießt das Blut, halb Wein und Bier dazu, ſiedet alles wohl, und richtet es nach Belieben an.

Karpfen auf preußisch. Sie werden geschuppt, und im Salzwasser gekocht, welches ab- und frisches reines darauf gegossen wird; endlich werden sie mit Kapern, Oliven, Citronenschalen und Scheiben, Lorbeerblättern, Butter, gestoßenem Pfeffer, Muskatenblumen, gewässerten und gehackten Sardellen, Provenzeröl, Weinessig und geriebener Semmel eingekocht.

Karpfen gefüllt, auf sächsisch. Der Karpfen wird geschuppt, am Bauch aufgemacht, der Roggen und das Uebrige herausgenommen, gewaschen, mit heisser Butter ausgebrühet, und wieder ausgegossen, dann ein wenig eingekärbt, und von innen und aussen gesalzen. Der Roggen wird klein gehackt, mit zerriebenen Semmelbröseln ins Pfännchen an die zerlassene Butter gethan, Ingwer, Pfeffer, Kardemomen, Muskatenblumen, dürren Majoran, und zwey zerklopfte Eyer dazu genommen, gut untereinander gerührt, und geröstet; den Karpfen damit gefüllt, zugenäht, ein subtiles Spießchen durchgesteckt, auf den Rost gelegt, oft mit Butter beträufelt, ihn erst ferne vom Feuer damit eintrocknen lassen, dann näher ans Feuer gethan, oft umgewandt, daß er überall bräunlicht wird. Wenn er gar ist, zieht man das Spießchen heraus, legt ihn in eine Schüssel, gießt die übrige Butter drauf, und beträufelt ihn mit Citronensaft. Man kann auch eine Kapern- oder Citronenbrühe drüber geben.

Karpfen eingelegt, auf sächsisch. Nachdem die Karpfen wie gewöhnlich gebacken sind, werden sie in einen neuen irrdenen gut ausgebrannten Topf mit dazwischen gelegten Lorberblättern, Rosmarin und ganzen Muskatenblumen gelegt, aufgekochter und wieder kalt gewordener Weinessig drauf gegossen, ein

Bret-

Bretchen drauf gelegt, und mit einem Stein beschwert, doch muß der Eßig ein wenig drüber gehn.

Karpfen gebacken, auf sächsisch. Der reingemachte und in Stücken geschnittene Karpfen wird mit Salz eingerieben, und eine halbe Stunde liegen lassen, dann wird das Schleimichte abgestrichen, die Stücke werden in Mehl, mit grobem Grieß vermengt, gewelzt, an die heiße Butter in die Pfanne gethan, und schön gelb oder knorplicht gebacken.

Karpfen gespickt, auf sächsisch. Der geschuppte, reingemachte und ausgenommene Karpfen wird mit siedender Butter von innen ausgebrühet, das Geblüte, das Fett von den Därmen mit der Milch und Leber zerrieben, in Butter geröstete Semmelbröseln, mit Gewürz, einem zerklopten Ey, und klein geschnittenen Rosmarin untereinander gerührt, den Karpfen damit gefüllt, zugenäht, auf beyden Seiten gespickt, und nach Belieben entweder mit Butter auf dem Rost oder im Tiegel gebraten.

Karpfenfanzel. Siehe **Fanzel.**

Karpfenmilch. Siehe **Milch.**

Kauli.

Kauli mit Hühnern, auf österreichisch. Die zerschnittenen Hühner werden in einer guten Rindssuppe gesotten; und nachdem sie gar sind, eingebrennt. Der Kauli wird im Wasser übersotten, und gesalzen, doch daß er ganz bleibt. Der Sud weggegossen, frisch Wasser dran gethan, und wieder gesalzen, daß er weiß bleibt. Die Hühner werden gewürzt, und etwas Milchraum mit ein paar Dottern drinn zerklopft, an die siedende Suppe gerührt, den Kauli dazu gethan, und ihn in der Suppe aufsieden lassen.

Keule.

Keule.

Keule von Hammeln gedämpft, auf französisch. Man nimmt eine gute Hammelskeule, thut das Fett davon, klopft sie gut, spickt sie dicht mit gutem Speck, salzt und würzt sie gut, belegt dann den Boden eines Topfs mit breiten Speckschnitten, streuet vermischtes Gewürz drauf, legt die Keule drauf, thut oben auf sie wieder Speckschnitte und Gewürz, deckt dann eine Stürze auf den Topf, vermacht sie gut mit Teig, giebt oben und unten ein mäßiges Kohlfeuer, und läßt sie drinn gemach gut dämpfen oder brudeln. Wenn sie eine Stunde gedämpfet hat, nimmt man allen Speck aus dem Topf heraus, thut die Keule wieder drein, thut ein Büschlein feiner Kräuter, und Salz und Pfeffer drauf, gießt gute Rindsbrühe dran, und läßt sie vollends gar kochen. Wenn sie gar ist, giebt man sie in eine Schüssel, thut ein Coulis an die Sauce, daß sie dicker wird, und giebt sie zum Vorgericht mit gekochten Champignonen oder andern beliebigen Sachen auf.

Keule vom Hammel gefüllt, auf französisch. Man bratet sie erst, schneidet dann alles Fleisch vom Bein, hackt solches mit Rindsmark, überkochtem Speck, feinen Kräutern, kleinen Zwiebeln und Petersillen, salzt und würzt es mit vermischtem Gewürz, und rührt eine in Brühe geweichte Brodkrume mit etlichen zerklopften Eyern drunter. Dies Gebäcke wird hernach wieder an das Bein gethan, wieder zu einer Keule formirt, und im Backofen gebacken. Wenn sie gar ist, thut man ein Coulis von Champignonen in die Schüssel, und legt die Keule drein.

Keule von Schweinen mit Gurken, auf sächsisch. Die frischen eingelegten Gurken werden in Fleischbrühe, Eßig, Pfeffer und Bratenfett gut aufgekocht, den Braten im währenden Wenden oft damit begossen. Wenn er bald gar ist, wird er mit seinem eigenen Fett begossen, und noch ein wenig gebraten, dann in die Schüssel gethan, das Fett drüber, und die Gurken mit der Brühe unten in die Schüssel gegossen.

Keule von Schöpsen gebraten mit Austern, auf sächsisch. Nachdem die Schöpsenkeule geklopft, gewässert, gesalzen und an Spieß gesteckt ist, schneidet man Shrims in den Stoß, stopft sie voll mit Austern, begießt sie mit Wein und Citronensaft. Wenn sie nun bald gar gebraten ist, so gießt man das Fett bis auf ein weniges in die Pfanne, thut noch etliche Austern, und ein wenig klein geschnittene Citronen dazu, und läßt dies drinn beym Feuer ein wenig aufwallen. Wenn nun die Keule gar ist, so thut man dies in die Schüssel, und sie darauf.

Keule von Rehen, auf sächsisch angeschlagen. Der Rehkeule wird die Haut abgezogen, das Fleisch davon gelöst, und mit geschnittenem Speck klein gehackt, dann an die zerlassene Butter in die Pfanne gethan, und geröstet. Nachdem es verkühlt ist, rührt man Eyer, Gewürz und ein wenig Salz darunter. Dann wird es wieder um das Bein gelegt, wie es zuvor gewesen ist, dicht mit Bienchen bestochen, mit gebröckelter Butter bestreuet, an die zerlassene Butter in die Bratpfanne gethan, Papier drauf gelegt, im Backofen gebraten, dann in die Schüssel gethan, und mit Citronenschnitten belegt.

Kirschen. Siehe **Weichseln.**

Klöſer. Siehe Knödel.

Knödel.

Knödel mit Krebſen, auf böhmiſch. Die Krebſe werden mit ſiedendem Waſſer ein paarmal überrührt, dann ausgelöſet, klein gehackt, und in Butter gebräunet, hernach wird eine Mundſemmel dazu gerieben, untereinander gerührt, und ebenfalls gebräunet, dann etliche Dotter in einer Schüſſel zerklopft, das Gebräunte mit ein wenig Mehl dazu genommen, gut unter einander gearbeitet, einen nicht allzuloſen, ſondern etwas feſtlichen Teig und Knödel daraus gemacht, an der Rindsſuppe gekocht, und Gewürz dazu gethan.

Knödel von Speck, auf böhmiſch. Der Speck wird ganz klein gehackt, in einer Pfanne etwas geſchmolzen, in eine Schüſſel auf den Grieß gegoſſen, dann eine in Schmetten geweichte Semmel mit gewürfelt geſchnittenem Speck, Eyer und ein wenig Mehl dazu genommen, einen gut durchgearbeiteten feſten Teig und Knödel draus gemacht, und ſolche in einer Rindsſuppe gekocht.

Knödel von Gries, auf böhmiſch. Ein halbes Pfund klein geſchnittener Speck wird erſt im Mörſer klein zu einer Maſſe geſtoßen, dann in eine weite doch tiefe Schüſſel gethan, vier ganze Eyer, und acht Dotter gut zerklopft, eine in Schmetten gut geweichte Semmel, und Gries dazu genommen, und einen gut durchgewalkten, nicht allzu feſten Teig, und Knödel draus gemacht, und ſolche entweder in der Suppe oder im Waſſer geſotten, doch etwas länger als wenn ſie von Mehl wären. Kocht man ſie nur im Waſſer ab, ſo werden ſie trocken mit brauner Butter begoſſen, oder auch darinn gebräunet.

Knödel gewickelt mit Spinat, Eyern und Milchraum gebacken, auf böhmisch. Man putzt, überbrennt und hackt den jungen Spinat klein; man röstet ihn mit ein wenig zerlassener Butter in einem Tiegel, thut kleine Weinbeere, Muskatenblumen, einen Schaumlöffel voll guter Schmetten, Salz, ein wenig Mundmehl, 3 ganze Eyer und ein Dotter in ein Töpfchen, macht davon einen dünnen Straubenteig, wovon man in eine weite flache heisse Pfanne, worinnen erst einer Nuß groß Schmalz zerlassen worden, ein wenig thut, so, daß es überall bedeckt ist, bäckts auf einer wie auf der andern Seite, streicht den Spinat ganz dünn darauf, wickelt es zusammen und legt es in eine mit Butter bestrichene Schüssel; und so wird kontinuirt, bis der Teig alle ist. Man schlägt ferner 2 oder 3 Eyer mit ein wenig Zucker und Zimmetwasser in ein wenig süsse Schmetten ab, gießts über die Wickelknödel, bäckt sie langsam und bestreut sie mit klarem Zucker.

Knödel von Spargel, auf österreichisch. Der übersottene Spargel wird mit überbrennten Bröseln klein gehackt, dann ein Stück frische Butter abgetrieben, einige Eyer, in Milch gut geweichte Semmeln, Gewürz und Milchraum dazu genommen, dies alles gut untereinander gerührt, kleine Knödel draus gemacht und gesotten.

Knödel von Aepfeln, auf österreichisch. Die Maschanzger Aepfel werden geschält, klein geschnitten, und in Butter geröstet, dann geröstete Eyerkipfelbröseln, Zucker, Zimmet, Muskatenblumen, und Eyer, auch ein wenig Mehl nach Belieben dazu genommen, einen gut durchgearbeiteten Teig draus gemacht, die Knödel gebacken, und nach Belieben eine süsse Brühe darüber gemacht,

Knödel von Krebsen, auf österreichisch. Die Krebsbutter wird pfläumig abgetrieben, etliche Eyer, klein gehackte Krebsschwänzl, gehackte grüne Petersille, Milchraum, Muskatenblumen, Salz, und in einer guten Fleischbrühe geweichte Semmeln dazu genommen, gut untereinander gerührt, keinen allzu lockern Teig gemacht, die Knödel entweder gesotten oder gebacken.

Knödel von Hechten, auf österreichisch. Das Fleisch von Hechten wird von seinen Gräten gelöset, klein geschnitten und gestoßen, hernach ein Stück frische Butter abgetrieben, bis sie pfläumig wird, einige zerklopfte Eyer, Milchraum, in Wein geweichte Semmeln, Muskatenblumen, Salz, und das gestoßene Hechtenfleisch dazu genommen, und dies alles gut untereinander gerührt und abgeschlagen, den Teig nicht gar zu fest gemacht, die Knödel gesotten oder gebacken. Von diesem Teig kann man nach Belieben auch Würfeln machen.

Knödel von Gries, auf österreichisch. Für zwanzig Personen wird ein Pfund Schmalz genommen, dieses pfläumig abgetrieben, zehn Eyer, ein wenig Mehl, das meiste Gries darunter gerührt, gesalzen, die Knödel in Petersillwasser aufgekocht, und dann abgeschmalzen.

Knödel von Lebern, auf österreichisch. Die Kalbsleber wird gehäutet, das Adrige weggenommen, und mit einer in Milch geweichten Semmel und Rindsmark klein gehackt, dann klein geschnittene und in Butter geröstete Zwiebeln, ein wenig gemischtes Gewürz und etliche Eyer dazu genommen, gesalzen, den Teig gut durchgearbeitet, und die Knödel an eine Suppe gemacht.

Knödel.

Knödel mit Speck, auf österreichisch. Speck und Semmeln werden würflicht und klein geschnitten, und in dem Kastrol mit geschnittener grüner Petersille geröstet, und ausgekühlt, dann wird Mehl, und geweichtes klein geschnittenes Brod mit klein gehacktem Kapaunerfett und Rindsmark in eine Schüssel genommen, den Speck mit Semmeln und Petersille, und einigen Eyern dazu gethan, und aus dem gut durchgearbeiteten etwas festen Teig Knödel an die siedende Rindssuppe gemacht.

Knödel von Gries mit Speck, auf österreichisch. Der Speck wird ganz klein gehackt, und zerlassen auf den Gries gegossen, klein würflicht geschnittenes Brod, und klein würflicht geschnittenen Speck, und Eyer, auch ein wenig Mehl dazu genommen, einen gut durchgearbeiteten etwas festen Teig gemacht, und die Knödel an die siedende Rindssuppe gethan.

Knödel von Rindfleisch, auf österreichisch. Man nimmt ein Stück Rindfleisch vom Schwanz, hackt es erst klein, stößt es hernach im Mörser, zerreibt es in abgetriebener Butter, thut Salz und Gewürz mit klein gehacktem Speck und Rindsmark, und ein wenig Mehl dazu, schlägt etliche Eyer dran, und macht einen gut durchgearbeiteten Teig draus, und kocht die Knödel am Rindfleisch.

Knödel von Kalbfleisch, auf österreichisch. Das Kalbfleisch wird mit in Milch geweichten Semmeln, mit grüner Petersille, Kapaunerfett und Rindsmark ganz klein untereinander gehackt, dann ein wenig Mehl dazu genommen, einige Eyer dran geschlagen, Gewürz und Salz dazu gethan, den Teig gut durchgearbeitet, die Knödel an die Rindssuppe gemacht,

gemach, zugedeckt, und nachdem sie etwa eine halbe
Stunde gekocht haben, aufgegeben.

Knödel von Käse, auf sächsisch. Zu einem Viertelpfund geriebenen Parmesankäse werden noch einmal soviel geriebene Semmeln gethan, dann ausgelassenes heisses Rindsfett drüber gegossen, und durcheinander gerührt, dann werden acht Eyer dran geschlagen, ein wenig Mehl dazu genommen, Pfeffer und Muskatenblumen zugethan, den Teig gut abgeschlagen, nun Fleischbrühe beygesetzt, und indem sie siedet, geriebenen Parmesankäse drein gerührt, damit aufgekocht, durch ein Sieb gegossen, wieder beygesetzt, die Knödel drein gekocht. Nachdem sie gar sind, mit der löcherichten Kelle herausgenommen, in die Schüssel gethan, an die siedende Brühe ein wenig Sahne gerührt, und Butter dazu gegeben, und damit aufgekocht, über die Knödel gegossen.

Knödel von Semmel und Gries, auf sächsisch. Zu einem Pfund geriebener Semmeln wird ein Viertelpfund grober und eben so viel feiner Gries und auch ein Viertelpfund Waitzenmehl gegeben, und Salz und Gewürz dazu gethan, dann wird ein halbes Pfund Butter über Kohlen gesetzt, ein Paar würflicht geschnittene Semmelschnitte, mit geschnittener grüner Petersille, Spenig und Schnitlauch dran gethan, und geröstet, dies hernach in die Schüssel an den Gries und das Mehl gethan, gut ineinander gerührt, dann ein Seidel Sahne, halb so viel Fleischbrühe und vier oder fünf Eyer dazu geschlagen, den Teig gut durchgearbeitet, setzt halb Wasser und halb Suppe bey, und wenn es siedet, thut man die formirten runden Knödel hinein, nicht zugedeckt, so lange gekocht, bis sie oben schwimmen, dann mit der löcherichten Kelle herausgenommen, und in die Schüssel
gethan,

gethan, an die Brühe geriebene Semmeln, Gewürz und Butter gegeben, und ein paar Eyer drein gequierlet, und damit aufgekocht, über die Knödel gegossen.

Knödel von Mehl, auf sächsisch. Man macht von Mehl und Eyern einen nicht allzu festen Teig, und salzt ihn, setzt Wasser bey, und indem es siedet, formirt man mit dem Löffel kleine länglichte Knödel, thut sie hinein, und nachdem sie gesotten sind, werden sie mit dem Durchschlaglöffel, oder mit der löcherichten Kelle heraus genommen, in die Schüssel gethan, Brinse oder andern Käse auf dem Reibeisen drüber gerieben, und mit siedender brauner Butter begossen.

Knödel von Gehirn, auf sächsisch. Man nimmt das Gehirn aus einem gekochten Lamms- Kalbs- oder Ochsenkopf, schlägt etliche Eyer dran, salzt und würzt es mit Kardemomen und Muskatenblumen, thut in Butter geröstete Semmelbröseln und nur ein wenig Mehl dazu, rührt dies gut zusammen, macht Knödel draus, thut sie an die heisse Butter, und bäckt sie schön gelb.

Knödel von Kraut, auf sächsisch. Von schönem weissen frischen Kraut werden die besten Blätter genommen, solche ganz klein gehackt, eingesalzen, und nach ein paar Stunden ausgedruckt, gewürzt, und in Butter geröstet, dann werden geriebene Semmelbröseln und ein wenig Mehl genommen, ein Stück frischer Butter drein gebröckelt, und zusammen geknätet, hernach das ausgekühlte Kraut dazu genommen, Eyer, Pfeffer und Muskatenblumen dazu gethan, gut durcheinander gerührt und gearbeitet, Knödel draus gemacht, sie in Mehl eingewälzt, an eine siedende Suppe gethan, und gesotten. Man darf weder viel auf einmal hinein legen, denn sie zerfallen sonst, noch sie zudecken. Nachdem sie gar sind, werden sie mit der löchrichten Kelle trocken herausgenommen, in die Schüssel gethan, an die Brühe aber, worinnen sie gekocht sind, thut man Safran und Muskatenblumen, giebt ein dünnes gelbes Eingebranntes dran, läßt sie damit gut aufkochen, und gießt sie über die Knödel.

Knödel von Käse- oder Blumenkohl, auf sächsisch. Der Käsekohl wird rein gemacht, und mit Rindsmark ganz klein gehackt, in eine Schüssel gethan, dann Gries mit geriebenen Semmelbröseln in Butter geröstet, dazu gethan, hernach sieben ganze Eyer und drey Dotter zerklopft, Gewürz und Salz dazu genommen, recht durcheinander gerührt, kleine runde Knödel draus gemacht, sie in der Fleischbrühe gekocht, hernach, wenn sie gar sind, trocken herausgenommen, in die Schüssel gethan, und eine gute Muskatenblumenbrühe mit einem paar Dottern drein gequierlet, und ein Stück frischer Butter dran gethan, darüber gegossen.

Knödel von Birnen, auf sächsisch. Man nimmt gute Birnen, die weder hart noch mehlbigt sind, schälet sie, thut das Kernhaus weg, und hackt sie ganz klein, thut sie in eine Schüssel, und eben so viel klein gestoßene Mandeln, thut geriebene, in heisser Butter geröstete, und ausgekühlte Semmelbröseln, nebst Zucker und etlichen Eyern dazu, dies alles gut untereinander gerührt, kleine runde Knödel gemacht, sie in geriebenen Semmelbröseln gewälzet, an die heisse Butter gethan, und gebacken.

Knödel von Aepfeln, auf sächsisch. Die Aepfel werden geschälet, das Kernhaus weggeworfen, ganz klein gehackt, in zerlassener Butter geröstet, ausgekühlt, dann etliche Eyer dran geschlagen, Zucker,

Zim-

Zimmet, und kleine Rosinen dazu gethan, gut durcheinander gerührt, kleine runde Knödel gemacht, solche mit Mehl bestreuet, an die heiſſe Butter gethan, und gebacken.

Knödel von Rosinen, auf sächsisch. Ein Viertelpfund kleiner rein gemachter Rosinen werden mit einem Viertelpfund geschälter Mandeln im Mörser ganz klein gestossen, in die Schüssel gethan, geriebene und in Butter geröstete Semmelbröseln, Zucker, Zimmet, etliche Eyer und ein wenig Mundmehl dazu genommen, den Teig gut durchgearbeitet, kleine runde Knödel draus gemacht, an die siedende Butter gethan, und gelb gebacken, eine Brühe von Wein, Zucker, Butter, Zimmet, mit ein paar eingequierlten Eyern gemacht, und drüber gegossen.

Knödel von Eyern, auf sächsisch. Die Eyer werden an die heiſſe Butter geschlagen, gesalzt, gewürzt, und ein wenig gebacken, dann in eine Schüssel an das Mundmehl gethan, kleine Rosinen, gestossene Muskatenblumen, und ein wenig Sahne dazu gegeben, gut durchgearbeitet, kleine runde Knödel draus gemacht, und solche an das Fleisch gethan und gekocht.

Knödel von Schnecken, auf sächsisch. Die weich gekochten Schnecken werden ausgelöset, rein gemacht, klein gehackt, Salz und Gewürz drauf gestreuet, geriebene und in Butter geröstete Semmel, mit ein wenig Mehl und fünf Eyern dazu gegeben, alles gut zusammen gerührt, Rindfleischbrühe beygesetzt, kleine runde Knödel aus dem Teig gemacht, solche an die siedende Suppe gethan. Nachdem sie gar sind, mit der löchrichten Kelle herausgenommen, in die Schüssel gethan, an die Brühe geschnittene grüne Petersille gegeben, ein paar Eyer hinein gequirlet,

let, und damit aufgekocht, über die Knödel gegossen.

Knödel von Krebsen, auf sächsisch. Die gekochten Krebse werden ausgelöset, die Schalen gestoßen, und in Fleischbrühe gesotten, die ausgelösten Krebse werden mit einer in Milch geweichten und ausgedruckten Semmel klein gehackt, in die Schüssel gethan, Salz, Gewürz, fünf Eyer und ein wenig Mehl dazu gegeben, gut durchgearbeitet, die Suppe mit den gestoßenen Krebsschalen durch ein Tuch geseihet, wieder ans Feuer gesetzt; und nachdem die Knödel darin gekocht sind, werden sie mit der löchrichten Kelle herausgenommen und in die Schüssel gethan, geriebene Semmeln, geschnittene grüne Petersille an die Brühe gethan, auch ein paar Eyer drein gequierlet, und über die Knödel gegossen.

Knödel von Fischen, auf sächsisch. Das Fleisch von einem Hecht und Karpfen wird von seinen Gräten gelöset, dann mit einer in Schmetten geweichten Semmelschnitte klein gehackt und gestoßen, in eine Schüssel gethan, gesalzen und gewürzt, heiße Butter drüber gegossen, und gut untereinander gerührt, dann vier oder fünf Eyer dran geschlagen, ein wenig Mehl dazu gethan, gut durchgearbeitet, kleine runde Knödel draus gemacht, solche an die siedende Fleischbrühe gethan, und gekocht.

Knödel von Butter und Semmel, auf sächsisch. Man treibt ein halbes Pfund Butter, die nicht sehr gesalzen ist, pfläumig ab, reibt eine Semmel auf einem Reibeisen, thut acht Eyer, Ingwer, Pfeffer, Salz und Muskatenblumen und ein wenig Mehl dazu, arbeitet dies gut durch, macht beliebige Knödel draus, und kocht sie in der Rindssuppe.

Knö=

Knödel gebacken, auf sächſiſch. Ein gebratener Kälberfuß wird mit ſammt dem Fett und den Nieren klein gehackt. In Ermangelung deſſen aber nimmt man klein gehacktes Rindsmark, grob geriebene Mandeln, kleine Roſinen, klein geſchnittene Citronenſchalen, Ingwer, Muskatblumen, geriebene Semmeln, und vier Eyer, macht runde Knödel draus, bäckt ſie in der Butter, thut ſie dann in eine Schüſſel, besticht ſie mit länglicht geſchnittenen Mandeln, gießt guten Wein in ein Töpfchen, thut Quittenſaft, Zucker und Zimmet dazu, läßt es ein wenig kochen, gießt es auf die Knödel, ſetzt die Schüſſel zugedeckt auf ein Kohlfeuer, und läßt es damit nur aufkochen, ſo iſt es fertig.

Knödel von Kalbfleiſch, auf sächſiſch. Das Fett von einem rohen Nierenbraten wird mit dem Herz und den Nieren ganz klein gehackt, acht Eyer dazu geſchlagen, geriebene Semmeln, ein wenig Mehl, Salz, Pfeffer, und Muskatennuß dazu gethan, und alles gut untereinander gerührt, kleine runde Knödel draus gemacht, und in der Fleiſchbrühe gekocht.

Knödel von Leber, auf sächſiſch. Die Kalbsleber wird rein ausgeädert, dann mit friſchem Speck und Rindsmark klein gehackt, in eine mit Mehl beſtreute Schüſſel gethan, Salz, Gewürz, Eyer, geriebene und in Butter geröſtete Semmelbröſeln und etwas Mehl dazu genommen; dies alles gut untereinander gerührt, mit dem Löffel runde oder länglichte Knödel an die ſiedende Fleiſchbrühe gemacht, und ſie nicht zu lange ſieden laſſen, weil ſie ſonſt hart werden.

Knödel von Rindfleiſch, auf sächſiſch. Man nimmt ein Stück Fleiſch aus dem Ziemen, das nicht adericht iſt, hackt es mit Speck und Rindsmark ganz klein, dann in eine Schüssel gethan, in Sahne geweichte Semmeln, Salz, Gewürz, geschnittene grüne Petersilie, Eyer und Mehl dazu genommen, den Teig gut durchgearbeitet, doch nicht zu fest gemacht, runde kleine Knödel draus formirt, solche an das Rindfleisch gethan, und eine halbe Stunde lang gekocht.

Koch.

Koch. (Siehe auch Mus.)

Koch oder Gasche von eingerührten Semmeln, auf böhmisch. Ein halbes Pfund Butter wird so lange gerührt, bis sie schäumig wird, dann drey ganze Eyer und sechs Dottern gut zerklopft, eine halbe Stunde lang gut untereinander gerührt, eine in süssen Schmetten gut geweichte Semmel ebenfalls gut darunter gerührt, gewürzt und gezuckert, in eine blecherne Schüssel gethan, aufs Kohlfeuer gesetzt, oben gleichmäßige Glut, wie unten gegeben, und braun werden lassen.

Koch von Eyerdottern, auf böhmisch. In ein Maaß süsser Schmetten werden fünf Eyer, und sieben Dottern mit etwas feinem Mehl gut geklopft, gerührt, dies in einen mit Butter ausgeschmierten Tiegel gegossen, auf ein Kohlfeuer gesetzt, gezuckert, daß es zusammen geht und dick wird, dann in eine Schüssel gethan, zerschnitten, und mit gestossenem Zimmet und Zucker bestreut.

Koch von Brod, auf böhmisch. Ein halbes Pfund frische Butter wird so lange gerührt, bis sie schäumig wird, hernach ein halbes Pfund grob gestossener Mandeln darunter gerührt, dann neun ganze Eyer und eben so viele Eyerdotten dazu gethan, und dies eine Stunde lang gut untereinander gerührt, nun

sechs

sechs Loth eingemachte Citronen, vier Loth verzuckerte und länglicht geschnittene Mandeln, zwey Loth gestoſſenen Zimmet, zwey Loth geriebene Muskatennüße, ein halbes Loth gestoſſener Nelken, und ein halbes Loth gestoſſenen Ingwer, zuletzt ein halbes Pfund schönes Hausbrod dazu gerieben, geschnittene Pomeranzenschalen, und Zucker nach Belieben dazu genommen, dies alles untereinander gerührt, einen Teig draus gemacht, in eine mit Butter ausgeschmierte blecherne Schüſſel gethan, und langsam backen laſſen.

Koch von Krebsen, auf böhmisch. Von dreyßig lebendigen Krebsen wird das Haarigte oder Dünne weggeschnitten, solche werden klein gestoſſen, hernach wird gute süſſe Milch genommen, solche mit Tornisol gefärbet, eine Semmel darinn geweicht, solche darinn wieder ausgedrückt, in diese Milch die gestoſſenen Krebse gethan, solche darinn gut zerrieben, dieß in ein dünnes Tuch gethan, und ausgepreßt, dann zu dieser Krebsmilch vier ganze Eyer und vier Eyerdottern genommen, und darinn gut abgeklopft, aufs Feuer gesetzt, immer gerührt, und zu einer dicklichen Maſſe werden laſſen, nun ein Schock gesottener und ausgelöster Krebse genommen, und klein gehackt, und ein halbes Pfund gestoſſener Mandeln dazu, dieß alles zusammen in einen Mörsel gethan, und gut unter einander gestoſſen, dieß hernach in ein halbes Pfund Krebsbutter gethan, 5 ganze Eyer, 18 Eyerdottern und Zucker nach Belieben dazu gethan, und dieß 2 Stunden lang gut unter einander gerührt, nun in eine mit Butter ausgeschmierte blecherne Schüſſel gethan, in die Röhre gesetzt, oder Sommers im Ofen, und langsam backen laſſen.

Koch von Hechten, auf böhmisch. Das Fleisch von rohen Hechten wird klein gehackt, und in ein

ein halbes Pfund frischer Butter zerrührt, dann ein Viertelpfund gestoßener Mandeln, die Rinden von einer Semmel in Wein geweicht, dazu gehackt, klein gehackte Krebse, 6 ganze Eyer und 6 Eyerdottern dazu genommen, dieß eine Stunde lang gut untereinander gerührt, hernach gut gezuckert, in eine mit Butter ausgeschmierte Schüssel gethan, und langsam gebacken.

Koch von Mark, auf böhmisch. Zu einem halben Pfund Mandeln wird eben so viel frisches Rindsmark genommen, eine in Schmetten geweichte Semmel dazu gethan, und dieß alles unter einander in einem Mörsel klein gestoßen, hernach vier ganze Eyer, vier Eyerdottern, und Zucker nach Belieben dazu gethan, und einen dicken Teig daraus gemacht, zuletzt gestoßenen Zimmet, Citronensaft und geschnittene Citronenschalen dazu gemengt, die Schüssel und den Reif mit Butter ausgeschmiert, dieß hinein gethan, den Reif oder Rand der Schüssel mit Teig vermacht, und langsam backen lassen.

Koch von Kaneel oder Zimmet, auf böhm. Ein halbes Pfund frischer Butter wird erst so lange gerührt, bis sie säumig wird, drauf ein Pfund grob gestoßener Mandeln darunter gerührt, dann wird das Weisse von 12 Eyern säumig geklopft, und nicht auf einmal, sondern nur nach und nach eine Stunde lang darunter gerührt, und Zucker nach Belieben, und 5 Loth Zimmet dazu gethan, und dieß gut unter einander gerührt, hernach die Schüssel und den Reif oder Rand mit Butter ausgeschmiert, hinein gethan, den Rand mit Teig vermacht, und langsam gebacken.

Koch von Mischenzkenäpfeln, auf böhmisch. Die Mischenzkenäpfel werden zuvor gebraten, und bloß das Weiche, das zum Brey geworden ist,

ist, davon genommen. Zu einem Viertelpfund von diesem Aepfelbrey werden auch eben so viel gestoßene Mandeln genommen, dann drey ganze Eyer und drey Eyerdotter dran geschlagen, ein paar Löffel voll sauren Schmetten, Zucker und Zimmet nach Belieben dazu genommen, und dieß alles eine Stunde lang gut unter einander gerührt, dann eine blecherne Schüssel mit Butter ausgeschmiert, hinein gethan, um den Reif oder Rand der Schüssel einen Teig gemacht, und langsam backen lassen.

Koch von Spinath, auf böhmisch. Der Spinath wird gekocht, ausgedrückt, klein gehackt, und in einen Mörsel gethan, dazu Rindsmark, kleingestoßene Mandeln genommen, und dieß alles gut unter einander gestoßen, dann heraus genommen, und nach Proportion der Masse Eyer, saure Smetten und Zucker nach Belieben dazu gethan, eine Stunde lang gut untereinander gerührt, und wie bekannt, gebacken.

Koch von Quitten, auf böhmisch. Die Quitten werden erst ganz weich gekocht, hernach abgeschälet, und so weit das Weiche geht, mit dem Messer geschabet, dann zu einem halben Pfund von diesem Brey auch eben so viel gestoßene Mandeln, eine geriebene und in Schmalz geröstete Semmel, 4 ganze Eyer und 8 Eyerdotter, Zucker nach Belieben, und geschnittene Citronenschalen dazu genommen, und dieß alles zusammen gut unter einander gerührt, und wie jeden andern Koch gebacken.

Koch von Krebsen, oder sogenannter Schüsselkoch, auf böhmisch. Ein Schock gekochter und ausgelöster Krebse wird in einem Mörsel klein gestoßen, dann in einem guten Wein gut gerührt, in eine blecherne Schüssel gegossen, und aufs

Kohlfeuer gesetzt, geröstete und geriebene Semmeln in etlichen gut zerklopften Dottern gerührt, dazu gegossen, gezuckert, beständig gerührt, und schnell sieden lassen, bis es ganz dicklich geworden ist.

Koch von Mehl, auf böhmisch. Aus einem Viertelpfund Butter wird ein Eingebrenntes gemacht, doch nicht zu braun, drauf ein halbes Seidel Wein dazu gegossen, dieß aufgekocht, drauf nimmt man 8 Eyerdottern, Zucker, Zimmet, geschnittene Citronenschalen, das alles unter einander gerührt, in einen mit Butter ausgeschmierten Tiegel gethan, und langsam backen lassen.

Koch von gelben Rüben, auf böhmisch. Gelbe reingemachte Rüben werden auf ein Reibeisen gerieben, hernach in ein Tuch gethan, im siedenden Wasser gehalten, und einer halben Viertelstunde lang sieden lassen, dann gut ausgedrückt, und in frischer Butter oder im Schmalz zerrührt, dann die Hälfte weniger als man Rüben hat, gestoßene Mandeln dazu genommen, 5 ganze Eyer und 10 Eyerdotter dazu geschlagen, geschnittene Pomeranzenschalen und Zucker nach Belieben dazu genommen, dieß alles zusammen eine Stunde lang gut unter einander gerührt, und wie bekannt, gebacken.

Koch von Kohl, auf böhmisch. Zu einem Viertelpfund süßer Mandeln, welche man rein gemacht, mit ein wenig Wasser dazwischen gegossen, klein stößt, werden zwey Köpfe grünen Köhls genommen, dieser wird erst ganz weich gekocht, ausgedrückt und klein gehackt, hernach wird das Innere von zwey Semmeln genommen, solches in Milch eingeweicht, hernach wird ein halb Pfund Butter wohl abgerieben, bis sie schäumet, die Semmel ausgedrückt, dazu genommen, und alles unter einander gerührt, dann 6 ganze Eyer und 8 Dot-

8 Dotter dran gethan, Zucker nach Belieben, und Citronenschalen dazu genommen, dieß durch einander gearbeitet, in einen mit Butter ausgeschmierten Reif gethan, und gebacken.

Koch von ausgelaufenen Erbsen, auf böhmisch. Zwey Seidel ganz weich gekochte Erbsen werden dünne durchgetrieben, daß die Schalen zurück bleiben, dann fünf Viertelpfund Butter wohl abgerieben, die ausgedrückten Erbsen dazu gethan, 8 Eyerdotter drein geschlagen, geschnittene Citronenschalen, und Zucker nach Belieben dazu genommen, doch nicht zu viel, damit die Erbsen nicht ihren Geschmack verliehren, dieß wohl unter einander gerührt, hernach gestoßenen Zimmet, Eyerweiß zu Schne geklopft, dran gethan, und in einem Wannel oder Kastrol oder Reif oder in einer flachen Pfanne langsam gebacken.

Koch von Zimmet oder Kaneel, auf böhmisch. Von einem schwarzen Brod werden die Rinden im Wein gut weich gemacht, hernach ein Viertelpfund Liebernüsse oder Mandeln genommen, solche rein gemacht, und mit ein wenig dazwischen gegossenem Wasser klein gestoßen, drauf wird ein Viertel Pfund Butter wohl abgerieben, das Brod vom Wein ausgedrückt, mit den Mandeln dazu gethan, dieß eine halbe Stunde lang wohl unter einander gerührt, hernach ein Loth gestoßenen Zimmet, Zucker nach Belieben, vier ganze Eyer und zehn Eyerdottern dran gethan, und dieß alles eine gute halbe Stunde wohl durch einander gearbeitet, man thut es hernach in einen mit Butter ausgeschmierten Reif, der zugleich mit Teig verkleibt ist, läßt es langsam backen, und bestreut es hernach mit Zucker.

Koch von Kälbergekröse, auf böhmisch. Das Kälbergekröse wird ganz weich gekocht, klein gehackt,

gehackt, und so lange in einem Mörsel gestoßen, bis es ganz zu einer Masse oder einem Teig geworden ist, hernach die äußere Rinde von einer Semmel im guten Schmetten wohl zerweicht, ausgedrückt, mit einem Viertelpfund abgeschälter Mandeln ebenfalls dazu in Mörsel gethan, und gut untereinander gestoßen, heraus gethan, 5 ganze Eyer und 5 Eyerdotter dran geschlagen, geschnittene Citronenschalen, gestoßene Muskatenblumen mit Zimmet, und Zucker nach Belieben dazu genommen, gut zusammen gerührt, den Reif mit Butter zuvor ausgeschmiert, hinein gethan, und langsam gebacken.

Koch von Krebsen, auf böhmisch. Von einem Schock Krebsen werden die von ihrem Darm reingemachten Schwänze genommen, solche gehackt, und klein gestoßen, drauf thut man in ein Seidel süßer Sahne, oder Schmetten, oder Milchraum das Innere einer Semmel, nimmt ein Viertelpfund frische und ein Viertelpfund Krebsbutter, thut dieß alles zusammen, und in einander gerührt, bis es über der Hitze recht schäumig wird. Drauf wird es durchgesiebt und ausgedrückt. Diese Masse wird zu einem Teig durch den Einschlag von fünf ganzen Eyern und zehn Eyerdottern gemacht, und geschnittene Citronenschalen, mit Muskatenblumen, und Zucker nach Belieben dazu genommen, und in einem mit Butter ausgeschmierten Reif oder dazu dienlichen Geschirr langsam gebacken.

Koch von Hühnermägen und Lebern, auf böhmisch. Die Mägen und Lebern werden klein gehackt, Eyer, Schmetten und Gewürz dazu genommen, unter einander gerührt, und den Teig in einer zinnernen Schüssel mit Hühnerbrühe dran gegossen, aufsieden lassen.

Koch von Reiß, auf böhmisch. Zu einem halben Pfund in süssen Schmetten gekochten Reiß werden eben so viel frische Butter und gleichviel gestossene Mandeln genommen, sechs ganze Eyer und acht Eyerdottern, geschnittene Citronenschalen, und Zucker nach Belieben dazu genommen, und dieß gut unter einander gerührt, und nach der bekannten Weise gebacken.

Koch von Aepfeln, auf böhmisch. Man kocht saure Aepfel erst ganz weich, schabt das Weiche davon in ein Reinel mit Butter, und läßt dieß ein wenig zugedeckt darinn dämpfen, nachdem es verkühlt ist, thut man ein Stück frischer Butter, eine in Schmetten geweichte Semmel, ein Viertelpfund kleingestossener Mandeln, vier ganze Eyer, sechs Eyerdottern, Zucker und Zimmet, und geschnittene Citronenschalen, und dieß alles untereinander eine Stunde lang gerührt, und wie bekannt, gebacken.

Koch von Mandeln, auf böhmisch. Zu einem halben Pfund kleingestossener Mandeln wird ein halbes Pfund gestossener Zucker, drey Eyerdottern und 9 Eyer genommen, dieß zusammen eine Stunde lang unter einander gerührt, und auf bekannte Weise gebacken.

Koch von Butter und Eyern, auf böhmisch. Zu einer Halbe Milch werden 6 Eyerdotter geschlagen, dieß gut unter einander gerührt, ans Feuer gesetzt, und käsigt werden lassen, dann ausgekühlt, die Molken davon weggegossen, nun eben so viel frische Butter genommen, als man Käß hat, und sie so lang gerührt, bis sie saumig wird, nun den Käß dazu gethan, und zusammen gerührt, jetzt drey ganze Eyer, und sechs Eyerdotter und Zucker nach Belieben dazu genommen, und noch eine halbe Stunde lang gut unter einander gerührt, und wie einen Koch gebacken.

Koch von Speck, auf böhmisch. Ein Pfund süße Mandeln werden klein gestoßen, 4 Eyer und sechs Eyerdotter dran gethan, und eine Stunde lang gut unter einander zerrührt, hernach ein Viertel Pfund feines Mehl, saure Schmetten, ein halbes Pfund in Würfeln geschnittenen Speck, wie auch geschnittene Citronenschalen dazu genommen, unter einander gerührt, und in einer Bratpfanne bey mäßiger Hitze backen laßen.

Koch vom Kapaun, auf böhmisch. Der Kapaun wird erst ganz weich gekocht, hernach das Fleisch von Beinen gelöst, mit einer in Schmetten geweichten Semmel ganz klein gestoßen, dann eine Hand voll Mehl und kleingestoßene Mandeln dazu gethan, vier Eyer und zwey Eyerdotter, süße Schmetten, Zucker und Butter, so viel als nöthig, und Gewürz nach Belieben dazu genommen, daraus einen durchgearbeiteten Teig gemacht, und in einem mit Butter gut ausgeschmierten Tiegel oder Reinel langsam backen laßen.

Koch auf englisch. Zu drey Viertelpfund Butter werden ein halbes Pfund Zucker, und 20 Dotter mit etwas geschnittenen Citronenschalen eine Stunde lang gut unter einander gerührt, in eine tiefe mit Butter ausgeschmierte blecherne Schüßel gethan, doch sie nicht einmal halb voll gemacht, denn es wächst ganz hoch auf, in den Ofen gesetzt, eben etwas Butter drauf gegoßen, und nun backen laßen.

Koch von Aepfeln, auf österreichisch. Die geschälten Aepfel werden in vier Theile geschnitten, das Kernhaus weggeworfen, solche im Waßer mit ein wenig Wein ganz zu Brey gesotten, durch einen Durchschlag getrieben und ausgekühlt. Dann wird Schmalz oder Butter pfäumig abgetrieben, etliche

che Eyer und eben so viel Dottern dazu gethan, das Ausgekühlte mit geriebenen Semmelbröseln, gesäßtem Zimmet und Rosinen eine halbe Stunde lang gut darunter gerührt, in ein mit Butter ausgeschmiertes Rein gethan, und gebacken.

Koch von Mehl oder Kindskoch, auf österreichisch. Man macht ein Eingebrenntes von Mehl und Butter, doch nicht zu dick, rührt siedende Milch drein, thut ein wenig Salz dazu, und läßt es aufsieden.

Koch oder Auflauf, auf österreichisch. Schönes Mundmehl wird in kalter Milch zerrührt, ans Feuer gesetzt, immer gerührt, und es aufsieden lassen. Nachdem es ausgekühlt ist, treibt man ein Stück frischer Butter ab, thut zwey Eyer und drey Dottern dazu, dieß unter das Ausgekühlte gerührt, gezuckert, in eine blecherne oder kupferne und verzinnte Schüssel gethan, oben und unten Gluth gegeben und gebacken.

Koch von abgetriebenem Gries, auf österreichisch. In die siedende Milch wird Gries gerührt und aufgekocht, dann in ein anderes Geschirr gethan, und ausgekühlt, hernach wird Schmalz abgetrieben, etliche Eyer, eines nach dem andern dazu geschlagen, in das Ausgekühlte gerührt, gesalzen, in ein mit Butter ausgeschmiertes Rein gethan, und im Ofen gebacken.

Koch von Eyern, auf österreichisch. Aus Schmalz und Mundmehl wird ein dickes Eingebrennte gemacht, dann siedende Milch daran gegossen, und gut gerührt, daß es ein dicker Koch wird. Nachdem dieß ausgekühlt ist, werden etliche Eyer dazu geschlagen, ein wenig Salz dazu genommen, gut durchgearbeitet, in ein mit Butter ausgeschmiertes Rein gethan, und im Ofen gebacken.

Koch von Gries, auf österreichisch. Der Gries wird ins heisse Schmalz gethan und geröstet, daß er schön gelb wird, dann siedende Milch dran gegossen, daß er dick wird. Nun etliche Dottern zerklopft, in etwas Milchraum mit abgetriebenem Safran zerrührt, darüber gegossen, oben und unten Gluth gegeben; und nachdem es gebacken ist, gezuckert.

Koch von Mundmehl oder Schmalzkoch, auf österreichisch. Man nimmt gutes Mundmehl, und zerreibt es in süsser Milch, thut etliche zerklopfte Eyer und etwas Schmalz dazu, und indem die Butter oder das Schmalz anfängt zu sieden, läßt man es Strohhalm dick, hin und her und übers Kreuz hinein rinnen. So bald es aufgekocht ist, wird es durchgeseihet, daß das Schmalz wegkömmt, dann in ein ausgeschmiertes Reinel gethan, und bey oberer und unterer Gluth gebacken.

Koch von Weichseln oder Kirschen, auf österreichisch. Die gedürrten Weichseln werden in Wasser und ein wenig Wein weich gesotten, dann durch einen Durchschlag getrieben und ausgekühlt, inzwischen wird ein Stück frischer Butter pfläumig abgetrieben, etliche ganze Eyer und eben so viel Dottern drein gerührt, hernach Semmelbröseln, kleingestossene Biskotenbröseln, Zucker nach Belieben, und die ausgekühlten Weichseln dazu genommen, dieß alles gut zusammen gerührt, in einen ausgeschmierten Rein gethan, und langsam gebacken.

Koch von Zwetschken, auf österreichisch. Aus den zeitigen Zwetschken wird der Kern heraus genommen, dann werden sie in Wein mit Zucker und ein wenig gestähtem Zimmet zu Brey gekocht, durch einen Durchschlag getrieben und ausgekühlt, inzwischen wird ein Stück frischer Butter in einem Weid-

ling

ling pfhumig abgetrieben, etliche zerklopfte Dotter nach und nach darein gerührt, das ausgekühlte Koch gut darunter gemengt, in eine ausgeschmierte Schüssel gethan, und langsam gebacken.

Koch von geklopften Eyern, oder Schüsselkoch, auf österreichisch. Etliche zerklopfte Eyer werden in süsser Milch zerrührt, gezuckert, klein geschnittene Citronenschalen und gestoßten Zimmet gut darunter gerührt, in die mit Schmalz oder Butter ausgeschmierte Schüssel gethan, oben und unten Gluth gegeben und langsam gebacken.

Koch von Kapaunern, auf österreichisch. Das Fleisch von rohen Kapaunern wird von den Beinen gelöset, und mit Rindsmark klein gehackt, dann mit einer in Milchraum geweichten und ausgedrückten Semmel zu ein halbes Pfund klein gestoßener Mandeln in Mörser gethan, und ganz klein unter einander gestoßen, hernach wird ein halbes Pfund frischer Butter in einem Weidling pfhumig abgetrieben, drey ganze Eyer und zwölf zerklopfte Dottern nach und nach darunter gemengt, nun das Gestoßene dazu genommen, ein Viertelpfund gestoßten Zucker, und von einer Citrone die kleingeschnittenen Schalen zugethan; und nachdem alles gut unter einander gerührt ist, wird es in ein ausgeschmiertes Rein gethan, oben und unten gleichmäßige Gluth gegeben, und langsam gebacken.

Koch von Kästen oder Kastanien, auf österreichisch. Nachdem ein Pfund großer Kästen gekocht sind, werden sie geschälet, und auf einem feinen Reibeisen gerieben, dann wird ein halbes Pfund frischer Butter in einem Weidling abgetrieben, vier ganze Eyer und sechs Dottern, ein Viertelpfund klein gestoßener Mandeln, zwölf Loth gestoßten Zucker, die geriebenen Kästen, ein wenig gestoßten Zimmet, und klein

klein geschnittene Citronenschalen dazu gethan, und dieß alles gut untereinander gerührt, in eine mit Butter ausgeschmierte blecherne Schüssel gethan, und langsam gebacken.

Koch von Marillen, auf österreichisch. Man thut ein Pfund Zucker in ein gut verzinntes Kastrol, und zwey Löffel voll Wasser dazu. Nachdem dieß eingesotten ist, wird ein Pfund geschälter und vom Kern befreyter Marillen zugethan, und dick einsieden, dann in einem Weidling gut zerrieben und ausgekühlt, hernach wird die Klare von zehn Eyern pfaumig abgeklopft, nach und nach darunter gerührt, in eine ausgeschmierte Schüssel gethan, gebacken und geschwind aufgegeben, dann es fällt sonst gern zusammen.

Koch oder Auflauf von Erdbeeren, auf österreichisch. Ein halbes Maaß Erdbeeren wird zerrieben, durch ein Sieb in einen messingenen Kessel getrieben, und aus Feuer gesetzt, ein Viertelpfund Zucker, und drey Löffel voll Wasser dazu gethan, und nachdem dieß gut dick gesotten ist, wird es in einen Weidling gethan, und ausgekühlt, hernach wird der Saft von einer Citrone darein gedrückt, von sechs Eyern das Klare pfaumig abgeklopft, mit kleingeschnittenen Citronenschalen dazu gethan, eine Stunde lang gut untereinander gerührt, in eine ausgeschmierte Schüssel gethan, und bey mäßiger Hitze gebacken.

Koch oder Auslauf von Krebsen, auf österreichisch. Ein halbes Pfund ausgelöster Krebsschwänze werden in einem Weidling zerrieben, dann wird ein halbes Pfund Krebsbutter langsam darein verrührt, hernach werden 8 Eyer und ein Viertelpfund gefähten Zucker eine halbe Stunde lang darunter gerührt, nur eine Pastetenschüssel mit sammt dem

dem Reif mit Butter ausgeschmiert, das Abgerührte hinein gethan, in eine Tortenpfanne gesetzt und langsam gebacken, dann gezuckert und aufgegeben.

Koch von Milchraum, auf österreichisch. Ein Viertelpfund frischer Butter wird erst in einem Weidling pfläumig abgetrieben, dann 5 Eyer und 5 Dotter dazu genommen, eine in Milch geweichte und ausgedrückte Semmel darein gebröckelt, gezuckert, kleingeschnittene Citronenschalen zugethan, dieß gut untereinander gerührt, in eine mit Butter ausgeschmierte Schüssel gethan, in eine Tortenpfanne gesetzt, und bey oberer und unterer Gluth langsam gebacken.

Koch von Hirschbrein, auf österreichisch. Nachdem der Brein in einer guten Milch dick und gar gekocht ist, wird er in einer großen Schüssel ausgebreitet, und ausgekühlt, dann wird ein Stück frischer Butter in einem Weidling pfläumig abgetrieben, 3 Eyer und 7 Dotter, Zucker, und der Saft von einer Citrone dazu genommen, und eine Stunde lang gut untereinander gerührt, in eine ausgeschmierte Pasteten Schüssel gethan, und gebacken.

Koch von Reis, auf österreichisch. Der Reis wird an die siedende Milch gethan, und zu einem Brey gekocht, ausgekühlt, und im Mörser gestossen. Dann wird ein Stück frischer Butter pfläumig abgetrieben, etliche zerklopfte Dotter, ein Viertelpfund kleingestossener Mandeln, eine geweichte und gestossene Semmel und etwas Zucker dazu genommen, und dieß zusammen mit Citronat, und geschnittenen Citronenschalen eine halbe Stunde lang gut unter dem Reis gerührt, in ein mit Butter ausgeschmiertes Rein gethan und gebacken.

Koch von Biskoten, auf österreichisch.
Die Biskoten werden in einem guten Wein gebröckelt, und zu einem dünnen Brey gekocht, dann durch einen Durchschlag getrieben. Nun ein Stück frischer Butter pflaumig abgetrieben, etliche Dotter und Zucker dazu genommen, unter den ausgekühlten Koch gerührt, in ein mit Butter ausgeschmiertes Rein gethan, und gebacken.

Koch von Wein, auf österreichisch.
Man setzt gutes Schmalz in einen breiten Rein ans Feuer, läßt es aber nicht zu heiß werden, rührt klein geriebene und gesähte Semmelbröseln darunter, und röstet sie gelb, indessen werden zwey Theile Wein, und ein Drittel Wasser darunter gemengt, ans Feuer gesetzt, und aufsiedend ins Rein an die gerösteten Semmelbröseln gegossen. Nachdem dieß zusammen gekocht ist, läßt man es auskühlen, treibt ein Stück frischer Butter pflaumig ab, thut etliche Eyer, und eben so viel Dotter dazu, und rührt es unter das kalte Koch, treibt gesähten Zimmet und Rosinen eine halbe Stunde ab, füllt den Koch damit, thut ihn in ein mit Butter ausgeschmiertes Rein, und bäckt ihn langsam.

Koch von Semmel, auf österreichisch.
Man schälet eine Mundsemmel, schneidet sie, blättlet, gießt siedende Milch daran, zerreibt sie, und treibt sie durch ein Sieb, treibt dann ein Viertelpfund frischer Butter pflaumig ab, rührt zwey Eyer und sechs Dotter, und vier Loth kleingestossener Mandeln darein, thut die ausgekühlte und durchgetriebene Semmel, ein Viertelpfund gesähten Zucker, und von einer halben Citrone die kleingeschnittenen Schalen dazu, rührt dieß eine Stunde gut zusammen, thut es in eine ausgeschmierte Schüssel, und bäckt es schön gelb.

Koch

Koch oder Auflauf von Eyern, auf österreichisch. Zu ein Viertelpfund kleingestoßener Mandeln werden sechs Dotter aus hartgesottenen Eyern in Mörser gethan, und untereinander gestoßen, dann wird in einem Weidling ein Stück frischer Butter pfläumig abgetrieben, vier Eyer und vier Dotter, und ein Viertelpfund gefäßten Zucker gethan, und eine halbe Stunde gut gerührt, zuletzt werden die zerrührten Eyern und Mandeln dazu genommen, und alles untereinander wieder eine halbe Stunde gerührt, in eine ausgeschmierte Pastetenschüssel gethan, und gebacken.

Koch von Marzepan, auf österreichisch. Zu drey Seidel süsser Milch werden vier Eyer geschlagen, gesalzen, ans Feuer gesetzt, gut gerührt, und zusammen gerinnen lassen, den Topfen abgeseihet, und inzwischen bis er auskühlt, wird ein halbes Pfund frischer Butter in einem Weidling pfläumig abgetrieben, zwey Eyer und neun zerklopfte Dottern nach und nach darunter gemengt, hernach werden zwölf Loth kleingestoßener Mandeln, eben so viel gefäßten Zucker, kleingeschnittene Citronenschalen, und länglicht geschnittener Citronat dazu genommen, und nachdem dieß alles gut untereinander gerührt ist, wird es, wie bekannt, gebacken.

Koch von Mandeln, auf österreichisch. Ein halbes Pfund Zucker wird in drey Löffel voll Wasser in einem verzinnten Kastrol gekocht, bis er sich spinnet, dann wird er in einem Weidling zu drey Viertelpfund klein gestoßener Mandeln gethan, und dieß gut gemengt, dann fünf Eyer und fünfzehn Dotter zerklopft darunter gerührt, auch klein geschnittene Citronenschalen und Citronat dazu gethan, und dieß alles gut durcheinander getrieben, in eine ausgeschmierte Schüssel gethan und langsam gebacken.

Koch von Ciocolade, auf österreichisch.
Zu einem halben Pfund klein gestossener Mandeln werden zwölf Loth geläuterten Zucker, fünf ganze Eyer und 15 Dotter langsam drein gerührt, und eine Stunde lang gut abgetrieben, dann 9 Loth geriebene Ciocolade und ein wenig geläuterten Zimmet gut darunter gemengt, und wie ein anderes Koch langsam gebacken.

Koch von Zimmet, auf österreichisch.
Ein halbes Pfund geschälter Mandeln werden mit klein geschnittenen Citronenschalen ganz klein gestossen und mit Citronensaft angefeuchtet, dann ein halbes Pfund Zucker in drey Löffel voll frischen Wassers gut eingekocht, dran gethan, untereinander gemengt und auskühlen lassen, hernach werden vier ganze Eyer und 12 zerklopfte Dotter, von einer halben Citrone die klein geschnittenen Schalen, Citronat und geläuterten Zimmet dazu genommen, eine Stunde lang gut untereinander gerührt, und langsam gebacken.

Koch von Agres, auf österreichisch. Man nimmt die noch nicht zeitigen Agres, thut sie in einen Tiegel, thut ein wenig Wasser dran, und läßt sie über dem Kohlfeuer weich sieden, doch immer umgerührt, dann gut zerrieben, und durch ein Sieb gelassen. Nachdem dieser Saft ausgekühlt ist, wird zu einem Pfund Agres auch eben so viel Zucker genommen, und ein pfläumig abgeklopftes Eyerklar dazu gethan, dies alles gut zusammen gerührt, in eine Schüssel gethan, und langsam gebacken.

Koch von Nieren, auf österreichisch.
Die kälbernen Nieren werden mit sammt dem Fett, und einer in Milch geweichten und ausgedruckten Semmel klein gehackt, dann wird ein Stück frische Butter pfläumig abgetrieben, zwey Eyer und zwey zerklopfte Dotter, das Gehackte, drey Löffel voll Milchrahm,

raum, ein wenig gestoſſene Muskatblumen, etwas Salz dazu genommen, und dieß alles eine halbe Stunde lang gut untereinander gerührt, in eine mit Butter ausgeſchmierte blecherne Schüſſel gethan, oben und unten Glut gegeben, und ſchön röslet gebacken.

Koch von Quitten, auf öſterreichiſch.
Die Quitten werden ganz weich gekocht, geſchält, und mit dem Meſſer geſchaben, ein halbes Pfund Salſen dazu gemengt, dann wird ein Viertelpfund Butter in einem Weidling pfläumig abgetrieben, zwey Eyer und vier zerklopfte Dottern drein gut gerührt, die Quitten mit den Salſen dazu genommen, und eine ganze Stunde gerührt, hernach werden zwey Eyer und drey Dottern zerklopft, vier Loth klein geſtoſſene Mandeln, ein Viertelpfund gefähten Zucker, und zuletzt ein halbes Seidel ſüſſen Obes dazu genommen, und dieß alles zuſammen noch eine halbe Stunde lang gut untereinander gerührt, und von einer Citrone die Schalen klein geſchnitten darunter gemengt, in eine mit Butter ausgeſchmierte Schüſſel gethan, und langſam gebacken.

Koch von Krebſen, auf öſterreichiſch.
Zu einer groſſen Schüſſel werden 25 Krebſe genommen. Nachdem ſolche im Waſſer mit Salz überſotten ſind, werden die Schwänze ausgelöſt und klein gehackt, die Schalen klein geſtoſſen, in einem Stück friſcher Butter zerrührt und Krebsbutter draus gemacht. Dann werden 15 lebendigen Krebſen die unreinen Adern weggenommen, ſolche in einem Mörſer klein geſtoſſen, in einem Seidel Milch zerrieben, durch ein Tiſchſerviette geſeihet, drey zerklopfte Eyer darunter gerührt, in einen Tiegel gethan, aus Feuer geſetzt, und es zu einem Topfen zuſammen lauffen laſſen, das Waſſer abgeſeihet, den Topfen im Mörſer mit einer

in Milch geweichten Semmel gestossen, in einen Weidling gethan, ein Viertelpfund abgetriebener Krebsbutter, vier ganze Eyer und acht Dottern zerklopft, und ein Viertelpfund klein gestossene Mandeln, ferner geweichtes Brod, klein geschnittene Krebsschwänze, klein geschnittene Citronenschalen, Zucker und gestossene Muskatenblumen dazu genommen, und alles dies bemeldte eine halbe Stunde lang untereinander gerührt; dann wird eine Schüssel mit sammt dem Reif mit Butter ausgeschmiert, das Zusammengerührte drein gethan, und entweder in einer Dortenpfanne oder im Backofen gebacken, hernach gezuckert und aufgegeben.

Koch von Aepfeln, auf spanisch. Grosse geschälte Aepfel werden in runde Scheiben bis auf den Kern geschnitten, in eine mit Butter gut ausgeschmierte blecherne Schüssel neben einander gelegt, jedes Stück besonders mit durchgesiebtem Zucker bestreut, ein Stück frische Butter dazu gegeben, aufs mäßige Kohlfeuer gesetzt, und sie weich und braun werden lassen.

Kohl.

Kohl, Blumen= oder Käsekohl, auf französisch. Man thut ihn mit Pfeffer und einem Stück Butter an eine kurze Fleischbrühe in den Topf, deckt den Sturz drüber, und kocht ihn bey gelindem Feuer ganz mürbe. Indessen macht man eine Sauce von ein wenig Rindsbrühe, einem Stück Butter mit Mehl drein geknetet, Salz, Pfeffer, geschnittener grüner Petersille, und einem Löffel voll unzeitiger Traubensaft. Thut dann die Sauce in eine Schüssel, und den Kohl drein, und giebt es als ein Beygerichte auf.

Kohl, oder Käsekohl auf sächsisch gebacken. Der Käsekohl wird in langen Stücken in Salz

Kohlrüben.

Salz und Wasser ein wenig überkocht, dann in einen Durchschlag gethan, daß er gut abtriefet, hernach in einem dünnen, von Eyer und Mehl gemachten Teig eingetaucht, an die heisse Butter gethan und gebacken. Dies entweder vor ein Gericht gegeben, oder den Rand der Schüssel einer Suppe damit belegt.

Ebendergleichen auf sächsisch gekocht. Die Stiele werden abgebrochen, die Stauden geputzt und ins Wasser gethan, das Mark aus den Stielen kann man dazu nehmen, mit den Stauden ins siedende Wasser thun, und wenn er bald weich gekocht ist, ein wenig salzen, daß der Kohl schön weiß bleibt. Die Stauden müssen auch ganz bleiben und zerkochen. Dann werden sie heraus genommen und in ein Sieb gethan, daß er gut abtriefe; hernach gießt man Rindfleischbrühe in einen Tiegel, wenn sie siedet, legt man den Käsekohl hinein, thut Ingwer, Pfeffer und Muskatenblumen, und ein Stück Butter dazu, und läßt dieß zusammen gut aufkochen.

Kohlrüben.

Kohlrüben und Pomeranzen zu füllen, auf böhmisch. Die Kohlrabi oder Kohlruben werden schön gerapelt und inwendig mit einem Eisen ausgehölt, a la bresse gemacht, daß sie weiß bleiben, dann auf eine Schüssel mit guten Ragout, oder Vögeln, oder Nesthühnern, oder auch Nesttauben mit guter Sauce auf eine Schüssel gelegt. Die Pomeranzen werden, wenn sie ausgehölt sind, in frisches Wasser gethan, übrigens verfährt man so damit, wie mit den Kohlrabi.

Kohlrüben gekocht, auf sächsisch. Die Kohlrüben werden ausgehölet, das Ausgehölte wird klein gehackt, an das zerlassene heisse Rindsfett in den Tiegel

Tiegel gethan, und geröstet. Man kann auch klein gehacktes Kalbfleisch mit Rindsmark oder Speck, Gewürz, geriebene Semmeln, ein wenig Salz, und ein paar zerklopfte Eyer erst darunter rühren, und dann wie gesagt, rösten. Inzwischen werden die ausgehöleten Kohlrüben geschälet, das Gehackte und Geröstete drein gefüllet, und in der Fleischbrühe weich gekocht. Indem sie noch kochen, gießt man in ein Töpfchen etwas von der Brühe, rührt geriebene Semmeln, Gewürz und Butter darunter, thut es an die Kohlrüben, läßt sie damit aufkochen, und giebt sie auf.

Kolatschen.

Kolatschen auf böhmisch. Man thut drey Viertelpfund feines Mehl in eine Schüssel, doch muß die Schüssel und das Mehl warm seyn, gießt sechs Löffel voll wässrige Höfen drein, ein halb Pfund Butter und sechs Eyerdotter dazu, dies wohl in einander gerührt, drauf gießt man laulichte Milch dran, arbeitet den Teig wohl durch, bis er sich vom Löffel ablößt, deckt ihn drauf zu, stellt ihn an einen warmen Ort, und läßt ihn aufgehen, drauf schneidet man ihn in beliebige Stücke, macht jedes rund und geplättet, legt sie auf ein mit Mehl bestreutes Papier, bestreut sie mit Zucker und Rosinen, überstreicht sie mit geronnener und in Eyerdottern gequierleter Butter, und läßt sie hastig oder gähe backen.

Kolatschen, kleine Höfenkolatschen, auf böhmisch. Ein Pfund frische Butter wird in ein Seidel süsse Schmetten zerbröckelt, drey Löffelvoll Höfen, und acht ganze Eyer dazu gethan, nun ein Pfund schönes Mehl nach und nach einer Stunde lang dazu geschüttet, und immer inzwischen gerührt und geschlagen, daß der Teig zähe wird, ihn dann an einen kühlen Ort hingestellt und fest werden lassen, dann ausgewalket, und kleine Kuchen draus geschnitten, solche an die Wärme gesetzt, und aufgehen lassen, dann mit Eyerklar bestrichen, klein länglich geschnittene Mandeln mit Rosinchen, oder nach Belieben etwas anderes von Eingemachten drauf gelegt, mit Zucker bestreut, daß sie ein schönes Eiß bekommen, und langsam gebacken, daß sie gelblich werden.

Kolatschen von Mandeln, auf böhmisch. Drey Viertelpfund klein gestossene Mandeln werden mit Zucker und ein wenig Wasser in ein Reinel gethan, ans Feuer gesetzt, gerührt, und laulicht oder etwas warm werden lassen, dann von der Glut genommen, gewürfelt geschnittene Citron- und Pomeranzenschalen darunter gerührt, hernach einen Teig von süssen Schmetten, Dottern, Mehl und Butter gemacht, solchen fingerdick ausgewalket, runde vier fingersbreite kleine Kuche draus geschnitten, die Mandelfülle drauf gelegt, mit zerklopften Dottern bestrichen, ein Blatt von Teig drauf gelegt, wieder mit Dottern bestrichen, in die Tortenpfanne oder auf ein Blech gethan und gelb backen lassen.

Auf eine andere Art. Zu einem Viertelpfund frischer gut zerrührter Butter werden eben so viel klein gestossene Mandeln genommen, dann zwölf Loth durchgesiebten Zucker, zehn gut zerklopfte Dotter, und etwas feines Mehl genommen, einen gut durchgearbeiteten linden Teig draus gemacht, solchen fingersdick ausgemangelt, drey Finger breite runde kleine Kuchen draus geschnitten, etwas Eingemachtes drauf gelegt, mit Zucker bestreut, und langsam gebacken. Doch muß der Teig zuvor aufs Eiß gesetzt werden.

Kopf.

Kopf.

Kopf einen kälbernen faschirt, auf böh-misch. Geschieht wie bey dem Kopf vom wilden Schwein mit beliebigen Farsch.

Kopf von wilden Schwein faschirt, auf böhmisch. Man schneidet die Haut sammt den Beinen über den ganzen Kopf herunter, macht einen Farsch von Wildprät, streichts über das Ausgelöste, legt geschnittene Ohren und geräucherte Zungen, denn wieder Farsch darüber, und setzt alles wieder zusammen.

Kopf von Schwein, auf böhmisch zugerichtet. Der Schweinskopf wird erst gut gesalzen, und ein paar Stunden liegen lassen, daß sich das Salz einzieht, hernach eben so viel Wasser als guten Wein in eine Pfanne gegossen, Salbeyblätter, Rosmarin und den Schweinskopf dazu gethan, und weich sieden lassen, dann abgeputzt in eine Schüssel gelegt, ihm eine Pomeranze, oder einen Apfel ins Maul gesteckt, und rund herum mit Rosmarin und Pomeranzenblätter belegt.

Kopf von Kälbern, auf österreichisch. Nachdem der Kalbskopf ganz und etwas weich übersotten ist, wird er von seinen Beinen gelöset, rein gemacht, und in etliche Theile zerschnitten, dann werden zwey Pfund Kalbfleisch vom Schlegel, mit einem halben Pfund Speck, und 15 Sardellen klein untereinander gehackt, hernach wird in einem Weidling ein Pfund frische Butter pfläumig abgetrieben, acht Eyer, eines nach dem andern drein geschlagen, das Gehackte dazu gethan, gut gewürzt, klein geschnittene Citronenschalen, von vier Citronen den Saft, und ein wenig klein geschnittenes spanisch Kudelkraut

dazu

dazu gegeben, alles dieß gut untereinander gerührt, in eine blecherne Schüssel gethan, mit den Stücken vom Kalbskopf bespickt, auf ein gelindes Kohlfeuer gesetzt, und es gelb backen lassen, dann aufgegeben, und nach Belieben eine gute Sardellensuppe darüber gegossen.

Kopf von Schwein gepreßt mit Rindfleisch, auf sächsisch. Der Schweinskopf wird entzwey gespalten, gesalzen, und mit einem Stück Rindfleisch vom Ziemen ganz weich gekocht. Dann wird der Schweinskopf in dünne Schnitte einer halben Hand groß geschnitten, solche werden in der Runde herum auf ein Tuch gelegt, vermischtes Gewürz drauf gestreut, vom Rindfleisch ebenfalls dergleichen Schnitte geschnitten und drauf gelegt, und wieder mit Gewürz bestreut, dann wieder eine Lage Schweinfleisch, Gewürz, und die andere Lage Rindfleisch, und so fort, bis alles ist, das Tuch fest zusammen gebunden, und unter die Presse gethan; hernach werden dünne Schnitte davon geschnitten, und Eßig drauf gegossen.

Kopf von Rind gepreßt, auf sächsisch. Ein halber fetter Rindskopf wird mit zwey Pfund Rindfleisch vom Kamm ganz weich gekocht, dann von Beinen gelöset, ganz klein gehackt, mit Ingwer, Pfeffer und Nelken stark gewürzt, auch dürren Majoran mit Salbey gerieben, darunter gemengt. Dann wird ein dichte starke Serviette auf ein Fischbret gebreitet, dieses Gehackte warm drein gethan, in die Runde gut zusammen gedruckt, oben ganz fest zugebunden, unter eine Presse gethan, etwas untergesetzt, weil noch etwas Saft herausrint, über Nacht so stehen lassen, dann aus der Serviette genommen, in einen Asch gethan, und Eßig drauf gegossen. Nimmt man davon zum Gebrauch, so schneidet man dünne Schnitte, und gießt Eßig darauf.

Kränzchen.

Kränzchen von Mandeln zu machen. Man hackt ein halb Pfund abgeschälte Mandeln klein, schneidet 4 Loth Binian und eben so viel Pistaziennüßchen zu länglichten Stückchen, mischt alles mit einem halb Pfund Zucker, etwas länglich geschnittenen Citronat, Citronen und Pomeranzenschalen, auch mit Zimmet, Kardemomen, Muskatenblumen und einigen Würznelken untereinander, feuchtet es mit Zimmet- und Rosenwasser an, formirt Kränzchen auf Oblaten, bäckt und übereißt sie.

Krametsvogel.

Krametsvögel mit Regout, auf französisch. Sie werden mit Mehl bestreuet, und in dem Kastrole mit Speck gebraten, dann gießt man etwas Wein und ein wenig Fleischbrühe dran, thut vermischtes Gewürz, und ein Sträuschen feiner Kräuter dazu, läßt sie damit über dem Kohlfeuer aufkochen, richtet sie an, und drückt den Saft aus einer Citrone darauf.

Krametsvögel gebraten, auf sächsisch. Die Vögel werden mit sammt dem Kopf gerupft, die Augen ausgestochen, das Eingeweide herausgenommen, die Därmer weggethan, Lunge, Leber und Herz, mit etwas Speck, und etlichen Wacholderbeeren klein gehackt, Salz, Pfeffer, Nelken, und ein wenig geriebenes Brod darunter gerührt, die Vögel damit gefüllt, die Beine kreuzweis gelegt, das eine durch den Kopf gesteckt, daß die Fülle nicht heraus fällt, gesalzen, und sie eine Weile liegen lassen, dann entweder an einem grossen Spieß oder auf dem Rost gebraten, oft mit Butter begossen, zuletzt geriebenes Brod drauf gestreuet, und sie damit aufzischen gelassen.

Kranat.

Kranat.

Kranat von Lax. Man bedienet sich hiezu des Schwanzstücks, von dem man die Haut abzieht wie beym Frikando, schneidet ihn dünn, und machts wie bey andern Kranaten.

Kranat von Gurken. Man belegt ein Kastrol mit Speck, darauf eingemachte kleine Gurken, diese werden mit Fatsch von Kalbfleisch bestrichen oder bedeckt, darüber kommt gutes Ragout, und über dieses wieder Fatsch; man bäckt es jetzt im Ofen, giebts auf eine Schüssel, schneidet oben ein Loch hinein, gießt darein gute Gully, und machts wieder zu.

Kranat von Semmelbrod, auf böhmisch. Man schneidet von einem weissen Grossenbrod einem Thaler grossen Aufschnitt ab, höhlt es einwendig glatt aus, legts auf eine Schüssel, bestreichts mit Reiß und legt hübsch ordentlich die Schöpsenschnitte darüber, fülle es mit guten Ragout, macht es oben zu, bestreuts mit Semmelprössln, und bäckts im Ofen bis es Farbe bekommt. Der darüber gestrichene Reiß muß zuvor mit Rindsuppe dick sieden und macht ihn mit abgetriebenen Krebsbutter und Eyern an. Die Schöpsenschweifeln oder Schnitten müssen zuvor a la bresse gekocht seyn.

Kranat von Schinken, auf böhmisch. Der Schinken wird blättchenweis geschnitten, und auf den Speck gelegt, auch mit Fatsch bestrichen, und übrigens wie der Kranat von Gurken gemacht.

Kranat von Krebsen, auf böhmisch. Die Krebse werden ausgelöst, die Schalen ausgeputzt, der Schwanz bleibt an den Schalen, die Füsse und Scheeren weggeworfen; man legt sie auf den Speck mit Fatsch, und verfährt, wie schon gesagt.

Kranat von Kalbfleisch, auf böhmisch. Man schneidet es frikando von einem kälbernen Schlegel in 3 Theile recht dünne, klopft es, spickt es, und macht es wie bey den andern.

Kranat oder Theinball von Artischocken, auf böhmisch. Man körnt, schält, traplet und kocht die Artischocken; legt dünne Speckspalten in ein Kastrol, und oben darauf dünne Kalbschnitte, auf diese die Artischockenkerne so, daß der kohle Boden inwendig kömmt, diese werden mit Fatsch, und dieser wieder mit kleingehackten rothen, gelben und weißen Rüben, Petersill- und Pasternatwurzeln, und wieder mit Fatsch, und so fort, zuletzt mit Speck bedeckt, und im Ofen gebacken.

Kranat oder Theinball von Kapaunern, auf böhmisch. Zwey ausgelöste Kapauner werden mit den Füssen zusammen auf Speck in ein Kastrol gelegt, und bey den Boden Kalbsnetze darüber gezogen, damit der Fatsch nicht weichen kann; dann füllt man guten Ragout darein, macht es oben zu, und giebts in Ofen. Man giebts mit Ragout auf.

Krapfen.

Krapfen von Weinteig, oder Genueser Krapfen zu machen, auf böhmisch. Man knötet ein Stück Butter unter eine beliebige Quantität Mundmehl auf einem Nudelbret, schlägt ein Ey und zwey Dotter daran, salzt und vermischt es mit 3 oder 4 Löffel voll Wein, wälzt es dünn, streicht eingemachte Ribißl (Johannisbeer) oder Stachelbeeren, oder von sonstigen eingemachten Sachen darauf, legt sie zusammen, und backt sie im heissen Schmalz.

Krapfen, Fastnachtskrapfen, auf böhmisch. In ein Seidel süssen Schmetten wird ein Stück

Stück Butter, ungefähr ein Viertel, sechs Löffel voll guter Hefen, sechs gut zerklopfte Dotter, zwey Seidel feines Mehl, und etwas gestossener Mandeln genommen, ein gut geschlagener durchgearbeiteter etwas lockerer Teig daraus gemacht, ihn etwas an der Wärme stehen lassen, daß er aufgeht, dann einige Wulchern daraus gemacht, solche ins heisse Schmalz gethan, langsam backen lassen, und dann gezuckert.

Krapfen gefüllt, auf böhmisch. Zu ein Seidel Schmetten werden drey ganze Eyer und sechs Dotter geschlagen, und gut darinn zerklopft und zerrührt, ein paar Löffel Hefen, und geschmolzene Butter dazu gerührt, nun mit feinem Mehl einen gut geschlagenen Teig daraus gemacht, runde, lange, fingerdicke Stritzel formirt, solche an die Wärme gesetzt, daß sie aufgehen, solche hernach zusammen gelegt, wenn sie geflochten wären, und in Schmalz langsam und braun gebacken.

Krapfen von Eyern, auf böhmisch. Man zerklopft zwölf Dotter, thut ein wenig süssen Schmetten, vier Löffel Zucker, ein wenig Butter, und schönes Mehl dazu, und macht einen gut durchgeklopften, etwas dicklich fliessenden Teig daraus; scheidet ihn in kleine runde Plätze, und backt sie in Schmalz bey mäßiger Hitze braun.

Krapfen von Mandeln, auf böhmisch. Zu ein halbes Pfund kleingestossener Mandeln wird der Saft aus einer Citrone, und sechs Löffel voll durchgesiebten Zucker genommen, dieß alles gut untereinander gemengt, in eine Schüssel gethan, ein halbes Pf. durchgesiebten Zucker, und 12 ganze zerklopfte Eyer dazu genommen, und dieß alles eine Stunde lang gut untereinander gerührt. Dieß hernach auf Oblaten gestrichen, in die Tortenpfanne gelegt, und halb backen lassen,

laſſen, dann herausgenommen, ein Eiß von Eyweiß Zucker und Waſſer gemacht, damit beſtrichen, und vollends aufbacken laſſen.

Krapfen von Aepfeln, auf böhmiſch. Die geſchälten Aepfel werden ganz klein gehackt, mit geſtoſſenen Zimmet und Roſinen vermengt, darauf macht man einen Butterteig, mangelt oder wält ihn dünne aus, ſchneidet ihn in runde Scheiben, legt die Fülle darauf, beſtreicht es mit dem Weiſſen von Ey, überſchlägt es mit Teig, giebt ihm eine Form, welche man will, bäckt ſie hernach in Butter oder Schmalz im Ofen, und beſtreuet ſie hernach mit Zucker.

Krapfen von Zimmet, auf böhmiſch. Aus einem halben Pfund Butter, einem halben Pf. Mehl, acht Eyerdottern und ſechs Löffel Wein wird ein Teig gemacht, nicht allzu dünn ausgemangelt, zwey fingerbreite Riemen daraus geſchnitten, dieſe mit etwas Eingemachten gefüllt, und in Schmalz ausgebacken.

Krapfen runde, oder Spritzkrapfen, auf böhmiſch. Es wird halbes Seidel Waſſer, ein wenig geſchmolzenes Schmalz, ein wenig Mehl, und ſechs Eyerdotter genommen, daraus ein flieſſender Teig gemacht, in das ſiedende Schmalz zirkel- und kreuzförmig gegoſſen und gebacken.

Krapfen von Mehl oder Faſtnachtskrapfen, auf böhmiſch. Man nimmt ein halb Seidel ſüſſen Schmetten oder Ramen, oder Schmant, oder Sahne, wie man ihn ſonſt nennt, ein eygroß Butter, drey Löffel voll Höfen, zwey Eyerdotter, dieß wird wohl zuſammen geſchlagen, und in einander gerührt; dann nimmt man zwey und ein halb Seidel Mehl, macht damit den Teig in einer Schüſſel, man kann auch ein wenig Roſenwaſſer daran gieſſen, und ſchlägt den Teig ſo lange, bis er ſich von der Schüſſel abſchält,

abschält, man thut auch in warmen Waſſer abgeſchälte und länglicht geſchnittene Mandeln darein, legt den Teig auf ein Wulcherbret, und macht zwey oder drey Wulchern, läßt ſie etwas ſtehen, nimmt hernach ein Reinel oder eine Form, läßt ſie warm werden, ſchmiert ſie mit Butter oder Schmalz wohl aus, thut hinein, und läßt ſie langſam backen.

Krapfen, Maultaſchen, oder Schlickkrapfen, auf öſterreichiſch. Man macht den Teig halb mit Eyern und halb mit Waſſer, und ziehe ihn ganz dünn aus, die Fülle wird gemacht wie bey der Kräuterſtrudel, nur etwas dicker, ſie werden auch eben ſo abgeſchmalzen, wie die Kräuterſtrudeln.

Auf eine andere Art, auf öſterr. Man nimmt ein Stück Fleiſch von einem kälbernen Schlegel, oder löſet das Fleiſch eines reingemachten Kapauns von ſeinen Beinen, hackt es ganz klein, thut kleingeſchnittene grüne Peterſill, geriebene Semmelbröſeln, Gewürz, Eyer, Milchraum, und ein wenig Rindſuppe dazu gethan, gut untereinander gerührt, in der Butter geröſtet, und ausgekühlt, den Teig halb mit warmen Waſſer, und halb mit Eyern angemacht, dünn ausgetrieben, die Fülle darauf geſchmiert, Schlickkrapfen, wie bewußt, daraus gemacht, ſolche abgeſotten, und abgeſchmalzen.

Krapfen oder Schlickkrapfen von Karpfenmilch, auf öſterreichiſch. Die Karpfenmilch wird klein gehackt, und mit Semmelbröſeln und geſchnittener grüner Peterſill erſt ein wenig in Butter gedünſtet, dann etwas Milchraum darauf gegoſſen, geſalzen, und geſtoſſene Muskatenblumen dazu gegeben, und nachdem es aufgekocht iſt, auskühlen laſſen, nun den Teig halb mit Eyern und halb mit Waſſer gemacht, ausgetrieben und ausgemangelt, klein Schlick

O 2   krapfen

krapfen daraus formirt, solche in Petersillwasser abgesotten und abgeschmalzen.

Ebendergleichen von Hausen, auf österreichisch. Der in kleine Stücke zerschnittene Hausen wird erst in Butter bey oberer und unterer Gluth gedünstet, hernach mit ein wenig Kapern klein gehackt, und dann wieder mit Gewürz, kleingeschnittener grüner Petersill, geriebenen Semmelbröseln, Salz und ein wenig Milchraum in der Butter gedünstet, daß es zu einem Brey wird, nun die Schlickkrapfen auf die vorige Art gemacht, und mit in Butter gerösteten Semmelbröseln abgeschmalzen.

Krapfen von Mundmehl, oder Spießkrapfen, auf österreichisch. Zu ein halbes Pfund Mundmehl werden acht Loth klein gestoßenen und gesähten Zucker, von einer Citrone die kleingeschnittenen Schalen, Zimmet, Nelken und Muskatenblumen alles klein gestoßen, zwölf Loth Butter, fünf Dotter, und zwey Löffel Milchraum genommen, dieß alles untereinander gerührt, den Teig gut durchgearbeitet, ihn Messerrücken dick ausgewalget, auf das bekannte Blech gelegt, daß er just zusammen geht, ihn mit einem Spagat ringlet zusammen gebunden, ganz kühl im Schmalz aus einem Hafen gebacken, daß sie auflaufen, gezuckert und aufgegeben.

Krapfen von Mandeln, oder Bauernkrapfen, auf österreichisch. Man nimmt ein halbes Pfund geschälter Mandeln, schneidet jedes Stück in sechs Würfeln, dann werden drey Viertelpfunde gesähten Zucker in einen Topf gethan, drey ganze Eyer und zwey Dotter dazu genommen, und eine halbe Stunde gut untereinander gerührt, dann werden die geschnittenen Mandeln und ein halbes Pfund Mehl darunter gerührt, der Teig ausgetrieben, runde Zelten

ten daraus geschnitten, solche auf Oblaten gelegt, mit geschälten und länglicht geschnittenen Mandeln belegt, in einer Tortenpfanne oder im Backofen gelb gebacken. Nachdem sie halb gar sind, werden sie mit einem Zuckereis bestrichen, und vollends gar gebacken.

Krapfen von gefähten Zucker, oder Eiskrapfen, auf österreichisch. Zu ein halb Pfund gefähten Zucker wird das Weiße von vier Eyern in einen Weidling gethan, und eine Stunde lang gut untereinander getrieben, dann werden 8 Loth gestifteter Mandeln, zwey Loth Citronat, und eben so viel geschnittener Pistatzen dazu genommen. Nachdem dieß alles gut untereinander gerührt ist, werden kleine Krapfeln daraus gemacht, solche auf Oblaten gelegt, und geschwind gebacken.

Krapfen auf Oblaten, auf österreichisch. Man nimmt ein halbes Pfund kleingestossener Mandeln, zwölf Loth gefähten Zucker, das Weiße von 4 Eyern, und von einer Citrone die kleingeschnittenen Schalen, rührt dieß alles gut zusammen, thut es in ein Kastrol, und röstet es übern Feuer, bis es etwas dicklich wird, dann werden runde Krapfeln daraus auf Oblaten gemacht, und nachdem sie gebacken sind, macht man nach Belieben ein Eis darüber.

Krapfen von Milchraum, auf österreichisch. Man thut ein Seidel Milchraum in ein Rein, legt vier Loth Schmalz dazu, und rührt dieß übern Feuer zusammen, thut hernach fünf Kochlöffel gefähte Stärk, und eilf Löffel Mehl dazu, setzt es auf ein Kohlfeuer, rührt es gut zusammen, nimmt es vom Feuer weg, arbeitet es noch eine Weile durch, daß der Teig zähe wird, thut dann etliche ganze Eyer und eben so viel Dotter zerklopft mit etwas Salz dazu, und rührt es gut untereinander, thut den Teig hernach

nach auf einen mit Mehl bestreuten Teller, macht nußgroße Krapfen daraus, und bäckt sie im heissen Schmalz langsam.

Krapfen gespritzte, oder Brandkrapfen, auf österreichisch. Man läßt in einem Rein Wasser mit etwas Schmalz aufsieden, rührt gutes Mundmehl darein, und arbeitet den Teig in der Hitze gut durch, läßt ihn dann auskühlen, und schlägt hernach so viel Sträuben, als man haben will, Eyer dazu, und etwas Salz; und nachdem der Teig mit den Eyern zum andernmal gut durchgearbeitet ist, so werden die Krapfen daraus gemacht, in das heisse Schmalz gethan, und langsam gebacken. Von diesem Teig werden auch die Spritzsträuben gemacht. Man thut ihn in eine zinnerne Spritze, und spritzt sie bogenweise oder krum ins siedende Schmalz.

Krapfen von Gerben, auf österreichisch. Man thut ein Pfund warm gemachtes Mehl in einen Weidling, 8 Loth zerlassene Butter dazu, 10 zerklopfte Dotter, 3 Löffel voll gewässerter Gerben, und ein halbes Seidel warmer Milch dazu, etwas Salz, arbeitet den Teig gut durch, thut ihn auf ein Nudelbret, treibt ihn fingersdick aus, drückt mit einem großen Glas, oder mit der gehörigen blechernen Form die Krapfen aus, legt sie auf ein gemehlbigtes Tuch, und mit dem Tuch auf ein gemehlbigtes Bret, deckt sie zu, und läßt sie aufgehen, thut sie hernach an das warme Schmalz in die Pfanne, bäckt sie ganz langsam, zuckert sie hernach, und giebt sie zugedeckt, und warm auf.

Krapfen von Mark, auf sächsisch. Von schönem Mehl, Eyern und ein wenig Salz wird ein linder Teig gemacht, solcher dünn ausgemangelt, in beliebige gleich große Stücke geschnitten, kleine Rosinen,

sinen, geschnittene Mandeln, Muskatenblumen, und Zucker auf die eine Hälfte der Schnitte gestrichen, die andere Hälfte als Deckeln darauf gelegt, die Kanten fest zugedrückt, an die zerschmolzene Butter in die Pfanne gethan, und schön gelb gebacken.

Kraut.

Kraut oder Weißkraut mit Schmetten, auf böhmisch. Man blanchirt das Kraut oder vielmehr die Blätter daran, dünstet es zerschnitten mit geröster Zwiebel, Pfeffer, Salz, Thimian, Basilikum, und ein wenig gehackten geräucherten Fleisch, giebt ferner ein wenig Jus auch, Mehl und sauern Schmetten daran, und kocht es.

Kraut auf böhmisch gefüllt. Die Krauthäupter werden ausgehölert, das ausgehölerte Kraut wird klein gehackt, und in der Butter geröstet, bis es mürbe wird, dann ein Stück Kalbfleisch mit Rindsmark und ausgelösten Krebsschwänzen ganz klein gehackt, das geröstete Kraut mit Muskatenblumen, vier ganze Eyern und acht Dottern gut zerklopft, und etwas geröstete und geriebene Semmeln dazu gethan, und gut untereinander gerührt, nun die Krauthäupter damit gefüllt, mit Krautblättern vermacht, und mit Zwirn verbunden, an die Fleischbrühe gethan, und gut weich sieden lassen, dann herausgenommen, ausgekühlt, jedes Haupt in vier Theile geschnitten, ins Reinel an die siedende Butter gethan, und gedämpfet, in die Schüssel gethan, und entweder die Fleischsuppe, in der man es gekocht hat, oder auch braune Butter mit siedendem Schmetten vermengt, darüber gegossen.

Kraut auf französisch gefüllt. Man nimmt schöne Krauthäupter, überkocht sie erst ein wenig in

guter

guter Fleischbrühe. Läset dann jedes Blatt gemach von dem andern, doch daß es vom Strunk nicht abbricht, legt zwischen jedes etwas von einer beliebiggemachten Fülle, schließt die Blätter wieder zu, thut sie mit gebräunten Schnitten von Rindfleisch und ein wenig geröstetem Mehl in das Kastrol, thut Butter und ein wenig fetter Brühe daran, thut Pfeffer und Nelken dazu, und läßt es zugedeckt, gut mürbe kochen. Ist es gar, so giebt man es ohne Sauce mit einem Ragout von Championen zu einem Voressen auf, und belegt die Schüssel mit gebackenen Championen, oder Petersillen, oder Semmelrinden.

Kraut gehackt, auf sächsisch. Die Krauthäupte werden geschnitten, klein gehackt, mit Salz eingesprengt, und eine Weile schwitzen gelassen, dann ausgedrückt, in den Tiegel an das zerlaßne Rindsfett gethan, und gebraten. Inzwischen wird ein wenig Sahne in ein Töpfchen gegossen, drey oder vier Eyer darein gequirlet, an das Kraut gegossen, Pfeffer, Muskatenblumen, geschälte und länglicht geschnittene Mandeln, und ein Stück Butter dazu gethan, damit gut aufsieden lassen, und aufgegeben.

Kraut mit Eyern, auf sächsisch. Man quirlet etliche Eyer in einem Töpfchen mit ein wenig Salz, schmiert es auf großen, in Fleischbrühe übersottenen Krautblättern, rollt es zusammen, thut es in eine Schüssel, gießt Fleischbrühe daran, thut Butter und Muskatenblumen dazu, setzt es aufs Kohlfeuer, und läßt es gut aufkochen.

Kraut, oder frisches Sauerkraut auf sächsisch zugerichtet. Man nimmt schöne weiße Krauthäupte, schneidet sie wie einen Salat, füllt den Topf damit voll, doch nicht eingedrückt, gießt halb Fleischbrühe, halb Wein, und ein wenig Essig dazu, thut

thut Kardemomen, Ingwer, Pfeffer, Muskatenblumen, und ein wenig Salz daran, und läßt es damit kochen bis es weich ist, dann giebt man ihm ein Stück frische Butter, und wenn es damit aufgekocht ist, wird es aufgegeben.

Kraut, saueres zu einem gebratenen Hasen, auf sächsisch. Das sauere Kraut wird ein wenig ausgedrückt, an eine kurze Fleischbrühe mit einem Stück Butter gethan und gekocht. Indessen wird ein Eingebrenntes in einem Tiegel mit klein geschnittenen Zwiebeln ein wenig Mehl und Butter gemacht. Ist das Kraut gar und mürbe, thut man es dazu, rührt es gut untereinander, gießt Wein und Fleischbrühe dran, thut Citronensaft, Pfeffer, Kardemomen, und Muskatenblumen dazu. Wenn nun der Hase gar gebraten ist, bricht man ihm die Hinterbeine in zwey Stücken, thut ihn dazu, und läßt ihn mit dem Kraut aufkochen.

Krebse.

Krebse gebackt, auf böhmisch. Die gekochten und ausgelößten Krebse werden gehackt, in ein Reinel mit Butter gethan, geröstete und geriebene Semmeln, Muskatenblumen, Citronensaft, geschnittene Citronenschalen und Petersillenwasser dazu genommen, und so lange sieden lassen, bis es etwas dicklich zu werden anfängt, dann ein Stück frische Butter dran, so ist es fertig.

Krebse oder gefüllte Meerkrebse gebacken, auf böhmisch. Man siedet sie in Wasser, löst sie aus, zerschneidet Füsse und Scheren; die Einwanden gequetscht, das Fleisch mit geriebener Semmel, Sardellen, Gewürz, Citronensaft und etlichen Eyern recht klein untereinander gehackt,

füllt

füllt es in die Schalen, beugt die Füsse darüber, bestreut sie mit geriebener Semmel, thut sie in eine Tortenpfanne und bäckt sie.

Krebse mit Regout, auf französisch. Sie werden erst in Weineßig mit weissen Pfeffer und Salz übersotten, dann die Schwänze und Scheren davon genommen, mit feinen klein gehackten Kräutern, gerösteten Mehl und Gewürz in die Kastrole an die braune Butter gethan, und über einem gelinden Kohlfeuer geröstet, dann wird etwas Brühe von Champignonen drauf gegossen, damit gut aufgekocht, aufgegeben, und den Rand mit gebackenen Champignonen belegt.

Krebse, Austern und Schnecken, auf sächsisch zugerichtet. Man macht ein Eingebranntes, gießt Rindsuppe mit ein wenig Wein dran, thut eine in Scheiben geschnittene Citrone dazu, gestossene Nelken, und geriebene Muskatennuß, thut gekochte und ausgelöste Schnecken, Krebsschwänze und Scheren drein, und läßt dies ein wenig zusammen aufkochen, inzwischen werden die Austern ausgelöset, mit Pfeffer und Salz bestreuet, mit scharfen Weineßig besprengt, und nachdem sie davon durchzogen sind, werden sie mit an die siedende Brühe gegeben, Zucker und ein Stück frische Butter dran gethan. Ist dies nun alles zusammen aufgekocht, wird es aufgegeben, und klein geschnittene Citronenschalen drüber gestreuet.

Krebse auf sächsisch, bunt zugerichtet. Die Krebse werden wie gewöhnlich übersotten und ganz gelassen, und in die Schüssel gethan. Indessen macht man eine sauere Fischbrühe, siedet etliche Eyer hart, schälet sie, schneidet das Weisse subtil und länglicht, die Dotter hackt man klein, wie auch Petersilie, fülle, streuet dieß über die Krebse, und gießt die Brühe drauf.

Krebſe mit Artiſchockenboden, auf ſächſiſch. Man ſiedet groſſe Krebſe, macht hernach die Schwänze und Scheren aus, und bratet ſolche ein wenig in der Butter. Indeſſen werden Artiſchocken weich gekocht, die Böden davon in vier Theile geſchnitten, einen ganz gelaſſen, zu den Krebſen an die Butter gethan, und mit geröſtet. Dann wird eine gute Fleiſchbrühe drauf gegoſſen, geriebene und in Butter geröſtete Semmeln mit vermiſchten Gewürz dazu gethan, und damit aufgekocht, aufgegeben.

Krebſe mit Auſtern, auf ſächſiſch. Man nimmt groſſe Krebſe, überbrühet ſie mit ſiedendem Waſſer, macht die Schwänze und Scheren davon aus, thut ausgelöſte Auſtern dazu, zerreibt dieß in pfläumig abgetriebener Butter, rührt Pfeffer, Ingwer, und Muskatenblumen darunter, füllt dieß in die Auſternſchalen, röſtet es auf dem Roſt, und giebt es dann mit den Schalen auf.

Krebſe mit Semmeln, auf ſächſiſch. Nachdem die Krebſe überſotten ſind, werden die Schwänze ausgelöſet, den Darm davon mit dem übrigen Unreinen weg gethan, und das Ausgelöſte mit den Schalen in einem Mörſer mit ein wenig geriebener Semmeln klein geſtoſſen, dann in einer guten Fleiſchbrühe zerrührt, durch ein Sieb getrieben, in ein Töpfchen gethan und beygeſetzt. Inzwiſchen werden Semmeln in Schnitte geſchnitten, in einem dünnen von Mehl und Eyer gemachten Teig getaucht, an die heiſſe Butter gethan und gebacken, hernach in die Schüſſel gelegt, die Brühe drauf gegoſſen, aufs Kohlfeuer geſetzt, und zuſammen aufgekocht.

Krebse mit harten Eyern, auf sächsisch. Wenn die Krebse gesotten sind, nimmt man ihnen die Nasen mit Haarigten weg, löset die Schwänze aus, doch daß sie an der Schale fest hängen, die Scheren läßt man auch dran, dann thut man ein Stück frische Butter in den Tiegel, und wenn sie heiß ist, die Krebse hinein, und bratet sie. Inzwischen werden etliche Eyer hart gesotten, auch Fleischbrühe in einem Töpfchen, mit Gewürz, geriebenen Semmeln, gehackter grüner Petersille, und einem Stück Butter beygesetzt, und wenn sie aufgekocht ist, auf die Krebse gegossen. Die Eyer werden geschälet, von einander geschnitten, die halben Dotter herausgenommen, den Rand der Schüssel damit belegt, und das Aufgekochte drauf gegossen.

Krebseiter. Siße Eiter.

Krebsfanzel. Siehe Fanzel.

Krebsschnitze. Siehe Schnitze.

Kreen.

Kreen von Pomeranzen, auf böhmisch. Man reibt frische Mischenski oder Borsdorfer Aepfel auf einem Reibeisen, den Kreen aber auf Zucker, nimmt dazu eine Pomeranze, Citronensaft, ein wenig Wein und Zucker, alles untereinander gerührt, und in eine Schaale gegossen.

Kriegenten.

Kriegenten auf französisch zugerichtet. Sie werden in Speck oder Butter mit Champignonnen, Trüffeln und Artischockenböden geröstet. Dann thut man das übrige Fett davon, gießt gute Fleischbrühe dran, giebt ein Sträußchen feiner Kräuter dazu, und salzt und pfeffert sie. Wenn sie bald gar sind, gießt

Kröß — Kuchen.

gießt man ein Glas Wein dran, läßt sie damit aufkochen, thut drauf einen braunen Coulis dran, und richtet sie an.

Kröß.

Kröß, oder Bauernkröß, auf böhmisch. Zu einem Viertelpfund gestossener Mandeln werden ein halbes Pfund geläuterten Zucker, gestossene Nelken, Muskatennuß und Muskatenblumen gut untereinander gerührt, dann wird ein heisses Tortenblech mit Wachs bestrichen und abgewischt, mit durchgesiebten Zucker bestreut, die Masse nicht gar fingersdick drauf geschmiert, in der mäßigen Hitze im Ofen gebacken, dann steckweise aufgegeben.

Kroppen.

Kroppen auf österreichisch gesotten. Diese werden auf eben die Art zubereitet und gesotten wie die Grundeln.

Kuchen.

Kuchen von Eyer mit Spargel, auf französisch. Der Spargel wird ganz klein geschnitten, mit Salz, Pfeffer, Petersillen und klein gehackten Zwiebeln in der Butter gekocht. Wenn dieß zusammen gar ist, thut man ein wenig Milchraum, oder Schmetten dazu, rührt es untereinander, thut es ausgekühlt in den Topf an die zerklopften Eyer, Klopft alles gut durcheinander, thut es in die Pfanne an die zerlassene Butter, und bäckt es in dem Ofen.

Kuchen von Eyern, auf französisch. Man thut Karpfenmilch mit Champignonen klein gehackt an die heisse Butter in die Kastrole, giebt Salz, weissen Pfeffer, und ein Bündchen feiner Kräu-

Kräuter dazu, und läßt dieß zusammen gut kochen. Wenn es gar ist, läßt man es auskühlen, schlägt drauf etliche Eyer in einen Topf, rührt das Ausgekühlte eine Stunde lang gut darunter, läßt dann in einer Pfanne ein Stück Butter braun werden, gießt das Gerührte drein, und läßt den Eyerkuchen in der Butter recht brudeln. Wenn er auf beyden Seiten schön braun ist, giebt man ihn zu einem Beygericht auf.

Kuchen von Eyern, oder Eyerkuchen mit Rindfleischbrühe, auf sächsisch. Man macht einen beliebigen Eyerkuchen. Wenn er gebacken und ausgekühlt ist, wird er in länglichte Stücke eines Fingers lang und breit geschnitten, in eine Schüssel gethan, und eine gute Muskatenblumenbrühe mit Semmeln und Butter darüber gemacht.

Kuchen, rund auf sächsisch gemacht. Zu einer halben Metzen Mehl wird ein Pfund geschmolzene Butter, dreyßig Eyer, ein Nößel oder Seidel Hefen, ein halbes Seidel aufgekochte süsse doch kalte und dicke Schmetten, und Salz und Muskatenblumen genommen, den Teig gut durchgearbeitet, einen fingersdicken Kuchen draus gemangelt und im Ofen gebacken.

Kuchen von Kirschen, auf sächsisch. Man rührt ein wenig gestossene Mandeln, gestossen Mutschelmehl, ein halb Pfund klaren Zucker und 10 Eyer, endlich kleingeschnittene Citronenschalen, Zimmet und Würznelken zusammen, schüttet den Teig in ein mit Butter bestrichenes Modell, thut die Kirschen oder Weinbeere oben drauf, bäckt und bestreut ihn mit Zucker.

Ku-

Kuchen.

Kuchen von Semmeln, auf sächsisch. Die Semmeln werden in runde Schnitte geschnitten. Dann thut man süsse Schmetten, zerklopfte Eyer, Zucker, ein wenig Rosenwasser und ein wenig feines Mundmehl in einen tiefen Napf, rührt dieß gut untereinander, thut die Semmelschnitte drein, läßt sie drin eine Weile weichen, kehrt sie oft um, thut hernach geriebene Semmeln mit Grieß vermengt in eine Schüssel, nimmt die geweichten Semmelschnitte heraus, welzt sie in der Schüssel gut ein, thut sie an die heisse Butter in die Pfanne, und bäckt sie schön gelb.

Kuchen von Eyern, auf sächsisch. Die Mandeln werden geschälet, und etwas gröblich gestossen, dann in einen Topf gethan, vier Eyer, einwendig Sahne, Zucker, Rosenwasser und geriebene Semmeln darunter gequirlet. Geschmelzte Butter in einem Tiegel beygesetzt. Wenn sie heiß ist, thut man dieß dazu, giebt ihm nur etwas rund herum und oben Feuer, und bäckt es langsam. Glaubt man, daß es auf der einen Seite genug gebacken ist, so wendet man es mit einem Teller um, und bäckt es auf der andern Seite ebenfalls gelb.

Kuchen mit Speck, auf sächsisch. Man nimmt den achten Theil einer Metze guten Mehls, ein halbes Seidel oder Nößl süsser Sahne, eben so viel guter Hösen, beydes warm, und ein wenig Salz, rührt dieß in einem Asch gut untereinander, setzt es an einen warmen Ort, und läßt es aufgehen. Dann werden fünf Eyer, und ein Viertelpfund warme Butter drein gerührt. Nachdem der Teig etwas fest durchgearbeitet ist, wird er zu einem Kuchen eines kleinen Fingers dick ausgemangelt, oben drüber werden kreuzweise Schnitte gemacht, der Kuchen wird

mit

mit zerklopften Eyern bestrichen, geschnittener Speck mit Salz und Kümmel vermengt drauf gestreut; in der Wärme noch eine Weile stehen lassen, dann im Ofen bey mäßiger Hitze gelb gebacken.

Rugelhopf.

Rugelhopf mit Krebsbutter, auf österreichisch. Man treibt in einem Weidling zwölf Loth Krebsbutter ab, rührt sechs Eyer und zwölf Dotter zerklopft nach und nach drein, gießt dann ein halbes Seidel warmer Milch und drey Löffelvoll Gerben dazu, und mengt dieß gut zusammen, nimmt hernach fünf Viertelpfund Mundmehl dazu, salzt es, arbeitet den Teig gut durch, schmiert die gehörige Form mit Butter aus, füllt sie mit dem Teig halb an, läßt ihn an einem warmen Ort aufgehen, und bäckt ihn hernach.

Rugelhopf, auf österreichisch. Man treibt drey Viertelpfund frische Butter oder Schmalz in einem Rein pflaumig ab, rührt acht Eyer und sechzehn Dotter zerklopft darunter, thut vier Löffelvoll Gerben, die nicht bitter ist, ein Seidel Milch, anderthalb Pfunde gesäßtes Mundmehl, Salz und ein wenig Weinbeeren dazu, rührt dieß alles gut untereinander, füllt die gehörige mit Butter ausgeschmierte Form damit halb an, läßt es an einem warmen Ort etwas stehen, daß es aufgeht; und nachdem es in einer mäßigen Hitze gebacken ist, giebt man es gezuckert und warm auf.

Rugelhopf, auf böhmisch. Man rühret ein Viertelpfund Butter wohl ab, bis sie säumig wird, thut hernach 4 Loth gestoßene Mandeln, drey Löffel voll Schmetten, zwey Löffel reine gute Höfen, und 6 Loth feines Mehl. Dieß wohl untereinander gearbeitet,

tet, dann eine Weile an der Wärme stehen lassen, bis es aufgegangen ist, hernach mit Eyerdotter überstrichen, und langsam bey mäßiger Hitze gebacken.

Kipfel.

Kipfel, oder krumme Kipfel, auf österreichisch. Zu einem halben Pfund Mundmehl schneidet man 12 Loth ausgewaschener Butter blätlet drein, und arbeitet dieß mit dem Nudelwalger gut zusammen, zerklopft hernach in einem Hafen ein Ey und zwey Dotter, rührt zwey Löffelvoll gute Gerben, und fünf Löffelvoll Milchraum darunter. Nachdem der Teig gut durchgearbeitet ist, treibt man ihn Mörserrücken dick aus, rädelt mit dem Krapfenrädel dreyeckigte Flecken draus, füllt sie mit in Butter gedünsten Weinbeeren, Zibeben, geschnittenen Mandeln, Citronat, und mit Zimmet und Zucker vermischt, oder mit einer andern beliebigen Fülle, rollt sie in der Form eines halben Monds zusammen, legt sie auf ein mit Butter beschmiertes Tortenblech, läßt sie an einem warmen Ort erst eine Weile stehen und aufgehen, bestreicht sie mit zerklopften Dottern, backt sie dann in einer mäßigen Hitze. Nachdem sie gar sind, werden sie mit einem weißen Zuckereiß und gestoßenem Anis vermengt, bestreuet, und wieder in Ofen gethan, daß sie anziehen und hart werden.

Kugelback.

Kugelback, auf böhmisch. Zu einer Halbe Schmetten werden acht ganze Eyer, und 24 Dotter gut zerklopft, fünf Löffelvoll Höfen, ein Pfund zerflossener Butter, und Salz und feines Mehl, so viel als nöthig ist, genommen, dieß alles gut zusammen gerührt und gewalket, und einen etwas fließenden Teig draus gemacht, ihn etwas in der Wärme stehen,

P dann

dann in ein mit Butter ausgeschmiertes Reinel oder Tiegel gethan, doch muß es so groß seyn, daß man wenigstens noch halb so viel hinein thun könnte, an die mäßige Hitze gesetzt, und langsam backen gelassen.

L.

Label.

Label, oder Butterlabel, auf böhmisch. Ein halbes Pfund frische Butter wird erst so lange gerührt, bis sie säumig wird, dann ein Viertelpfund klein gestoßener Mandeln, sechs ganze Eyer und zwölf Dotter gut zuvor zerklopft, dran gethan, und dieß alles zusammen eine Stunde lang gut untereinander gerührt, dann ein paar Löffelvoll Höfen, sechs Loth klein gestoßenen Zucker, und feines Mehl dazu genommen, gut durchgearbeitet, und einen zwar nicht fließenden, aber auch nicht allzu festen Teig daraus gemacht, ihn in eine mit Butter ausgeschmierte Mandeltorten- oder Kugelhupfform gethan, doch daß sie nur etwas über die Hälfte davon voll wird, solchen an der Wärme eine Stunde lang stehen lassen, daß er etwas aufgeht, und hernach an der mäßigen Hitze langsam gebacken.

Laberdan.

Laberdan oder Gabliau, auf sächsisch zugerichtet. Wenn man ihn aus der Tonne nimmt, wäscht man ihn erst etlichemal aus, legt ihn dann in frisches Wasser, und läßt ihn über Nacht darin liegen. Hernach wird er in einen Tiegel gethan, ganz voll mit Wasser gegossen, und eine halbe Stunde gekocht, darauf trocken in eine Schüssel gethan, Butter in einem Pfännchen beygesetzt, und wenn sie gelb ist,

ist, drüber gegossen, und Ingwer drauf gestreuet. Man kann auch Senf unter die Butter mengen.

Lachs.

Lachs, auf böhmisch. Man gießt in eine Pfanne oder in ein Reinel Weineßig, Brunn- oder Quelwasser, und Wein, von jedem gleich viel, thut dazu ganzen Pfeffer, ganze Nelken, Muskatenblumen, Rosmarin, Lorbeerblätter, und Salz so viel als nöthig, und sobald es anfängt zu sieden, den rein gemachten und in gewöhnliche Stücke geschnittenen Lachs hinein gethan, und sieden lassen, sobald der Lachs fertig gesotten ist, wird er trocken in die Schüssel gelegt, und eine von Citronen und Kapern gemachte Brühe drauf gegossen.

Lachs gesulzen, auf böhmisch. Das Stück Lachs wird drey Tage in frisches Wasser, den vierten aber in süße Milch gelegt, wieder ausgewaschen und gut gesalzen; denn läßt man Butter, Wasser, Citronensaft und ein wenig Muskatennuß sieden und gießt es über den Lachs.

Lachs mit Ragout, auf französisch. Er wird mit Nelken gespickt, und gebraten, drauf mit einem Stück frischer Butter, worein geröstetes Mehl gekneten ist, gethan, eine gute Fisch- oder klare Erbsenbrühe dran gegossen, Salz, Pfeffer, Champignonen, ein Bündchen feiner Kräuter und unzeitiger Traubensaft dazu gegeben. Wenn er gar gekocht ist, wird er mit dieser Sauce zu einem Vorgericht aufgegeben, und der Rand der Schüssel mit gebackenen Petersillen, oder gebackenen Semmelrinden besetzt.

Lachs mit sauerer Sahne, auf sächsisch. Der abgesottene Lachs wird in einen Tiegel gethan, inzwischen in einem Töpfchen sauere Sahne mit Fleischbrühe,

brühe, mit gerösteten Semmelschnitten, Pfeffer und Muskatenblumen beygesetzt, gekocht und gequierlet, ein Stück Butter mit scheibicht geschnittenen Citronen dazu gethan, und gut aufgekocht, über den Lachs gegossen.

Lachs auf sächsisch zu braten. Der frische rohe Lachs wird in kleine drey Finger breite Stücke geschnitten, ein wenig mit Salz eingesprengt, auf den Rost gelegt, mit zerflossener Butter begossen, und auf beyden Seiten braun gebraten, dann in die Schüssel gethan, die übrige Butter drauf gegossen, und mit Citronensaft betröpfelt.

Lachs mit einer Citronenbrühe, auf sächsisch. Wenn der Lachs abgesotten ist, er mag aus der Lake oder frisch seyn, wird er in einen Tiegel gethan, eine gute Citronenbrühe drauf gegossen, damit aufgekocht und aufgegeben.

Lammfleisch.

Lammfleisch mit Stachelbeeren, auf böhmisch. Stachelbeeren werden mit Semmel in ein Reinel gethan, Suppe drauf gegossen und sieden gelassen, hernach werden sie durch ein dünnes Sieb durchgerieben, wieder ans Feuer gesetzt, und Muskatenblumen, sauere Schmetten, Zucker und Citronensaft dazu genommen, aufsieden lassen, und auf das Lammfleisch gegossen.

Lammfleisch mit Kapern und Citronen, auf böhmisch. Man zerhackt und überbrent eine junge Lammsbrust, röstet sie in Butter. In das Fett, das man davon seiht, thut man ein Handvoll Kapern und Weinbeere, und gesalzene Citrone, würzt es mit Ingwer, Muskatenblumen und ein wenig Zimmet, gießt halb Wein und halb Rindssuppe daran, und läßt es mit Citronenschalen, frischer Butter, etwas

Lammfleisch.

was Zucker, und mit den übrigen Erfordernissen kochen.

Lammfleisch mit Ragout, auf französisch. Man bratet ein Lamm, wenn es gar ist, zerschneidet man es in Stücke, thut es in eine Kastrole, gießt Fleischbrühe dran, thut Salz, Pfeffer, Nelken, Champignonen, und ein Büschel feiner Kräuter dazu. Wenn es gar ist, thut man ein Coulis von Rindfleisch dran, und richtet es zum Vorgerichte warm an.

Lammfleisch gebräunt, auf österreichisch. Das Lammfleisch wird in dünne Schnitte geschnitten, auf dem Rost gebraten, mit Semmelbröseln bestreut, mit Butter oft begossen. Nachdem es auf beyden Seiten gelb und gar ist, wird es an eine gute siedende Rindsuppe gethan, und etwa eine halbe Viertelstunde lang sieden gelassen. Dann aufgegeben, und entweder nach Belieben Knödel an die Suppe gemacht, oder sie über gebähte Semmelschnitte gegossen.

Lammfleisch mit Zwiebelsuppe, auf österreichisch. Das zuvor in Butter gedünstete Lammfleisch wird in einer guten Rindsuppe mit etwas Wein, und ein wenig Eßig gesotten, dann ein Eingebrenntes mit Zwiebeln, grüne geschnittene und in Butter geröstete Petersille, und Gewürz dazu gegeben, und aufsieden lassen.

Lammfleisch auf österreichisch. Man übersiedet das Lammfleisch im Salzwasser, daß es weiß bleibt, röstet es hernach mit Semmelbröseln, mit geschnittener grüner Petersille, Körbelkraut, Bertram, Sauerampfer und Schniedling, von jedem nur ein Weniges genommen und gehackt in der Butter, gießt hernach eine gute Rindsuppe dran, und nachdem es

weich

weich gesotten ist, wird es eingebrennt, gut gewürzt, etwas Milchraum dazu gegeben, und aufgekocht, über gebähte Semmelschnitte gegossen.

Lammfleisch mit Petersillwurzeln, auf österreichisch. Man siedet das Lammfleisch in einer guten Rindsuppe weich, gießt etwas Wein dran, und thut länglicht geschnittene Petersillwurzeln dazu. Wenn es gar ist, wird es eingebrennt, geschnittene grüne und in Butter geröstete Petersill und Gewürz dazu gegeben, und wenn es damit aufgekocht hat, aufgegeben.

Lammfleisch mit einer Citronensuppe, auf österreichisch. Nachdem das Lammfleisch in einer guten Rindsuppe gar gekocht ist, wird der Saft von ein paar Citronen, geschnittene Citronenschalen, ein Eingebrenntes, Gewürz und Milchraum dazu gegeben, und es mit diesen aufsieden gelassen.

Lammfleisch mit Nägerlschwammen, auf österreichisch. Das Lammfleisch wird erst in der Butter gedünstet, dann eine gute Rindsuppe dran gegossen. Die reingemachte Schwamme werden geschnitten, und mit geriebenen Semmelbröseln und geschnittener grüner Petersill in Butter geröstet, etwas von der Fleischsuppe mit Milchraum dran gegossen, aufgekocht zu dem Uebrigen gethan, und aufsieden lassen. Das Lammfleisch kann auch mit grünen Erbsen und Kauli zugerichtet werden.

Lammfleisch mit einer Sardellensuppe, auf österreichisch. Das Lammfleisch wird in einer guten Rindsuppe mit etwas Wein gekocht; nun rührt man ein Stück frischer Butter pfläumig ab, thut dazu Milchraum, ausgelöste klein geschnittene Sardellen, klein geschnittene Citronenschalen, den Saft aus einer Citrone, und geschnittene grüne Petersill, und rührt dieß

dieß alles untereinander, an die Suppe gethan, und ein wenig mit ſieden laſſen, die Suppe eingebrennt, gewürzt, aufgekocht, aufgegeben.

Lammfleiſch mit Rosmarin, auf ſächſiſch. Das Fleiſch wird in kleine Stücke geſchnitten, und in einer guten Rindfleiſchbrühe mit Rosmarin, klein geriebenen Majoran, Ingwer, Pfeffer, und Muskatenblumen eine halbe Stunde gekocht, hernach geröſtete und geriebene Semmeln mit einem Stück ausgewaſchener Butter dazu gethan, untereinander gerührt, aufgekocht, und aufgegeben.

Lammfleiſch frikaßirt, auf ſächſiſch. Das klein geſchnittene Lammfleiſch wird in einem Tiegel an die heiſſe Butter gethan, und zugedeckt ſo lange geſchweiſſet, bis es gelb iſt, indeſſen macht man eine Brühe von Fleiſchſuppe, Wein, Ingwer, Pfeffer und Nelken, gießt ſie an das gedämpfte Fleiſch, und läßt es darinn ein wenig kochen, rührt hernach ein Eingebrenntes drein; und nachdem es damit aufgekocht iſt, giebt man das Fleiſch auf, und gießt die Brühe drüber.

Lammfleiſch mit Maurachen, auf öſterreichiſch. Das Lammfleiſch wird dünn und klein geſchnitten, und mit grüner Peterſill erſt in der Butter gedünſtet, dann in einer guten Rindſuppe gekocht. Wenn es gar iſt, wird es mit Butter und Semmelbröſeln eingebrennt. Die reingemachten Maurachen werden in kleine Stücke geſchnitten, und mit Semmelbröſeln und grüner Peterſille in der Butter geröſtet, dann in Milchraum weich gekocht, an das Fleiſch gethan, und alles zuſammen aufſieden gelaſſen. Das Gewürz dabey nicht vergeſſen.

Lampreten.

Siehe mehr unter Neunaugen.

Lampreten oder Neunaugen, auf französisch. Man läßt sie bluten, und behält das Blut, reibt dann mit feinem Sand ihnen den Schleim ab, schneidet sie in Stücke, bestreuet sie mit Salz und vermischtem Gewürz, und läßt sie ein paar Stunden liegen; dann bestreuet man sie mit braun geröstetem Mehl, thut sie mit einem Bündchen feiner Kräuter an die heiße Butter in die Kastrole. Wenn sie ein wenig gekocht haben, zerrührt man ihr Blut in einem Glas Wein, mit ein wenig Eßig, thut etliche zerklopfte Dotter mit gutem Gewürz und ein wenig geröstetem Mehl dazu, rührt dieß darunter, läßt es zusammen noch ein paar Wall thun, und gieb sie hernach zu einem Vorgericht mit marinirten und gebratenen Aalstücken oder gebackenen Petersilien auf.

Lampreten gesotten, auf sächsisch. Die lebendigen Lampreten werden in ein Gefäß gethan, Wein, oder noch besser Malvasier drauf gegossen, sie darinn ersaufen lassen. Dann werden sie zerschnitten, in einen Tiegel mit Wein gethan, und gut gesotten, daß die Brühe dicklich wird, mit Pfeffer, Nelken und Zucker gewürzt, geriebene und in Butter geröstete Semmelbröseln dazu gethan, und damit aufgesotten.

Lammsviertel.

Lammsviertel, auf sächsisch gebraten. Man wässert und wascht es aus, salzt es, steckt es an Spieß, und bratet es bey mäßiger Hitze langsam. Bevor es gar ist, wird es mit Butter betröpfelt. Inzwischen werden Rosmarinsträuschen geschnitten, das Viertel wird mit dem Spieß vom Feuer genommen, damit überall bestochen, und noch ein wenig gebraten, dann abgezogen und aufgegeben.

Lammsviertel mit Eyern, auf sächsisch. Das Lammsviertel wird mit einer beliebigen Fülle gefüllt, am Spieß gesteckt, und bey mäßiger Hitze langsam gebraten. Indessen werden etliche Eyer gut zerklopft, von Federn ein Büschel gemacht, der Braten damit etlichemal bestrichen, und noch ein wenig gebraten, bis er rösch wird, dann abgezogen, und aufgegeben.

Leber.

Leber gefüllt, auf böhmisch. Man nimmt eine kälberne Leber, oder eine andere von einem kleinen Vieh, hackt sie klein, hernach thut man Salz und Pfeffer, und guten Schmetten in eine Schüssel, schlägt sechs oder acht Eyer daran, nimmt mehrerley Gewürz nach Belieben dazu, wie auch Butter, rührt dieß alles mit der kleingehackten Leber wohl zusammen, füllt das Netz damit, und backt es in einem mit Butter gut ausgeschmierten Tiegel oder Reinel.

Leber gedämpft oder französische Leber, auf böhmisch. Man schneidet eine kälberne Leber in längliche Schnitzeln, und spickt sie auf beyden Seiten, dann thut man in einen etwas Butter und Schmalz, und röstet die Leber darinn braun, legt sie hernach auf eine Schüssel, gießt Rindsbrühe ins Reinel, thut Selleriwurzeln mit dem Kraut geschnitten, und allerley Gewürz daran, läßt sie kochen, brennet sie mit Butter und Mehl ab, gießt sie als eine kurze Brühe in die Schüssel auf die Leber, setzt die Schüssel über ein gelindes Kohlfeuer, und läßt die Leber ein wenig darinn dünsten oder dämpfen.

Leber

Leber von Gänsen auf sächsisch gekocht. Die Gänselebern werden mit frischem Speck gespickt, in einen Tiegel gethan, Wein und Fleischbrühe daran gegossen, mit Pfeffer, Nelken, und Kardemomen gewürzt, ein wenig Eßig und Salz, geschnittene Citronenschalen, und etwas Saft davon dazu gethan, dann ein dünnes Eingebrenntes dazu gegeben, und damit aufgekocht. Man läßt sie nicht lange kochen, weil sie sonst hart werden.

Leber von Kälbern auf sächsisch zu braten. Nachdem sie gewässert und rein gemacht ist, wird sie mit würflich geschnittenem Speck gehackt, in eine Schüssel gethan, in Fett geröstete kleingeschnittene Zwiebeln, mit Salz, Gewürz, ein wenig Sahne, mit geriebenen Semmeln und drey Eyern darunter gerührt, das Kalbsnetz damit gefüllt, an die zerlassene Butter in die Bratpfanne gethan, und im Backofen gebacken.

Leber von Gänsen auf sächsisch gebraten. Sie werden gehäutet, gespickt, mit Salz und Pfeffer bestreuet, an ein warm gemachtes Spießchen gesteckt, erst mit Backschmalz beträufelt, zuletzt mit heißer Butter begossen. Wenn sie gar sind, geriebenes Brod darauf gestreuet, aufgegeben, und die übrige Butter darauf gegossen.

Leber von Kälbern auf sächsisch gebraten. Die Leber wird gewaschen, und abgehäutet, dann in dünne Schnitte geschnitten, ein wenig mit Salz und Citronensaft besprengt, an die heiße Butter gethan, und sie immer mit einem Löffel in die Höhe gehoben. Sie braucht kaum einer halben Viertelstunde zum Braten, so ist sie gar, dann wird sie entweder so, oder mit einer Weinsuppe mit Pfeffer und Nelken aufgegeben.

Leber von Hirschen auf sächsisch gebraten. Die Hirschleber wird gesalzen, und eine Weile liegen gelassen, dann gespickt, an einen heissen Spieß gesteckt, und gebraten. In die Bratpfanne wird ein Stück Butter mit Wein, Nelken und Pfeffer gethan, unter die Leber gesetzt, und sie oft damit begossen. Wenn sie gar ist, wird sie aufgegeben, und diese Brühe darauf gegossen.

Leekuchen.

Leekuchen, auf böhmisch. Man rührt 5 ganze Eyer in 12 Loth durchgesiebten Zucker wohl ab, dann werden 12 Loth Mehl und 2 Loth Muskatenblumen genommen, dieß alles wohl untereinander gerührt, ein Teig daraus gemacht, dieser auf Oblaten gestrichen, länglich geschnittene Mandeln darein gestechen, und auf einem Blech langsam gebacken.

Lerchen.

Lerchen gebraten, auf böhmisch. Man steckt zwischen jede Lerche ein Stück Speck an den Spieß, bestreut sie mit Semmelbröseln, Ingwer, Pfeffer und Salz, betropft sie oft mit Schmalz, und wenn sie angerichtet sind, bestreut man sie mit kleingeschnittenen gerösteten Mandel- und Semmelbröschen.

Lerchen auf sächsisch gefüllt. Den rein gemachten Lerchen wird der Hals mit einem Federkiel aufgeblasen, dann werden Hühnerleber, frischer Speck, Ingwer, Pfeffer, Muskatenblumen, und ein wenig Salz untereinander klein gehackt, und gerührt, in einem Pfännchen am Feuer geröstet, dann ausgekühlt, und ein paar Dotter darunter gerührt, doch daß die Fülle nicht zu dick werde, die Lerchen beym Hals damit gefüllt, zugenäht, am Spieß gebunden, mit Lorbeerbeerblättern umlegt, und angebunden, oft mit Butter begossen, und langsam gebraten.

Linsencoulis. Siehe **Coulis.**

M.

Magen.

Magen von jungen Schafen gefüllt, auf böhmisch. Wenn man die Magen gereinigt, und weich gesotten hat, füllt man sie mit einer Fülle von Mark oder frischem gehackten Speck, zwey Hände voll geriebener Semmel, ein wenig gerösteten Zwiebeln, Petersill, Majoran, 3, 4 oder mehr Eyern, Schmetten, Ingwer und Muskatenblüth, näht oder steckt sie zu, bratet sie auf dem Rost allmählig, begießt sie mit Butter, und giebt sie warm auf.

Magen von Hühnern auf sächsisch zugerichtet. Die Hühner- oder Kapaunermägen und Broschen werden in kleine Stücke geschnitten, an kleine dünne und fingerlange hölzerne Spieße gesteckt, in einem von Mehl, Dottern und Wein gemachten Teig eingetaucht, in die Pfanne an die heiße Butter gethan, und langsam schön gelb gebacken, hernach die Spieße abgezogen und aufgegeben.

Magen von Ochsen auf sächsisch gefüllt. Der reingemachte Ochsenmagen wird erst eine Weile in Wasser und Salz gekocht, dann ausgekühlt, mit einer von Sahne, Eyern, Semmeln, Speck oder Mark, Petersille, Gewürz und Salz gemachten Fülle gefüllt, zusammen genäht, erst halbs in Rindsfett gebraten, dann wieder in selbige Brühe gethan, in welcher er erst gekocht hat, und vollend gar sieden lassen.

Magen

Magen von Schafen auf sächsisch gefüllt. Die Schafmägen werden in einer guten Fleischbrühe erst halb gar gekocht, dann herausgenommen, einige davon, so viel man zur Fülle der übrigen nöthig hat, mit Petersill und Speck klein gehackt, geriebene und in Fett geröstete Semmeln mit ein wenig Sahne, etlichen zerklopften Eyern, Salz und Gewürz darunter gerührt, die übrigen Mägen damit gefüllt, zusammen genäht, wieder in die vorige Brühe gethan, und vollends weich sieden lassen, dann Muskatenblumen, ein dünnes gelbes Eingebrenntes, mit einer scheibicht geschnittenen Citrone und geschnittenen Citronenschalen dazu gegeben, und damit aufkochen lassen.

Magen, Schafsmagen auf sächsisch zu braten. Nachdem sie zuvor in einer guten Fleischbrühe weich gekocht sind, werden sie mit einer beliebigen Fülle gefüllt, zugenäht, am Spieß gebraten, oft mit Butter begossen, und dann entweder so aufgegeben, oder eine gute Muskatenblumenbrühe darüber gemacht.

Makronen.

Makronen von gerösteten Mandeln, auf böhmisch. Nachdem man ein halbes Pfund süsse Mandeln etwas gröblich, und nicht gar zu klein gestossen hat, schlägt man in eine Pfanne zwey Eyerklar, thut die Mandeln, mit einem halben Pfund durchgesiebten Zucker dazu, rührt es untereinander, und röstet es langsam über einen sachten Kohlfeuer, hernach thut man geschnittene Oblaten fingerdick darauf, und läßt es ganz kühl backen.

Makronen, auf sächsisch. Zu ein halbes Pfund gestossener Mandeln wird ein Viertelpfund gestossenen Zucker, zwey Loth gestossenen Zimmet, eben

so

so viel kleingeschnittener Citronenschalen, und sechs zerklopfte Eyweiß genommen, alles gut untereinander gemengt, davon werden kleine runde Häufchen auf Oblaten gemacht, so groß als man sie haben will, und zwischen einem jeden ein wenig Platz gelassen, mit dem Messerrücken oben Querstriche darauf gemacht, bey mäßiger Hitze schön braun gebacken, und die Oblaten hernach rundherum abgebrochen.

Mandeln.

Mandeln auf österreichisch geröstet. Ein Pfund schöner ausgeklaubter und ganzer Mandeln werden in einem meßingenen Beck übern Kohlfeuer geröstet, bis sie resch werden, aber immer umgerührt, dann werden sie auf ein Papier geschüttet und abgetrocknet, nun drey Viertelpfund Zucker in einen meßingenen Kessel gethan, ein halbes Seidel Wasser daran gegossen. Nachdem der Zucker dick eingesotten ist, daß er sich spinnet, werden die Mandeln darein gethan, und so lange geröstet, bis sich der Zucker ganz an die Mandeln setzt, doch müssen sie immer gerührt werden, daß sie sich nicht anpichen können.

Mandelnbrezeln. Siehe Brezeln.
Mandelbrod. Siehe Brod.
Mandelkäß. Siehe Käß.
Mandelkränzchen. Siehe Kränzchen.
Mandeltaschen. Siehe Taschen.

Marzipan.

Marzipan auf sächsisch gebacken. Ein halbes Pfund Mandeln, und eben so viel Bienchen und Pistazien werden ganz klein gestoßen, doch jedes vor sich besonders, thut dann zusammen, giebt ein halbes Pfund gestoßenen Zucker, gießt ein wenig Rosenwasser

wasser darzu, und stößt es gut untereinander, schmiert es hernach auf Oblaten, drückt nach Belieben eine Form darauf oder auch nicht, thut es auf ein Tortenblech, und bäckt es bey mäßiger Hitze in einem Ofen nicht lange.

Marzipanteig. Siehe Teig.

Maul.

Maul oder Rißl von Ochsen in vier Schüsseln, auf böhmisch. 1. Wird es gar gekocht, und daran ein Frikaße mit Schampionen gemacht. 2. Wird daran ein Ragout mit Pinoti, starkem Gewürz und Würznelken gemacht. 3. Ebenfalls einen Ragout, mit Zwiebeln poßirt, und mit Senft legirt. 4. Fein geschnitten, abgemacht mit geriebenen Semmel, Sardellen und Citronen.

Maul von Ochsen, oder Ochsenrißl, auf sächsisch gekocht. Nachdem es weich gekocht ist, wird es herausgenommen, in länglichte Stücke geschnitten, in einen Tiegel gethan, Fleischbrühe und ein wenig Eßig darauf gegossen, Ingwer, Pfeffer, Safran, geriebenes Brod, und kleingeschnittene und in Rindsfett geröstete Zwiebeln dazu gethan, und zusammen aufgekocht. Man kann es gekochter auch klein geschnitten, und kalter mit Eßig und gehackter Petersille und Pfeffer geben.

Maultaschen.

Maultaschen von Mandeln, auf böhmisch. Man macht einen Teig von Mundmehl, 2 oder 3 Eyern, frischer Butter, Zucker, ein wenig Salz, treibt ihn recht dünn auseinander, schneidet viereckigte Flecke daraus, giebt einen Löffel voll Mandelmasse darauf, macht sie zu, bestreicht sie mit Eyern, drückt sie an beyden Enden fest zu, bestreicht sie wieder mit Eyern, Zucker und gestiefelten Mandeln, und bäckt sie.

Maurachen.

Maurachen auf böhmisch gebraten. Man läßt die Maurachen etwa einer Stunde lang im Wein liegen, daß sie auflaufen, dann mit Pfeffer und Salz bestreut, auf dem Rost gebraten, und oft mit Butter bestrichen.

Meerenten. Siehe Enten.

Meerschwein.

Meerschwein mit Ragour, auf französisch. Er wird in Stücke geschnitten, und an Spieß gebraten, im währenden Wenden, mit Butter, Salz, Eßig und Pfeffer vermengt, begossen. Ist es gar, thut man es in ein Kastrol, giebt ein wenig Fleischbrühe, ein Glas Wein, Pfeffer, die abgetropfte Brühe dazu, rührt ein Eingebranntes darunter, und giebt es zu einem Vorgericht auf.

Melonen.

Melonen einzumachen. Man schält und schneidet recht reife Melonen zu langen Streifchen, und legt sie in eine Schüssel, man kocht in 2 Maaß Eßig ein Pfund Zucker, welchen man schäumt und gut kochen läßt, und über die Melonen gießt; wenn die Melonen überall damit bedeckt, und tüchtig umgerüttelt sind, gießt man den Eßig wieder ab, kocht ihn wieder, thut die Melonen in ein Glas, und schüttet den Eßig mit Zimmet, und Würznelken darüber.

Meridan.

Meridan von Fleisch. Man hackt das Fleisch von einer Henne oder Kapauner klein, macht es mit Nierenfett, und 4 oder 5 eingerührten Eyern, auch mit in Milch geweichten Semmel an, schneidet alles untereinander, treibt Butter oder geflossenes Mark mit etlichen Eyerdottern oder Krebsbutter ab; thut alles mit Semmelbröseln in eine Schüssel, und backt es im Ofen.

Milch.

Milch gefroren zu machen, auf böhmisch. Man thut so viel fein gestoßten Zucker, als 8 Eyer wiegen, in einen Weidling, rührt dazu mit einem Kochlöffel 8 Eyerdotter, darein gießt man ein halb Maas gute Schmetten (Sahne) und nun wird die ganze Masse in einem Kessel heiß gemacht, bis zum kochen; wenn es anfängt zu grießeln, nimmt man es geschwind vom Feuer, gießt es in einen glasirten Weidling, giebt Zimmet und Citronenschalen hinein, läßt es eine halbe Stunde abkühlen, schüttet es in die Gefrierbüchse, setzt es ins Eis, rührt es oft um, und giebt es endlich in schattirten Schalen auf.

Milch, die sogenannte hollsteinische Milch zu machen, auf böhmisch. Man füllt einen Weidling mit saurer Milch, sammt den Schmetten, bindet es in reines Tuch, läßt es eine Nacht hängen, damit das Wasser davon abläuft; den andern Tag nimmt man den sauren Ram davon herunter, vermische ihn mit einem Seidel guter süßen Schmetten, rühre es recht klar untereinander, und läßt es in der Gefrierbüchse gefrieren.

Milch von Zwiebelsaft, oder Eyermilch auf französisch gebacken. Zu einer Kanne Milch nimmt

nimmt man 12 mittelmäßige Zwiebeln, schneidet sie klein, stößt sie, und preßt den Saft dazu aus, quirlet 12 Eyer darunter, und läßt sie in einem Tiegel oder Kessel zu einem Muß sieden. Man muß aber ununterbrochen rühren. Dann thut man sie in einen Durchschlag, und läßt den Molken davon gut abrinnen. Dann thut man sie auf ein Bret, schneidet dünne Stücke daraus, bestreut sie mit Mehl und klein gehackten Zwiebeln, thut sie an die heiße Butter, und bäckt sie schön gelb.

Milch auf österreichisch gesulzt. Man gießt in ein mit Butter ausgeschmierten Kastrol Milch, und läßt sie sieden, zerreibt inzwischen in einem Hafen ein wenig Mundmehl in kalter Milch, und mengt dazu abgeschlagenes Eyerklar, rührt dieß in die siedende Milch, reibt von zwey Citronen das Gelbe in Zucker, thut dieß in eine ausgeschmierte Pfanne, gießt die aufgesottene Milch darauf, und nachdem sie gemach aufgesotten ist, gießt man sie in eine Schüssel, und setzt sie in den Keller, daß sie sich sulzet.

Milch von Karpfen auf sächsisch zugerichtet. Die Karpfenmilch wird ein wenig gesalzen, in Weinessig überkocht, klein geschnitten, Pfeffer, Muskatenblumen, Butter, Citronensaft, und kleingeschnittene Citronen darunter gemengt, in die Austerschalen gefüllt, auf den Rost gethan, und langsam gebraten.

Möhren.

Möhren auf sächsisch zugerichtet. Die Möhren werden geschaben, klein geschnitten, und in der Rindsbrühe ganz weich gekocht, dann mit einer löchrichten Kelle herausgenommen, und in einem Asch ganz fein zerrieben, darauf Rosenwasser, Zucker, Zimmet,

Zimmet, ein wenig Salz, ein paar Eyer, kleine Rosinen, und geriebene Semmeln darunter gerühret, in einen Tiegel an die heiße Butter gethan, und wie ein Pfankuchen auf beyden Seiten schön gelb gebacken, dann in die Schüssel gethan, und Zucker darauf gestreuet.

Morgeln.

Morgeln von Kalbsgeschling, auf böhmisch. Man kocht ein Geschling recht weich, hackt etwas von der Lunge und Leber ganz klein, rührt darunter ein Ey und zwey Dotter, macht daraus Maurachen, und die Stiele von mürben Teig bäckt sie aus. Man grillirt, oder giebt sie in der Sauce auf.

Morgeln frische zum Zugemüse, auf sächsisch. Sie werden rein gemacht, geschnitten, doch nicht zu klein, und in der Butter geröstet, dann wird die übrige Butter davon abgeseihet, Fleischbrühe, Pfeffer und Muskatenblumen daran gethan, und so lange kochen lassen, bis sie weich sind, dann thut man ein Stück Butter dazu, und quirlet ein paar Dotter darein.

Morgeln, oder Spitzmorgeln auf sächsisch gebraten. Die Morgeln werden mit kaltem Wasser gewaschen, und gut abgeseihet. Indessen werden etliche Eyer hart gekocht, die Dotter klein gehackt, Salz, Gewürz, kleine Rosinen dazu gethan, und untereinander gerühret, die Morgeln durch einen Trichter damit gefüllt, oben mit heißer Butter begossen, daß die Fülle hart werde, an ein Spießchen gesteckt, und langsam gebraten, aber immer mit Butter begossen. Wenn sie gar sind, giebt man sie auf, und bestreuet sie mit Pfeffer.

Muscheln.

Muscheln mit Frikaße, auf böhmisch. Man wäscht die Muscheln sammt den Schalen in frischem Wasser, macht sie auf, läßt das Muschelchen in der einen Hälfte der Schalen liegen, die andere leere Hälfte füllt und poßirt sie mit Semmelbröseln, Butter und Citronensaft, und giebt sie mit ein wenig guter Fleischbrühe auf die Tafel.

Muscheln gemachte, auf böhmisch. Man läßt Schmalz zergehen, wovon man allzeit einen Löffel voll in ein unverzinntes Kastrolchen thut, darein rührt man gesiebten Zucker und geschnittene Mandeln allemal a proportion mit einem Kochlöffel, bis es Semmelfärbig wird, und geschwind damit in die Form, schlägt damit auf, daß es in die Muschel läuft; man nimmt es heraus, wenn es heraus ist, und macht derley, so viel man braucht. Die Muschel muß vorher mit Schmalz geschmiert werden.

Muscheln mit Ragout, auf französisch. Nachdem ihnen der Bart benommen ist, kocht man sie in einem eisernen Tiegel oder Grapen in ihrer eigenen Brühe. So bald sie sich spalten, nimmt man sie vom Feuer, löset sie aus, nimmt ihnen den Darm weg, schneidet sie scheibicht, thut sie an die zerlassene Butter in das Kastrol, giebt kleingeschnittene Petersillen mit Zwiebeln dazu. Wenn sie braun geröstet sind, gießt man ein wenig Fleischbrühe mit einem Glas Wein daran, thut gutes Gewürz dazu, rührt ein Eingebrenntes darunter, läßt sie damit gut aufkochen, richtet sie zu einem Vorgericht an, und besetzt den Rand der Schüssel mit gebackenen Petersillen.

Muscheln auf sächsisch eingelegt. Nachdem man ihnen den Bart genommen, sie in ihrer eigenen Brühe gekocht, und den Darm davon genommen hat, so kann man sie entweder so in ihrer eigenen Brühe mit Pfeffer, oder mit Baumöl und Eßig essen, oder man kann auch eine Citronen- oder saure Fischbrühe darüber machen.

Muscheln auf sächsisch gekocht. Man nimmt den Muscheln den Bart weg, wäscht sie, thut sie trocken in einen Tiegel, und läßt sie zugedeckt in ihrer eigenen Brühe sieden, bis sie aufspringen, löset sie hernach aus ihren Schalen, nimmt den Darm davon, thut sie in einen Tiegel an die heiße Butter, läßt sie darinn braten, bis sie schön gelb sind, gießt dann Wein und ein wenig Eßig darauf, pfeffert sie, läßt sie damit ein wenig aufkochen, und giebt sie auf.

Muskatellerbirnen. Siehe Birnen.

Muskazoni.

Muskazoni, auf österreichisch. Man nimmt ein halbes Pfund gestähten Zucker, von drey Eyern das Weiße, ein halbes Pfund geschälter und kleingestoßener Mandeln, Zimmet, und Muskatennuß, und nachdem dieß in einem Weidling untereinander getrieben ist, werden zwey Loth Mundmehl dazu gethan, der Teig gut durchgearbeitet, kleine Stücke daraus geschnitten, die gehörige Model darauf gedrückt, auf Oblaten gelegt, mit Eyerklar bestrichen, mit gestähtem Zucker bestreuet, und langsam gebacken.

Musquetirenbrod. Siehe Brod.

Musserons.

Musserons mit Ragout, auf französisch. Man nimmt recht frische Musserons, thut den Kießsand heraus, wäscht sie gut rein, thut sie dann in das Kastrol an ein Stück zerlassener frischer Butter, giebt Salz, Pfeffer und ein Bündchen feiner Kräuter dazu, und läßt sie darinn gut kochen. Wenn sie gar sind, zerklopft man etliche Eyer in ein wenig Rindsbrühe, rührt ein wenig geröstetes Mehl darein, und gießt es darunter, läßt sie damit gut aufkochen, und giebt sie auf.

Muß.

Muß. Siehe mehr davon unter **Koch.**

Muß von Aepfeln. Geschält und rein gemacht vom Kernhaus werden sie klein geschnitten, und im Wasser oder Wein gesotten, darauf quirlet man in die Eyerdotter ein wenig feines Mehl, schüttet es darüber, thut Butter, Zucker, Rosinen, gestoßenen Zimmet mit Muskatenblumen und Anis daran, und läßt es im Kastrol zugedeckt über den Kohlfeuer sachte so lange dünsten, bis sie ganz zum Brey geworden sind. Diesen Muß oder Brey kann man statt eines Sallats oder einer Sauce zu einem Braten brauchen.

Muß von Rebhühnermägen und Lebern, auf böhmisch. Die Mägen und Lebern von Rebhühnern werden mit etwas von ihrem Fleisch klein gehackt, dann in eine blecherne Schüssel gethan, einige zerklopfte Dotter mit guten süssen Schmetten, einem Stück frischer Butter und Gewürz darunter gerührt, aufs Kohlfeuer gesetzt, und zusammen sieden gelassen, bis es zu einer ganzen Masse oder braun geworden ist.

Muß von Reis, auf böhmisch. Der Reis wird gesäubert und gewaschen, dann trocken zu Mehl gestossen, das Mehl durchgesiebt, in eine blecherne Schüssel

Schüssel gethan, mit gestossenen Mandeln, Zucker, Butter und einigen zerklopften Dottern eine Stunde lang gut gerührt, dann guten süssen Schmetten dazu gegossen, wieder gut durcheinander zerklopft, aufs Kohlfeuer gesetzt, und sieden gelassen, bis es etwas dicklich geworden ist.

Muß von Mandelmilch, auf böhmisch. Ein halbes Pfund geschälter Mandeln werden ganz klein und zu Brey gestossen, dann in einem guten süssen Schmetten zerrührt, und in ein Tuch gegossen und ausgepreßt, den Schmetten ans Feuer gesetzt, und indem er anfängt zu sieden, ein wenig Mundmehl, und dann die ausgepreßten Mandeln darunter gerührt, gezuckert, und nicht zu dick sieden gelassen.

Muß von Semmeln oder Brey, auf böhmisch. Die Rinden von harten Semmeln werden in Wein geweicht, dann ein wenig ausgedrückt, in Schmalz zerrieben, hernach 5 Dotter und 3 ganze Eyer gut zerklopft, darunter gerührt, geschnittene Citronenschalen und Zucker dazu gegeben, in ein Reindl oder eine blecherne Schüssel gethan, aufs Kohlfeuer gesetzt, oben und unten gleichmäßige Gluth gegeben, langsam und braun gebacken.

Muß von Citronen, auf bömisch. Am Feuer geröstete Semmelschnitze werden in einer Suppe gekocht, mehr Citronensaft als Zucker, und geschnittene Citronenschalen dazu gethan, und aufsieden gelassen. Ist es zu dünne, so schlägt man noch ein paar zerklopfte Eyerdotter dazu.

Muß von Weichseln, auf böhmisch. Die trocknen Weichseln werden erst in Wein gesotten, dann wird der Kern davon genommen, und sie werden klein gehackt, hernach thut man in Wein geweichte Semmel, drey Eyer und sechs Eyerdotter, gestossene Nelken,

ken, geschnittene Citronenschalen und Zucker dazu, und rührt dieß alles gut untereinander, in ein Reindl mit ausgeschmierter und geschmolzener Butter gethan, oben und unten Gluth gegeben, und braun werden gelassen.

Muß von Gries, auf böhmisch. Man nimmt Wienergries, röstet ihn erst in Butter, doch daß er nicht braun wird, hernach wird süsser Schmetten auf kleingestossene Mandeln gegossen, solche ausgepreßt, und der Schmetten nach und nach auf den gerösteten Gries gegossen, ihn darinn kochen gelassen, doch daß er nicht zu dick wird, Zucker und einige zerklopfte Eyerdotter dazu gethan. Im Fall man nicht genug Schmetten und Milch hat, oder haben will, so gießt man gute Hühnersuppe daran.

Muß von Erdbeeren, auf böhmisch. Die Erdbeeren werden in Wein zerrührt, und durch ein dünnes Sieb getrieben, dann wird geröstetes und geriebenes Hausbrod in Schmalz gebräunet, der Erdbeerensaft daran gegossen, gezuckert, und dicklich sieden gelassen.

Muß von Aepfeln, auf böhmisch. Die Aepfel werden gebraten, doch daß sie nicht platzen, und der Saft herausläuft, dann abgeschälet, und bis auf das Kernhaus geschabet, dieß mit Butter, Zucker, Zimmet, Citronensaft, geschnittene Citronenschalen, und gerösteten geriebenen Semmeln gethan, guten Wein darauf gegossen, und aufkochen gelassen, hernach einige zerklopfte Eyerdotter daran gethan, oben und unten Gluth gegeben, und braun werden gelassen.

Muß von Rosinen, auf böhmisch. Die Rosinen werden von ihren Stengeln gelöset, in einem Mörsel mit in Butter gerösteter Semmel gestossen,

dann

dann in ein Reinel gethan, guten Wein darauf gegossen, Zucker und Citronenschalen dazu genommen, und aufsieden gelassen.

Muß von Mark, auf böhmisch. Ein Viertelpfund Butter wird erst so lange zerrührt, bis sie schäumig wird, dann eben so viel kleingehacktes Rindsmark, eben so viel kleingestoffener Mandeln, 4 ganze Eyer, und 5 Eyerdotter gut zerklopft dazu gethan, und gut zusammen gerührt, nun Zucker, gestoßenen Zimmet, und geschnittene Citronenschalen ebenfalls darunter gerührt, dieß in ein mit Butter ausgeschmiertes Reinel gethan, oben und unten Gluth gegeben, und langsam backen gelassen.

Muß gestoßener, auf böhmisch. Das von gebratenen oder gekochten Kapaunern abgeschälte Fleisch wird erst klein gehackt, dann in einem Mörsel mit etwas geschälten Mandeln gestoßen, hernach Hühnersuppe darauf gegossen, darinn gut zerrührt, durch ein dünnes Sieb getrieben, das Dicke ausgepreßt, dann im Butter gerösteten Wienergries und geriebene Semmeln dazu gemengt, in ein Reinel gethan, und so lange sieden gelassen, bis es zu einer beliebigen Dicke geworden ist. Man kann nach Belieben auch ein paar zerklopfte Eyerdotter, und etwas Gewürz daran thun.

Muß von Quitten, auf böhmisch. Die Quitten werden geschälet, und in kaltes Wasser gelegt, bis man auch den letzten geschälet hat, hernach im Schmalz gebraten, bis sie braun sind, dann ein wenig Wein und Wasser darauf gegossen, zugedeckt, und sie so lange dämpfen gelassen, bis sie weich sind, dann gut zerrieben, und sie durch ein dünnes Sieb getrieben, und den Rest ausgepreßt, das Durchgepreßte wieder in ein Reinel gethan, ans Feuer gesetzt, ge-

röstete

röstete und geriebene Semmeln, ein wenig Wein, etwas Citronensaft, geschnittene Citronenschalen, gestoßenen Zimmet, Zucker nach Belieben, vier oder fünf gut zerklopfte Eyerdotter, und ein Stück Butter dran gethan, immer gerührt, und sachte so lange sieden lassen, bis es zu einer beliebigen Dicke wird.

Muß von Fischen, auf böhmisch. Das Fleisch von Hechten oder Karpfen wird von den Gräten gelöset, klein gehackt, im Mörser gestoßen, in gutem Wein zerrührt, und ausgepreßt, das Dünne in ein Reinel gegossen, Semmel gerieben und in Butter geröstet, Zucker nach Belieben, gestoßenen Zimmet, Citronensaft, klein geschnittene Citronenschalen, und einige zerklopfte Eyerdotter dran gethan, immer gerührt, und aufsieden lassen.

Muß von Kapaunen, auf böhmisch. Das Fleisch von gebratenen oder gesottenen Kapaunern wird von Beinen abgeschälet, dann eben so viel Rindsmark als Fleisch ist, und einige Dotter aus hart gekochten Eyern genommen, und dieß alles zusammen klein gehackt, hernach in Suppe geweichte Semmelrinden dazu genommen, und alles untereinander in einem Mörser zu einer Masse gestoßen, dieß nun in einer Hühnersuppe gut aufsieden lassen, zuletzt in ein Reinel mit Butter und Muskatenblumen gethan, zugedeckt, auf ein gelindes Kohlfeuer gesetzt, und ein wenig dämpfen lassen.

Muß von Hühnern, auf böhmisch. Die Lebern von Hühnern, Hechten und Karpfen werden klein gehackt, und in einem Mörser gestoßen, dann in ein Reinel gethan, süßer Schmetten drauf gegossen, gießt man eine Halbe dran, so thut man vier ganze Eyer, und acht Eyerdotter geklopft, Muskatenblumen, und Zucker, wenn man will, dazu, und läßt es es aufsieden, thut es dann in ein mit Butter ausgeschmiertes Reinel, mit etwas Butter, giebt oben und unten Glut, und bäckt es langsam und braun.

Muß von Kapaunern oder Hühnern, auf böhmisch. Das Fleisch wird von einem gesottenen Kapaun oder Huhn klein geschnitten, und in einem Mörser gestoßen, hernach sechs Eyerdotter in süssem Schmetten zerrieben, geriebene und in Butter gebräunte Semmeln dazu genommen, daraus ein Teig gemacht, in der Hühnersuppe aufgekocht, und dann mit Zucker und Zimmet bestreut.

Muß von Dottern, auf böhmisch. Man bräunet erst Mehl in Butter, gießt süssen Schmetten oder Mandelmilch drauf und rührt es zusammen, nun in ein Töpfel einige Eyerdotter gut zerklopft, und dazu gegossen, auch Zucker nach Belieben zugethan, oben und unten Gluth gegeben, und braun werden lassen.

Muß von Wein, auf böhmisch. Die Rinden von Semmeln werden erst in gutem Wein weich gesotten, hernach in ein Sieb gethan, und das Dünne davon ganz abrinnen lassen, das Dicke hernach in einem Stück frischer Butter zerrührt, geschnittene Citronenschalen, Citronensaft, und Zucker von jedem so viel als nöthig, dazu gethan, und untereinander gerührt, nun in ein mit Butter ausgeschmiertes Reinel gethan, ihm von unten und oben ein gleich starkes mäßiges Kohlfeuer gegeben, und es braun backen gelassen.

Muß von Weintrauben, auf böhmisch. Man nimmt frische Weintrauben vom Stock, die nicht ganz zeitig sind, röstet Semmel in Schmalz, thut sie dazu, und läßt dieß zusammen im Schmalz zugedeckt sieden und dämpfen, dann durch ein dün-

dünnes Sieb durch getrieben, Butter, Zucker, geschnittene Citronenschalen und gestoßene Muskatenblumen, nach der Menge, oder nach dem Augenmaaß dazu genommen, und dieß zusammen so lange sieden laßen, bis es etwas dicklich wird.

Muß von Sulzen, auf böhmisch. Man nimmt Marunken- oder Aepfel- oder Zwespensulze, thut in Wein geweichte und ausgedruckte Semmelrinden, zerklopfte Eyer so viel als vonnöthen, doch die Hälfte mehr Eyerdotter als ganze Eyer, Citronensaft, und geschnittene Citronenschalen, und auch Zucker dazu, wenn es etwa nicht süß genug seyn sollte, rühret dieß alles gut untereinander, thut es in ein mit Butter ausgeschmiertes Reinel, giebt ihm oben und unten Gluth, und bäckt es langsam.

Muß von Eyern, auf böhmisch. Man rührt erst ein Viertelpfund Butter so lange bis sie säumig wird, dann thut man in Suppe geweichte und ausgedruckte Semmelrinden, vier ganze Eyer, und von andern vieren das Weiße säumig geklopft, und ein paar Löffelvoll Hühnersuppe darunter, und rührt dieß alles gut untereinander, nimmt auch Zucker nach Belieben dazu, in ein mit Butter ausgeschmiertes Reinel gethan, und backen laßen.

Muß von grünen Erbsen, auf böhmisch. Die Zuckererbsen werden aus ihren Schalen gelöset, und ganz weich gekocht, hernach durchgetrieben, daß die Schalen zurück bleiben, nun süße Schmetten, klein gehackte und zerstoßene Krebse, Mägen und Lebern von Hühnern, geriebene und in Butter geröstete Semmeln, gestoßenen Pfeffer und Ingwer, und einige zerklopfte Eyerdotter dazu gethan, dieß alles zusammen gut untereinander gerührt, nun Butter in einem Reinel geschmolzen, von innen damit ausgeschmiert, dieß hinein gethan, und langsam braun backen laßen.

Muß vom Auerhahn, auf böhmisch.
Magen und Leber werden mit Petersillwurzeln dran gethan, in einer Rindssuppe weich gekocht, dann mit den Wurzeln und dem Grünen davon klein gehackt, Pfeffer und Butter, und auch anderes Gewürz nach Belieben, und auch etwas Wein dazu genommen, und in selbiger Rindssuppe so lange gekocht, bis es ganz zu einem Brey geworden ist, der auf der Zunge schmelze, dann Zucker und Zimmet darüber gestreut, so läßt sichs essen und beißt nicht.

Muß von Aepfeln, auf sächsisch. Die Aepfel werden geschälet, dünn geschnitten, in einem Topf halb mit Wein und halb mit Wasser ganz zu Brey gekocht, dann durch einen Durchschlag in eine Schüssel getrieben. Inzwischen werden etliche Eyer in einem Töpfchen zerklopft, ein wenig Sahne, geriebene Semmeln, Zucker und Zimmet darunter gemengt, dieß unter die Aepfel gerührt, alles zusammen an die zerlassene Butter in Tiegel gethan, noch gut aufkochen lassen, oft umgerührt, dann aufgegeben, und Zucker und Zimmet drauf gestreut. Man kann auch nach Belieben Safran und kleine Rosinen drein thun.

Muß von Heidelbeeren, auf sächsisch. Die Heidelbeere werden in Butter gebraten, mit Wein, Wasser, Zucker und Zimmet gekocht, über geröstetes Weißbrod angerichtet, und mit Zucker und Zimmet bestreut.

Muß von Birnen, auf sächsisch. Die Birnen werden dünn geschälet, zu Vierteln geschnitten, in den Tiegel an die zerlassene Butter gethan, und braun geröstet, dann gießt man guten Wein drauf, deckt sie zu, und läßt sie dünsten bis sie weich werden, hernach treibt man sie durch, setzt sie wieder bey, thut

Zucker, und Zimmet dazu; und wenn sie damit aufgekocht sind, giebt man sie auf, und streuet wieder Zucker und Zimmet drüber.

Muß von Pflaumen oder Zwetschken, auf sächsisch. Man nimmt schöne reife Pflaumen, thut die Kerner heraus, läßt sie in Wein zu einem ganz dünnen Brey sieden, treibt sie dann durch, setzt sie wieder bey, thut geriebenes und in Butter geröstetes Rockenbrod, Zucker und gestoßene Muskatenblumen dazu, und läßt sie noch ein wenig damit aufkochen. Mit Braunellen oder gebackenen Pflaumen kann man es auch so machen.

Muß gebacken, auf sächsisch. Man läßt einen Löffelvoll Butter in einem Pastetentiegel oder in einer Pfanne zergehen, quierlet indessen zwey Eyer und einen Löffelvoll Mehl in einem Töpfchen, und rührt ein Seidel Sahne gut darunter, gießt dieß in den Tiegel an die zerlassene Butter, deckt es nicht zu, sondern setzt es in einen Backofen, daß es auch von oben braun werden kann.

Muß geröstet, auf sächsisch. Zu einem Seidel süsser Sahne thut man fünf Löffelvoll Mehl an die zerlassene Butter, und röstet es schön gelb, dann quierlet man drey Eyer in die Sahne, gießt dieß langsam nach und nach an das Eingebrennte, salzt es ein wenig, und rührt es über dem Feuer immer fort, bis es seine gehörige Dicke hat.

Muß von Mark, auf sächsisch. Das Rindsmark wird klein gehackt, und in einem Pfännchen zerlassen, dann thut man geriebene Semmeln in einen Tiegel, gießt das Lautere vom Fett drauf, rührt es gut in einander, gießt Wein dazu, giebt Zucker und Zimmet, läßt es kochen bis es die rechte Dicke hat, und giebt es auf.

Muß

Muß von Kapaunen, auf sächsisch. Das Fleisch von einem rohen Kapaun wird von seinen Beinen gelöset, ganz klein gehackt, im Mörser zu Brey gestoßen, geröstete, gestoßene und durchgesiebte Semmeln darunter gerührt, in Hühnersuppe zerrührt und zerrieben, durch ein härenes Sieb in ein Töpfchen getrieben und beygesetzt. Wenn es aufgekocht ist, thut man ein Stück frische Butter und Muskatenblumen dazu, rührt auch eine Handvoll geschälter und klein gestoßener Mandeln drein, läßt es damit noch ein wenig aufkochen, und giebt es dann auf.

Muß von Krebsen, auf sächsisch. Von den übersottenen Krebsen werden die Nasen und das Unreine weggenommen, das Uebrige wird im Mörser ganz klein gestoßen, in Hühnerbrühe zerrührt, durch ein härenes Sieb in ein Töpfchen getrieben und beygesetzt, geriebene und in Butter geröstete Semmeln, mit Pfeffer, Muskatenblumen und einem Stück frischer Butter dazu gethan, es damit gut aufkochen lassen, und dann aufgegeben.

Muß von Dottern, auf sächsisch. Man setzt eine halbe Rindsbrühe in einer Kastrole bey, zerklopft acht Dotter in einem Töpfchen, rührt ein wenig Mehl drein, thut etwas von der Brühe dazu, quirlet es gut untereinander, rührt es dann an die siedende Brühe, quirlet es im sieden immer fort, bis es seine rechte Dicke erhält, dann thut man ein Stück Butter und Muskatenblumen dazu, und giebt es auf.

Muß von Semmeln mit Rindsbrühe, auf sächsisch. Geriebene Semmeln werden in Rindsfett geröstet, an die siedende Fleischbrühe mit Muskatenblumen und einem Stück Butter gethan. Wenn es seine rechte Dicke hat und gar ist, quirlet man

drey

drey oder vier gut zerklopfte Dotter drein, rühret es gut untereinander, läßt es nicht mehr kochen, sondern giebt es auf.

Muß von Kürbisen, auf sächsisch. Die Schalen von Kürbisen werden weggeschnitten, die Körner weggethan, das Uebrige klein gehackt, in eine Kastrole an die siedende Milch gethan, und ganz zu Brey sieden lassen, dann gepfeffert, ein Stück Butter dazu gethan, vier oder fünf zerklopfte Eyer darunter gequirlet, nach Belieben gezuckert, und aufgegeben.

Muß von Grieß, auf sächsisch. Man röstet ein Seidel Grieß trocken in der Pfanne über dem Kohlfeuer, daß er schön gelb wird, rührt ihn dann an eine Kanne siedender Milch, und läßt ihn gut ausquellen. Er muß aber immer gerührt werden, daß er nicht knollicht wird. Wenn er gar ist, kann man ihn nach Belieben entweder zuckern, oder auch Butter und Salz drein thun.

Muß von Wein, auf sächsisch. Zu ein Seidel Wein thut man acht zerklopfte Eyer mit ein wenig Mehl drein gerührt, gießt dieß zusammen in ein Töpfchen, setzt es auf Kohlen, quirlet es immerfort, und dreht das Töpfchen manchmal herum, daß es sich nicht ansetzen kann. Wenn es aufgequollen ist, giebt man nach Belieben ein Stück Zucker dazu, und gießt zerriebenen, und in wenig Wasser aufgelösten Safran dazu, rührt dieß gut untereinander, giebt es dann auf, und bestreuet es mit gestoßenem Zucker und Zimmet.

Muß von Citronen, auf sächsisch. Von zwey Citronen wird das Gelbe auf einem Reibeisen gerieben, dazu werden vier Löffelvoll Citronensaft, eben so viel Wein, und so viel als beydes ausmacht, zerklopfte Dotter genommen, zusammen in ein Töpfchen gethan und beygesetzt, eine Messerspitze voll Mehl und ein wenig Safran darunter gerührt, auch die Schälchen dazu gethan, und immer gerührt. Wenn es aufgequollen ist, wird es gezuckert und aufgegeben. Will man das Muß noch besser haben, so läßt man den Wein weg, und nimmt lauter Citronensaft.

Muß von Rosinen, auf sächsisch. Zwey Händevoll kleiner Rosinen werden rein abgewaschen, mit einem saubern Tuch abgetrocknet, klein gehackt, und in ein Töpfchen gethan, geriebenes, und in Rindsfett geröstetes Brod dazu gegeben, Wein drauf gegossen, und gut aufgekocht. Dann wird es durch einen Durchschlag in einen Tiegel getrieben, Zucker und Zimmet, auch etwas klein gehackter grosser Rosinen mit gröblich gestossenen Mandeln dazu gegeben, damit wieder gut aufgekocht, und aufgegeben.

Muß von Weinbeeren, auf sächsisch. Die Beeren werden abgepflückt, gewaschen, im Mörser gestossen, in etwas Wein zerrührt, durch ein Tuch in einen Tiegel gepreßt, und gekocht, bis er etwas dick geworden ist, dann wird Zucker, Zimmet, Nelken, und ein wenig Ingwer dazu gethan, aber immer gerührt, daß es nicht anbrenne, und wenn es seine gehörige Dicke hat, aufgegeben.

Muß von Erdbeeren, auf sächsisch. Die Erbeeren werden gereinigt, in Wein zerrieben, durch ein Tuch in einen Tiegel gepreßt, ein wenig Mehl darunter gequirlet, Zucker und Zimmet dazu gegeben, immer gerührt, zu seiner gehörigen Dicke sieden lassen, und dann aufgegeben.

Muß von Mandeln, auf sächsisch. Ein halbes Pfund geschälter Mandeln wird im Mörser ganz klein gestossen, in einem Seidel süsser aufgekochter, und kalt gewordener Sahne eine halbe Stunde lang gut zerrührt, dann in einen Tiegel gegossen und beygesetzt, aber immer gerührt. Wenn es anfängt zu kochen, rührt man geriebene Semmeln darunter, thut auch ein Stück Zucker dazu. Wenn es seine gehörige Dicke hat, giebt man es auf, und streuet Zucker und Zimmet drüber.

Muß von Eyern und Mandeln, auf sächsisch. Etliche frische Eyer werden hart gesotten, geschälet, auf einem feinen Reibeisen ganz fein gerieben, in einen Tiegel gethan, eben so viel klein gestossener Mandeln als Eyer sind, dazu gegeben, gezuckert, heisse Butter drauf gegossen, ein wenig über Kohlen gehalten, stäts gerührt, und bald aufgegeben.

Muß von Mandeln, oder Schüsselmuß, auf sächsisch. In ein Seidel süsser aufgekochter und kalt gewordener Sahne werden fünf gut zerklopfte Eyer nach und nach hineinigquirlet, dann ein Viertelpfund klein gestossener Mandeln darunter gerührt, in eine mit Butter ausgeschmierte Schüssel gethan, auf ein gelindes Kohlfeuer gesetzt, und auch oben gleiche Hitze gegeben.

Muß von Mandelmilch, oder Kraftmuß, auf sächsisch. Man nimmt ein Seidel dicker Mandelmilch, quirlet drey zerklopfte Dotter drein, rührt ein halbes Seidel Malvasier, ein wenig geriebener Semmeln, Zucker und Zimmet darunter, thut dieß in ein Töpfchen, setzt es auf ein Kohlfeuer, rührt es immer, und läßt es kochen, bis seine rechte Dicke hat.

Muß von Eyerweiß, auf sächsisch. Man gießt ein Seidel Sahne in eine Schüssel, quirlet von 14 Eyern das Weisse hinein, setzt es auf ein gelindes

lindes Kohlfeuer, thut Zucker und ein wenig Rosenwasser dazu, und rührt es immer fort, bis es ganz aufgequollen ist.

Muß von Dottern, auf sächsisch. Etliche zerklopfte Dotter werden in Rosenwasser gut zerrührt, gezuckert und einwendig gesalzen, in eine Schüssel gegossen, aufs Kohlfeuer gesetzt, und so lange gerührt bis es sich setzet, dann so lange kochen lassen, bis es zu einem dicklichen Brey geworden ist, hernach aufgegeben, mit Zucker und Zimmet bestreuet, und mit geschnittenen Citronenschalen bestochen.

Muß von Pflaumen, auf vogtländisch zu kochen. Wenn Pflaumen, die reif sind, gesotten werden sollen, müssen sie entkernt in Kessel gethan, und unter stätem Umrühren kochen, damit aber auch nichts verlohren gehe, vertrockne, oder verbrenne, so schabt man das am Rande klebende fleißig hinunter, und rührt immer bis auf den Grund; nach einigen Stunden giebt man zu zwey Scheffeln Pflaumen ein halb Viertel oder eine Metze in einem Kessel gekochte und durch ein Tuch gedruckte Holunderbeere mit 2 Loth gestoßenen Zimmet, so viel gestoßene Würznelken, ein halb Pfund trockene geschnittene Zitronenschalen und mit den grünen Schalen von ein paar Schock welscher Nüssen darein, und kochts mittelmäßig dick. Man füllt es nun in steinerne Töpfe, welche man oben, damit es sich lange hält, mit Pech begießt.

N.

Nektar.

Nektar beym Nachtisch. Man schälet 2 oder 3 Citronen, und so viel Quittenäpfel, schneidet sie

sie in dünne Stückchen, und läßt sie mit drey Viertelpfund klaren Zucker, einem Nößel burgunder Wein, etlichen Würznelken und mit ein wenig Pomeranzenblüthwasser in einer Schüssel einige Stunden weichen, und filtrirt es endlich durch einen Filzsack.

Neunaugen.
Davon siehe Lampreten.

Neunaugen mit süsser Sauce, auf französisch. Nachdem ihnen das Blut abgenommen, und der Schleim abgerieben ist, werden sie in kleine Stücke geschnitten, und in gutem rothen Wein mit brauner Butter und darunter geröstetem Mehl, mit ein wenig Zucker und Salz gekocht. Wenn sie eine Weile gekocht sind, thut man ihr Blut in ein wenig Brühe zerrührt dazu, läßt sie damit noch ein paar Wall thun, und richtet sie dann zu einem Vorgericht mit gebackenen Petersillen um den Rand der Schüssel an.

Neunaugen, auf österreichisch gesotten. Die Neunaugen werden in Wasser frisch abgesotten, dann abgeseihet, und in eine Schüssel gethan; nun Oliven geschälet, das Fleisch vom Kern gelöst und klein geschnitten: dann Provenzeröl in die Kastrole gethan, und nachdem es gelbbraun ist, zwey Löffelvoll Mehl ebenfalls gelbbraun drin geröstet, nun die geschnittenen Oliven mit einem Glas Wein, Citronensaft, und etwas guter Fleischbrühe hinein gethan; und nachdem es gut aufgesotten ist, auf die Neunaugen in die Schüssel gegossen, zugedeckt aufs Kohlfeuer gesetzt, und ein wenig aufsieden lassen.

Neunaugen auf sächsisch zu sieden. Die Neunaugen werden erst zwey bis dreymal mit siedendem Wasser abgebrühet, dann wird ein Aal mit seinem

nem Sand gut abgerieben, drauf in ein kaltes Waſſer gethan, vorne beym Kopf gut gedrückt, ſo geht ihnen ein Blutstropfen aus dem Maul, hernach in Waſſer mit ein wenig Salz nur ſo lange als ein welches Ey geſotten, aufgegeben, und eine gute Erbſenbrühe drüber gegoſſen.

Nieren.

Nieren auf ſächſiſch gebacken. Die Kalbs- und Lammsnieren werden mit ſammt dem Fett und einem Stück Fleiſch vom Stoß klein gehackt, in eine Schüſſel gethan, geriebene Semmel, Salz, Gewürz und fünf oder ſechs Eyer dazu gegeben, und gut untereinander gerührt, in eine Pfanne gethan, und über dem Kohlfeuer ein wenig warm werden laſſen, dann auf in zerklopften Eyern eingetauchten Semmelſchnitten fingersdick geſchmiert, an die zerſchmolzene Butter gethan, und gebacken.

Nieren von Ochſen, auf ſächſiſch gekocht. Die Nieren werden erſt in kurzer Fleiſchbrühe gekocht, dann in dünne länglichte Schnitte geſchnitten, klein geſchnittene Zwiebeln, Ingwer und Pfeffer darunter gemengt, an die heiſſe Butter gethan, geröſtet, und warm aufgegeben. Man kann auch, nachdem ſie gekocht und geſchnitten ſind, eine Auſternbrühe drüber machen.

Nieren, Ochſen= oder Rindsnieren auf ſächſiſch gebraten. Man ſchneidet ſie in dünne Schnitte, ſalzet ſie ein wenig, ſteckt ſie an ein Spießlein, und zwiſchen jeder eine Schnitte Speck, bratet ſie auf dem Roſt, begießt ſie mit Butter, läßt ſie nicht hart werden, giebt ſie hernach trocken auf, und beſtreuet ſie mit Ingwer und Salz.

Nie=

Nieren von Schöpsen, auf sächsisch gebraten. Sie werden gehäutet, gespickt, mit Salz und Pfeffer bestreuet, an einen subtilen Spieß gesteckt, im Wenden immer mit Butter beträpfelt, zuletzt, wenn sie gar sind, mit geriebenem Brod bestreuet, vom Spieß gezogen, aufgegeben, und die Butter drüber gegossen.

Nieren von Schweinen, auf sächsisch gebraten. Man ziehet ihnen die Haut ab, schneidet sie der Länge nach von einander, doch daß sie zusammen hängen, salzt und pfeffert sie, schmiert sie mit Butter, und bratet sie auf dem Rost, doch nicht lange, daß sie nicht hart werden. Sie können auch gespickt, und wie die Schöpsnieren am Spieß gebraten werden.

Nocken.

Nocken von Hechten, auf böhmisch. Das rohe Fleisch von Hechten oder Karpfen wird erst von seinen Gräten gelöset, dann mit einem Stück Butter, und einer in Schmetten geweichten und ausgedrückten Semmel im Mörser klein gestoßen, hernach vier ganze Eyer und sechs Dotter gut zerklopft, mit zwey Löffelvoll gewässerter Höfen dran gegossen, etwas feines Mehl dazu genommen, einen gelinden und nicht allzu festen Teig draus gemacht, ihn halb Fingers dick ausgemängelt, und kurz geschnitten, und sie in süssen Schmetten oder auch in guter Rinds- oder Hühnersuppe gekocht.

Nocken von Krebsen, auf böhmisch. In einem Viertelpfunde Krebsbutter werden zwey ganze Eyer und vier Dotter eine halbe Stunde lang gut zerklopft und gerührt, dann wird ein halbes Schock gekochter und ausgelöster Krebse klein gehackt, und

ein

ein wenig feines Mehl genommen, dieß alles zusammen untereinander durchgearbeitet, einen gelinden aber nicht allzu festen Teig draus gemacht, ihn auf dem Mangelbret eines halben Fingers dick ausgemangelt, und eines halben Fingers lang geschnitten, in der süssen Milch mit Krebsbutter dran gethan, gekocht, hernach herausgenommen, und sie in der Butter gebräunet, in die Milch entweder geröstete Semmelschnitze, oder auch die gebräunten Nocken hinein gethan.

Nocken, auf österreichisch abgetrieben. Man nimmt z. E. für zehn Personen ein halbes Pfund Schmalz, treibt solches pfläumig ab, rührt zehn Eyer mit etwas Mehl dazu, doch daß der Teig nicht zu fest wird, macht sie in die siedende Milch ein, nachdem sie gesotten sind, nimmt man sie aus der Milch heraus, zerschmelzt in einer andern Pfanne oder Rein Stück frische Butter, legt sie hinein, läßt sie bey oberer und unterer Glut dünsten und braun werden, und gießt dann die Milch wieder drauf.

Nocken von Milchraum, auf österreichisch. Der Teig wird halb aus Eyern und halb von Milchraum gemacht, doch nicht zu fest, dann Nocken draus formirt, solche in Milch abgesotten, sie trocken in eine blecherne Schüssel, oder in ein Rein gelegt, immer eine Lage Nocken, und eine Lage übersottener ausgelöster und klein gehackter Krebsschwänze drauf gelegt, ein Stück frischer Butter, gestoßenen Zimmet, Zucker und Milchraum dazu gegeben, und sie bey oberer und unterer Glut dünsten und backen gelassen.

Nudeln.

Nudeln auf baierisch. Das Mehl wird erst in der Pfanne warm gemacht, dann warme Milch dran

dran gegossen, zwey Löffelvoll Höfen, drey ganze Eyer und sechs Dotter gut zerklopft mit einem Stück Krebsbutter dazu gethan, dieß alles eine Stunde lang gut untereinander gearbeitet, hernach zerflossene Butter dazu genommen, wieder gut untereinander gerührt, einen etwas losen und keinen festen Teig gemacht, an der Wärme etwas stehen lassen, bis er aufgeht, nun runde Wuchteln oder kleine vier Finger breite, Daumen dicke Kuchen draus gemacht, solche wieder etwas an der Wärme stehen lassen, daß sie aufgehen, in ein Reinel in die siedende Milch mit einem Stück frischer Butter neben einander gelegt, oben und unten gleiche Glut gegeben, und sie braun backen lassen.

Nudeln von Krebsbutter, oder Nudeln auf baierisch. Man übersiedet zwanzig Krebse in Salzwasser, macht aus den Schalen Krebsbutter, hackt die ausgelösten Schwänze klein, nimmt 4 Loth klein gestossener Mandeln, ein Massel Mundmehl, ein halbes Seidel süssen Milchraum, drey Eyer und drey Dotter, etwas Salz, dieß alles gut untereinander gerührt, einen gut durchgearbeiteten Teig draus gemacht, Daumen grosse Nudeln draus geschnitten, solche an einem warmen Ort gehen lassen, dann solche in ein breites Rein an die heisse Krebsbutter gethan, süssen Obes mit klein gestossenen Mandeln, und klein gehackten Krebsschwänzen dazu gegeben, bey oberer und unterer Glut rößlet gebacken.

Nudeln von Krebsbutter, auf böhmisch. Man nimmt in einem Topf ein wenig süssen Schmetten, zerklopft zehn Eyer drein, thut ein Stück frischer zerflossener, und eben soviel Krebsbutter dazu, rührt dieß gut untereinander, nimmt hernach schönes Mehl dazu, und ein paar Löffelvoll gewässerter Höfen, macht einen gut durchgearbeiteten linden Teig daraus, setzt
ihn

ihn in die Wärme, bis er aufgegangen ist; indessen wird ein Schock gesottener und ausgelöster Krebse klein gehackt, in ein Reinel mit etwas Krebsbutter, gerösteten geriebenen Semmeln und gestoßenen Muskatenblumen gethan, und zugedeckt dämpfen, und braun werden lassen, dann ausgekühlt, sie unter den Teig gerührt, gut durchgewalket, ausgemangelt, und Nudeln gemacht, solche voneinander zerstreut, und sie ein wenig in der Wärme stehen lassen, bis eine Haut über sie wird, dann rothe Krebsmilch mit einem Stück frischer Butter in eine Pfanne oder Kastrole gethan, und indem sie aufsiedet, die Nudeln nach und nach, nicht eher als bis immer die erstern von der siedenden Milch verschlungen sind, hinein gethan. Sobald die wenige Milch (denn viel muß man nicht dran gießen) eingekocht ist, thut man noch ein Stück frischer Krebsbutter dazu, giebt oben etwas mehr Glut als unten, und läßt sie braun werden. So wie man jede andere Speise auf eine vielfältige Weise verändern kann; so kann man auch diese Nudeln auf eine andere Art machen.

Nudeln von Dopfen, oder Dopfnudeln, auf böhmisch. Es wird die Hälfte Mehl und die Hälfte Dopfen genommen, und mit Eyern ein gut gearbeiteter fester Teig draus gemacht, dieser ausgewalket, Finger lange Stritzel draus geschnitten, solche mit Mehl bestreuet, ins siedende Schmalz gethan und gebacken.

Nudeln geschnittene, auf böhmisch. Die geschnittenen Nudeln werden in Schmalz gebacken, daß sie gelb und braunlich werden, dann in eine Schüssel gethan, aufgekochten süssen Schmetten drauf gegossen, gestoßenen Zimmet und Zucker und ein kleines Stück frischer Butter dazu gethan, aufs Kohlfeuer gesetzt, oben gleiche Glut wie unten gegeben, daß sie schön braun werden.

Nudeln von geriebener Butter, oder spanische Nudeln, auf böhmisch. Es wird ein halbes Pfund Butter so lange gerieben oder zerrührt, bis sie säumig wird, hernach zwey ganze Eyer, ein wenig geriebenen Käs, der aus der am Feuer zusammen geronnenen und ausgepreßten Kuhmilch gemacht ist, ein wenig gestoßener Mandeln, drey Viertel Seidel Schmetten, ein wenig guter Höfen, und Mehl so viel als nöthig genommen, draus ein Teig gemacht, dieser in eine mit Butter ausgeschmierte Form gelegt, an einen warmen Ort erst hingestellt, daß er aufgeht, dann oben die Rinde mit einem in Butter zerrührten Eyerdotter bestrichen, und langsam gebacken.

Nudeln mit Höfen, auf böhmisch. In ein Seidel Schmetten, werden zwey Löffelvoll, zwey Eyer und vier Dotter gut zerklopft, gegossen, und untereinander gerührt, dann schönes Mehl und etwas Zucker genommen, einen gut durchgearbeiteten linden Teig daraus gemacht, an die Wärme gesetzt, daß er aufgeht, dann Nudeln gemacht, und sie in Schmalz gebacken.

Nudeln gebacken, oder Butternudeln, auf böhmisch. In ein wenig süsse Schmetten werden zwey ganze Eyer und fünf Dotter gut zerklopft, dann etwas zerflossener Butter dran gethan, und untereinander gerührt, nun feines Mehl genommen, Salz nicht vergessen, und einen nicht allzu festen, sondern linden Teig gemacht, ihn an der Wärme etwas aufgehen lassen, dann Nudeln draus gemacht, solche in die Pfanne oder Kastrole in die siedende Butter

ter nach und nach gethan, zugedeckt, oben und unten Glut gegeben, und sie braun backen lassen.

Nudeln von Butterteig, oder Krebsnudeln, auf böhmisch. Aus einem guten mürben Butterteig werden kurze etwas breite Nudeln geschnitten, und in Schmalz gelb gebacken, dann in eine blecherne gut verzinnte Schüssel gethan, gesottene ausgelöste und klein geschnittene Krebse und Krebsbutter dazu genommen, süßen Schmetten drauf gegossen, gut untereinander gemengt, einen Reif um die Schüssel von Teig gemacht, und im Ofen backen lassen.

Nudeln von Spinath, oder Schubnudeln mit Spinath, auf böhmisch. Der Spinath wird gekocht, und im Mörser gestoßen, dann in schönes Mehl etwas frischer Butter gebröckelt, acht zerklopfte Dotter dran geschlagen, den Spinath dazu gethan, dieß zusammen so lange in einander gewalket, und gut durchgearbeitet, bis der Teig recht zähe wird, dann kurze breite Schubnudeln draus gemacht, und sie hernach in Milch und etwas frischer Butter zugedeckt dämpfen lassen. Man kann sie auch mit Fleischbrühe, oder wie man will abkochen, und dämpfen, oder in Schmalz backen. So kann man auch aus diesem Teig nach Belieben Strudeln oder Kollntschen machen, und sie mit etwas Eingemachtem füllen.

Nudeln auf französisch. Aus einem Seidel Schmetten, ein paar Löffelvoll Häfen, und seinem Mehl wird ein Teig gemacht, an die Wärme gesetzt, und aufgehen lassen, hernach in einem paar Löffel von Schmetten, sechs Dotter, etwas Zucker, und zerlassene Butter gut zerklopft und zerrührt, und ein wenig Salz dazu gethan. Dieß mit dem Teig in einander gewalket, hernach klein geschnittem Zwiebeln in Butter gebräunet dran gegossen, und einen gut durchgearbeiteten und glänzenden Teig draus gemacht, der sich vom Löffel abschälet. Nun ausgewalket, und Nudeln draus gemacht, solche von einander gerüttelt, daß sie sich nicht berühren, und anpichen, an die Wärme gesetzt, und sie aufgehen lassen. Nun etwas süssen Schmetten in die Pfanne gegossen, so viel als den Boden bedeckt, ein Stück frischer Butter dazu gethan, und indem die Milch aufsiedet, die Nudeln hin und her zerstreut, hinein gethan, ein wenig einsieden lassen bis keine Milch sie mehr überschlagen kann, und sie von oben trocken sind, dann ein Stück frischer Butter drauf gethan, zugedeckt, oben etwas mehr Glut als unten gegeben, daß sie braun werden.

Nydeln gerädelt, oder Makroninudeln, auf österreichisch. Man macht den einen Theil geschnittener den andern gerädelter Nudeln, übersiedet sie im Salzwasser, kühlt sie dann mit frischem Wasser ab, das Wasser davon weggegossen, und sie gut gesalzet. Nun wird gesalchter Hausen übersotten und klein geschnitten, und in zerlassene Krebsbutter gethan, ausgelöste und zerschnittene Krebsschwänze mit geriebenem Parmasankäse, auch guten Milchraum dazu gegeben, gut untereinander gerührt, und zugedeckt sachte ein wenig dämpfen lassen, nun eine Pfanne oder Kastrole mit Butter ausgeschmiert, den Boden mit Semmelbröseln bestreuet, eine Lage übersottener Nudeln draufgelegt, geriebenen Parmasankäs drauf gestreut, zerschnittene Hausen drauf gelegt, nun wieder eine Lage übersottener Nudeln drauf gethan, mit Semmelbröseln, gestossenen Muskatenblumen, und gehackten Krebsschwänzen bestreuet, dann zerlassene Krebsbutter mit Milchraum vermengt drauf gegossen, auf diese Weise mit den Nudeln fortgemacht, bis alle drinn-

drinn sind, jetzt zugedeckt, oben und unten gleichmäßige Glut gegeben, und sie langsam schön braun backen lassen.

Nudeln mit Hühnern, auf österreichisch. Man siedet die zerschnittenen Hühner in der Rindsuppe, und thut geschnittene Petersillwurzeln dazu. Dann werden wie gewöhnlich klein geschnittene Nudeln gemacht. Nachdem die Hühner gar sind, werden sie herausgenommen, und in die Schüssel gelegt, die Nudeln an die siedende Suppe gethan, und dann über die Hühner gegeben. So kocht man auch junge Hühner mit Reiß. Die alten aber und fetten, pflegt man nicht in der Rindssuppe, sondern nur im Wasser zu kochen, weil sie ohnedem eine gute Suppe geben.

Nudeln mit Biskoten, auf österreichisch. Zu einem Pfund pfläumig abgeriebener Butter werden acht Eyer und acht Dotter zerklopft, zwölf Löffelvoll guten Milchraum, sechs Löffelvoll gewässerten Gärben, zwey Pfund Mehl und etwas Salz genommen, alles dieß gut untereinander gerührt, einen gut durchgearbeiteten Teig draus gemacht, ihn fingersdick ausgetrieben, mit dem gehörigen Model die Form gedrückt, solche in eine mit Butter ausgeschmierte Form gelegt, an einen warmen Ort hingestellt, daß sie gehen, dann mit Butter bestrichen und langsam gebacken. Es kann auch süsses Obes und frische Butter warm drauf gegossen werden.

Nudeln von Grieß, auf österreichisch. In die siedende Milch wird Grieß gerührt, und ihn sachte ausdünsten lassen. Nachdem er ausgekühlt ist, treibt man ein halbes Pfund Schmalz in einem Weidling pfläumig ab, thut sechs zerklopfte Eyer, ein wenig rohen Grieß, und den ausgekühlten darunter, salzt,

salzt, rührt dieß alles gut untereinander, und macht Finger lange Nudeln daraus; nun etwas Milch mit Schmalz in einem Rein aufsieden lassen, solche doppelt aufeinander hinein gelegt, oben und unten gleichmäßige Glut gegeben, und sie eine halbe Stunde lang backen lassen. Man kann sie auch im Backofen backen.

Nudeln von Gerben, auf österreichisch. Der Teig wird von schönen Mundmehl, ganzen Eyern, und eben so viel Dottern gemacht, ein Stück frischer Butter, süssen Milchraum, gewässerte Gerben, und ein wenig Salz dazu gegeben. Nachdem der Teig gut fest durchgearbeitet ist, werden die Nudeln auf einem gemelbigten Bret gemacht, solche an einem warmen Ort gehen lassen, dann in einen breiten Rein Milchraum gegossen, ein Stück frischer Butter dazu gethan, die Nudeln drein gelegt, zugedeckt, oben und unten Glut gegeben, und sie langsam backen lassen.

Nudeln gebacken, oder Butternudeln, auf österreichisch. Man nimmt ein schönes warmes Mundmehl, thut in ein Töpfchen zerlassenes Schmalz, zweymal so viel Dotter als ganze Eyer, ein Löffelvoll Gerben, laulichte Milch, dieß gut untereinander zerrührt, den Teig damit gemacht, gesalzen, kurze Nudeln draus geschnitten, solche am warmen Ort etwas stehen gelassen, daß sie aufgehen, dann in die mit Butter ausgeschmierte Pfanne gethan, zerlassene Butter darüber gegossen, und im Backofen bey einer mäßigen Hitze langsam gebacken.

Nudeln von Dopfen, auf österreichisch. Die Butter wird pfläumig abgetrieben, dann etliche Eyer und eben so viel Dotter darunter gerührt, Milchraum,

raum, ein paar Löffelvoll guter Gerben, schönes Mundmehl, trocknen Dopfen und etwas Milch dazu genommen, gesalzen, und einen gut durchgearbeiteten nicht zu festen Teig draus gemacht, solchen mit beyden Händen gewalzet halben Fingers lange Nudeln draus geschnitten, solche in eine mit Butter ausgeschmierten Pfanne gethan, und an einem warmen Ort etwas stehen lassen, bis sie aufgegangen sind, dann heisses Schmalz drüber gegossen, und sie im Backofen gebacken.

Nudeln, auf österreichisch abgetrieben. Man macht geschnittene Nudeln wie gewöhnlich, siedet solche in Milch mit etwas Wasser darunter genommen ab, nimmt sie heraus, läßt sie gut abkühlen, zerrührt ins abgetriebene Schmalz einige Eyer, und rührt dieß unter die kalten Nudeln, thut sie in eine mit Butter ausgeschmierte Pfanne, und läßt sie im Backofen langsam backen.

Nudeln geröstet, oder Schubnudeln, auf österreichisch. Man macht den Teig wie zu den gestutzten Nudeln, doch noch etwas fester, breitet den Teig Messerrücken dick aus, schneidet kleine Schubnudeln draus, übersiedet sie in Wasser, röstet sie mit Semmelbröseln und ein wenig Milchraum in Butter, daß sie schön rahmlet werden.

Nudeln, auf österreichisch gesalzt. Der Teig wird mit Eyern angemacht, dann aufgekochte Milch mit Schmalz dran gegossen, und einen gut durchgearbeiteten festen Teig draus gemacht, ihn Messerrücken dick ausgetrieben, Nudeln dreymal grösser als die geschnittenen draus gemacht. Nachdem sie in der Milch aufgekocht sind, Eyer drein geschlagen, und in Schmalz gebräunet.

Nu-

Nudeln, auf österreichisch gerädelt. Der Teig wird gemacht wie zu den Nudeln gewöhnlich. Nachdem er dünn ausgetrieben ist, werden die Nudeln viereckigt gerädelt, in Salzwasser erst übersotten, dann mit Semmelbröseln bestreuet, in Schmalz geröstet, und schön rahmlet aufgegeben.

Nudeln, auf österreichisch geschnitten. Von schönem Mundmehl und Eyern wird ein nicht allzu fester Teig gemacht, solcher dünn ausgetrieben, kleine Nudeln draus geschnitten, solche in Salzwasser gekocht, mit frischem Wasser abgekühlt, abgeschmalzen, oder auch in Schmalz geröstet.

Nudeln mit Erbsenbrühe, auf sächsisch. Die ganz weich gekochten Erbsen werden durchgetrieben, das dünne Durchgetriebene wieder beygesetzt. Wenn es aufkocht, thut man die Nudeln drein, giebt Muskatenblumen, Safran und ein Stück Butter dazu. Man kann auch statt der Erbsensuppe, Fleischsuppe nehmen, und Gewürz und Butter dazu thun.

Nudeln mit Milch, auf sächsisch. Die Nudeln werden wie gewöhnlich gemacht, an die heisse Butter gethan, oben gleiche Glut gegeben wie unten und gebacken, dann in die Pfanne oder Kastrole an die siedende Milch gethan, und so lange gekocht bis sie dick werden. Zuletzt setzt man eine Stürze mit Kohlen drauf, läßt sie oben braun werden, und giebt sie so mit der Pfanne oder Kastrole auf.

Nudeln von Eyern, auf sächsisch. Man thut ein halbes Pfund Mundmehl aufs Nudelbret, läßt ein Viertelpfund Butter heiß und gelb werden, gießt es ins Mehl, thut ein wenig Salz dazu, arbeitet dieß erst eine Weile gut durch, schlägt dann sechs Eyer dran, macht einen gut durchgewalkten Teig draus, mandelt ihn dünne aus, schneidet lange drey Fin-

Finger breite Strieme draus. Aus diesen werden kleine viereckigte Stücke geschnitten, getrocknet, und dann nach Belieben entweder in der Fleischbrühe oder in der Milch gekocht.

Nüsse.

Nüsse auf böhmisch einzumachen. Die Nüsse werden sowohl von ihrer äussern als auch innern Schale gereinigt, und in Wasser mit etwas Alaun so lange gekocht, bis der Kern mit einer Nadel leicht durchstochen, abfällt, drauf in frisches Wasser gethan, daß sie kalt werden, dann wird drey Tage hintereinander gekochter kalter Zucker auf sie gegossen, doch jedesmal muß er aufgekocht und verkühlt seyn. Am vierten Tag wird der Zucker mit den Nüssen ein wenig gekocht, und bis an den folgenden Tag stehen lassen. Hernach wird der Zucker wieder von den Nüssen genommen, gekocht, und warm auf sie gegossen, und wieder bis an den folgenden Tag stehen lassen. Dann wird der Zucker zum letztenmal gekocht, und zwar so lange, bis er ein wenig zähe wird, und einen Faden spinnt, die Nüsse sodann drein gethan, und so lange kochen lassen, bis er wieder zähe wird, dann kalt in ein Zuckerglas gethan, verdeckt, und zum Gebrauch aufbewahrt.

O.

Ochsengehirn. Siehe Gehirn.
Ochsenmägen. Siehe Magen.
Ochsenmaul. Siehe Maul.
Ochsennieren. Siehe Nieren.
Ochsenzunge. Siehe Zunge.

Ohren.

Ohren und Schnauße vom Hirsch, auf böhmisch zugerichtet. Die Hirschohren werden mit der Schnauße und Zunge erst weich gekocht, dann wie kurze Nudeln geschnitten, in eine Schüssel gethan, ein grosses Stück frischer Butter, aus vier Citronen der Saft, ein wenig geröstete und geriebene Semmeln, einige Löffelvoll Suppen, gestossene Muskatenblumen, geschnittene Citronenschalen dazu gegeben, zugedeckt, aufs Kohlfeuer gesetzt, und ein wenig aufsieden lassen.

P.

Pasesen.

Pasesen von Hechten, auf böhmisch. Das Fleisch von rohen Hechten wird von seinen Graten gelöset und klein gehackt, dann in ein Reinel mit einem Stück frischer Butter gethan, Salz, Muskatenblumen, und zerklopfte Eyer, so viel als nöthig, dazu genommen, gut untereinander gerührt, und zugedeckt dämpfen lassen, hernach von Semmeln die geschnittene Schnitze oder Scheiben genommen, dieß auf die eine Seite gethan, und mit der andern Hälfte zugedeckt, in einen dünnen von Mehl und Dottern gemachten Teig eingetaucht, und in Schmalz gebacken. Mit Karpfen und andern Fischen kann man dasselbige thun.

Pasesen von Kapaunern, auf böhmisch. Das gebratene Fleisch von Kapaunern wird mit gesottenen und ausgelösten Krebsen, und mit Rindsmark klein gehackt, hernach mit einer in Schmetten geweichten Semmel im Mörser klein gestossen, dieß hernach auf die eine Hälfte der Semmelschnitze geschmiert,

schmiert, und die andere drauf gedeckt, in einen dünnen Teig von Eyern und Mehl eingetaucht, und in Schmalz gebacken. Salz und Gewürz pflegt man bey dieser Fülle nicht zu vergessen.

Pafesen von Aepfeln, auf böhmisch. Die Aepfel werden ganz weich gebraten, dann abgeschälet, mit dem Messer das Weiche abgeschabet, ein paar zerklopfte Eyerdotter, gestossenen Zimmet und durchgesiebten Zucker dazu gethan, gut untereinander gerührt, auf die eine Hälfte von Semmelschnitzen geschmiert, die andere drauf gedeckt, in einen dünnen von Eyern und Mehl gemachten Teig getaucht, und in Schmalz gebacken.

Pafesen von Krebsen, auf böhmisch. Die gesottenen und ausgelösten Krebse werden klein gehackt, dann in ein Reinel mit Krebsbutter, gerösteten und geriebenen Semmeln, Salz, gestossene Muskatenblumen, zwey ganzen Eyern und vier Dottern zerklopft, dazu gethan, gut untereinander gerührt, und ein wenig dämpfen lassen. Nun runde gleich grosse Schnitze von Semmeln geschnitten, diese Masse auf die eine Seite der Schnitzen, so dick als sie sind, geschmiert, die andere Hälfte der Schnitze drauf gedeckt, in einen dünnen von Mehl und Eyern gemachten Teig getaucht, in das siedende Schmalz, oder in die kochende Butter gelegt, und braun backen gelassen.

Pasteten.

Pasteten von einem Hausen, auf böhmisch kalt gemacht. Man blanchirt ein gutes Stück von einem grossen Hausen mit frischer Butter, gehackter Zwiebeln und Petersille in einem Kastrole, sodann spickt man ihn mit Sardellen, salzt und besprengt

sprengt ihn mit starkem Wein, macht einen Fatsch von Hecht oder Karpfen mit Butter, Eyer, Gewürz und Citronensaft auf den Teig, legt den Hausen drauf, bedeckt ihn mit Fatsch, frischer Butter, Kapern, geweichten Semmelbröseln, Gewürz und Citronenschalen, macht die Pastete, und bäckt sie wohl aus. So werden auch die kalten Pasteten von Hechten, Forellen und andern Fischen gemacht.

Pasteten, süsse auf böhmisch. Man setzt guten Schmetten ans Feuer, zerrührt einige Eyerdotter mit etwas Mehl, und sobald die Schmetten anfängt zu sieden, wird es dran gegossen, und gerührt, Zucker drein gethan, und zu einem Brey sieden lassen. Dann läßt man dieß auskühlen, macht einen mürben Butterteig, kleine Pasteten draus nach der Form, füllt sie mit diesem Brey, macht aber keinen Deckel darüber, und bäckt sie langsam.

Pasteten von Semmeln, auf böhmisch. Runde Mundsemmeln werden ausgehölet, und in Schmalz gelblich gebacken, dann wird von gebratenen Fasan, oder Rebhühnern, oder Kapaunern das Fleisch abgeschält, nun frischen Speck, Mark und Rindsfett dazu gethan, und dieß alles untereinander klein gehackt. Hernach alles dieß zusammen in ein Reinel gethan, ein wenig Wein und Suppe drauf gegossen, frische Butter, Muskatenblumen, Citronensaft, und geschnittene Citronenschalen dran gethan, und so lange sieden lassen, bis es dick wird, hernach die Semmeln damit gefüllt.

Pasteten von Mark, auf böhmisch. Zu einem halben Pfund klein gestossener Mandeln, wird ein Pfund Rindsmark, und eine in Schmetten geweichte Semmel genommen, und dieß gut untereinander gestossen, dieß in eine Schüssel gethan, und Eyer, so viel als nöthig dran geschlagen, doch noch einmal so viele Eyerdotter als Eyer, dieß eine Stunde lang untereinander gerührt, nun Zucker, geschnittene Pomeranzenschalen, und gestoßenen Zimmet dazu gethan, daß die Fülle braun wird. Jetzt einen mürben Butterteig gemacht, Wannel draus nach der Form geschnitten, mit der Fülle, doch nicht zu voll gefüllt, Deckel darüber von Teig gemacht, in die mit Butter ausgeschmierten Formen gethan, mit zerklopften Eyerdottern bestrichen, und langsam backen lassen, daß sie schön braun werden.

Pasteten von Krebsen, auf böhmisch. Zu einem halben Pfund Krebsbutter werden ein Viertelpfund klein gestoßener Mandeln, eine in rothen Wein getauchte Semmel, ein Schock gesottener, ausgelöster und klein gehackter Krebse, ein wenig feines Mundmehl, vier ganze Eyer und acht Eyerdotter, und dieß eine Stunde lang gut untereinander gerührt, dann klein geschnittene Mägen und Lebern von Hühnern, oder an den Fasttägen, klein gehackte Karpfen, Hechte und Krebsschwänze dazu genommen, und untereinander gemengt. Dieß zusammen mit einem Stück frischer Butter, Muskatenblumen, und braun gerösteter und geriebener Semmel in ein Reinel gethan, ein wenig Wein und Suppe drauf gegossen, etwas Citronensaft dazu gethan, und einsieden lassen. Nun dieß in eine zinnerne Schüssel gethan, solche von einer Seite unterstützt, daß das Fließende davon abrinnen kann, und kühl werden lassen. Jetzt einen Butterteig gemacht, ihn eines halben Fingers dick ausgemangelt, das Gefüllte drauf gelegt, mit der andern Hälfte des Teigs zugedeckt, nach der Form einer Pastete gemacht, in die Tortenpfanne gethan, und backen lassen.

Pasteten von Eyern mit Mandeln, auf böhmisch. Zu einem halben Pfund klein gestoßener Mandeln wird eben so viel durchgesiebter Zucker genommen, dann 30 Eyerdotter dran gethan, und dieß eine Stunde lang gut untereinander gerührt, hernach die Wannel mit Butter ausgeschmiert, dies hinein gethan, und langsam backen lassen.

Pasteten von Mandeln, auf böhmisch. Zu einem halben Pfund klein gestoßener Mandeln wird eine Halbe Schmetten gethan, und gut untereinander gerührt, dann vier Eyer und vier Dotter, und Zucker nach Belieben ebenfalls dazu gerührt, jetzt aus einem mürben Butterteig kleine Pasteten nach der Form gemacht, sie damit gefüllt, Deckel darüber gemacht, mit zerklopften Eyerdottern bestrichen, und sie langsam backen lassen.

Pasteten von Rindfleisch, auf französisch. Ein Stück vom Ziemer wird mit dem Messerrücken gut geklopft, mit groben Speck gespickt, gesalzen und gewürzt, in einem schwarzen von Rockenmehl, Butter und warmen Wasser gemachten Teig gethan, oben ein Loch gemacht, und wenn sie gebacken ist, solches wieder zugestopft.

Pastete von Trappgans, auf französisch. Man drückt der Trappgans die Brust ein, zerschlägt ihr die Knochen in den Schenkeln, würzt sie mit Salz, Pfeffer, gestoßenen Nelken, Muskatnuß und Lorbeerblätter, und spickt sie mit Speck und ganzen Nelken, belegt sie dann mit breiten Speckschnitten, thut sie in einen beliebig gemachten Teig, bestreicht die Pastete mit Dottern, und bäckt sie drey bis vier Stunden.

Pasteten von Wildprät, auf französisch. Es wird mit groben Speck gespickt, mit Salz, Pfeffer,

fer, Nelken, Muskatennuß und Lorberblättern, alles klein gestossen und gerieben und untereinander gemengt, gewürzt. Dann wird ein schwarzer Pastetenteig von schwarzem Rockenmehl, Butter und warmen Wasser gemacht, solcher zu zwey Blättern ausgemangelt, das Wildprät auf das eine Blatt gethan, vom andern ein Deckel drüber gemacht, oben wie gewöhnlich ein Luftloch gelassen, daß die Pastete nicht berste, und im Backofen bey mäßiger Hitze drey oder vier Stunden lang gebacken. Wenn sie gar ist, wird das Loch wieder mit dünnem Teig zugemacht, an die Hitze ein wenig gestellt, daß es zubackt.

Pasteten von Forellen, auf französisch. Sie werden ausgenommen, rein gemacht, eingefärbt, mit Aalspeck gespickt, in einen feinen Teig gelegt, mit Salz, Pfeffer, Nelken, Lorberblättern, frischer Butter, Champignonen, Artischockenböden, klein geschnittenen Zwiebeln und feinen Kräutern, Kapern, frischen Austern und Karpfenmilch gewürzt, die Pastete nach Belieben erhaben oder niedrig gemacht; und wenn sie gebacken ist, Citronensaft drein gethan.

Pastete von Steinbutten, auf französisch. Die Steinbutten werden geschuppt und gewaschen, Schwanz und Nase davon geschnitten, die Leber davon gethan. Dann macht man einen guten Teig, thut die Steinbutten auf den Pastetenboden, würzt sie mit Salz, Pfeffer, Nelken, klein geschnittenen Zwiebeln, feinen Kräutern und Champignonen, macht den Deckel von eben diesem Teig. Wenn sie halb gar ist, thut man ein Glas weissen Wein dran; und wenn sie gar ist, tröpfelt man Citronen oder unreiffen Traubensaft drüber.

Pastete von Kalbsschenkel, auf französisch. Man schneidet daraus zwey Stücke, würzt sie

sie mit Salz, Pfeffer, Muskatennuß, etlichen gestoßenen Nelken und zerriebenen Lorbeerblättern, und mit Speck gespickt. Dann legt man auf den Pastetenboden gute frische Butter, Spargelspitzen, Champignonen, und Artischockenböden, macht dazu einen weissen beliebigen Teig, und eine Pastete draus, oben ein Luftloch wie gebräuchlich, bäckt sie drey Stunden im Ofen, und deckt hernach das Loch wieder zu, wenn sie gar ist.

Pastete von Hammelfleisch, auf französisch. Man nimmt den hintersten Schenkel vom Hammel, thut das Fußbein davon weg, schlägt die Knochen entzwey, nimmt dazu einen beliebigen weissen Teig, bäckt die Pastete drey Stunden; und wenn sie gar ist, wirft man ein Stück Knoblauch oben zum Loch in die Pastete hinein.

Pastete von Hasen, auf französisch. Der Hase wird mit Salz, Pfeffer, Muskatennuß, Nelken und Lorbeerblättern gut gewürzt, mit breiten Speckschnitten belegt, ein beliebiger schwarzer oder weisser Teig dazu genommen; und wenn die Pastete gebacken ist, an einen trockenen Ort hingestellt, und das Loch wieder vermacht.

Pastete von Rebhühnern, auf französisch. Sie werden mit Salz, Pfeffer, Muskatennuß, gestoßenen Nelken, und geriebenen Lorbeerblättern gut gewürzt und eingerieben, dann mit Speck dicht gespickt, dazu entweder ein viereckigter Pastetenboden, oder von einer andern Form gemacht, drey Stunden lang in einem mäßig geheißten Ofen gebacken.

Pastete von Schinken, auf französisch. Man nimmt einen westphälischen Schinken, schneidet das Bein hinten weg, weicht ihn gut, zieht ihm dann die Haut ab, würzt ihn mit Spickspeck, und spickt
ihn

ihn mit seinem eigenen Speck, wenn er groß ist.
Drauf macht man einen sehr fest Teig von warmen
Wasser und geschmolzener Butter, formirt drauf eine
Pastete so hoch als sie seyn muß, und eines Daumens
dick, thut den mit Pfeffer, Muskatennuß, Nelken,
gestossenen Zimmet, klein gehackten feinen Kräutern,
Lorbeerblättern, anderthalb Pfund Butter und gehackten Rindsmark, gewürzten und bestreuten Schinken
füllt den leeren Raum mit Fleischstücken aus, damit
die Wände nicht einfallen. Der Deckel wird aus
eben dem Teig gemacht, und mit selbigen Gewürz,
Kräutern und Fett gewürzt, thut hernach Papier rings
herum um die Pastete und oben drauf, damit sich der
Teig nicht zu sehr erhitzte, und backt sie acht Stunden.

Pastete von Wachteln, auf französisch.
Man macht einen Teig von Waser, Mehl, Butter,
Dottern und Salz, belegt den Pastetenboden mit einer von Kalbfleisch, Speck, Rindsmark oder fetten
Champignonen, Trüffeln, Salz, Pfeffer, Petersillen,
und feinen Kräutern gemachten Fülle, legt die reingemachten und ausgenommenen Wachteln auf diese
Fülle, thut Champignonen, Kälbermilch, Trüffeln,
gestossenen Speck, und ein Stück frischer Butter drüber, macht dann den Deckel von eben dem Teig, bestreicht die Pastete mit zerklopften Dottern, und backt
sie fast zwey Stunden. Wenn man sie aufgiebt, thut
man das Bündlein mit den feinen Kräutern weg, und
drückt Citronensaft drein.

Pastete von Tauben, auf französisch.
Die jungen ausgenommenen Tauben werden in einem
beliebig gemachten Teig mit Kälbermilch, Champignonen, Hähnenkämmen, Ochsenmark, und gestossenem
Speck, macht den Deckel von eben dem Teig drüber,

bäckt

bäckt sie zwey Stunden, oben wie gewöhnlich mit ei̇nem offenen Loch. Wenn sie gar ist, gießt man oben eine gute Kalbsbrühe mit Citronensaft drein.

Pastete von Karpfen, auf französisch. Der ausgenommene und reingemachte Karpfen wird mit Aalspeck gespickt, mit Salz, Pfeffer und Nelken gewürzt, Zwiebeln, feine Kräuter und Lorbeerblätter klein geschnitten mit Austern drauf gelegt, in einen beliebig gemachten Pastetenteig gethan, den Deckel mit dem gewöhnlichen Luftloch von eben diesem Teig gemacht, und bey gelindem Feuer gebacken. Wenn sie halb gar ist, gießt man ein Glas Wein drein, und läßt sie vollends gar werden.

Pastete von Aal, auf französisch. Der Aal wird abgezogen, in länglichte Stücke geschnitten, in eine ovale oder ganz runde Pastete von gutem Teig gethan, mit Salz, Pfeffer, Nelken, feinen Kräutern, klein geschnittenen Zwiebeln, frischer Butter, Kapern, Lorbeerblättern, geriebenen Brod und Champignonen gewürzt, und gebacken. Wenn sie halb gar ist, thut man ein Glas Wein dran; und wenn sie gar ist, Citronensaft drein.

Pastete mit Lampreten oder Neunaugen, auf französisch. Man zapft ihnen das Blut ab, reinigt sie mit feinem Sand von ihrem Schleim, thut sie drauf in einen feinen Teig, würzt sie mit Salz, Pfeffer, Zucker, gestoßenen und eingemachten Citronenschalen und geriebenen Brod. Wenn sie halb gebacken ist, gießt man ihr in einem halben Glas Wein zerrührtes Blut oben zum Luftloch hinein, bäckt sie bey gelindem Feuer vollends gar aus, und thut hernach den Saft von einer Citrone drein.

Pastete mit Austern, auf österreichisch. Die frischen aus ihren Schalen genommenen Austern werden in einem Topf ohne Wasser ans Feuer gesetzt, und in ihrem eigenen Moose recht heiß werden lassen, dann trocken heraus genommen, mit Pfeffer, Salz, Nelken und Muskatenblumen besprenget, in eine beliebige Pastete gethan, frische Citronen mit Butter dazu gegeben und gebacken. Inzwischen wird die Brühe, in welcher die Austern gewesen, mit geriebenen Semmelbröseln, Butter und Citronensaft aufgekocht, und in die gebackene Pastete gegossen.

Pasteten mit Fischen gefüllt, auf österreichisch. Man macht eine Pastete von Butterteig, dann wird eine Fülle von Fischen gemacht, solche gesalzen, die Hälfte davon in Schmalz gelb gebacken, und die Pastete damit gefüllt, die andere Hälfte wird in Salzwasser übersotten, dann in eine Kastrole gethan, Karpfenmilch, Hechtenleber, ein wenig frische oder gedörrte Tartofeln, Maurachen und Champignonen dazu gegeben, klein geschnittenen Petersill, und den Saft aus einer Citrone dazu gethan, etwas guten Wein dran gegossen, ein Stück frischer Butter dazu gethan; und nachdem dieß zusammen gar gekocht ist, an die Pastete gegeben.

Pastete von Aal, auf österreichisch. Die Hälfte eines guten mürben Teigs wird zu einem runden Pastetenblatt ausgetrieben, mit Citronenscheiben, Kapri, klein geschnittenen Rosmarin, klein geschnittenen Sardellen, Lorbeerblättern, und klein geschnittenen Scharlottenzwiebeln belegt, den reingemachten Aal in Stücke geschnitten, solche mit Pfeffer und Salz gerieben, sie in der Runde wie eine Schlange aufs Teigblatt gelegt, so, daß der zu äusserst, und der Schwanz in die Mitte kömmt, zwischen zwey legt man jedesmal einen übersotten Edelkrebs, den Aal oben mit eben den Sachen belegt, worauf er liegt,

das

das andere Teigblatt drüber gelegt, beliebige Figuren drauf gemacht, und die Pastete gebacken.

Pasteten mit Tauben, auf österreichisch. Die Tauben werden rein gemacht und ausgenommen, die Füsse eingesteckt, mit Lorbeerblättern, und vermischten Gewürz bestreuet, eingesalzen, mit Wein und Eßig begossen, und etliche Stunden in dieser Beitze liegen lassen, ein paarmal umgekehrt, dann in der Butter gedünstet. Inzwischen wird ein mürber Teig gemacht, und solcher in so viele Stücke geschnitten, als man Tauben hat, jedes Stück Teig in zwey Theile getheilt, ausgemangelt, das eine Blatt mit Butter, Semmelbröseln, Kapri, Rosmarin, Lorbeerblättern, und gemischten Gewürz bestreut, eine von den Tauben auf jedes Blatt gelegt, das andere Teigblatt drüber, die Form nach Belieben gemacht, die Pasteten beynahe zwey Stunden lang bey mäßiger Hitze langsam gebacken, dann nach Belieben eine säuerliche Suppe von Kapern drüber gegeben.

Pasteten mit Hühnern, auf österreichisch. Die reingemachten Hühner werden gespickt, und mit geschnittener grüner Petersille in Butter gedünstet, dann wird ein mürber Teig gemacht, zu jeder Henne werden zwey Blätter Teig ausgetrieben, das untere Blatt mit Butter, Semmelbröseln, Kapri, Rosmarin, Lorbeerblättern und gemischten Gewürz bestreuet, eine Henne drauf gelegt, mit dem andern Blatt bedeckt, die Form nach Belieben gemacht, und die Pasteten bey mäßiger Hitze ganz langsam etwa fünf Viertelstunden lang gebacken.

Pasteten mit Spargel, auf österreichisch. Die reingemachten Hühner werden entzwey geschnitten, mit Mehl bestreuet, an das siedende Schmalz gethan, das Taugliche von Spargeln klein geschnitten dazu ge-

gegeben, und mit gedünstet, dann wird ein guter mürber Teig gemacht, in zwey Theile getheilt, ausgemangelt, die Hühner mit den Spargeln, und etlichen
hart gekochten und geschälten Eyern auf das eine
Teigblatt gelegt, mit dem andern Blatt bedeckt, die
Paſtete nach einer beliebigen Form gemacht, und
gebacken.

**Paſteten von wilden Aenten, auf öſter-
reichiſch.** Die reingemachten wilden Aenten werden
ausgenommen, die Füſſe eingeſteckt, mit Salz und
vermiſchten Gewürz von auſſen und innen gut gerieben,
mit Lorbeerblätter beſtreuet, mit ſiedendem Wein und
Eßig begoſſen, und zugedeckt in dieſer Beiße etliche
Stunden liegen laſſen, doch ein paarmal umgekehrt.
Dann werden ſie in Butter gedünſtet, herausgenommen und ausgekühlt, nun Hühner Mägen und Lebern,
mit der Aenten Lebern klein gehackt, in eben das
Rein an die Butter gethan, worinnen die Aenten gedünſtet haben, noch ein Stück friſcher Butter dazu
gethan, geriebene Semmelbröseln, geſchnittene grüne
Peterſille, Milchraum, Gewürz, klein geſchnittene
Citronenſchäler, und ein wenig von der Aentenbeiß
dazu gegeben, und gut zuſammen dünſten laſſen. Nun
einen guten mürben Teig gemacht, und eben ſo viele
Paſteten als Aenten ſind, formirt, auf jede Aente etwas von dem Gedünſteten gegeben, Deckel drüber
gemacht, und ſie zwey Stunden lang backen laſſen.
Jede Paſtete muß von auſſen nach dem geformet werden, das ſie in ſich hält.

Paſteten auf Kapauner, auf öſtetreichiſch.
Den reingemachten und ausgenommenen Kapaunern
werden die Füſſe, Flügel, und das Rückgrad entzwey
geſchlägen, geſpickt, eingeſalzen, mit vermiſchten Gewürz und Lorbeerblättern beſtreuet, mit Eßig gut ein-
ge-

gesprengt, guten Wein drauf gegossen, sie zwey Tage in dieser Beitze liegen lassen und ein paarmal umgekehrt. Dann wird Kapaunerfett, Rindsmark, Kapri, Citronenschalen, spanisch Rudelkraut, und in Milch geweichte Semmel klein untereinander gehackt, vermischtes Gewürz, Citronensaft, und ein wenig Eßig dazu gegeben, und gut zusammen gerührt, die Hälfte von einem mürben Teig wie gewöhnlich ausgemangelt, die gespickten Kapauner aus der Beitze genommen, ausgedruckt, mit Mehl bestreut, im siedenden Schmalz gelb geröstet, die eine Hälfte von der Fülle auf das eine Pastetenblat gestrichen, die Kapauner drauf gelegt, die übrige Fülle über die Kapauner gegeben, ein wenig Milchraum drauf gegossen, mit dem andern Pastetenblatt bedeckt, die Form und Figuren dran nach Belieben gemacht, und die Pastete auf einem Tortenblech, oder in einer Tortenpfanne bey einer gleichen, doch mäßigen Hitze im Ofen gebacken.

Pastete mit Ganß, auf österreichisch. Nachdem die Ganß rein gemacht und ausgenommen ist, wird sie mit Speck und Schinken gut dicht gespickt, eingesalzen, mit vermischtem Gewürz bestreut, mit Lorbeerblättern belegt, mit siedendem Wein und Eßig begossen, zugedeckt, und 24 Stunden an einem kalten Ort stehen lassen, doch in der Zeit ein paarmal umgekehrt, sie hernach in eine Pastete gethan, und 5 Stunden im Ofen bey einer mäßigen Hitze backen lassen.

Pastete mit Karpfen, auf österreichisch. Man nimmt einen grossen Karpfen, schuppt ihn, macht ihn auf dem Rücken auf, nimmt die Galle heraus, salzt ihn gut ein, bestreuet ihn mit Lorbeerblättern, gießt etwas Wein und Eßig drauf, und läßt ihn zugedeckt in dieser Beitze etliche Stunden liegen, lehrt ihn

ihn aber in der Zeit ein paarmal um, würzt ihn hernach gut von innen, thut Butter, Kapri, und Citronenschalen hinein, macht einen guten mürben Teig, walkt ihn eines halben Fingers dick aus, belegt ihn mit Lorbeerblättern, Rosmarin, und Citronenschalen, legt den Karpfen drauf, belegt den Karpfen auch mit diesen bemeldten Kräutern, bedeckt ihn mit der andern Hälfte des Teigs, formet ihn zu einem Karpfen, und backt ihn bey einer mäßigen Hitze ganz langsam, etwa 3 Stunden lang, giebt ihn auf, und nach Belieben eine gute Suppe drüber.

Pastete mit Karpfen gefüllt, auf sächsisch. Der Karpfen wird wie gewöhnlich geschuppt, am Bauch aufgeschnitten, ausgenommen, mit Wein ausgewaschen, und eingefärbt, als wenn er sollte gebacken werden, bestreuet ihn von innen und aussen mit Gewürz und Salz, und läßt ihn ein paar Stunden liegen. Indessen macht man wie bekannt einen Pastetenteig, reibt ihn halben Fingers dick aus, streicht vom Karpfen das Schleimichte ab, legt erst auf den Boden des Teigs Butter mit Citronenschnitten, den Karpfen drauf, oben wieder Butter und Citronenschnitte, überschlägt den Teig, formirt die Pastete zu einem Karpfen, bestreicht sie mit Dottern, und bäckt sie beynahe 2 Stunden im Backofen.

Pastete mit Hasen, auf sächsisch. Der reingemachte Hase wird erst eingewässert, dann gespickt, und halb gar gebraten. Hernach löset man die Beine hinten ab, bricht den Rücken drey oder viermal voneinander, macht drauf einen Teig von Eyern, Mehl und Butter, theilet ihn, mandelt die eine Hälfte eines halben Fingers dick aus, streuet Gewürz und Beinchen, und legt den Hasen der Länge nach drauf, leget die Beine hinten auf der Seite ein,

streuet

streuet wieder Gewürz, geschnittene Citronenschalen, und Beinchen, tröpfelt Butter drauf, mandelt hernach die andere Hälfte des Teigs ebenfalls so dick aus, bestreicht das Blatt mit Eyweiß, legt es drüber, formirt die Pastete zu einem Hasen, vorne wie ein Kopf, hinten werden zwey rauhe Pfaten in den Teig gesteckt, solche mit Papier umwunden, oben macht man noch ein Deckelein von Teig mit beliebigen Figuren, unten einen Rand herum, und überall mit zerklopften Dottern bestrichen, legt die Pastete drauf auf ein mit Butter beschmiertes Blech in die Tortenpfanne, und backt sie bey mäßiger Hitze im Backofen.

Pastete mit Auerhahn gefüllt, auf sächsisch. Nachdem der Auerhahn reingemacht und ausgenommen ist, läßt man ihn einen Tag erst im Eßig liegen, damit taucht man ein paarmal ins siedende Wasser ein, spickt ihn hernach, und besticht ihn mit Nelken und Zimmet. Kopf, Hals, Flügel und Beine werden ihm zuvor abgehackt. Die Beine und Flügel werden gelöset, doch daß sie dran hängen. Magen und Leber werden ganz klein gehackt, geriebenes Brod, mit gestoßenen Nelken, Pfeffer, Salz, Kardemömen darunter gerührt, in der Butter geröstet, und wenn es kalt worden ist, ein paar zerklopfte Eyer dazu genommen. Dann wird ein gewöhnlicher Pastetenteig gemacht, das Gehackte auf die eine ausgerollte Hälfte des Teigs gestrichen, der Auerhahn mit Butter, klein gehackter grüner Petersill und vermischtem Gewürz vermengt gefüllt, drauf gelegt, von der andern Hälfte des Teigs einen Deckel drüber gemacht, wie einen Auerhahn formirt, andere beliebige Figuren von Teig angebracht, mit zerklopften Dottern überall bestrichen, und im Backofen gebacken.

Paſtete mit Lammfleiſch, auf ſächſiſch. Man nimmt zwey Stößchen vom Lamm, von dem einen zieht man die Haut ab, ſchälet das Fleiſch von Beinen, hackt es mit Rindsmark klein, rührt Salz, Pfeffer, Ingwer, Muskatenblumen, und Kardemomen darunter, und füllt es wider in die Haut. Von dem übrigen werden Knödel gemacht. Dann wird ein beliebiger Paſtetenteig gemacht, auf das untere Teigblatt macht man einen Kranz von Teig, ſo weit als das Fleiſch liegt, thut erſt Gewürz und Butter, dann das gefüllte Stößchen drauf, legt die Knödel rund herum, oben ſtreuet man geſchnittene Citronenſchalen und Bienchen, von dem andern Teigblatt macht man einen Deckel drüber, mit einem Luftloch oben, gießt hernach, wenn ſie gebacken iſt, eine kurze von Fleiſchſuppe, Gewürz, Butter, ein paar zerklopfte Dotter und ein wenig Wein, gemachte Brühe drein, ſetzt die Paſtete auf ein mit Mehl beſtreutes Tortenblech, und bäckt ſie bey mäßiger Hitze zwey Stunden lang im Backofen.

Paſtete mit Aal, auf ſächſiſch. Man zieht dem Aal die Haut ab, macht ihn rein, ſalzt ihn ein, und läßt ihn eine Stunde ſo liegen, dann ſchneidet man ihn in beliebige Stücke; drauf wird ein beliebiger Paſtetenteig gemacht, und ſo weit und breit ausgemangelt, daß er kann überſchlagen werden, auf dieſen legt man ein Stück Aal mit Pfeffer, eine Schnitte Citronen, und ein Stückchen Butter, dann wieder ein Stück Aal und ſo fort, ſchlägt den Teig drüber, drückt feſt zu, formirt die Paſtete in die Runde wie ein Aal, beſtreicht ſie mit Dotter, und bäckt ſie wie gewöhnlich im Backofen.

Parmen.

Parmen auf österreichisch gesotten. Diese siedet man wie den frisch gesottenen Hecht, und schröckt ihn mit frischem Wasser und Weinessig ab.

Pfaffenhüte.

Pfaffenhüte, macht man von weissen Brodschnitten, die eines Fingers lang und dick seyn können; man läßt sie im Wein anziehen, kehrt sie in Schmetten um, die mit Eyern gelegt worden, bäckt sie im Schmalz recht rasch und bestreut sie mit Zucker und Zimmet.

Pfannenkuchen. Siehe Kuchen.

Pfeffergurken. Siehe Gurken.

Pfersichen.

Pfersichen auf sächsisch gekocht. Sie werden geschälet, in einen Tiegel gethan, Wein drauf gegossen, gezuckert, und gekocht, doch nicht weich, dann mit einer löcherichten Kelle herausgenommen und in eine Schüssel gethan. Die Brühe wird noch ein wenig dicker gekocht, und dann drüber gegossen. Sie können auch halb von einander geschnitten, und gleich mit Wein und Zucker in einer Schüssel gekocht werden.

Pflaumen. Siehe Zwetschken.

Piskaten.

Piskaten, auf böhmisch. Es wird ein halb Pfund Zucker genommen, in einen Topf gethan, fünf ganze Eyer, und zwey Eyerdotter dran geschlagen, dieß an einer Seite eine Stunde lang wohl gerührt und geklopft, hernach vierzehn Loth feines Mundmehl dran

dran gethan, und eine Viertelstunde gut untereinander gerührt, drauf einen Bogen weiß Papier genommen, ihn mit Zucker bestreut, den Teig durch einen kleinen Trichter drauf gegossen, und ihre gehörige Form formirt, sie mit dem Papier auf das Blech gelegt, und damit in die Tortenpfanne gesetzt, und von oben und unten gleichmäßige Glut gegeben, daß sie schön braun werden. Will man sie noch besser haben, so gießt man, nachdem die Eyer zuvor im Zucker wohl zerrührt sind, einen Löffelvoll guten Wein dazu.

Piskaten leichte, auf böhmisch. Man nimmt ein Viertelpfund Zucker, vier ganze Eyer, und rührt dieß in einer Schüssel so lange bis es säumig wird, setzt es über ein sachtes oder gelindes Kohlfeuer, rührt immer fort. Nachdem es ganz durchgewärmet ist, nimmt man es davon, und fährt mit dem Rühren fort, bis es wieder kalt geworden ist; dann nimmt man vier Loth feines Mehl, und rührt es gut untereinander. Dieß hernach aufs Papier gethan, ihm die rechte Form gegeben, fein gestossenen Zucker drauf gestreut, das Uebrige was davon nicht fest bleibt, abgeblasen, und langsam gebacken.

Pisqueten.

Pisqueten, auf böhmisch. Zu einem Viertelpfund feinen und durchgesiebten Zucker werden sechs Eyer genommen, und eine Stunde lang wohl geklopft und gerührt, dann ein Viertelpfund Biskotenmehl dazu gethan, ein wenig warmes Wasser dran gegossen, fünf Loth feines Mehl darunter gerührt, daraus einen fliessenden Teig gemacht, auf das Papier in die ihnen gehörige Form gegossen, und langsam gebacken.

Pitlinge.

Pitlinge, auf sächsisch. Man zieht ihnen die Haut ab, weicht sie in Wein, bratet sie auf dem Rost, pfeffert und richtet sie mit Senf und Butter oder mit Eßig und Baumöl an.

Plamansche.

Plamansche von Mandeln, auf böhmisch. Man siedet gute Schmetten mit einem Stück Zucker in einem Kastrole einmal auf, darein thut man eine Handvoll süsse Mandeln, bittere aber nur den dritten Theil, welche man zuvor in einem Mörser stößt und mit Eyern dicklicht anrührt, man paßirt die Masse durch ein Haarsieb in eine Schüssel, setzt es zugedeckt auf ein Kastrol mit Wasser, läßt es gut kochen und glasirts. Man kann auch gestossenen Zimmet dazu nehmen. Auf diese Art macht mans auch mit Pistazien und Spinath. Den Zucker kann man auch auf Pomeranzen abreiben.

Platteiß.

Platteiß, auf französisch zugerichtet. Er wird wie der Aal marinirt, dann mit geraspeltem und geriebenem Semmelbrod und Salz bestreuet, mit geschmolzener Butter beträufelt, in eine Tortenpfanne gethan, und im Ofen gebacken. Dann wird er zu einem Vorgericht warm angerichtet, und der Rand der Schüssel mit gebackenen Champignonen, gerösteten Semmelrinden oder Petersillen besetzt.

Platten.

Platten, aufgelaufen von Aepfeln, auf österreichisch. Das Mundmehl wird erst in Schmalz geröstet, doch muß nicht viel Schmalz genommen werden,

den, dann wird halb so viel ungerösteten Mehl darunter gemengt, kalter Wein dran gegossen, abgeklopftes Eyerklar, Zucker, und ein wenig Salz dazu genommen, den Teig gut durchgearbeitet, daß er dicklich wird. Nun werden die Aepfel geschälet, das Kernhaus wird ausgestochen, solche in runde Scheiben geschnitten, solche in Teig eingetaucht, und im siedenden Schmalz gebacken, gezuckert und aufgegeben.

Pomeranzen.

Pomeranzen, auf böhmisch einzumachen. Sind die Pomeranzenschalen hart, so läßt man sie zuvor drey Tage in Wein weichen, läßt sie hernach im selbigen Wein ein paar Wall über dem Kohlfeuer thun, nimmt sie heraus, legt sie etwas trocken in ein Zuckerglas, hernach thut man Zucker nach Belieben in den Wein, läßt ihn aufkochen, kalt werden, und gießt ihn nicht auf einmal, sondern nur nach und nach drauf, und verbindet das Glas wohl.

Pomeranzenbrühe. Siehe Brühe.

Pomeranzensaft. Siehe Saft.

Pomeranzenschalen. Siehe Schalen.

Potage.

Potage. Siehe mehr unter Suppe, Brühe.

Potage alla Jacobina, auf böhmisch. Man bratet die Brust von Kapaunern oder Rebhühnern, hackt sie klein, stößt die Beine ganz klein im Mörser, läßts in einer guten Suppe wohl kochen, treibts durch ein Haarsieb; läßt Brod intoniren, macht eine Lage von Parmesankäs, überzieht ihn mit der durchgetriebenen Suppe, gießt eine gute Mandelcoulis darüber, mitonirts wohl, füllt die Schüssel voll, garnirt

nirt sie mit Flügeln, oder sonst etwas, dann schlägt man drey Eyerdotter mit ein wenig Mandelbrühe durcheinander, schüttets über die Suppe, und hält, wenn es Zeit zum serviren ist, eine glühende Schaufel darüber.

Potage oder Suppe von Rebhühnern, auf französisch. Die reingemachten Rebhühner werden mit Speck gespickt, dann in einen Kessel, an eine kräftige Fleischbrühe gethan, ein Büschlein feiner Kräuter mit Salz, Pfeffer, Nelken, nebst einem Paar mit Nelken gespickten Zwiebeln dazu gegeben. Wenn sie ein wenig gekocht sind, thut man ein paar Krauthäuptlein mit einem kleinen Stück Speck dazu. Sind sie gar, so wird von Speck und Mehl und klein gehackten Zwiebeln ein dünnes gelbes Eingebrenntes gemacht. Zuletzt werden gebähte Semmelschnitte in die Schüssel gethan, etwas Brühe drauf gegossen, die Rebhühner in die Mitte im Kranz herum gelegt, und den Rand der Schüssel mit Schnitten vom Bauchspeck geziert.

Potage von Kapaunern, auf französisch. Man nimmt gute fette Stücker, sowohl von verschiedenem Fleisch, als auch von mancherley Geflügel, kocht es nach der Ordnung, nachdem eines mehr oder weniger Zeit zum kochen braucht, in einem und selbigen Kessel und in selbiger Brühe, mit ganzen und kleinen Zwiebeln, mit Petersillwurzeln und Pastinaken päckelweise gebunden alles zusammen. Wenn es gar ist, thut man gebähte Semmelschnitte in die Schüssel, gießt die Potage mit den Wurzeln drauf, und richtet das Fleisch in einer andern Schüssel nach der Ordnung an. Man kann auch statt der Wurzeln Gurken nehmen, solche von ihrem Saamen aushölen, vermischtes Fleisch mit Speck klein hacken, sie damit füllen,

füllen, und an dem Kapaun mit einem Büschel Kräuter kochen.

Puſerle.

Puſerle, auf böhmiſch. Man nimmt ein Pfund feinen durchgeſiebten Zucker, klopft zwey Eyer wohl ab, Citronenſaft und die Schäler fein geſchnitten, aus dieſem allen einen feſt bearbeitenden Teig gemacht, daraus runde Kügelein formirt, ſie in einer flachen Tortenpfanne mit einem Kohlenfeuer von oben und unten gebacken.

Puſerle von Krebſen, auf böhmiſch. Zu einem halben Pfund klein geſtoſſener Mandeln wird ein Schock gekochter ausgelöſter und klein gehackter Krebſe, und zwölf Loth rother Krebsbutter genommen. Dieß alles zuſammen in einem Mörſer gut untereinander geſtoſſen, und gezuckert, dann an einen kühlen Ort hingeſtellt, und über Nacht ſtehen laſſen, den andern Tag Puſerle draus gemacht, und ſie braun gebacken.

Puſerle von Mandeln, auf böhmiſch. Man macht einen ſtarken Schaum von dem Weiſſen von vier Eyern, thut ihn mit einem halben Pfund ſchön gehackten Zucker und acht Loth ganz klein geſtoſſenen Mandeln, in einen Weidling, rührts wohl untereinander, macht runde Puſerle ſo groß wie Haſelnüſſe, oder länglicht wie Mandeln daraus auf Papier, und bäckt ſie in einer Tortenpfanne. Man kann auch klein geſchnittene Citronenſchalen mit etlichen Tropfen Zimmetgeiſt darunter thun.

O

Q.

Quitten.

Quitten auf sächsisch gebacken. Die Quitten werden geschälet, zu Vierteln geschnitten, an die zerlassene Butter gethan, und langsam bey mäßiger Hitze geröstet, bis sie weich werden, dann in einen beliebig gemachten Teig getaucht, wieder an die heiße Butter gethan, und jähling gebacken.

R.

Raffiolen.

Raffiolen von Bröschen und Hühnerbrust. Die Bröschen werden mit der Hühnerbrust und Rindsmark klein gehackt, klein geschnittene grüne Petersille mit geriebenen Semmelbröseln, einem paar Eyern, Salz und Gewürz gut darunter gerührt, in ein Rein an die heiße Butter gethan, immer gerührt, zugedeckt, und gedünstet, dann einen Teig von Butter, Dottern und Mehl gemacht, dünn ausgemangelt, von dem gehackten Häufchen drauf in grader Linie wie eine welsche Nuß groß gemacht, doch daß ein zwey Finger breiter Raum zwischen einem jeden Häufchen bleibt, die Zwischenräume mit zerklopftem Eyerklar bestrichen, den Teig drüber geschlagen, jede Raffiole wie einen halben Mond formirt, mit dem Rädel jede Raffiole abgerädelt, nahe an dem abgerädelten Rand gut zusammen gedrückt, daß es nicht aufgeht, und die Fülle heraus fällt, hernach entweder in der heißen Butter gebacken, und mit Zucker bestreuet, oder an einer Rindsuppe gekocht, oder nur im Wasser abgesotten, herausgenommen, und mit brauner Butter begossen.

Raffiolen von gedörrten Zwetschken, auf sächsisch. Die getrockneten Zwetschken werden im Wasser weich gekocht, abgeseihet, den Kern herausgenommen, und klein gehackt, einen gewöhnlichen Nudelteig gemacht, damit gefüllt, Raffiolen draus, wie bekannt, formirt, in der Butter gebraten, oder im Wasser gekocht, abgeseihet, und braune Butter drüber gegossen.

Raffiolen von einem Kuheiter, auf sächsisch. Das Kuheiter wird mit grünen Kräutern und Rindsmark ganz klein gehackt, gesalzen, gewürzt, ein paar Eyer mit geriebenen Semmeln darunter gerührt, in der Butter gedünstet, in einen Teig geschlagen, Raffiolen draus formirt, und solche entweder in der Butter gebacken, oder gekocht, und mit brauner Butter abgeschmalzen.

Raffiolen von Käse, auf sächsisch. Man nimmt holländischen- oder Parmesankäs, oder am Feuer geronnenen und gut ausgepreßten Kuhkäs, reibt ihn auf einem Reibeisen, thut Zucker, Eyer und klein geschnittene Dille dazu, arbeitet dieß gut untereinander, macht einen Teig von Butter, Mehl und Eyern, treibt ihn aus, formirt draus Raffiolen wie schon gesagt, übersiedet sie im Wasser, und begießt sie mit brauner Butter.

Ragout.

Ragout von Schnepfen, auf böhmisch. Die gebratenen Schnepfen werden in Stücke geschnitten, dann Mehl in Butter gebräunet, solche drein gelegt, Nelken, Muskatenblumen, Salz, ein wenig Thimian und Basilikum dazu gegeben, und sie drin ein wenig dämpfen lassen, dann gute Fleischbrühe dran gegossen, und sie gut aufsieden lassen.

Rebhühner und andere kleine gebratene Vögel können auch so zubereitet werden; doch muß man Citronensaft dazu nehmen.

Ragout von Lerchen und Schinken, auf böhmisch. Die reingemachten Lerchen werden mit denen vom Schinken geschnittenen Schnitzen im siedenden Wasser ein wenig aufgeprellet, dann wird ein Stück Speck ausgelassen, Mehl in Butter gebräunet dran gethan und darunter gerührt, nun die Lerchen und Schinkenschnitze drein gelegt, und zugedeckt ein wenig dämpfen lassen, nun ein wenig Wein, und Weinessig, Pfeffer, Salz, Nelken, Muskatenblumen und geschnittene Citronenschalen dazu gegeben und gut aufsieden lassen. Eben so können auch andere Vögel zugerichtet werden.

Ragout von Aenten, auf französisch. Die zahmen oder wilden Aenten werden reingemacht, ausgenommen, gespickt, und nach Belieben mit einer beliebigen Fülle gefüllt, mit Salz und vermischtem Gewürz gerieben, und entweder in der Kastrole in Butter oder Speck erst gedünstet, oder halb am Spieß gebraten. Dann werden sie an eine gute Brühe gethan, vermischtes Gewürz und feine Kräuter dazu gegeben. Wenn sie eine Weile gekocht sind, röstet man länglicht geschnittene Rüben, mit ein wenig Mehl und klein geschnittenen Zwiebeln in Butter, daß sie braun werden, thut sie mit einem Glas Wein an die Aenten; und wenn alles zusammen gar ist, werden die Aenten aufgegeben, und mit den Rüben besetzt.

Ragout von Lerchen, auf französisch. Die reingemachten und ausgenommenen Lerchen werden in Mehl gewelzet, und in das Kastrol an den zerlassenen Speck mit kleingeschnittenen Zwiebeln gethan.

than. Wenn sie braun sind, salzt und pfeffert man sie, gießt eine gute Fleischbrühe dran, thut Championen, Artischockenböden und Morcheln klein geschnitten dazu. Wenn sie damit eine Weile gekocht sind, gießt man Glas weissen Wein dran. Sind sie gar, so gießt man noch etwas Rindfleischbrühe dran, drückt den Saft aus einer Citrone dazu, und richtet es mit diesem Ragout zu einem Vorgericht an.

Ragout von Fischroggen, auf französisch. Er wird gut abgewaschen, mit Salz und Pfeffer dicht überstreuet, und eine Weile liegen gelassen, dann an die heisse Butter mit kleingeschnittenen Zwiebeln in das Kastrol gethan, und geröstet, hernach gießt man ein wenig Fischbrühe mit einem Löffelvoll Weineßig dran, rührt ein wenig geröstetes Mehl darunter, läßt es zusammen mit Nelken gut aufkochen.

Ramoladsauce. Siehe **Gänßchen mit Ramoladsauce.**

Rebhühner.

Rebhühner mit Austern, auf böhmisch. Man zerdrückt den reingemachten Rebhühnern das Brustbein, legt sie in ein Reinel mit einem Stück frischer Butter, und läßt sie zugedeckt dämpfen, dann gießt man ein wenig guten Wein darauf, thut ausgelöste Austern, und auch ganze mit ihren Schalen, von vier Citronen den Saft, Muskatenblumen, Pfeffer, Zucker, und ein Stück frischer Butter dazu, und läßt es zusammen gut aufsieden. Junge Hühner kann man auch auf die Weise zurichten.

Rebhühner mit Kapern, auf böhmisch. Die Rebhühner werden gebraten, oder in Butter gedämpft, dann wird guter Wein darauf gegossen, und ein wenig sieden gelassen; hernach wird in ein anderes Reinel auf braun geröstete Semmelschnitze etwas Hühnersuppe, und ein wenig Weineßig gegossen, gestossene Muskatenblumen, viele Kapern, Zucker, und ein Stück frischer Butter dazu gethan, und nachdem dieß zusammen ein wenig gekocht hat, auf die gebratenen oder gedämpften Rebhühner gegossen, und aufsieden gelassen.

Rebhühner mit Muscheln, auf böhmisch. Die Muscheln werden abgewaschen, der Bart abgenommen, trocken in eine eiserne Pfanne gethan, und in ihrer eigenen Feuchtigkeit sieden gelassen, bis die Schalen aufspringen, hernach ausgelöset, den Darm davon genommen und weggeworfen, solche plattweis geschnitten, in ein Reinel gethan, in frischer Butter gedämpft, und gebräunet, geriebene geröstete Semmeln dazu gethan, zusammen gerührt, braun werden gelassen, hernach guten Wein mit etwas Hühnersuppe darauf gegossen, Citronensaft, kleingeschnittene Citronenschalen, und gestossene Muskatenblumen dazu gethan, untereinander gerührt, ein wenig sieden gelassen, nun die gebratenen oder gedämpften Rebhühner dazu gethan, und gut aufsieden gelassen.

Rebhühner auf französisch geröstet. Sie werden gespickt, und in das Kastrol mit Speck braun gebraten. Dann gießt man gute Brühe daran, würzt sie, thut ein Büschlein feiner Kräuter, Championen, Trüffeln und Artischockenböden alles klein gehackt dazu. Sind sie gar, giebt man ein Coulis von Rindfleisch dazu, richtet sie zu einem Vorgericht warm an, und drückt den Saft aus einem paar Citronen darauf.

Rebhühner mit Ragout, auf französisch. Die Rebhühner werden, wie gewöhnlich, gebraten, dann

dann schneidet man ihnen die Schenkel und Fliegel ab, thut sie in ein Kastrol, gießt Rindsbrühe, und ein wenig Wein daran, thut Championen, Trüffeln, Artischockenböden würflicht geschnitten, mit einer Büschel feiner Kräuter daran, salzt und pfeffert sie, und läßt sie über einen Kohlfeuer kochen. Wenn sie gar sind, werden sie mit dem Saft einer Citrone angerichtet.

Rebhühner auf französisch gebacken. Man nimmt ein Stück dickes Fleisch von einer fetten Kalbskeule, Rindsmark, frischen Speck, Championen, Trüffeln, Zibullen oder Zwiebeln, Petersillen, und Brodkrumme, hackt dieß alles zusammen untereinander klein, salzt und pfeffert es, und rührt etliche zerklopfte Eyer darunter. Dann belegt man den Boden einer großen Tortenpfanne mit breiten Speckschnitten, streicht das Gehäcke darauf, doch so, daß für die Rebhühner in der Mitte ein leerer Platz bleibt. Indessen werden die in vier Stücke geschnittene Rebhühner mit Mehl bestreuet, an den zerlassenen Speck in das Kastrol gethan, kleingeschnittene Petersillen, und Zwiebeln dazu gegeben, und braun geröstet. Dann werden Championen, Trüffeln und Kälbermilch, alles untereinander klein gehackt, dazu gegeben, gewürzt, und eine gute Fleischbrühe daran gegossen. Wenn sie darin ein wenig gekocht sind, werden sie trocken herausgenommen, in die Tortenpfanne zur Fülle gethan, und im Backofen gebacken. Hernach wird das Ragout mit den Rebhühnern sachte auf eine Schüssel gethan, daß die Speckschnitte in der Tortenpfanne bleiben, der Coulis von Championen, worinn die Rebhühner gekocht sind, darüber gegossen, und der Saft aus einem paar Citronen darauf gedrückt.

Reb=

Rebhühner mit Austern auf österreichisch gefüllt.. Die ausgelösten Austern werden mit übersottenen und ausgelösten Krebsschwänzen, und mit den Mägen und Lebern von Rebhühnern untereinander klein gehackt, und in Butter geröstet, dann zerklopfte Dotter in Milchram zerrührt, darauf gegossen, gewürzt, gut untereinander, und zu einem Brey dünsten gelassen, die frischen Rebhühner nun damit gefüllt, an Spieß langsam gebraten, und oft mit Butter begossen.

Rebhühner auf sächsisch gekocht. Den reingemachten Rebhühnern werden die Flügel abgehackt, die Köpfe vorne bey der Brust eingesteckt, die Beine hinauf gespeilet, eingesalzen, mit vermischtem Gewürz bestreuet, mit Lorbeerblätter belegt, mit Eßig besprengt und zugedeckt etliche Stunden in der Beize liegen gelassen, dann ausgewaschen, mit geschnittenen Zimmet und Nelken bestochen, an die heiße Butter in das Kastrol gethan, und zugedeckt dünsten gelassen, dann gute Rindssuppe und Wein darauf gegossen, die Hälfte von kleingehackten Bienchen und Pistatien, wie auch kleingeschnittene Citronenschalen dazu gegeben. Nachdem es gar ist, wird ein dünnes gelbes Eingebrenntes daran gethan. Oder will man das Eingebrennte weglassen, so zerklopft man vier Dotter, zerreibt ein wenig Mehl daran, rührt etwas von der Rebhühnerbrühe darunter, und rührt es dazu. Nun die Rebhühner in die Schüssel gethan, das übrige von den Bienchen und Pistatien mit geschnittenen Citronenschalen darüber gestreuet, und die Suppe darauf gegossen.

Rebhühner auf sächsisch gebraten. Man läßt den Kopf an ihnen rauh. Wenn sie rein gemacht, und ausgenommen sind, werden ihnen die Beine

Beine im Dicken aufgespeilet, der Kopf oben bey der Bruſt durchgeſteckt, drauf geſpickt, oder mit Nelken und Zimmet beſtochen, unten ein wenig Butter mit Nelken und Pfeffer vermenget, eingeſteckt, an Spieß langſam gebraten, und im währenden Braten mit giſichichter Butter oft begoſſen, daß ſie weiß bleiben. Die wilden Tauben werden auch ſo gebraten, nur etwas länger.

Rehkeule. Siehe Keule.

Rehfleiſch.

Rehfleiſch mit Ragout, auf franzöſiſch. Das Rehfleiſch wird mit ſchönem dicken Speck geſpickt, darauf in das Kaſtrol an den zerlaſſenen Speck mit geröſtetem Mehl gethan, und gebräunet, dann mit vermiſchtem Gewürz beſtreuet, eine gute Rindsbrühe mit einem guten Glas weiſſen Wein daran gegoſſen. Wenn es gar gekocht iſt, richtet man es an, und drückt den Saft einer Citrone darauf. Dammhirſchen- Hirſch- und Hirſchkuhfleiſch kann auch ſo zugerichtet werden.

Reiß.

Reiß auf franzöſiſch gebacken. Nachdem der Reiß in der Milch gut dick gekocht iſt, thut man kleingeſchnittene und in Butter geröſtete Zwiebeln mit geſtoſſenen Muskatenblumen und Zimmet dazu, rührt dieß gut darunter, läßt ihn damit noch ein wenig einſieden, und kühlt ihn dann aus. Hernach werden fingerslange, und drey Finger breite Schnitte daraus geſchnitten, ſolche mit großen und kleinen Roſinen, und länglicht geſchnittenen Mandeln beſtochen, in einem von Eyern und Mehl gemachten Teig getaucht, an die heiſſe Butter gethan, ſchön gelb gebacken, und dann mit Zucker und Zimmet beſtreuet.

Reiß

Reiß, auf österreichisch gebacken. Der Reiß wird in der Milch dick gesotten, und gut gesalzen, dann auf ein mit Mehl bestreutes Nudelbret gethan, zwey fingerdick ausgetrieben, und ausgekühlt, hernach werden fingerlange Strißeln daraus geschnitten, solche in Mehl umgekehrt, und im Schmalz gelb gebacken. Man giebt hernach eine Suppe mit Weinbeeren und Cibeben, oder nach Belieben eine andere darüber.

Reiß ausgelaufen zu machen, auf österreichisch. Nachdem der Reiß in der Milch weich und dick gekocht ist, läßt man ihn auskühlen, treibt inzwischen ein Stück frischer Butter oder Schmalz pfläumig ab, rührt etliche Eyer eines nach dem andern dazu, salzt es, nimmt Weinbeeren, gefäßten Zimmet, und rührt dieß alles zusammen unter dem ausgekühlten Reiß, thut ihn in ein mit Butter ausgeschmiertes Rein, giebt oben und unten Gluth, oder bäckt ihn auch im Backofen, daß es besser auflaufet.

Reiß mit Mandeln, auf österreichisch. Ein Pfund Reiß wird erst im Wasser ein wenig aufgekocht, dann in einen Durchschlag gethan, daß das Wasser ganz abrinnt, dann zwey Kannen guter Milch in ein Kastrol aus Feuer gesetzt, und wenn sie anfängt zu sieden, den Reiß hinein gethan, und bey einem gelinden Feuer ganz einkochen gelassen, daß er dick wird. Nun ein Viertelpfund geschälter Mandeln gestoßen, ein halbes Pfund ausgewaschener Butter pfläumig abgetrieben, etwas gestoßenen Zimmet, mit einer auf Zucker abgeriebenen Citronenschale darunter gerührt, dann zehn gut zerklopfter und geschlagener Dotter nach und nach hinein gerührt, das zu Schnee geschlagene Weiße davon dazu genommen, und nun alles dieß Benannte mit einem Viertelpfund durchgesiebten

siebten Zucker untereinander gerührt, jetzt eine Form mit Butter gut ausgeschmiert, mit geriebenen Semmelbröseln bestreuet, dieß hinein gethan, und gebacken.

Renken.

Renken auf sächsisch zugerichtet. Nachdem sie rein gemacht, und in Stücke geschnitten sind, werden sie in ganz kurzer Fleischbrühe mit ein wenig Salz gesotten, oder vielmehr zugedeckt, gedämpft, doch oft umgerührt, daß sie sich nicht festsetzen können. Wenn sie beynahe gar sind, wird ein Stück Butter mit Ingwer, Pfeffer und gehackter grüner Petersille daran gethan, und damit gut aufgekocht.

Ribiseln oder Johannisbeere.

Ribiseln auf österreichisch einzumachen. Nachdem die Ribiseln rein gemacht sind, macht man eine Lage davon in ein messingenes Beck, und eine Lage gesiebten Zucker drüber, und so fort bis alle sind, dann gießt man etliche Löffelvoll Wasser drauf, und läßt sie bey einer mäßigen Gluth gemach einsieden, doch Acht gegeben, daß sie nicht anbrennen. Wenn sie sich sulzen, so sind sie gar. Dann werden sie in die warmgemachten Gläser gefüllt und aufbewahrt.

Rindfleisch.

Rindfleisch gedämpft. Man nimmt ein schönes Stück Rindfleisch vom Schwanz, salzt es, thut einige Sardellen, Kapern, Rindsmark, und einen Zwiebel dazu, und hackt diese Stücke klein untereinander. Dann bestreuet man den Boden des Reinels oder des Kastrols mit Mehl, legt ein Stück Butter, thut die eine Hälfte vom Gehackten hinein, streuet Rosmarin, Lorbeerblätter, Pfeffer, Ingwer,

Nelken, und Muskatenblumen drauf, und legt die andere Hälfte drauf, und läßt es zugedeckt dämpfen, daß es braun wird, hernach gießt man ein wenig Weineßig, Suppe und Wein drauf, und läßt es sieden, daß es weich wird, jetzt das Fleisch herausgenommen, an die Brühe zerrührte Eyerdotter mit Citronensaft gethan, auf das Fleisch in Scheiben geschnittene Citronen gelegt, und die Brühe darauf gegossen.

Rindfleisch auf böhmisch. Man würzt und salzt fingerlang und dick geschnittenen Speck, spickt ihn in ein 6 oder 8pfünd. Schwanzstück, salzt und kocht es in einem zugedeckten Kastrol; wenn es bald weich ist, giebt man ganze mit Würznelken besteckte Zwiebeln, ganzen Ingwer, groben Pfeffer, Rosmarin, Gundelkraut und Lorbeerblätter dazu. Das Fett schöpft man eine halbe Stunde vor dem Anrichten ab, und vermischt sie mit einem halben Seidel Eßig; an das Fleisch giebt man kleingeschnittene Tartoffeln (Erdbirnen) und Ochsengaum, daß die Suppe dick wird.

Rindfleisch auf französisch zugerichtet. Man nimmt ein Stück vom Brustkern oder von der Brust, salz und würzt es mit vermischtem Gewürz, und spickt es dicht mit Speck, belegt dann den Boden des Kastrols mit breiten Speckschnitten, streuet Salz, Pfeffer, und ein Sträußchen feiner Kräuter drüber, legt das Fleisch drauf, bestreuet es mit Lorbeerblätter, gießt ein Glas weissen Wein, und etwas guter Rindsbrühe dran, vermacht den Deckel mit Teig, und läßt es zwey Stunden über einen gelinden Kohlfeuer gemach dünsten und gar werden. Dann wird es in einer Schüssel angerichtet, und ein Ragout drüber von Chámpionen, Austern, Kapern und Oliven, woraus der Stein genommen ist, gegeben, und

die

die Schüssel nach Belieben mit einem Fricandeaux oder mit marinirten jungen Hähner zum Vorgericht besetzt.

Rindfleisch auf italienisch oder Stufato. Wird anfänglich wie Böuf a la mode zugerichtet; denn wird Speck, Thimian, weisser Pfeffer, ein paar Würznelken, Knoblauch und Basilikum im Mörser gestoßen, welches man mit Salz, Zwiebel und Lorbeerblatt in das verdeckte Geschirr thut, und nun unterm öftern Umwenden 6 Stunden dünsten läßt, auch zuweilen, wenn es nöthig, etwas Bouillon nachgießt. Beym Anrichten wird die Brühe ohne Fett an das Fleisch passirt.

Rindfleisch mit Agres, auf österreichisch. Das Rindfleisch wird gesotten. Wenn es gar ist; dünstet man Agres, die nicht gar zeitig sind, mit geriebenen Semmelbröseln in Butter, gießt dann Rindssuppe dran, und läßt sie weich sieden, brennt sie ein, gießt etwas Milchraum dazu, gut gewürzt, und über das Fleisch gegeben.

Rindfleisch gedünstet, auf österreichisch. Man nimmt ein gutes Stück Rindfleisch vom Schwanz, salz es ein, bestreuet es mit gestoßenen Kümm und Kronawetten, besprengt es mit ein wenig Eßig, und läßt es zugedeckt einige Stunden liegen, thut es hernach an die zerlassene Butter ins Rein, giebt Lorbeerblätter, Rosmarin, Citronenschalen, ganze Zwiebeln, Muskatenblumen und Pfeffer dazu, gießt ein halbes Maaß Wein, ein Seidel Eßig, und ein Maaß Wasser drüber, streuet eine Handvoll geriebenes schwarzes Brod drauf, deckt es zu, vermacht den Deckel mit Teig, daß der Dunst nicht heraus kann, läßt es bey einer mäßigen Hitze drey Stunden gemach dün-

dünsten, giebt es hernach auf, und die kurze Brühe drüber.

Rindfleisch mit Umurken, auf österreichisch. Nachdem das Fleisch weich gesotten ist, wird ein Eingebranntes mit Zwiebeln gemacht, blättlet geschnittene Umurken, und kleingeschnittene grüne Petersill dazu gethan, und dieß eine Weile rösten gelassen, dann die Rindsuppe vom Fleisch mit ein wenig Eßig und Milchraum dazu gegossen, gut gewürzt, und nachdem es aufgekocht ist, über das Fleisch gegeben.

Rindfleisch mit gelben Rüben, auf österreichisch. Man siedet einen guten Rind- oder Brustkern weich, thut dann länglicht geschnittene gelbe Rüben oder Scherrübeln in ein Rein, gießt die Rindsuppe drauf. Nachdem sie weich sind, wird ein Eingebranntes von Butter, kleingeschnittenen Zwiebeln, Mehl, und geriebenen schwarzen Brod dazu gegeben, gut gewürzt, das Fleisch aufgegeben, und die Suppe mit den Rüben drüber gegossen.

Rindfleisch, auf rußisch. Der Kessel, in welchem man ein derley Bruststück kocht, muß so klein seyn, daß nur das Fleisch darinn Raum hat; dann thut man die gewöhnlichen Wurzeln, 3 ganze Zwiebeln, die man mit Würznelken bestreut, Muskatenblüth, und Lorbeerblatt, auch 2 bis 3 Maaß gute Schmetten (Rahm) daran. Man läßt es nun recht stark einsieden, und garnirt es mit Petersill.

Rindfleisch mit Senft, auf sächsisch. Wenn das Fleisch halb gesotten ist, schneidet man Basilikum, Bertram, Thimian, Charlotten, Petersill, Zwiebeln und Kapern klein, paßirt sie mit frischer Butter in ein Geschirr, worinn man das Fleisch thut, welches man salzt, würzt und dünsten läßt.

läßt. Die kurz gewordene Brühe verdünnt man mit ein wenig Jus, und kurz vor dem Anrichten thut man eine Löffel voll Senft, und ein wenig Bertrameßig oder Citronensaft dran.

Rindfleisch von Gurken, auf sächsisch. Das Fleisch wird wie gewöhnlich gekocht, dann werden ein paar Schnitte Brods geröstet, und mit großen eingelegten, und kleingeschnittenen Gurken in ein Töpfchen gethan, und in Fleischbrühe ganz zu Brey gekocht, dann durch einen Durchschlag getrieben, wieder beygesetzt, Gewürz und Butter, ein wenig saurer Sahne dran gethan, auch ein paar saurer plattweis geschnittener Gurken dazu gegeben, und gut aufsieden gelassen. Das Fleisch angerichtet, die Brühe drüber gegossen, und dieß als eine Sauce zum Fleisch gegeben. Kalb- und Lammfleisch wird eben so zugerichtet, nur nimmt man statt des Brods Semmeln.

Rindfleisch gehacktes, auf sächsisch. Ein vierecktigtes Stück Ziemen wird auf beyden Seiten klein gehackt, doch daß es zusammen hängt, dann gut gespickt, in einen niedrigen und weiten Topf gethan, gesalzen, halb Fleischbrühe, und halb Wein dran gegossen, Ingwer, Pfeffer und Muskatenblumen dazu gethan. Und wenn es beynahe eine Stunde gekocht hat, thut man ein gutes Stück ausgewaschener Butter mit Citronensaft und Salen dazu, setzt es auf Kohlen, und läßt es vollends gar kochen, richtet es hernach an, und gießt die Brühe drüber.

Rindfleisch auf sächsisch zerstückt. Das Stück Rindfleisch von Ziemen wird in dünne Stücke geschnitten, diese werden mit einer Reibekeule gut geklopft oder geschlagen, gespickt, in einen großen Tiegel eine Schicht davon gethan, auf jedes Stück ein

Lor-

Lorbeerblatt, und mit gestossenen Nelken, Pfeffer, Salz mit geriebener Muskatnuß, alles untereinander gemengt, bestreuet, wieder eine Schicht oder Lage Fleisch drauf gelegt, und mit diesem vermischten Gewürz gewürzet, bis alles im Tiegel ist, hernach wird Wein und ein wenig Suppe drauf gegossen, mit einer Schüssel zugedeckt, auf Kohlen gesetzt, und etwa zwey Stunden gemach dämpfen und sieden gelassen, dann wird ein wenig geröstetes Mehl dran gethan, aus ein paar Citronen der Saft drüber getröpfelt, geschnittene Citronenschalen dazu gegeben; und nachdem es noch ein wenig damit gedämpft hat, so ist es gar, und wird aufgegeben.

Rindfleisch auf sächsisch zugerichtet. Man nimmt von einem Rind ein Stück Herz, ein wenig Leber, Nieren, und ein Stück vom Schwanz, und läßt es im Wasser und Salz gut weich kochen. Nachdem es etwas über eine Stunde gekocht, werden große dicke Petersillwurzeln fingerlang mitten entzwey geschnitten, und mit drunter gekocht, doch daß sie nicht zerfallen. Inzwischen werden Zwiebeln scheibicht geschnitten, in Rindsfett geröstet, dazu gethan. Und nachdem es damit aufgekocht ist, wird es aufgegeben.

Rindfleisch in Wein gekocht auf sächsisch. Man nimmt ein Stück Oberschale oder Brustkern, oder Ziemen, salzt es, bestreuet es mit gestossenen Nelken, Kardemomen und Muskatenblumen, belegt es mit Lorbeerblättern, gießt guten Wein drauf, und läßt es zwey Nächte an einem kalten darinn liegen, doch in der Zeit ein paarmal umgekehrt, salzt es hernach mit dieser Brühe bey, und gießt ein wenig Rindsuppe dazu. Nachdem es weich gesotten, und gar ist, wird etwas trocken gebräuntes Mehl darunter gerühret, und schneidet eine halbe Citrone blattweis

weis dazu. Ist das Fleisch mit diesem aufgekocht, wird es angerichtet, die Lorbeerblätter und Citronen kommen oben auf das Fleisch, den Rand der Schüssel belegt man mit geschnittenen frischen Citronen und Lorbeerblättern, und die Brühe gießt man drüber.

Rindfleisch aus dem Eßig auf sächsisch gekocht. Das Rindfleisch wird von Ziemen, oder von der Schale genommen, eingesalzen, mit vermischtem Gewürz bestreuet, in guten scharfen Weineßig gethan, und 8 bis 10 Tage darinn zugedeckt an einem kühlen Ort liegen gelassen, doch jeden Tag umgekehrt, dann wird es mit frischem Wasser nicht gewaschen, sondern nur ein paarmal abgespielet, und erst halb in Rindsfett gebraten. Die Brühe, worinn das Fleisch gelegen hat, wird beygesetzt, Ingwer, Pfeffer, Kardemomen, Nelken, und Muskatennuß zugethan, den Saft aus einer Citrone mit den Schalen dazu gegeben, mit siedendem Wasser abgebrühte Bienchen auch dazu gethan, zuletzt wird ein Eingebrenntes dran gemacht; und nachdem es damit gut aufgekocht hat, wird es ans Fleisch gethan, ein Stück Zucker dazu gegeben, wenn man es süß haben will. Wenn das Fleisch in dieser Brühe gut aufgekocht, und gar ist, wird es aufgegeben, die Bienchen mit der löchrichten Kelle herausgenommen, und drauf gethan, blattweis geschnittene Citronen drüber gelegt, und die Brühe drauf gegossen.

Rindfleischbrühe. Siehe Jus.
Rindsbraten. Siehe Braten.
Rindsdärmer. Siehe Kaldaunen.
Rindskopf. Siehe Kopf.
Rindsnieren. Siehe Nieren.
Rindsziemer. Siehe Ziemer.

Rippenstück.

Rippen vom Hammel auf französisch zugerichtet. Es wird mit Speck gespickt, mit Salz, Pfeffer und geriebenen Semmeln bestreuet, in das Kastrol an den zerlassenen Speck gethan, und schön gebräunet. Wenn es gar ist, wird es in einer Schüssel mit einem Ragout von Championen und Kälbermilch angerichtet, und zu einem Vorgericht mit gebackenen Championen oder Petersillen aufgegeben.

Rippen von Kälbern auf sächsisch zugerichtet. Nachdem das Dünne von Nierenstück zuvor abgehackt ist, werden die dicken Rippen von hinten einer Handbreit genommen, jede durchgeschnitten, und mit dem Messerrücken gut zerklopft, dann werden Salz, Muskatenblumen, gehackte grüne Petersille, und geriebene Semmeln untereinander gemengt, das geklopfte Fleisch erst in zerlassener Butter getaucht, dann in diesem eingewelzt, auf dem Rost ein wenig gebraten, ein paarmal geschwind umgekehrt, hernach in die Schüssel gethan, saure Sahne in ein wenig Wein mit ein paar zerklopften Eyern, Kapern, und kleingeschnittenen Citronenschalen zerrührt, drauf gegossen, ein Stück frischer Butter zugethan, zugedeckt und auf dem Kohlfeuer aufgekocht.

Roggen.

Roggen von Karpfen mit Wurzeln, auf sächsisch. Ein guter Theil Petersillwurzeln wird scheibicht geschnitten, und in einer Fleischbrühe gekocht. Wenn sie weich sind, werden sie mit Pfeffer und Muskatenblumen gewürzt, Semmelbröseln, Butter und der zerriebene Karpfenroggen mit der Milch dazu gegeben, und damit gut aufgekocht.

Rollate.

Rollate.

Rollate von Lungenbraten. Man schält die Haut von einem Lungenbraten, und schneide nach der Länge von einander, dann wird guter Fätsch drüber gestrichen, und mit gesalzenen Zungen, geräucherten Speck, harten Eyerdottern und mit dem übrig gewöhnlichen belegt.

Rollate von Ochsengaum, auf sächsisch. Wenn sie in der Bräs sind geworden, nimmt man sie heraus, kühlt sie ein wenig ab, bestreicht sie mit Fatsch, wickelt sie zusammen, macht sie oben und unten gleich, belegt ein Kastrol mit Speck, thut sie drauf, bedeckt sie wieder mit Speck, gießt Bouillon dran, deckt sie zu, giebt oben wie unten Feuer, und läßt sie braten; dann werden sie in eine Schüssel rangirt.

Ropper.

Ropper von grünen Pfeffergurken. Man nimmt davon die kleinsten grünen Gurken, giebt Sulli und Jus drauf, und kocht es bis es schaumt.

Rosen.

Rosen auf sächsisch gebacken. Man nimmt Rosen, die noch nicht völlig aufgegangen sind, schneidet das auswendige Grüne, und das Innere Gelbe mit dem Samen heraus, taucht sie hernach in einem von Eyweiß, Rosenwasser, Zucker und ein wenig Mundmehl gemachten Teig; thut sie an die geschmolzene Butter, und bäckt sie schön helle ab.

Rosinen.

Rosinen auf sächsisch gekocht. Man nimmt schöne Cibeben, wäscht sie rein, und lernet sie

sie aus. Brühet dann Bienchen ab, läßt sie eine Weile im kalten Wasser liegen, thut hernach in jede eine und drückt sie zu, setzt sie in einem Tiegel bey, gießt halb Wein und halb Wasser drauf, doch müssen sie nur eine kurze Brühe haben. Und nachdem sie eine Weile gekocht haben, und die Brühe dicklich geworden ist, werden sie angerichtet, und Zucker und Zimmet drüber gestreuet.

Rosinenbrühe. Siehe Brühe.

Rugetten.

Rugetten mit Ragout, auf französisch. Sie werden geputzt und in das Kastrol mit einem Stück frischer Butter, worinn geröstetes Mehl geknetet ist, gethan, gehackte Championen und Petersillen mit einem Bündchen feiner Kräuter und Salz und Pfeffer dazu gegeben, und eine gute Fisch- oder klare Erbsenbrühe dran gegossen. Wenn dieß zusammen gar gekocht ist, wird es zu einem Vorgericht aufgegeben.

Rüben.

Rüben, rothe Rüben auf französisch zugerichtet. Sie werden erst im Backofen, oder noch besser in glühender Asche gebacken, dann geschälet, scheibicht geschnitten, in einem etwas dicklich fliessenden von Eyern, Mehl, Wein, und ein wenig Salz gemachten Teig eingetaucht, an die heisse Butter in das Kastrol gethan, und gebacken, und zu einem Beygericht aufgegeben. Man besetzt damit auch den Rand der Schüsseln. Sie können, wie bekannt, auf mehr Arten zugerichtet werden.

Rüben auf pohlnisch. Hiezu nimmt man weisse Rüben, schält, schneidet sie würflich und bratet ret sie in Schmalz gelb; dann giebt man sie mit Coulis in ein Kastrol, und kocht mit Bouillon, Schafskarbonnade, Salz und Zucker.

Rüben auf sächsisch gedünstet. Die geschälten Rüben werden länglicht geschnitten, in eine Pfanne an die heisse Butter gethan, und durch öfteres Rühren so lange gedünstet, bis sie weich und bräunlicht werden, dann wird siedende Fleischbrühe drauf gegossen, Pfeffer und Muskatenblumen dazu gethan, und damit aufgekocht, aufgegeben.

Rüben auf sächsisch gedämpft. Die geschabenen und länglicht geschnittenen Rüben werden in eine Pfanne an das zerlassene Rindsfett oder an die geschmolzene Butter gethan und geröstet bis sie bräunlicht werden, dann than eine Schicht oder Lage davon in einem Topf, streuet Annis und Zucker drauf, und bröckelt Butter drüber, dann wieder Rüben drauf, und so fort, bis der Topf voll ist, hernach Fleischbrühe dran gegossen, und zugedeckt langsam einsieden lassen. Die Erdäpfel wenn sie geschälet, und in etliche Stücke geschnitten sind, kann man auch wie die Rüben dünsten oder dämpfen, oder auch an dem Fleisch kochen.

Rüben, weisse und rothe auf sächsisch einzumachen. Die runden weissen Rüben werden geschälet, und im Wasser überkocht, bis sie ein wenig weich werden. Dann werden sie herausgenommen, auf ein Bret gethan, und über Nacht liegen gelassen, daß sie trocken werden. Die rothen Rüben werden auch gekocht, und geschälet. Hernach werden beyde die weissen und rothen erst dünn scheibicht, dann fein länglicht wie Nudeln geschnitten. Indessen nimmt man Annis, Koriande, Salz, und kleingeschnittenen Meerrettig, mengt dieß untereinander, streuet

etwas

etwas auf den Boden des Fäßchens, legt weiſſe und rothe Rüben untereinander gemengt drauf, ſtreuet von dem Vermiſchten drauf, und dann wieder Rüben, und ſo fort, bis ſie alle darinn ſind. Dann wird etwas von der Brühe genommen, worinn die weiſſen Rüben gekocht ſind, und halb ſo viel Eßig dazu, dieß drauf gegoſſen, daß es über die Rüben gehet, ein Bretchen drauf gethan, und ein wenig beſchwert. Man giebt ſie hernach als einen Salat zum Gebratenen.

Rutten.

Rutten mit Auſtern, auf öſterreichiſch. Die aufgemachten Rutten werden geſpeilet, daß ſie ſchön rund bleiben, dann kürnig abgeſotten. Die ausgelöſten Auſtern werden mit überſottenen und klein gehackten Hechtenlebern und geriebenen Semmelbröſeln in Butter gedünſtet; hernach wird eine gute Erbſenbrühe drauf gegoſſen, geſchnittene grüne Peterſill, mit dem Saft von den Auſtern, mit Citronenſchalen und dem Saft davon, mit Muskatenblumen und Milchraum dazu gegeben, und die Suppe gut aufſiedend über die Rutten gegoſſen.

Rutten in der Krautſuppe, auf öſterreichiſch. Die Rutten werden in Wein und guter Erbſenbrühe ſchön kürnig abgeſotten, dann Sauerkraut klein gehackt, den Sud von den Rutten drauf gegoſſen, und gut ſieden laſſen. Nun von Butter, Mehl, und klein geſchnittenen Zwiebeln ein Eingebrenntes gemacht, die Suppe drauf gegoſſen, gut aufgerührt, Gewürz, Milchraum, und ein Stück friſcher Butter dazu gegeben, und nachdem es aufgeſotten iſt, über die Rutten gegoſſen.

Rutten mit Suppe, auf österreichisch. Man siedet die Rutten frisch ab, doch daß sie schön türnig bleiben. Nun ein Eingebrenntes gemacht, gute Erbsenbrühe mit etwas Milchrahm dran gegossen, grüne in Butter geröstete Petersill mit Gewürz und Citronenschalen dran gethan; und nachdem es gut aufgesotten ist, über die Rutten gegossen. Wenn die Rutten aufgemacht werden, müssen sie gespeilet werden, daß sie krumm bleiben.

S.

Sälblinge.

Sälblinge, auf österreichisch gesotten. Es wird in einen Kessel oder Rein halb Eßig und halb Wasser gegossen, Salz, Zwiebeln, Lorbeerblätter, Rosmarin und geschnittene Citronenschalen gethan, und dieß untereinander ein wenig sieden lassen. Nun die Fische reingemacht, solche in Stücke geschnitten, wenn sie groß sind, im kalten frischen Wasser gewaschen, ausgedrückt, sie mit Weineßig besprizt, dann von dem siedenden Sud etwas drauf gegossen, sie hinein gethan, und zugedeckt langsam sieden lassen, sobald sie gar sind, etwas von dem Sud weggegossen, frisch Wasser mit Eßig dran gegossen, und zugedeckt ein wenig stehen lassen.

Saft.

Saft von Pomeranzen, eben so, wie Citronensaft.

Saft von Citronen zu machen. Man schält die Schalen von ohngefähr 50 Citronen herunter, schneidet sie klein, und verwahrt sie in einem wohl verdeckten Glase im Keller; der Saft von den geschälten Citronen aber wird vollkommen ausgedrückt, welchen man, wenn man ihn 2 Tage stehen, und sich setzen gelassen hat, etlichemal durch ein Haartuch filtrirt: Dann nimmt man davon 24 Unzen, fein gestoßenen Zucker 36 Unzen, setzt beydes in einem zuvor in frischem Wasser gelegenen Topfe auf Kohlen, wo man es mit einem hölzernen Löffel so lange umrührt, bis der Zucker geschmolzen ist, es herunter nimmt und wieder filtrirt. Das Geschirr oder Löffel, das man dazu braucht, muß weder Silber noch Metall seyn.

Saft aus den Kornblumen, auf böhmisch. Die Kornblumen werden zu einer Masse gestoßen, siedendes Wasser drauf gegossen, und einige Tage verdeckt stehen lassen, hernach den Saft durch ein Tuch ausgepreßt, in einen Kessel oder Kastrol gethan, und so viel Zucker dazu genommen, als der Saft wiegt, und so lange sieden lassen, bis der Saft zähe wird und einen Faden spinnt, hernach kalt ins Zuckerglas gethan, und einige Tage stehen lassen. Setzt es sich an, und wird schimlicht, so ist das ein Zeichen, daß man ihn nicht genug gesotten hat. Man kocht ihn also noch einmal auf, und läßt ihn einige Wall thun, und dann wieder kalt ins Glas gefüllt und aufbewahrt. Er soll nicht nur zum Eßgebrauch, sondern auch für Hals- und Magenwehe gut seyn.

Saft aus Himbeeren, auf böhmisch. Die frischen und reifen Himbeere werden ausgepreßt, und dem Gewicht nach wird eben so viel Zucker genommen, als der Saft wiegt, dieß zusammen gethan, in einander gerührt, und zu einem dicklichen Syrup oder zu einer Sulze sieden lassen, kalt ins Zuckerglas gegossen, und an einem frischen und kühlen Ort aufbewahrt.

Saft aus Johannisbeeren, auf böhmisch. Aus den Johannisbeeren wird der Saft ausgedrückt
oder

oder ausgepreßt, dann werden zu ein Pfund zwey Pfunde gestoßenen Zucker genommen, beydes zusammen in ein Zuckerglas gethan, fest verbunden, an die Sonne gestellt, einige Zeit lang stehen laßen, und oft umgerührt, dann im Keller oder an einem frischen Ort aufbewahrt, so läßt er sich ein ganzes Jahr lang frisch erhalten.

Salat.

Salat von Zelleri, auf böhmisch. Man schneidet den Zelleri in dünne Scheiben, hackt Häring und Zwiebeln klein, mischt alles mit Pfeffer, Baumöl und denn erst mit Eßig zusammen.

Salat von Kauli, auf österreichisch. Nachdem die Rosen von weißen Kauli im Salzwaßer übersotten sind, wird das Waßer weg- und frisches dran gegoßen, dann abgeseihet, gesalzen, und Eßig und Baumöl drauf gegoßen. Den spanischen Brakkel und Rabinzelsalat richtet man auch auf eben diese Art zu.

Salat von Artischocken, auf österreichisch. Die reingemachten Artischocken werden weich gesotten, dann wird der Krotzen herausgenommen, die Artischocken auf den Rost gethan, mit vermischten Gewürz und Baumöl begoßen, langsam gebraten, dann in eine Schüßel gethan, Eßig und Baumöl drauf gegoßen, und nach Belieben entweder kalt oder warm aufgegeben.

Salat von Zwetschken, auf österreichisch. Man thut zeitige Zwetschken in eine zinnerne Schüßel, zuckert sie, gießt ein wenig guten Wein dran, thut Zimmet und klein geschnittene Citronenschalen dazu, setzt sie über eine Glutpfanne, und läßt sie zugedeckt gemach dünsten, und giebt sie hernach gezuckert, und nach Belieben warm oder kalt auf.

Salat von Weichseln, auf österreichisch. Man läßt drey Viertelpfund Zucker in drey Löffelvoll Wasser dicklich einsieden, thut dann eben so viel Weichseln drein, und läßt sie weich sieden, nimmt sie mit einem Durchschlaglöffel trocken heraus und legt sie in eine Schüssel, der Saft wird noch so lange gekocht bis er sich sulzet, dann durchgeseihet, über die Weichseln gegossen, an einem kalten Ort etwas stehen lassen, dann den Rand mit geschnittenen Pomeranzen und Citronen belegt.

Salat auf österreichisch, oder gemischter Salat. Man nimmt verschiedenen grünen Salat, wie man ihn nach der verschiedenen Jahrszeit haben kann, als z. E. Häupelsalat, übersottenen Zelleri, krausten Entiffen, spanischen Rabinzel, Feldsalat, übersottene und klein geschnittene Zichorienwurzeln, übersottenen Kauli, Rosen, von diesen Gattungen legt man kränzelweis in eine Schüssel, und formirt einen Berg, belegt den Salat mit klein geschnittenen Bricken, ausgewässerten Sardellen, Oliven, Meerkrebsen, und Meerfädel, thut in eine andere Schüssel Baumöl, Eßig, Salz, vermischtes Gewürz und Zucker, rührt dieß untereinander, und gießt es dreymal über den Salat.

Salat von Quitten, auf österreichisch. Die Quitten werden geschälet, von einander geschnitten, der Kern ausgestochen, in Wein und Zucker weich gekocht, solche mit dem Faumlöffel in die Schüssel gethan, an die Sur Citronenschalen, ganzen Zimmet und Nelken gegeben, dick einsieden lassen, dann durchgeseihet, an die Quitten gegossen, solche mit länglich geschnittenen Pistazen, Mandeln und Citronat bespickt, und mit spanischen Weichseln belegt.

Salat von Pomeranzen, auf österreichisch. Man nimmt gute saftige portugeser Pomeranzen, und drey oder vier Citronen, reisset sie mit dem Citronenreisser, schneidet sie subtil und blattweis in eine Schüssel, besprenget sie mit gutem Wein und bestreuet sie mit Zucker, kehrt sie um, und giebt ihnen auf der andern Seite auch dasselbige, und belegt sie mit spanischen Weichseln und eingemachten Ribiseln.

Salat von Aepfeln, auf österreichisch. Die meschanzger Aepfel werden ganz dünn geschälet, Stengel bleibt dran, der Butzen wird ausgestochen, die Aepfel ins frische Wasser gethan, daß sie weiß bleiben, dann wird in ein meßingenes Becken Zucker und frisches Wasser gethan, und wenn es aufsiedet, die Aepfel hinein gelegt. Nachdem sie weich sind, doch so, daß sie auch ganz bleiben, werden sie mit einem Saumlöffel in die Schüssel gethan, doch daß die Stengel oben kommen, Citronensaft drüber getröpfelt, daß sie weiß bleiben, die Surcitronenschalen mit ganzen Nelken gekocht, durch eine Tischserviet über die Aepfel geseihet, solche mit geschnittenen Pomeranzen, spanischen Weichseln und eingemachten Marillen belegt, und kalt aufgegeben.

Salat von Rabunzeln, auf preußisch. Man schneidet ihnen die Wurzeln und gelben Blättchen ab, wässert sie, läßt das Wasser rein davon ablaufen, und macht sie mit Weineßig, Salz, Pfeffer, etwas Citronensaft und Provenzeröl an.

Salat von Rettig, auf sächsisch. Man nimmt guten Rettig, der nicht hohl ist, schälet und schneidet ihn dünn scheibicht in eine Schüssel, bestreuet ihn gut mit Salz, und läßt ihn eine Weile schwitzen, gießt dann das Wasser davon ab, gießt Eßig und Baumöl drauf, und streuet Pfeffer drüber.

Salat von Kapern, auf sächsisch. Man nimmt grosse Kapern, bricht ihnen die Stiele ab, übersiedet sie ein wenig, seihet sie durch, nachdem sie kalt sind, werden sie in eine Schüssel gethan, Oel, Eßig und ein wenig Wein drauf gegossen, und kleine Rosinen und geschnittene Mandeln drüber gestreuet. Die kleinen Kapern kann man auch so machen, nur brauchen sie nicht gekocht zu werden.

Salat von Kürbis, auf sächsisch. Der Kürbis wird in kleine Stücke geschnitten, in Wasser überkocht, dann abgeseihet, ausgekühlt, in die Schüssel gethan, gesalzen und gepfeffert, Eßig und Baumöl drauf gegossen, und klein geschnittene Citronenschalen drüber gestreuet.

Salat von Braunkohl, auf sächsisch. Die Herzen davon werden in Wasser und Salz ein wenig überkocht, dann ausgedrückt, in die Schüssel gethan, Baumöl und Eßig drauf gegossen, und Pfeffer drüber gestreuet.

Salat von Bohnen, auf sächsisch. Die grünen Bohnen werden dünn und länglicht geschnitten, im Wasser und Salz weich gekocht, dann gut durchgeseihet und abgekühlt, in die Schüssel gethan, und Baumöl mit Eßig und Pfeffer vermischt drauf gegossen.

Salat von rothen Rüben, auf sächsisch. Diese werden weich gekocht, dann geschälet, und dünn scheibicht in eine Schüssel geschnitten, und Baumöl mit Eßig und Pfeffer vermischt drauf gegossen.

Salat von Petersillen, auf sächsisch. Die Wurzeln werden geschaben, scheibicht geschnitten, in der Fleischbrühe weich gekocht, mit einer löcherichten Kelle herausgenommen, ausgekühlt, dann in die Schüssel fel gethan, Baumöl und Eßig drauf gegossen, und Pfeffer drüber gestreuet.

Salat von Erdäpfeln, auf sächsisch. Sie werden abgewaschen, in Wasser gekocht, doch nicht zu weich, dann geschälet, und scheibicht in die Schüssel geschnitten, und Baumöl mit Eßig und Pfeffer vermischt drauf gegossen.

Salat von Welschkohl, auf sächsisch. Man nimmt die inwendigen Stauden, und nachdem sie reingemacht sind, thut man sie an das siedende gesalzene Wasser. Wenn sie weich sind, werden sie in ein Sieb gethan, daß sie gut abtropfen, drauf in eine Schüssel gelegt, so, daß das Inwendige von den Stauden rund herum kömmt, und Baumöl mit Eßig und Pfeffer vermischt drauf gegossen.

Salat von Aepfeln, auf sächsisch. Man nimmt gute Aepfel, sticht das Kernhaus aus, schälet und schneidet sie scheibicht, thut dazu kleine reingemachte Rosinen, gießt Malvasier drauf, zuckert es, und bestreuet es mit gestossenem Zimmet.

Salat von Spargel, auf sächsisch. Das Harte vom Spargel wird unten weggeschnitten, doch so, daß die Stengel in einer Gleiche bleiben, dann wird er weich gesotten, doch daß er ganz bleibt, herausgenommen, ausgekühlt, ein paarmal in frisches Brunnwasser gelegt, auf ein reines Tuch hernach gelegt daß er trockne, hernach in eine flache Schüssel in die Runde gelegt, so, daß die Kolben in der Mitte zusammen kommen, mit hart gekochten und klein gehackten Eyern bestreuet, und Baumöl, Eßig und Pfeffer untereinander gerührt, drauf gegossen.

Salat von Sardellen, auf sächsisch. Man wässert und grätet die Sardellen aus, ziert eine grosse Citrone mit Blumen, stellt sie mitten auf den

Teller, schlingt darum etliche Sardellen, daß die Schwänze auswärts kommen, belegt den Rand mit Citronenblüthen und Laub, giebt die Sardellen einige krumm die andern gerade drauf, bestreut sie mit Kapern und Oliven, vermischt Citronensaft und Baumöl untereinander, gießt es über die Sardellen, bestreut sie mit Pfeffer und länglicht geschnittenen Citronen, und auf die Blätter am Rande legt man Citronenscheiben.

Salat von Endivien, auf sächsisch. Man legt die 3 Tage lang im Lande gebundnen Endivien 2 Tage an einen trocknen Ort, setzt ihn sodann 2 Finger tief in laulichtes Wasser in einen Kübel, den man mit einem Teppich bedeckt, und so lange an einem warmen Orte stehen läßt, bis die äussere Blätter verdorrt sind; dann nimmt man das Innere davon, spaltet es, kräuselt sie zugedeckt in laulichtem Wasser, wäscht und schwingt ihn in einer Serviette, bis er trocken ist; und nun macht man ihn entweder mit Baum- oder Provenzeröl, klein geschnittenen Zwiebeln, Pfeffer und Salz, zuletzt aber mit Eßig, oder mit Wein, Zucker und Provenzeröl an, und garnirt ihn mit rothen Rüben.

Salat von Gurken, auf sächsisch. Man schält und schneidet sie zu dünnen Scheiben, welche man mit Salz bestreuet, eine ziemliche Weile stehen läßt, ausgepreßt, wieder eine Weile in Eßig weicht, ebenfalls ausdrückt, und mit Baumöl, Pfeffer, Salz und Eßig anmacht.

Salat von Blumenkohl, auf vogtländisch. Er wird im Salzwasser gesotten, und kalt mit Provenzeröl, Eßig und Pfeffer angemacht.

Salmen.

Salmen, auf sächsisch zu sieden. Man nimmt ein beliebiges Stück von diesem Fisch, schneidet etliche Schnitte drein, doch nicht gar durch, und siedet es in Wasser und Salz. Wenn es gar ist, giebt man es trocken auf, streut gehackte grüne Petersille drüber, und giebt Eßig mit ein wenig Pfeffer dazu zum eintunken.

Saubohnen. Siehe **Bohnen.**
Sauerkraut. Siehe **Kraut.**

Schaden.

Schaden in der Suppe, auf österreichisch. Der Schaden wird frisch abgesotten, doch nicht zu lange, denn er zerfällt sonst gern, dann eine gute Kapern- oder Citronensuppe drüber gegossen, und aufgegeben.

Schaden, auf österreichisch gesotten. Man siedet ihn wie den Hecht, nur muß Acht gegeben werden, daß er nicht zu viel siede, weil er sonst zerfällt.

Schaden, auf österreichisch gebacken. Nachdem der Schaden reingemacht, und in Stücken geschnitten ist, wird er gesalzen, in einen dünnen von Mehl und Eyern gemachten Teig eingetaucht, ins siedende Schmalz gethan, langsam und gut ausgebacken, und eine beliebige Suppe darüber gegeben.

Schaden, auf österreichisch gebraten. Der geschnittene Schaden wird eingesalzen, und in Salz eine halbe Stunde liegen lassen, ihn hernach mit Schmalz oder Butter, wie auch den Rost damit beschmiert, ihn gebraten, und oft mit Schmalz betröpfelt. Wenn er gar ist, wird er mit in Butter gerösterösteten Semmelbröseln bestreut, und eine gute Suppe darüber gegossen.

Schalen.

Schalen von Pomeranzen, auf böhmisch zu rösten. Zu vier Loth klein geschnittenen Pomeranzenschalen werden sechs Loth gestoßenen Zucker genommen, dieß feuchtet man mit zwey Löffelvoll Wasser an, rührt es untereinander, thut es in einer verzinnten Pfanne über eine mäßige Glut, läßt es so lange kochen, bis es trocken werden will, dann wird die Glut ein wenig verstärkt, daß sie ganz trocken und braun werden. Man muß aber immer rühren, daß sie nicht anpichen.

Scheberl.

Scheberl von Semmel, auf österreichisch. Das Brod wird würflicht geschnitten und mit Milch benetzt, dann etliche Eyer, Milchraum und etwas Salz darunter gerührt, in das Rein ans heiße Schmalz gethan, und im Backofen gebacken, dann nach Belieben eine von Weinbeerlein und Zwiebeln gemachte Suppe darüber gegeben. Dieß kann auch auf dem Rost wie die Nudelpfänzel langsam gebacken werden.

Schiel.

Schiel, auf österreichisch gesotten. Sie werden auf die Art wie die Hechte abgesotten; doch müssen sie langsam oder gemach gesotten werden, auch nicht so lange als der Hecht, denn er zerfällt gern.

Schildkröten.

Schildkröten mit Citronenbrühe, auf böhmisch. Man hackt den Schildkröten Kopf, Füsse, und Schwanz ab, und siedet sie ganz weich, nimmt sie heraus, und nachdem sie aus ihren Schalen genommen, und reingemacht sind, thut man sie in eine blecherne Schüssel, giebt ein Stück frischer Butter, Citronensaft, geschnittene Citronenschalen, und Muskatenblumen dazu, und läßt sie zugedeckt auf einem gelinden Kohlfeuer etwas dämpfen.

Schildkröten gut zu kochen, auf böhmisch. Wenn man den Kopf, Füsse und Schwanz abgehackt hat, siedet man sie im heissen Wasser so lange, bis sie sich von ihren Schalen lösen; dann zerlegt und putzt man ihnen die schwarze Haut ab. Die Leber und Eyerchen läßt man dabey, würzt sie mit Ingwer, Pfeffer, Muskatenblumen und Salz; alsdann läßt man ein wenig zerriebene Semmel mit zergangener Butter in einem Reinel anlaufen, worein man die gewürzte Schildkröte legt, und oft umrührt, eine gute Erbsensuppe dran gießt, und kochen läßt; man giebt noch ein wenig Butter dazu, und richtet sie entweder in ihren sauber geputzten Schalen, oder auch ohne dieselben an.

Schildkröten, auf eine andere böhmische Art. Man verfährt damit wie oben gesagt worden, nur daß man sie, wenn sie gekocht sind, mit zerlassener Butter in einem Reinel röstet, würzt und mit Petersilliensuppe, ein wenig Wein und sauerer Citron: siedet, einbrennt und sie noch mit ein wenig Safran und frischer Butter versetzt.

Schinken.

Schinken mit Ragout, auf französisch. Man schneidet den rohen Schinken in Schnitte oder Scheiben, thut sie in die Kastrole, streuet weissen Pfeffer mit geriebenen Semmeln drauf, gießt rothen Wein dran, und läßt sie gut dünsten. Wenn sie gar sind, legt man sie ordentlich in eine Schüssel, drückt den Saft von einer Citrone drauf, und belegt den Rand der Schüssel mit grüner Petersille.

Schinken, auf sächsisch. Man läßt ihn auf dem Roste warm werden, setzt ihn mit den gewöhnlichen feinen Kräutern, Gewürz und mit zwey Nößeln (Seideln) champagner Wein wohl verdeckt in eine Pfanne, steckt ihn einige Stunden vor dem Anrichten an Spieß, begießt ihn oft mit seiner Brühe, die man mit Butter versetzt, und macht endlich von Hetschepetsch oder Coulis und Citronensaft, oder auch eine andere beliebige Sauce dran.

Schlegel.

Schlegel, einen kälbernen auf böhmisch zu sieden. Man würzt und spickt ihn mit Finger langen und dicken Speck, bindet ihn in ein sauberes Tuch, thut ihn so in einen grossen geräumigen Topf, mischt Rosmarin, Kümmelkraut, Salben, Lorbeerblätter, Majoran, frische Citronenschalen, Salz, halb Wasser und halb Wein untereinander, thut es in den Topf, und siedet es, bis der Schlegel weich ist, den man sammt dem Tuch aus dem Topf in kaltes Wasser, und wenn er kalt ist, auf eine Schüssel legt, und an einen kühlen Ort setzt.

Schle-

Schlegel von Aepfeln, auf böhmisch. Die Aepfel werden geschälet, und in Würfel geschnitten, die Semmeln eben so in Scheiben, länglich breite Strieme, und dann in Würfeln. Von beyden wird gleichviel genommen, hernach Weinbeerlein, Zucker und ein paar zerklopfte Eyer dazu genommen, und dieß alles gut untereinander gerührt. Dieß hernach in eine Pfanne mit Schmalz gethan, und sobald es auf der unteren Seite braun ist, in eine andere Pfanne ins heiße Schmalz gethan, und es auch auf der andern Seite braun werden lassen.

Schlegel von Kälbern, auf österreichisch gespickt. Der Schlegel wird gesalzen, die übersottenen gesälchten Zungen geschält, wie kurze Nadeln geschnitten, und mit ausgelösten Sardellen und Ochsenmark den Schlegel gespickt, dann in ein Rein mit Butter gethan, Muskatenblumen, ganze Zwiebeln, ganze Nelken, von einer Citrone den Saft und die Schalen, zwey Gläser Wein, und ein wenig Rindsuppe dazu gegeben, zugedeckt, oben und unten gleichmäßige Glut gegeben, und zwey Stunden langsam dünsten lassen, ihn bisweilen umgekehrt, daß er sich nicht ansetzen, und verbrennen kann. Nachdem er mürbe und gar ist, werden klein geschnittene Kapern, Milchrahm und Gewürz dazu gegeben, und ein wenig aufsieden lassen, den Schlegel in die Schüssel gethan, die Brühe drüber gegossen, und aufgegeben.

Schlegel vom Kalb, gefüllt auf österreichisch. Der Schlegel wird unten aufgeschnitten, das Bein mit dem Fleisch herausgenommen, das Fleisch mit in Milch geweichter Semmel, mit ausgelösten Sardellen, Ochsenmark, Briesln, Citronenschalen und spanisch Kudelkraut ganz klein untereinander gehackt, Milchrahm, abgetriebene Butter, mit vier zerklopften Eyern darunter gemengt, den Schlegel damit gefüllt, mit kälbernen Netzen und Spagat verbunden, gesalzen an die Butter ins Rein gethan, ein paar Zwiebeln, etliche Nelken, den Saft von einer Citrone und die Schalen, etwas Wein und ein wenig Rindsuppe dazu gegeben, ihn zugedeckt gut dünsten lassen. Wenn er gar ist, giebt man klein geschnittene Kapern, Milchraum und Gewürz dazu, läßt ihn damit ein wenig aufsieden, giebt ihn auf, und die Brühe drüber.

Schlegel von Schöps, auf österreichisch. Diese werden erst gut geklopft, daß sie mürbe werden, dann hacket man Speck, Sardellen, Citronenschalen, Knoblauch, und spanisch Kudelkraut untereinander, giebt gestoßene Nelken und Muskatenblumen darunter, spicket die Schlegel damit, bestreuer sie mit Lorbeerblätter, gießt Wein und Eßig drauf, salzt sie ein, und läßt sie zugedeckt ein paar Tage in dieser Beitze liegen, kehrt sie aber bisweilen um, dann an die heiße Butter in die Bratpfanne gethan, die Beitz drüber gegossen, und im Backofen gedünstet, doch oft begossen, daß sie von oben nicht trocken werden, sondern gut saftig bleiben.

Schlegel von Hasen, auf sächsisch. Man spickt den Schlegel mit gewürztem Speck, dünstet ihn mit Speck, Schinken, etwas Kalbfleisch, Trisfeln, ein Lorbeerblatt, Pfeffer, Salz und Burgunderwein im Kastrol, wendet ihn fleißig um, begießt ihn mit Coulis, wenn man das Fett und Brühe in ein anders Kastrol paßirt hat, giebt den Saft von einer Citrone dazu, und garnirt ihn mit ausgebackener Semmel. Eben so kann man auch die Schlegel von Hasen machen, aber nur rothen Wein dazu nehmen.

Schleyen.

Schleyen mit Ragout, auf französisch. Er wird an den Seiten eingekärbt, und in der Butter braun gebraten, dann gießt man ein wenig Fisch- oder klare Erbsenbrühe mit einem Glas Wein dran, thut Gewürz, ein Bündchen feiner Kräuter, Champignonen dazu, rührt geröstetes Mehl darunter, läßt es gut aufkochen, und richtet es zu einem Vorgericht an.

Schleyen marinirt, auf französisch. Sie werden mitten entzwey geschnitten, mit Salz, gestossenem Pfeffer und Nelken bestreuet, unzeitiger Trauben- mit ausgepreßten Zwiebelsaft drauf gegossen, und zugedeckt ein paar Stunden liegen lassen. Dann werden sie in einen dünnen von Eyern, Mehl und Salz gemachten Teig eingetaucht, an die zerlassene heiße Butter in die Kastrole gethan, und schön gelb gebacken.

Schmarn.

Schmarn von Mandeln, auf böhmisch. Man nimmt neun Eyerdotter, ein ganzes Ey und 16 Loth Zucker, dieß wird so lange zusammen geschlagen bis es dick wird, dann werden 18 Loth klein gestossene Mandeln dazu gethan, und gut untereinander gerührt, dieß in einem mit Butter wohl ausgeschmierten Reif gethan, langsam gebacken, und hernach sachte ausgeschütt, daß er nicht zerfällt.

Schmarn von Grieß, auf böhmisch. In süssen Schmetten werden vier ganze Eyer und fünf Eyerdotter gut zerklopft, hernach wiener Grieß drein gerührt, ins Reinel an die heiß gewordene Butter gegossen, immer gerührt, besonders mit einem Messer vom Rand abgeschabt, sobald er sich will ansetzen,

setzen, und sobald er schön braun und bröslicht ist, so ist er fertig.

Schmarn von Semmeln, auf böhmisch. Zu gerösteten und geriebenen Semmeln wird guter süsser Schmetten gegossen, dann vier ganze Eyer, und acht Eyerdotter gut zerklopft dazu genommen, dieß gut untereinander gerührt, dann in die heisse Butter ins Reinel gethan, mit dem Messer immer vom Rand abgeschabt, daß es sich nicht ansetzt, und braun werden lassen.

Schmarn von Zucker und Mandeln, auf böhmisch. Die geschälten Mandeln werden etwas gröblich gestossen, hernach werden zu halb so viel Zucker als Mandeln sind, Citronensaft, und geschnittene Citronenschalen gethan, dieß alles mit den Mandeln gut untereinander gerührt, dann ein Tortenblech mit Schmalz bestrichen, diesen Mandelteig halben Fingers dick drauf gemangelt, und ihn bey mäßiger Hitze langsam gebacken, dann ihn mit einem zerklopften Eyerweiß bestrichen, und Zucker drauf gethan, daß er rösch wird.

Schmarn von Spinath, auf böhmisch. Der zerkochte Spinath wird ausgedruckt, und mit Rindsmark gut untereinander gestossen, hernach in ein Reinel an die heisse Butter gethan, und zugedeckt dämpfen lassen, dann vier ganze Eyer und vier Eyerdotter gut zerklopft, geröstete und geriebene Semmel, und frischen klein gehackten Speck dazu gethan, nachgesehen, daß es sich nicht ansetzen kann, oben und unten Glut gegeben, und ihn braun, aber nicht verbrennt backen lassen, hernach in die Schüssel gethan, zerschnitten, mit gestossenem Zucker und Muskatenblumen bestreut, und braune Butter darüber gegossen.

Schmarn von Grieß, auf österrei̱chisch. In die heisse Milch wird Schmalz oder Butter mit etwas geriebenen Safran gethan, und indem sie anfängt aufzusieden, Grieß drein gerührt, und dieß etwa eine Stunde lang dünsten lassen, bis er reblet wird, doch immer gerührt, daß er sich nicht auf dem Boden, oder am Rand fest setzt, und anbrennt.

Schmarn von Mehl, auf österreichisch. Man gießt kalte Milch an schönes Mundmehl, rührt etliche Eyer darunter, macht einen gut durchgearbeiteten etwas fließigen Teig draus, gießt es ins heisse Schmalz, und läßt es zugedeckt gut ausdünsten und braun werden.

Schmerlen.

Schmerlen, auf sächsisch zu sieden. Man setzt Wasser in einem Kessel halb voll bey, und salzt es. Wenn es anfängt zu sieden, setzt man es vom Feuer weg, thut die Schmerlen drein, läßt sie noch ein wenig vom Feuer, dann werden sie beygesetzt, und geschwind aufgekocht. Wenn sie ein wenig gekocht sind, werden sie mit Wein abgekühlt, und noch eine Weile gekocht. Hernach werden sie ausgenommen, und mit einem Bogen Papier bedeckt, eine Weile stehen lassen, dann mit einer löchrichten Kelle in die Schüssel gethan, und entweder mit Eßig gegessen, oder eine beliebige Brühe drüber gemacht.

Schmerlen mit einer Brühe, auf sächsisch. Die Schmerlen werden wie gewöhnlich im Wasser abgesotten, nur daß man sie nicht zu sehr salzt. Indessen wird eine Brühe von Fleischsuppe, Wein, Gewürz, mit einer Semmelkrume und Butter gemacht, in einem Töpfchen aufgekocht, über die Schmerlen in

die

die Schüssel gegossen, aufs Kohlfeuer gesetzt, und damit ein wenig aufgekocht. Es können auch Citronen an die Brühe gethan, und statts der Semmelkrume ein paar Dotter drein gequierlet werden.

Schnecken.

Schnecken in einer guten Nudelsuppe, auf böhmisch. Man siedet sie wie gewöhnlich, schleimt sie mit Salzwasser ab, und wäscht sie; die Häuschen aber werden mit Eßig und Salz gereinigt. Man mischt ausgewaschene Butter, geriebene Semmel, klare Citronenschalen, Ingwer, Muskatenblüthen, und Majoran untereinander, und füllt die Häuschen damit. Auch wäscht und hackt man 10 oder 12 Sardellen klein, kocht sie in Rindsuppe, treibt sie durch ein enges Sieb auf die Schnecken (von denen man die erste Brühe abgießt,) giebt ein wenig Wein dran, und richtet sie zusammen.

Schnecken in Butter gebraten, auf böhmisch. Die Schnecken werden wie gewöhnlich zugerichtet. Ingwer, Muskatenblüth und geschnittene Citronenschalen werden mit Butter vermischt, mit den Schnecken in die Häuschen gefüllt, auf dem Rost gebraten, und mit Citronensaft beträufelt.

Schnecken im Baumöl gebraten, auf böhmisch. Beym Einfüllen thut man erst Baumöl in die Häuschen, dann die Schnecken, und auf die wieder Baumöl mit Pfeffer. Gebraten werden sie wie schon gesagt.

Schnecken auf sächsisch gehackt. Wenn die Schnecken im Wasser übersotten sind, daß sich die Deckeln lösen, werden sie aus den Häusern genommen, rein gemacht, klein gehackt, dann an die heiße Butter mit ein paar hart gekochten und kleingeschnittenen Eyern gethan, Ingwer, Pfeffer, Muskatenblumen, kleingeriebenes Brod, gedörrte kleingeschnittene Rosmarin, und kleingeschnittene Citronenschalen dazu gegeben, und geröstet, hernach wird eine gute Fleischbrühe darauf gegossen, und aufgekocht, aufgegeben.

Schnecken auf sächsisch gebacken. Wenn die Schnecken im Wasser übersotten sind, werden ausgelöset, rein gemacht, mit Salz und Pfeffer vermischt, eingesprengt, in einen Tiegel an eine gute und siedende Rindsbrühe gethan, und noch ein wenig überkocht, hernach werden sie in Grieß mit Mehl vermischt, gewelzet, an die heisse Butter gethan, und gebacken.

Schnecken auf sächsisch gekocht. Die Schnecken werden erst im Wasser gekocht, bis sich die Deckeln auflösen, dann werden sie aus den Häusern genommen, rein gemacht, mit Salz besprengt, und eine Weile darinn liegen gelassen, hernach in ein Töpfchen an die siedende Fleischbrühe gethan. Inzwischen werden die Häuser gekocht, mit Salz ausgerieben, und mit Wasser ausgespühlt. Hernach werden in einem Stück ausgewaschener Butter, Pfeffer, Muskatenblumen, und ein wenig geriebenes Brod eingeknetet, drauf in die Häuser von dieser vermischten Butter etwas weniges gethan, hernach die Schnecken eingelegt, und wieder Butter drauf, wieder an die vorige siedende Fleischbrühe gethan, aufgekocht, und mit den Häusern aufgegeben.

Schnepfen.

Schnepfen auf französisch zugerichtet. Die reingemachten ausgenommenen und in 4 Theile geschnittenen Schnepfen werden mit kleingehackten Cham-

Championen, Trüffeln und Kalbermilch an den zerlassenen Speck in das Kastrol gethan, und nachdem sie ein wenig geröstet sind, gießt man etwas Fleischbrühe und ein paar Gläser Wein dran. Wenn sie gar sind, zerrührt man ein wenig Mehl in einem paar zerklopften Dottern, verdicket das Ragout damit, thut ein Stück frischer Butter dazu, richtet es an, und drückt den Saft aus einer Citrone drauf.

Schnepfen mit Suppe, auf böhmisch.
Man säubert und blanchirt die Schnepfen in einem Kastrol mit Speck, Gewürz, Zwiebel und Lorbeerblätter, bis sie Farbe bekommen, gießt Bouillon drauf, macht eine Coulis von Tartoffeln, geschwitzten Semmelrinden, und etlichen geschnittenen Mandeln, stößt klein, gießt klare Jus drauf, und läßt es einen Sud thun. Alsdann kocht man gedörte Semmelrinde mit der Schnepfenbrühe auf, richtet die Schnepfen drauf, und giebt die Coulis drüber. Garniren kann man sie nach Belieben.

Schnepfen, Wasserschnepfen auf französisch geröstet. Sie werden entzwey geschnitten, und in Speck mit Zwiebeln, Petersillen, und einem Sträußchen feiner Kräuter braun geröstet, dann wird eine Brühe von Championen drauf gegossen, und darinn gut aufgekocht.

Schnitte.

Schnitte von Kalbsschlegel, oder Kalbsschnitte, auf österreichisch. Nachdem der Kalbsschlegel in dünne Schnitte geschnitten, und solche eingesalzen sind, werden sie mit Speck und Citronenschalen gespickt, mit geriebenen Semmelbröseln und Mehl bestreuet, und im siedenden Schmalz gebacken, solche hernach in eine mit Butter ausgeschmierte
Schüssel

Schüssel nebeneinander gelegt, den Saft aus einer Citrone drauf gedrückt, kleingeschnittene Citronenschalen, gestoßene Muskatenblumen und ausgelöste Sardellen drüber gestreuet, Milchraum drauf gegossen, aufs Kohlfeuer gesetzt, und aufsieden gelassen.

Schnitte von Semmeln auf sächsisch gefüllt. Etliche Eyer werden zerklopft, geriebene Semmelbröseln mit Zucker, Trisenet, kleinen Rosinen und ein wenig Salz darunter gerührt. Dann werden Semmeln in dünne Schnitte geschnitten, das Gerührte auf die eine Seite geschmiert, die andere Hälfte drauf gelegt, in zerklopfte Eyer getaucht, an die heiße Butter gethan, und gebacken.

Schnitte auf sächsisch gebacken. Der reingemachte Spinnath wird ganz klein gehackt, und in Butter geröstet. Nachdem er ausgekühlt ist, schlägt man etliche Eyer dran, thut Salz und Gewürz dazu, und rührt dieß gut untereinander, dann werden Rindsnieren in dünne Schnitte geschnitten, dieß finders dick drauf geschmiert, und in der Butter gebacken, dann nach Belieben mit Zucker bestreuet.

Schnitte von Mundmehl, oder Butterschnitte, auf sächsisch. Zu einer halben Pfund frischer Butter wird eben so viel feines Mundmehl, vier Löffel guten Wein, und ein wenig Salz genommen, dieß zusammen gut untereinander gerührt, den Teig an einem kühlen Ort drey bis viermal übereinander geschlagen, dann eines Messerrücken dick ausgemangelt, mit einem Messer zwey fingerbreite und fingerslange Schnitte geschnitten, solche mit gut zerklopften Eyweiß bestrichen, und im Ofen bey mäßiger Hitze gebacken.

Schnitze.

Schnitze von Krebsen, auf böhmisch. Man schneidet die Semmeln in dünne Schnitze oder Scheiben, legt sie in eine weite oder flache Schüssel nebeneinander, begießt sie ein wenig mit süssen Schmetten, streuet kleingehackte Krebse oder Mägen und Lebern von kleinem Vieh drauf, dann in einer halben Mandel- oder Krebsmilch sechs ganze Eyer und sechs Dotter gut zerklopft und gezuckert, auf die Semmelschnitze gegossen, Krebsbutter dazu gethan, die Schnitze mit schönen Krebsscheren bestochen, oben und unten gleichmäßige Gluth gegeben, und sie dämpfen und braun werden gelassen.

Schnitze von Semmeln mit Mark, auf böhmisch. Die Semmeln werden zu dünne Schnitze oder Scheiben geschnitten, in eine flache oder breite Schüssel nebeneinander gelegt, dann gieße man etwas süssen Schmetten drauf, bestreuet sie fingersdick mit gestossenem Rindsmark, Zimmet und Zucker darüber, gießt noch etwas mehr süssen Schmetten drauf, setzt sie zugedeckt auf ein gelindes Kohlfeuer, läßt sie dämpfen und einsieden.

Schnitze von Kalbsschlägel, auf österreichisch. Der Kalbsschlägel wird in dünne Schnitze geschnitten, mit dem Messerrücken breit geklopft, gesalzen, mit Mehl bestreuet, ins siedende Schmalz gethan, und gebacken. Dieß nun lagweis in eine blecherne Schüssel gethan, eine Lage gebähter Semmelschnitte mit geriebenem Parmesankäß drüber gethan, und so fort, dann eine gute Hühner- oder Rindsuppe dran gegossen, und es gut sieden gelassen, daß es mürbe wird, dann aufgegeben.

Schollen.

Schollen.

Schollen, oder Butterschollen auf französisch geröstet. Sie werden erst mit Championen, Morcheln, Petersilien, feinen Kräutern, und Zwiebeln, alles klein geschnitten, in der Butter geröstet, dann wird ein wenig Fischbrühe mit einem Glas Wein dran gegossen, ein Eingebrenntes darunter gerührt, und wenn es gar ist, zu einem Vorgericht aufgegeben.

Schollen mit Ragout, auf französisch. Sie werden geputzt, ausgenommen, mit Mehl bestreuet, und in der Butter gebraten. Inzwischen macht man ein Gehäcke von Championen, Trüffeln, Karpfenmilch, kleinen Zwiebeln und geriebenem Brod, thut dieß mit einem Stück Butter in das Kastrol, und bräunet es, dann gießt man gute Fisch- oder klare Erbsenbrühe mit ein wenig Saft unzeitiger Trauben dran, thut die gebratenen Schollen drein, rührt ein wenig geröstetes Mehl darunter, läßt es gut aufkochen, und giebt es zu einem Vorgericht auf.

Schöpsenfleisch.

Schöpsenfleisch. Siehe mehr unter **Lammfleisch**.

Schöpsenfleisch mit kleinen Rüben, auf sächsisch. Das Schöpsenfleisch wird beygesetzt, und eine Weile sieden gelassen, inzwischen werden kleine Rüben geschaben, länglicht geschnitten, von der Fleischbrühe drauf gegossen, und gekocht, gepfeffert, und eingebrennt; und wenn das Fleisch gar ist, wird es aufgegeben, und die Rüben drüber geschüttet.

Schöpsenhals. Siehe **Hals**.
Schöpsenkeule. Siehe **Keule**.

Schöpsmagen. Siehe Magen.
Schöpsnieren. Siehe Nieren.
Schöpsschlegel. Siehe Schlegel.

Schöpsstoß.

Schöpsstoß wie eine Rehkeule auf sächsisch zu braten. An dem jungen Schöpsstoß läßt man das Bein hinten eine Ecke drein, und beugt es herum, läßt ihn ein paar Tage im Eßig liegen, spickt ihn dann, besticht ihn mit Nelken und Zimmet, betröpfelt ihn mit Butter, und bratet ihn bey mäßiger Hitze, daß gut saftig wird. Wenn er gar ist, bindet man einen Rehfuß an, giebt ihn auf, und belegt ihn mit Citronenschnitten.

Schöpsstoß auf sächsisch gehackt. Man nimmt ein Stück von einem Schöpsstoß, hackt es ganz klein, bestreuet es mit Salz, vermengt es mit kleingehacktem Rindsmark, thut es in einen niedrigen und weiten Topf, gießt ein wenig Fleischbrühe und Wein dran, und setzt ihn auf Kohlen. Wenn es halb gar ist, werden Rosinen, Datteln, Nelken, Muskatenblumen, und geschnittene Citronenschalen, auch der Saft aus einer Citrone dazu gegeben. Und nachdem alles zusammen gut aufgekocht ist, wird es aufgegeben.

Schöpsstoß auf sächsisch zugerichtet. Der Schöpsstoß wird in dünne und drey fingerbreite Stücke geschnitten, dann Petersilie, Poley, Thimian und Schnittlauch mit Rindsmark klein gehackt. Die Schnitte werden eingesalzen, und mit gestoßenen Pfeffer, Nelken und Muskatenblumen, und mit diesen geschnittenen Kräutern bestreuet, mit ein wenig Wein eingesprengt, zusammen gerollt, und jedes Stück mit einem Hölzlein fest gemacht, hernach werden

den etliche Dotter zerklopft, geriebenes Brod darunter gerührt, die zusammengerollten Schnitte drein eingetaucht, an die siedende Butter gethan, und gebacken, aufgegeben, und die Butter drüber gegossen.

Schöpsstoß mit Austern gefüllt, auf sächsisch. Der Stoß wird erst halb am Spieß gebraten, dann werden Schrims geschnitten, solche wohl mit Austern zugestopft, gut mit Wein begossen, darinn Zwiebeln gelegen haben; und wenn der Stoß gebraten ist, wird das Abgetropfte mit etlichen kleingehackten Austern und Sardellen mit Kapern und Citronen zusammen aufgekocht, und als eine Brühe über den Braten gegeben.

Schöpsviertel. Siehe Lammsviertel.

Schwaden.

Schwaden auf sächsisch gekocht. An eine Kanne siedender Milch wird ein Seidel Schwaden eingerührt. Er muß im währenden Kochen immer gerührt werden, daß er sich weder ansetzen, noch auch klümpern kann. Wenn er bald gar ist, rührt man Zucker und etwas Rosenwasser darunter, läßt dieß zusammen noch ein wenig aufkochen, und giebt es sodann auf.

Schwänze.

Schwänze von Krebsen auf sächsisch gebacken. Man salzt die ausgeschälten Krebsschwänze ein wenig, wendet sie in einem Teig um, den man von Eyern, Mehl, klargeriebenen Lebkuchen und Milch macht, bäckt sie im heissen Schmalz, und bestreuet sie mit Ingwer und Zimmet.

Schwanzstück vom Rinde auf sächsisch zugerichtet. Ein Stück Ziemen wird im Wasser und Salz gekocht. Wenn es halb gekocht ist, wird es herausgenommen, in einen weiten und niedrigen Topf gethan, ein Maaß oder eine Kanne von der Brühe, worinn es gekocht hat, mit einem Nössel oder Seidel Wein drauf gegossen, eine Handvoll Kapern, eben so viel Meerfenchel, eingelegte und kleingeschnittene Gurken, zwey von einander geschnittene Zwiebeln, Muskatenblumen und Pfeffer dazu gegeben, und zugedeckt, langsam gut einkochen gelassen. Wenn es gar ist, werden geröstete Brodschnitte in die Schüssel gethan, das Fleisch drauf gelegt, und die Brühe drüber gegossen.

Schwedischbrod. Siehe **Brod.**
Schweinskeule. Siehe **Keule.**
Schweinskopf. Siehe **Kopf.**
Schweinsnieren. Siehe **Nieren.**

Semmel.

Semmel spanisch gefüllt, auf böhmisch. Man reibt glatte Semmeln, reibt die harte Rinde herunter, schneidet oben eine Scheibe ab, höhlt sie inwendig schön aus. Man läßt geschnittene Mandeln, Pistazien, Rosinen, mit selbst beliebigen unterschiedlichen oder reingemachten Sachen vermischt, mit rothen Wein, bey Feuer schwitzen, und füllt es in die Semmeln, welche man oben wieder zumacht, mit einem Faden verbindet, und mit rothen Wein begießt; man bäckt sie in Schmalz, bestreuet sie mit Zimmet und Zucker, und glasirt sie.

Semmel gefüllt mit kleinen Vögeln, auf böhmisch. Das Innere aus der Semmel wird in Schmalz oder Butter gebräunet, die kleinen Vögel ebenfalls mit geriebener Semmel dran gestreuet;

in der Butter braun gebacken, dieß alles mit fein länglich geschnittenen Citronenschalen, in die ausgehöhlerten Semmeln gefüllt, und eine gute Rindsuppe mit Wurzeln und Gewürz dran gegossen.

Semmeln auf sächsisch süß gemacht. Die Semmeln werden in länglichte Schnitte geschnitten, an die heiße Butter gethan, und schön gelb gebacken. Dann läßt man Sahne in einem Töpfchen aufsieden, gießt es auf ein dünnes gelbes Eingebrenntes, thut Zucker, Zimmet, und kleine Rosinen dazu, und läßt dieß zusammen gut aufkochen. Die gebackenen Semmeln thut man in eine zinnerne Schüssel, gießt dieß drauf, setzt es aufs Kohlfeuer, und läßt es nur aufkochen.

Semmelschnitte. Siehe Schnitte.

Sauce.

Sauce von Kräutern, oder grüne Sauce. Man thut Petersill, Schnittling, Bertram, Körbelkraut, Schalotten, sehr wenig Rockenbol, und Citronenschalen klein, macht sie warm in einem Kastrol mit Bouillon und Bertrameßig, und gießt ein wenig Citronensaft dazu. Man kann auch ein paar Sardellen, hartgesottene Eyerdotter, geweichte Semmel, Pfeffer und Salz, Zucker, Provenzeröl, Eßig und Wein, und was sich dazu schickt, dazu nehmen.

Sauce von Agrasel. Man blanchirt die Agrasel etwas weich, gießt Culli und Jus drauf, läßt es sieden, bis es verschaumt.

Sauce über einen gebratenen Kapaun, auf böhmisch. In dem Kapaunerfett werden klein geschnittene Zwiebeln mit ein wenig Mehl gebräunet, hernach Rindsuppe mit Citronensaft, Muskatenblumen, Pfeffer und Majoran dazu gethan, und untereinander auf-

aufkochen gelassen, und über den gebratenen Kapaun gegossen.

Sauce über eine gekochte oder gebratene Zunge, auf böhmisch. Es wird ein Eingebrenntes gemacht, drein halb Eßig und halb Wasser gegossen, auch etwas Citronensaft, Rosinen und Korinthen, und Gewürz gethan, und gekocht auf die Zunge gegossen.

Sauce, eine grüne über junge Hühner, auf böhmisch. Man nimmt Bertram, Petersillen und Majoran, hackt es klein, gießt guten Wein hinein, thut Pfeffer und Zucker dazu, rührt es untereinander, gießt es an die Hühnersuppe, darinn sie gekocht haben, läßt es nicht lange sieden, sondern nur ein paar Wall thun, damit es die grüne Farbe nicht verliert. Will man die Sauce etwas dicklich haben, so thut man ein wenig Mehl oder braun geröstete Semmel, oder ein Eingebrenntes dran.

Sauce von Kartofeln oder Erdäpfeln über Gebratenes, auf böhmisch. Die Kartofeln werden geschälet, hernach in Wein zu Moß oder Brey gekocht, und Zucker, Butter, Citronensaft, und Gewürz dran gethan, eine Rindsbrühe dran gegossen, um keinen Brey, sondern eine Sauce zu haben, und aufgekocht.

Sauce über Hühner oder Kalbfleisch, auf böhmisch. Vier oder fünf eingesäuerte Citronen werden mit eben so viel Aepfeln klein untereinander gehackt, dieß in Schmalz oder in der Butter geröstet, ein wenig Mehl darunter gemengt, hernach halb Wein und halb Wasser dran gegossen, allerley Gewürz nach Belieben und Zucker dazu gethan, und so lange sieden gelassen, bis es etwas dicklich wird.

Sauce

Sauce braun gemacht von Sardellen, auf böhmisch. Man nimmt einen löffelvoll Butter in einen Kastrol oder Reinel, oder in eine irdene Pfanne gethan, selbige mit einem großen Löffelvoll feinen Mehl abgebräunet, hernach nimmt man drey oder vier Sardellen, macht sie rein, und die Gräten heraus, hackt sie ganz klein, thut es dran, rührt es untereinander, gießt ein halb Seidel Wein, etwas Weinessig, und gute Fleischbrühe oder Bouillon drauf, und läßt es gut aufkochen. Man kann nach Belieben auch Gewürze und Kräuter als Petersille dran thun, und wie man will, Zusätze und Abänderungen machen.

Sauce von Nüssen auf sächsisch. Man läßt und blanchirt ein halb Schock wälsche Nüsse, schält sie ab, stößt sie mit Eyerdottern und Sardellen im Mörsel, passirt sie durch ein Haartuch in ein Geschirr, und rührt sie mit Provenzeröl, Pfeffer, Salz, Championen ein, und Bertrameßig an.

Sauce. Siehe mehr davon unter Brühe, Tunke.

Spanfärkel.

Spanfärkel oder gefüllte Spansau mit einer Suppe. Man zieht der wohlgereinigten Spansau die Haut ab, macht von dem Fleisch, und von Schweinfett, geweichter Semmel, Eyern, Salz, Kräutern, Gewürz und Citronenschalen, einen rohen recht klar gehackten Farsch, und streicht ihn auf die Haut; dann passirt man 2. oder 3 gebratene Rebhühner, oder auch ordinäre Hühner mit Tartoffeln und Austern zu einem Ragout, thut ihn auf den Farsch in die Haut, welche man nun mit einem Bindfaden zubindet, auf eine Tortenschüssel, oben drauf aber

breit

breit geschnittenen Speck legt, und im Ofen rasch backt; nach diesem macht man von 2 gebratenen Rebhühnern, Jus und Semmelrinden eine Coulis, welche man durch ein Haarsieb streicht; alsdann thut man Austern, geschnittene Tartoffeln, ein Stück frischer Butter, Muskatenblüth, Citronensaft, und von der Coulis in ein Kastrol, läßt es einmal aufkochen, richtet es auf mitonirte Semmelschnitte an, legt die Spansau in die Mitte, und garnirt es mit einem Ragout von Prieseln, Maurachen und Netzwürsteln oder mach einen sauberen Kranz um die Schüssel.

Spanfärkel marinirt, auf böhmisch. Hiezu ist ein rundes fettes Spanfärkel gut, welches man putzt, viertelt, und in einen Topf thut; dazu kömmt halb Wein, halb Wasser, Lorbeerblätter, Citronenschalen, und Salz; wenn es wohl gesotten hat, thut man es geschwind aus der Brühe in kaltes Wasser, und dann in eine Schüssel. Von der Brühe thut man 2, von Weinessig aber 3 Seidel in einen Topf mit Rosmarin, Lorbeerblättern, frischen blättchenweis geschnittenen Citronen, Muskatenblüthen, Würznelken, ein paar Weinbeeren, zerdrückten Knoblauch, und ein Viertel Baumöl, läßt alles miteinander sieden, kühlt es wieder ab, gießt es über das Spanfärkel, welches man mit einem reinen Bretchen und Steinen beschweret, und setzt es an einen kühlen Ort.

Spanfärkel weiß mit Austernsauce, auf böhmisch. Dem Spanfärkel wird der Kopf abgeschnitten, und dann wird es geviertheilt, mit Salz, Wein, Pfeffer, Zwiebel und Thimian in Brunnenwasser gekocht. Man macht über das Färkel eine weisse Sauce von Scharlotten und Austern.

Spanfärkel auf französisch gefüllt. Es wird ein Gehäcke von der Leber überkochten Speck, Championen, Salz, Pfeffer, feinen Kräutern, und ein wenig Salbey gemacht, das Spanfärkel damit gefüllt, zugenäht, gebraten, oft mit Butter begossen, und wenn es gar ist, mit gebackenen Petersillen oder Semmelrinden aufgegeben.

Spanfärkel auf französisch gekocht. Es wird geviertheilet, erst in das Kastrol an den zerlassenen Speck gethan und gebräunet, dann eine gute kräftige Brühe dran gegossen, ein paar mit Nelken gespickte Zwiebeln, Salz, Pfeffer, und ein Büschlein feiner Kräuter dazu gegeben. Wenn es bald gar gekocht ist, gießt man ein Glas Wein dran, giebt ein dünnes gelbes Eingebrenntes dazu, und läßt es damit noch gut aufkochen. Dann richtet man es in einer Schüssel an, drückt den Saft von einer Citrone darauf, und belegt den Rand der Schüssel mit gebackenen Petersillen, und mit dem gebackenen Hirn vom Spanfärkel.

Spanfärkel auf sächsisch gebraten. Man nimmt ein 4 oder 5 Wochen altes Spanfärkel, macht es rein, hackt die Zunge und Leber mit ein wenig Speck klein, rührt darunter Salz, Nelken, Pfeffer, und Muskatenblumen, salzt das Färkel von innen, füllt es damit, und bratet es am Spieß. Die hintern Beine müssen hoch stehen, und ein Holz dazwischen gesteckt werden. Die vordern Beine werden gegeneinander gebeuget. Von aussen wird es nicht gesalzen. Wenn es anfängt zu nassen, trocknet man es mit einem saubern Tuch ab. Drauf setzt man ein wenig Bier ferne vom Feuer, tunkt eine Speckschwarte drein, und bestreicht das Färkel damit oft im währenden Wenden. Wenn es gar ist, zieht man es

vom

vom Spieß, setzt es in die Schüssel wie stehend, und steckt ihm eine Pomeranze in die Schnauze.

Spargel.

Spargel auf sächsisch einzulegen. Man setzt einen Topf mit Wasser bey und salzt es, dann nimmt man Spargel in Bindel gebunden, unten an den Stengeln ein wenig abgeschnitten, und steckt ihn in den Topf, wenn das Wasser siedet, nimmt ihn aber gleich wieder heraus, legt ihn ordentlich in ein Fäßchen, streuet Pfeffer dazwischen, gießt Eßig drauf, und schlägt das Fäßchen zu. Wenn man nun davon brauchen will, so läßt man ihn im Wasser aufsieden, doch daß er nicht zu weich wird.

Spargel auf sächsisch zugerichtet. Man schneidet schönen großen Spargel in einer gleichen Länge ab, übersiedet ihn im Wasser, doch daß er etwas härtlich bleibt. Indessen setzt man eine zinnerne Schüssel auf ein Kohlfeuer, thut ein großes Stück Butter drein. Indem sie zergehen will, steckt man eine Rinde Brods an eine Gabel, und rührt es immer fort damit, bis sie recht dicklicht wird, drückt Citronensaft drein, und rührt immer fort. Der abgeseihete warme Spargel wird indessen in eine warme Schüssel gethan, die abgerührte Butter drauf gegossen, Pfeffer und Muskatenblumen drüber gestreuet, und die Schüssel ein wenig auf einen Tiegel gesetzt, worinn Wasser siedet.

Spargel auf sächsisch gebacken. Man nimmt schönen großen Spargel, schneidet das Weiße davon bis auf das Grüne weg, wäscht ihn, und kocht ihn im Wasser und Salz, doch daß er nicht zu weich wird. Macht dann einen etwas dicklich fließenden Teig von Mehl, Eyern, und Milch, oder lieber

Wein,

Wein, tunkt den gesottenen Spargel drein, und bäckt ihn in der Butter schön gelb. Man kann auch die Schüssel eines gekochten Spargels damit belegen.

Speiß.

Speiß von Aepfeln, auf österreichisch. Die Borstorffer oder auch andere Aepfel, welche keinen süßlichen oder weichlichen Geschmack haben, werden geschälet, solche zu ganz dünnen Scheiben geschnitten, in ein Kastrol gethan, ein wenig Wein und Zucker dazu gethan, und sie zugedeckt sachte so lange dünsten gelassen, bis sie ganz weich und mürbe sind. Nun zu dreyßig Aepfeln ein Viertelpfund Citronat genommen, solchen ganz klein geschnitten, ein Viertelpfund kleingestoßener Mandeln, ein Viertelpfund durchgesiebten Zucker, und ein wenig geriebene Semmelbröseln, mit 8 zerklopften Dottern, alles gut untereinander gerührt, das Weiße von Eyern zu Schnee geklopft, auch darunter geschlagen. Dieß nun in eine mit Butter ausgeschmierte blecherne Schüssel gethan, und im Ofen oder in der Röhre gebacken.

Speiß auf österreichisch gemischt. Man nimmt kleine Hühner und junge Tauben, zerschneidet sie, und übersiedet sie mit einem jungen, in Stücken geschnittenen Lamm, in einer Rindsuppe, und dünstet es hernach in der Butter. Inzwischen thut man in ein anderes Rein gebackene oder gesottene Knödel, grüne Erbsen, geschnittene grüne Petersille, geriebene Semmelbröseln und entzwey geschnittene Maurachen, und dünstet dieß zusammen ebenfalls in der Butter, gießt dann die Suppe dran, worinn das Fleisch gekocht hat, läßt es ein wenig sieden, und giebt es hernach über das Fleisch, oder man läßt auch das Fleisch darinn aufsieden.

Spiegel.

Spiegel.

Spiegel auf Marzipan oder Mandeltorten zu machen, daß er schön weiß sey. Man klopft in einem glasirten Häfchen ein frisches Eyweiß, ein wenig gut Rosenwasser, und einen guten Theil Karnarienzucker, wohl und so lange zusammen, bis es recht weiß, und so dick wird, wie Sirup; alsdann streicht man es auf Marzipan oder Mandeltorten, und läßt es auf einem warmen Ofen ertrocknen.

Spinath.

Spinath auf französisch. Man nimmt von Spinath die grünsten und zärtesten Blätter, hackt sie ganz klein, thut es an die zerlassene Butter in das Kastrol mit kleingeschnittenen Zwiebeln, und röstet es gut. Dann thut man gebratene Kastanien dazu, gießt ein wenig guter Rindsbrühe dran, zerrührt etliche zerklopfte Eyer in ein wenig Milchraum, rührt dieß auch mit geriebenen Muskatenblumen und Muskatennuß darunter. Läßt alles zusammen gut kochen, und giebt es dann zu einem Vorgericht mit gebackenen Semmelrinden, oder gebackenen Championen auf.

Spinath auf italienisch. Man blanchirt ihn mit Salz in siedendem Wasser, und thut ihn in frisches Wasser, drückt ihn aus, schneidet ihn nebst einer Zwiebel klein, thut ihn mit Pfeffer, Salz, Muskatennuß, und ein wenig Basilikum in ein Kastrol, darinn man zuvor Butter paßirt, staubt dazu ein wenig Mehl, gießt Bouillon dran, und läßt ihn geschwind einkochen; garniren kann man ihn beliebig.

Spinathfanzel. Siehe Fanzel.
Spitzmorgeln. Siehe Morgeln.

Steinbeisser.

Steinbeisser auf sächsisch gesotten. Sie werden erst lebendig in ein heisses Wasser gethan, daß ihnen der Schleim mit der Haut abgehet, dann im Wasser, und Salz gesotten, und eine Erbsenbrühe drüber gegeben.

Stinte.

Stinte auf französisch gebacken. Sie werden mit einer beliebigen Fülle gefüllt, abgetrocknet, in der Butter gebacken, aufgegeben, mit Salz und Pfeffer bestreuet, mit dem Saft unzeitiger Trauben betröpfelt, und um den Rand der Schüssel gebackene Petersillen, oder Semmelrinden, oder gebackene Fischlebern und Fischmilch gelegt.

Stinte mit Ragout, auf französisch. Sie werden in Wein mit Salz, Pfeffer, einem Stück frischer Butter, und einem Bündlein feiner Kräuter gekocht. Wenn sie bald gar sind, rührt man ein wenig geröstetes Mehl darunter, daß die Sauce dicklich wird. Richtet sie sodann in einer Schüssel an, und belegt den Rand mit gebackenen Petersillen oder Semmelrinden.

Stirl.

Stirl auf österreichisch gesotten. Man siedet sie wie den Hausen, aber nicht so lange; und schröckt sie mit frischem Weinessig ab.

Stör.

Stör mit Rüben, auf französisch. Er wird in beliebige Stücke geschnitten, gesalzen und gepfeffert, in die Kastrole mit geschnittenen und in guter

Fleisch-

Fleischbrühe halb gar gekochten Rüben an die heiße Butter gethan, und braun geröstet. Dann wird etwas von der Fleischbrühe, worinn die Rüben gekocht sind, mit einem Glas Wein dran gegossen, und ein Büschlein feiner Kräuter dazu gegeben; und wenn es gar ist, rührt man ein dünnes gelbes Eingebrenntes darunter, und giebt es zu einem Vorgericht auf.

Stör mit kurzer Brühe, auf französisch. Er wird in Stücke geschnitten, und mit Salz und Pfeffer bestreuet. Dann nimmt man Champignonen, Trüffeln, Morgeln und feine Kräuter, hackt dieß untereinander klein, röstet es in der Butter, gießt dann eine beliebige kurze Brühe dran, und wenn es aufgekocht, thut man die Störstücke hinein. Wenn dieß zusammen gar gekocht ist, zerklopft man drey oder vier Eyer, rührt ein wenig geröstetes Mehl drein, und rührt es im währenden Sieden darunter.

Stockfisch.

Stockfisch, auf österreichisch gebacken. Nachdem dem Stockfisch die Haut abgezogen ist, wird er in Stücken geschnitten und eingesalzen, dann gut ausgedruckt, mit Mehl und Semmelbröseln bestreuet, und in Schmalz oder Butter schön gelb gebacken, hernach die Schüssel damit belegt, Milchraum drauf gegossen, mit Muskatenblumen gewürzt, aufs Kohlfeuer gesetzt, und ihn ein wenig ausdünsten gelassen.

Stockfisch mit Kreen, auf österreichisch. Sobald der Stockfisch übersotten ist, so wird er blättelweis ausgelöst, daß die Gräten und Haut wegkommen. Nun eine Lage Stockfisch in ein Rein gethan, geriebenen Kreen, Semmelbröseln, Muskatenblumen drauf gethan und gegossen, und so fort immer eine Lage Stockfisch, und eine Lage Kreen mit Semmelbröseln und Milchraum, Butter und Gewürz gethan, dann zugedeckt, und ihn gut dünsten und aufsieden lassen.

Stockfisch mit Senf und Butter, auf österreichisch. Nachdem man den Stockfisch abgesotten, und die Gräten davon genommen hat, wird er gut abgestreift, dann Senf in heisser Butter über dem Feuer zerrührt, doch nicht zum Aufsieden kommen lassen, und dann darüber gegossen, oder dazu gegeben.

Stockfisch mit Milchraum, auf österreichisch. Der Stockfisch wird in Stücke geschnitten, ins siedende Wasser gethan, und übersotten, denn er braucht nicht viel, weil er gleich zerfällt und zu Wasser wird, hernach gießt man den Sud weg, und schröckt ihn mit frischem Wasser ab, säubert ihn von Haut und Gräten, thut ihn lagweis mit klein geschnittenen Zwiebeln und Semmelbröseln in ein Rein, und röstet ihn in Butter, gießt hernach etwas Milchraum drauf, thut Muskatenblumen, und geschnittene grüne Petersille dazu, und läßt ihn zugedeckt gemach aufsieden.

Stockfisch mit Milch, auf österreichisch. Man übersiedet den Stockfisch wie gewöhnlich im Wasser, putzt ihn hernach, löst ihn von seinen Gräten, und salzt ihn, und richtet ihn in einer Schüssel an. Dann wird ein Eingebrenntes mit klein geschnittenen Zwiebeln gemacht, Milch drauf gegossen, und aufsiedend über den Stockfisch gegossen, zugedeckt aufs Kohlfeuer gesetzt, daß er ein paar Sud thut.

Stockfisch, auf sächsisch gekocht. Der gewässerte Stockfisch wird in Stücke geschnitten, in einen Topf gethan, ans Feuer gesetzt, und nur ein wenig Waſſer drauf gegoſſen, aber kein Salz, und ihn nur ein paarmal gut aufſieden laſſen. Dann in eine löchrichte Schüſſel gethan, daß er gut abrinnt. Hernach wird ein groſſes Stück guter Butter in einen Tiegel gebröckelt, der Stockfiſch warm von Beinen gepflückt, mit Pfeffer und Muskatenblumen in den Tiegel gethan, und untereinander geſchwenket, dann in die Schüſſel gethan, und aufgegeben.

Stockfiſch mit Möhren, auf ſächſiſch. Die Möhren werden geſchaben, würflicht geſchnitten, in Rindsbrühe gekocht, und Pfeffer und Butter dazu gethan. Der Stockfiſch wird in Waſſer ein wenig überſotten und geſalzen. Dann wird er abgeſeihet, von Gräten gelöſet, in einen Tiegel gethan, die Möhren dazu, untereinander gerührt, zugedeckt, und ein wenig gedämpft, dann aufgegeben.

Stockfiſch mit Peterſille, auf ſächſiſch. Der Stockfiſch wird überſotten und abgeſeihet, dann wird Butter in eine Schüſſel gebröckelt, Ingwer, Salz, Muskatenblumen und gehackte grüne Peterſille untereinander gemengt drauf geſtreuet, den Stockfiſch geblättert, von Gräten gelöſet, eine Lage drüber gemacht, dann wieder Butter mit vermiſchtem Gewürz drauf gethan, und ſo fort, bis alles in der Schüſſel iſt, hernach zugedeckt, aufs Kohlfeuer geſetzt und aufgekocht. Der Stockfiſch muß im Sieden nicht viel geſalzen, auch hernach nicht viel Salz drauf geſtreuet werden.

Stockfiſch mit Butter und Senf, auf ſächſiſch. Der abgekochte Stockfiſch wird gut abgeſeihet, dann von Gräten gelöſet, geblättert, in eine Schüſſel gethan. Dann thut man in ein Pfännchen Butter. Wenn ſie zerlaſſen iſt, giebt man Senf und ein wenig Wein dazu, rührt dieß untereinander,

gießt

gießt es in die Schüssel über den Stockfisch, setzt sie aufs Kohlfeuer, daß alles zusammen gut warm wird, läßt es aber nicht zum kochen kommen.

Strauben.

Strauben, auf böhmisch. Sechs große Löffelvoll Mehls werden in einem Reinel über der Glut heiß gemacht und immer gerührt, dann ein Viertelpfund Schmalz dazu gethan, und gebräunet, dann in ein Töpfel etwas mehr Wasser als Wein zusammen gegossen, solches nach und nach an das gebräunte Mehl siedend gegossen, und immer gerührt, daß es sich nicht klümpet, dieß hernach in eine Schüssel gethan, fünf Eyer und sechs Dotter gut zerklopft dran gegossen, Salz dazu gethan, einen gut durchgearbeiteten weder zu losen noch zu festen Teig draus gemacht, nun Strauben draus formirt, und solche im Schmalz langsam gebacken.

Strauben mit Zucker, auf böhmisch. Man nimmt fünf Löffelvoll Mehl, feuchtet es mit Wein an, schlägt sechs oder sieben Eyer dran, Zucker nach Belieben, macht draus einen dünnen und fliessenden Teig, thut ihn in einen Trichter, und läßt ihn in Schmalz oder Butter ausfliessen und backen.

Strauben mit Zucker, auf österreichisch. Man nimmt schönes Mundmehl in einen Weidling, macht den Teig mit süsser Milch an, thut gut abgerührtes Eyerklar, und eben so viel gestäbten Zucker, und etwas Salz dran, arbeitet es durch, macht einen nicht allzu dünn fliessenden Teig, gießt ihn durch den Zuckerstraubentrichter in das siedende Schmalz, bäckt sie weiß, und biegt sie hernach warm um den Nudelwalger.

Strauben mit Gerben, oder Strauben auf österreichisch. Zu einem Seidel warmen und gut abgerührten Milchraum, werden sechs Dotter und vier Eyer gut zerklopft, und zwey Löffelvoll guter Gerben genommen. Nachdem dieß gut untereinander gerührt ist, thut man in einen Weidling gutes Mundmehl, blöslet ein Stück frischer Butter drein, gießt das Abgetriebene dazu, etwas Salz, arbeitet den Teig recht durch, daß er zwar fliessend, aber doch nicht zu dünne wird, läßt ihn durch den gewöhnlichen Straubenlöffel in das siedende Schmalz rinnen, bäckt aus jedem Löffelvoll eine Straube, zuckert sie, und giebt sie warm auf.

Strauben gebacken, auf österreichisch. Das Mundmehl wird erst warm gemacht, in eine Schüssel gethan, siedenden Wein mit Schmalz dran gegossen, dann zu jeder Straube so viel als man machen will, ein ganzes Ey und einen Dotter mit etwas Salz genommen, den Teig wie gewöhnlich in der gehörigen Flüßigkeit gemacht, daß er durch den Straubenlöffel lauft, die Strauben im Schmalz gebacken, gezuckert, und warm aufgegeben.

Strauben von Milchraum, auf österreichisch. Man rührt die Hälfte Milchraum und die Hälfte Eyer zusammen, thut schönes Mundmehl und ein wenig Salz dazu, und macht den Teig in der gehörigen Flüßigkeit, nimmt zu jeder Straube einen Straubenlöffelvoll, läßt es aus siedende Schmalz laufen; und nachdem sie schön röslet gebacken sind, bestreuet man sie mit Zucker.

Strauben von Aepfeln, auf sächsisch. Die Aepfel werden geschälet, das Kernhaus wird ausgestochen, dann in dünne Scheiben geschnitten, in einem von Eyern, Mehl, Zucker, Zimmet und Rosensenwasser dicklich gemachten Teig eingetaucht, an die heisse Butter gethan, geschwind gebacken, mit Zucker bestreuet und aufgegeben.

Strigel, Pfannenstrigel. Siehe Wuchtel.

Strudel.

Strudel, Lumpelstrudel, auf österreichisch. Zehn übersottene Beischeln werden mit geweichten Semmeln, mit grüner Petersille, Kapaunerfett und Rindsmark klein untereinander gehackt, geröstet und ausgekühlt, dann klein geschnittene Kernfeisten, Eyer, einen Löffelvoll Milchraum, gemischtes Gewürz und Salz dazu genommen, und dieß alles zusammen gut untereinander gerührt, doch daß die Fülle nicht zu feucht wird. Nun schönes Mundmehl aufs Nudelbret genommen, solches erst mit heissem Wasser angemacht, dann etliche ganze Eyer, und das Klare von eben so vielen Eyern dazu genommen, den Teig gut durchgearbeitet, dünn ausgezogen, die Fülle drauf gestrichen, zusammen gerollt, fingerlang abgedruckte Strudeln gemacht, doch daß sie nicht über Daumen dick werden, solche hernach auf eine beliebige Art gekocht oder gebacken, und mit brauner Butter, und gerösteten Semmelbröseln abgeschmalzen.

Strudel mit Kräutern, auf österreichisch. Der Teig wird nach Belieben wie bey der Krebsstrudel gemacht, die Fülle macht man von übersottenem Spargel und von den übrigen bey der Kräutersuppe gewöhnlichen Kräutern, solche werden klein untereinander gehackt, in der Butter gedämpfet oder geröstet. Nachdem diese Kräuter ausgekühlt sind, werden in Wein geweichte Semmel, 30 Eyer, Milchraum, Salz, und Gewürz genommen, dieß alles gut untereinander

einander gerührt, auf den ausgezogenen Teig gestrichen, zusammen gerollt, und wie die andern Strudeln gebacken.

Strudel von Hechten, auf österreichisch. Man macht aus Eyern und Mehl wie bekannt einen Teig, zieht ihn aus, der Hecht wird in Salzwasser übersotten, von seinen Gräten gelöset, klein gehackt, in Butter mit geschnittener grüner Petersill, Gewürz und gerösteten Semmelbröseln geröstet, den ausgezogenen Teig mit Milchraum bestrichen, die Fülle drauf geschmiert, zusammen gerollt, in ein wenig Milchraum übersotten, dann ein Stück frischer Butter dazu gegeben, und bey oberer und unterer Glut braun werden lassen.

Strudel von Mandeln, auf österreichisch. Es wird ein gewöhnlicher Nudelteig gemacht, ausgezogen, und mit Butter betropft, nun zu einem Viertelpfund klein gestoffener Mandeln, eben so viel durchgesiebten Zucker, und sechs Eyer und neun Dotter zerklopft dazu genommen, untereinander gerührt, die Fülle drauf gestrichen, zusammen gerollt, in die heiße Butter gethan, oben und unten Glut gegeben, daß sie braun wird, dann siedenden Milchraum drauf gegossen, und gut aufsieden lassen.

Strudel von Dopfen, oder Dopfenstrudel, auf österreichisch. Man macht einen mürben oder ausgezogenen Teig, die Fülle wird von abgetriebener Butter oder Schmalz, von ganzen Eyern, geweichten Brod, klein geriebenen Dopfen, Milchraum, Salz, und Weinbeeren gemacht, so, daß dieß alles zusammen gerührt wird, übrigens wird sie wie die Milchraumstrudel gemacht.

Strudel von Krebsen, auf österreichisch. Man nimmt z. E. für fünfzehn Personen acht ganze Eyer,

Eyer, von vier Eyern das Klare oder Weiſſe, zerklopft dieß im warmen Waſſer, ſalzt es, und macht damit von gutem Mundmehl einen nicht allzu feſten, ſondern etwas lockern Teig gemacht, ihn gut abgeſchlagen, und an einem warmen Ort etwas ſtehen laſſen, daß er aufgeht. Nun anderthalb Pfund Krebsbutter ſo lange gerieben, biß ſie ſäumig wird, vierzig zerklopfte Eyer dazu gerührt, dann ſieben Eyer mit Krebsbutter abgerührt, ſüſſe Milch, grüne Peterſill, und das Breite von Fiſchen geſtoſſen mit geweichtem Brod darunter gemengt, dieß nun alles zu der zerriebenen Krebsbutter gut untereinander gerührt, auch ein wenig trockenen geräuterten Dopſen, mit Salz, Gewürz, Milchraum, und gehackten Krebsſchwänzen darunter gemengt. Jetzt den Teig dünne ausgezogen, die Füll drauf geſtrichen, zuſammengerollt, in die ſiedende friſche Butter gethan, zugedeckt, oben wie unten gleichmäßige Glut gegeben, ſie darinn ſchön braun backen laſſen, dann ſiedenden Milchraum drauf gegoſſen, und ſie gut aufſieden laſſen.

Strudel von Milchraum, auf öſterreichiſch. Der Teig wird gemacht wie bey der Krebsſtrudel; doch wird auf die Flecken Milchraum mit einem linden Eingerührten vermiſcht geſtrichen, mit geriebenen Semmelbröſeln beſtreuet, Butter drauf geträufet, und wie die Krebsſtrudel gebacken.

Strudel von Krebſen, auf ſächſiſch. Die geſottenen Krebſe werden ausgelöſet, mit Rindsmark klein gehackt, in eine Schüſſel gethan, geriebene und in Butter geröſtete Semmeln, mit etlichen Dotern und Gewürz darunter gerührt. Dann wird ein Teig von Eyern und Mehl gemacht, ein wenig geſalzen, dünn ausgemangelt, erſt zerlaſſene Butter mit ſaurer Sahne vermiſcht drauf geſchmiert, dann die

Fülle drauf gestrichen, zusammengerollt, und wie eine Schnecke geformet, an die heisse Butter in die Kastrolle gethan, oben und unten Glut gegeben und schön gelb gebacken, dann aufgekocht, süsse Sahne drauf gegossen, und damit gut aufgekocht, aufgegeben.

Sulz.

Sulz oder Plamansche, auf böhmisch. Man siedet ein Gestandenes von Kälberfüssen, so stark, als es seyn mag, läßt das Gestandene mit sieden, wie man die Glaß pflegt zu machen, oder zu sieden; nimmt ein klein Stückchen, von fünf oder sechs Eyern die Dotter, eine halbe Maaß von dem besten Wein, Zimmet, Citronenschalen, Zucker, und giests auf dem Feuer ab, damit es nicht zusammen läuft; wenn das Gestandene zergangen ist, drückt man es durch ein reines Haartuch und sulzt es in der Schüssel. Auf diese Art macht man auch die Milchsulz, nur daß man statt der Eyerdotter 24 süsse und 12 bittere Mandeln nimmt.

Sulz von Pomeranzen und Citronen, auf österreichisch. Von den Pomeranzen und Citronen wird das Gelbe in Zucker abgerieben, das Weisse davon weggeschnitten, der Kern herausgenommen. Die Schalen werden zu Spälteln geschnitten, und mit dem abgeriebenen Gelben in ein messingenes Beck gethan, zehn Loth Zucker, und zwey Loth Hausenblattern, die den Tag vorher in laulichtem Wasser zerweicht, und in einem Rein über der Glut aufgelöst sind, dazu gethan, und untereinander wie ein hartes Ey gesotten. Nachdem es hernach durch ein wollenes Tuch geseihet ist, in Schalen oder Gläser gegossen, und an einen kalten Ort hingestellt, daß es sich sulzet.

Sulz von Wein, oder Rummelsulz, auf österreichisch. Zu zwey Maß guten Wein wird ein Seidel Wasser, 12 Eßlöffelvoll Eßig, von drey Citronen der Saft, von einer die klein geschnittenen Schalen, zwanzig ganze Gewürznelken, zwanzig Pfefferkörner, ein ganzes Stück Ingwer, zwanzig Blühsafran, und ein Pfund Zucker genommen, und dieß alles zusammen in einem meßingenen Beck gesotten. Hernach werden zwey Loth aufgelöste Hausenblattern dazu gethan; und nachdem es gut eingesotten ist, wird es durch ein wollenes Tuch geseihet, und in drey Theile abgetheilet, der eine Theil wird in eine Schale oder Schüssel gegossen, und stehen lassen, mit geschälten und halb zerschnittenen Mandeln und Pistaßen bespickt, die andere Hälfte wird drüber gegossen, und wieder gespickt, und endlich gießt man den dritten Theil drauf, setzt es an einen kalten Ort hin, daß es recht frisch und kalt wird, und giebt es hernach auf.

Sulz von Zucker, auf österreichisch. Zu einer halben Maß Wein und eben so viel Wasser, thut man klein geschnittene Citronenschalen, und läßt sie ein paar Sud thun, dann nimmt man vier Loth weiße Hausenblattern in ein Rein, gießt anderthalb Seidel frisches Wasser dran, und nachdem sie über dem Feuer zergangen sind, gießt man es zu dem Erstern, und läßt es zusammen so lange sieden, bis es sich sulzet, dann wird es durch ein wollenes Tuch geseihet. Nun macht man verschiedene Farben, weiß mit klein geschnittenen Mandeln, roth mit Alkermes, gelb mit Pomeranzenschalen, grün mit Spenathdopfen, und blau mit Veigelsaft. Die Sulze wird in eben so viele Abtheilungen getheilt, auf Schalen gethan, jeder eine Farbe gegeben; und nachdem es kalt ist, kann

kann man entweder jede Schale besonders aufgeben, oder auch die Farben in einer weiten und flachen Schüssel versetzen und zusammen geben.

Sulz von Dientel, auf österreichisch. Zu einer halben Maß frischer Dientel wird ein Maß frisches Wasser gegossen, und in einem meßingenen Beck so lange sieden lassen, bis die Dienteln die Farbe verlieren, dann wird der Saft durch ein Tuch geseihet, und wieder aus Feuer gesetzt, Zucker so viel als nöthig ist, dran gethan, von sechs Citronen den Saft dazu gegeben; und nachdem es gut aufgekocht hat, wird es durch ein wollenes Tuch in eine Schüssel oder breite Schale geseihet, ein Loth aufgelöster und durchgeseihter Hausenblattern dran gegossen, und kalter aufgegeben.

Sulz von Zimmet, auf österreichisch. Man nimmt sechs gute saftige Citronen, reibt von dreyen das Gelbe mit einem halben Pfund Zucker in ein meßingenes Beck, gießt eine Maß frisches Wasser dran, drückt aus diesen sechs Citronen den Saft drein, thut vier Loth ganzen Zimmet, und ein Loth aufgelöster und durchgeseihter Hausenblattern dazu, und läßt dieß zusammen gut einsieden, und seihet es hernach durch ein wollenes Tuch in eine Schale oder Schüssel.

Sulz von frischen Weichseln, auf österreichisch. Man nimmt zeitige Weichseln, zupft die Stengeln davon ab, und stößt sie im Mörser gut, gießt sie in einen Weidling, und läßt sie zugedeckt zwey Stunden lang stehen, hernach wird der Saft durch ein Tuch geseihet, aus Feuer gesetzt, Zucker nach Belieben, und anderthalb Loth aufgelöster und durchgeseihter Hausenblattern dazu gegeben; und nachdem es gut aufgekocht ist, wird die Sulz durch ein

Haarsieb in die Schalen gelassen, und an einen kalten Ort hingestellt.

Sulz von Amarillen, auf österreichisch. Von den zeitigen Amerillen werden die Stengel abgezupft, die Hälfte davon wird in einem Mörser gestoßen, in einen Weidling mit der andern Hälfte zugethan, guten Wein dran gegossen, und drey oder vier Stunden zugedeckt stehen lassen, hernach in ein meßingenes Beck gegossen; und nachdem es eine Viertelstunde gesotten hat, wird es durch ein Tuch gelassen, dann nimmt man zu einer Maß Saft ein halbes Pfund Zucker, und zwey Loth aufgelößter Hausenblattern, und läßt es durch den Sulzsack laufen, füllt hernach die Schalen damit an, und setzt sie zugedeckt auf das Eiß, oder an einen kalten Ort.

Sulz von dürren Weichseln, auf österreichisch. Man stößt eine Maß gedörrter Weichseln in einem Mörser, thut es in ein meßingenes Beck, gießt eine Maß rothen Wein, und eine Halbe Wasser dran, und läßt es zugedeckt drey oder vier Stunden stehen, setzt es ans Feuer; und nachdem es eine Viertelstunde lang gesotten hat, wird es durch ein Haarsieb gelassen, wieder ans Feuer gesetzt, ein halbes Pfund Zucker dazu gethan, zwey Loth in Wasser aufgelößter Hausenblattern durch ein Haartuch dran gegossen; und nachdem es noch eine Weile gesotten hat, wird es durch ein Sieb in die Schalen gegossen, und an einen kühlen Ort zugedeckt hingestellt.

Sulz von Erdbeeren, auf österreichisch. Die zeitigen und ausgesuchtesten Erdbeeren werden zerrieben, und durch ein Sieb gelassen. Dann wird zu einem Pfund Erdbeeren ein Pfund Zucker genommen, solcher geläutert, und in etwas Wasser dick eingesotten, hernach wird der Erdbeerensaft dran gegossen, und nachdem er etwas dicklich gesotten ist, zum Gebrauch aufbewahrt.

Sulz von Quitten, auf österreichisch. In einem neuen doch ausgesottenen Hafen wird frisches Quellwasser beygesetzt. Wenn es siedet, legt man ein paar Quitten hinein, und läßt sie weich sieden, herausgenommen, und zwey andere wieder hinein gethan, das Gute und Weiche davon abgeschaben, und immer so fort, daß sie weiß bleiben. Das Geschabene wird ganz fein zerrieben, so viel Dest als Zucker dazu gethan, Wasser dran gegossen, und gut zusammen gerührt, doch daß es dick bleibt, aus Feuer gesetzt und sieden lassen, aber immer gerührt, daß es sich nicht ansetzt. Auf einem zinnernen Teller probirt, rinnt es nicht viel, sondern gestehet, so ist es genug gekocht, dann warm in ein Geschirr gethan, und aufbehalten. Man kann zu einem Pfund Dest fünf Viertelpfund Zucker nehmen, so wird es desto weisser.

Sulz von Hetschepetsch, auf österreichisch. Die guten reifen Hetschepetsch, auf welche schon der Reif gefallen ist, werden von ihren Spitzen und Stengeln rein gemacht, in halb Wasser und halb Wein ganz zu Brey gekocht, dann durch ein härenes Sieb gegossen, daß die Kerner weg kommen, wieder ans Feuer gesetzt, Zucker, Zimmet und Nelken gestossen dazu gethan, etwas Citronensaft, ganz klein geschnittene Citronenschalen, und in Wasser zerriebenen Safran zugegeben, und ihn recht dicklich einsieden lassen. Nachdem er ausgekühlt ist, wird er in ein Zuckerglas gefüllt, und an einem kühlen Ort zum Gebrauch aufbewahrt.

Sulz von Morillen, auf österreichisch: Die zeitigen Morillen werden halb in Wasser und halb in Wein ganz zu Brey gekocht, dann durch ein Haarsieb gelassen, wird er aus Feuer gesetzt, so viel Zucker als man Saft hat dazu gethan; und nachdem es gut dick eingesotten ist, wird es etwas überkühlt, in ein Zuckerglas gefüllt, und zum Gebrauch an einem kühlen Ort aufbewahrt.

Sulz von Zwetschken, auf österreichisch. Man läßt eine kupferne Pfanne, die nicht verzinnt ist, recht heiß und fast glühend werden, schröckt sie mit ein paar Löffelvoll Weineßig ab, gießt frisches Wasser und etwas Wein hinein, thut recht zeitige Zwetschken oder auch gedörrte hinein, und läßt sie ganz zu Brey sieden, dann läßt man sie zugedeckt über Nacht an einem kühlen Ort stehen. Des andern Tags werden sie durch ein Sieb getrieben, ans Feuer gesetzt, Zucker, gestoßenen Zimmet und Nelken dazu gegeben, und sie gemach einsieden lassen, bis sie recht dicklich werden, doch gerührt daß sie nicht anbrennen, etwas warm in die Gläser gefüllt, und an einem kalten Ort aufbewahrt.

Suppe.

Suppe von Aalen. Man läßt ihn in ein wenig oder kurzer Brühe, es sey nun Wein, Bier oder Wasser in Stücke geschnitten sieden, nimmt Milch, wispelt oder quierlt ein wenig Mehl drein, schlägt auch ein paar Eyer dazu, rührt es wohl untereinander, gießt es dran, thut gestoßene Muskatenblumen, Safran, Pfeffer und Rosinen oder Korinthen dazu, und läßt es wohl aufkochen. Und nachdem man sie entweder süß oder sauer haben will, so thut man nach Belieben Zucker, oder Weineßig mit Citronensaft dran, röstet hernach Semmeln in Scheiben geschnitten entweder am Feuer oder in der Butter braun, und thut sie hinein.

Suppe von Fasanen oder Rebhühnern. Das Fleisch von gebratenen Fasan oder Rebhühnern wird klein gehackt, eine in Schmetten geweichte Semmel dazu gethan, geschälte Mandeln, und ein Stück frische Butter genommen, dieß alles in einen Mörser gethan, und zu einer Masse gestoßen, hernach in den Topf, oder in die Kastrole gelegt, Hühnersuppe drauf gegossen, gekocht, durch ein Sieb gelassen, das übrige in ein feines Tuch gethan, ausgepreßt, und die Masse weggeworfen: die Suppe wieder ans Feuer gesetzt, Muskatenblumen und Butter dran gethan, aufsieden lassen, Semmelschnitze in Schmalz gebräunet, in die Schüssel mit den übrigen zerschnittenen Stücken von gebratenen Fasanen oder Rebhühnern gelegt, die Suppe drauf gegossen, zugedeckt, aufs gelinde Kohlfeuer gesetzt, und ein wenig dünsten oder dämpfen lassen.

Suppe von Hausbrod, oder die sogenannte Jägersuppe, auf böhmisch zu machen. Man thut allemal eine Lage geschnittenes Hausbrod und eine Lage von klein gehackten kalten Braten (von was es sey, doch ist Kalbsbraten und Kapaunerbrust am besten) gießt Kapauner- oder Rindssuppe darüber und brennt Schmalz drauf.

Suppe von Wein, auf böhmisch. Man vermischt den dazu bestimmten Wein mit zwey Löffelvoll frischem Wasser, 4 Eyerdottern und süssen Milchraum, läßts wohl absprudeln, schüttet sie in eine Pfanne, worinnen man zuvor ein wenig Salmalz heiß werden läßt, versetzt sie mit Zucker, Zimmer und Muskatenblumen, und läßt sie tüchtig wenigstens den vierten Theil einkochen.

Suppe, braune Suppe, auf böhmisch. Man nimmt ein Pfund Rindfleisch, schneidet es in dünne Scheiben, thut es in ein Kastrol oder in eine irdene Pfanne, legt Rindsfett oder Butter dran, und läßt es drinn bräunen, hernach gießt man Rindsuppe drauf, und läßt es wohl kochen, drauf thut man Zelleriewurzeln und Blätter, Petersillwurzeln, Kohl und Kohlruben, und gelbe Ruben dran, und läßt es untereinander kochen, und gießt die Suppe hernach durch ein Sieb.

Suppe, auf böhmisch. Die Erbsen mit etwas Perlgraupen vermischt erst ganz weich gekocht, dann in süsser Milch mit ihrer Brühe zerrührt, durch einen Durchschlag getrieben, wieder ans Feuer gesetzt, mit Muskatnuß und Safran gewürzt, gesalzen, ein Stück frischer Butter dazu gethan, und aufgekocht über gebähte Semmelschnitze gegossen.

Suppe, schwarze Suppe, auf böhmisch. Man nimmt ein Stück Rindfleisch vom Schweif, schneidet dünne Schnitze draus, klopft sie mit dem Messerrücken weich, bestreuet sie mit Mehl, und bräunet sie in der Pfanne mit Rindsfett, hernach werden ein paar oder drey Häupter Kohl, und einige Rüben genommen, drauf gießt man Rindsuppe, thut Zellerie, Sardellen, ganze Zwiebeln, ganzen Pfeffer, Nelken, Muskatenblumen, und geschnittene Citronenschalen dran, und läßt es sieden, dann thut man braun geröstete Semmelschnitze und einen gebratenen Kapaun, oder gebratene kleine Vögel in die Schüssel, und gießt die Suppe darüber.

Suppe von Krebsen auf böhmisch. Ein Schock gekochter Krebse werden von ihren Schalen gelöset und klein gehackt, hernach eine in Schmetten eingeweichte Semmel, ein Stück von einem gebratenen

Ka-

Kapaun genommen, dieß alles zusammen in einen Mörser gethan, und klein gestoßen, hernach in das Kastrol gethan, Hühnersuppe drauf gegossen, Muskatenblumen und Krebsbutter dazu gethan, und ein wenig sieden lassen, jetzt in Butter gebackene Semmelschnitze mit etlichen mit Krebse gefüllten Hühneln in die Schüssel gethan, und die Suppe drauf gegossen.

Suppe von Krebsschwänzen, oder Krebssuppe, auf böhmisch. Man nimmt Herze und Mägen von Hühnern und ein paar jungen Lämmern, wie auch drey oder vier Schock reingemachte Krebsschwänze, das Mark aus ein halb Dutzend Ochsenknochen, und hackt dieß alles untereinander klein. Dann röstet man geriebene Semmel in der Butter, thut das Gehackte dazu, rührt es gut untereinander, deckt die Kastrole zu, und läßt es ein wenig dämpfen, nun Hühnersuppe drauf gegossen, thut Muskatenblumen hinein, und läßt es sieden. Jetzt etwas Hühnerbrühe mit ein wenig süsser Schmetten genommen, und ein Dutzend Eyerdotter drinn zerrührt, und an die Suppe gegossen, am Feuer geröstete Semmelschnitze in die Schüssel gethan, gebratene und gefüllte Tauben dazu gelegt, den Rand der Schüssel mit Karbonadel belegt, die Suppe drauf gegossen, zugedeckt, auf ein gelindes Kohlfeuer gesetzt, und ein wenig dünsten lassen.

Suppe, gebackte Suppe, auf böhmisch. Von gebratenen Kapaunen wird das Fleisch klein gehackt, in eine Kastrole mit Butter gethan, und zugedeckt ein wenig dünsten oder dämpfen lassen, hernach gießt man eine gute Rindssuppe dran, dann nimmt man Muskatenblumen, sechs oder acht Eyerdotter, und süssen Schmetten in ein Töpfel, zerrührt es wohl, gießt es an die Suppe, und läßt sie aufkochen, thut in die Schüssel geröstete Semmelschnitze, und gießt die Suppe drauf.

Suppe von Wein, auf böhmisch. Ein Maß guten fünfzigjährigen Wein in einem meßingenen Keſſel oder in eine gut verzinnte Kaſtrole gethan, nun ein Seidel ſüſſer Schmetten genommen, 15 Eyerdotter drein gut zerrührt, ein halbes Pfund Zucker, Safran, Muskatenblumen und Zimmet, und ein wenig feines Mehl dazu genommen, und gut untereinander gemengt, in den aufſiedenden Wein gerührt, und aufkochen laſſen. Man kann auch nach Belieben ein halbes Pfund geſchälte und länglich geſchnittene Mandeln dazu thun.

Suppe eingemacht zum Fleiſch, auf böhmiſch. In die in einem Reinel aufſiedende Butter werden Sardellen mit Lamm- oder Kalbfleiſch gedämpft, dann Rindsſuppe dran gegoſſen, und etwas ſieden gelaſſen, hernach ein Eingebrenntes dazu gethan, geſtoſſene Muskatenblumen, Ingwer, Pfeffer, etwas Citronenſaft, ein wenig Eßig und ſauren Schmetten, geſchnittene Citronenſchalen, mit etwas Krebsbutter, und einem Stück friſcher Butter dazu gethan, immer ſachte gerührt, und aufſieden gelaſſen.

Suppe über Hechte, auf böhmiſch. Man gießt Erbſenſuppe durch ein dünnes Sieb in ein Reinel, thut geröſtete Semmelſchnitze mit geſchnittenen Peterſillenwurzeln dazu, und läßt ſie ſieden, bis ſie dick wird, gießt hernach etwas mehr dünne Erbſenſuppe dazu, thut Pfeffer, Muskatenblumen, und ein Stück friſcher Butter dazu, rührt es gut untereinander, und läßt es aufſieden, und gießt die Suppe über die Hechte.

Suppe von Spargel, auf böhmiſch. Ein Büſchel Spargel wird im Salzwaſſer ein wenig aufgekocht, das Gute davon kann klein geſchnitten, in ein Reinel mit Butter und Gewürz gethan, und geröstet; dann werden zwey Paar junge Hühner, jedes in vier Theile geschnitten, etwas gesalzen, mit ein wenig Mehl bestreuet, und etwas Gewürz dran geschüttet, in ein mit Butter ausgeschmiertes Reinel gethan, zugedeckt, und über Kohlen ein wenig dünsten oder dämpfen gelassen, hernach gießt man eine Rindssuppe drauf, und läßt sie sieden. Nun 20 Krebse genommen, mit Salz bestreuet. Davon werden 8 rein gemacht, und in der Butter gebräunet. Drauf röstet man einige Semmelschnitze in der Butter gelb, solche in die Schüssel im Kreise gelegt, die gedämpften Hühner drauf gethan, um den Rand der Schüssel, zwischen den Semmelschnitzen die ausgelösten Krebse gelegt, wie auch den gerösteten Spargel gethan, die übrigen Krebse in die Mitte gelegt, Rindsbrühe drauf gegossen, rothe Butter dazu gethan, zugedeckt, und aufs Kohlfeuer gesetzt, gut aufgekocht, so ist es fertig.

Suppe von Gerste, auf böhmisch. Man nimmt Perlgraupen, kocht solche in Rindsuppe ganz weich, stößt sie, gießt Rindsbrühe drauf, und treibt sie durch ein dünnes Sieb, das Dicke zurückgebliebene für das Vieh geworfen, die Suppe ans Feuer gesetzt, hernach 5 oder 6 Eyerdotter in Butter zerrieben, Muskatenblumen dazu genommen, in die siedende Suppe gerührt, und aufkochen lassen. Habergrißsuppe wird auf eben die Weise gemacht.

Suppe von Brod, oder Minoritensuppe, auf böhmisch. Schnitze vom schwarzen Brod werden in Butter gebräunet, und in einer guten Rindsuppe ganz weich zu Brey gesotten, die Suppe drauf durch ein Haarsieb gelassen, wieder in das Kastrol gethan, Pfeffer, Nelken, Muskatenblumen und Butter dazu genommen, und aufsieden gelassen, nun schwarzes Hausbackenbrod in kleine Würfeln geschnitten, in Schmalz geröstet, mit gebratenen Bratwürsten in die Schüssel gethan, und die Suppe darauf gegossen.

Suppe von Kapaunern, oder Paulanersuppe, auf böhmisch. Man schälet das Fleisch von rohen Kapaunern, nimmt Mark aus Ochsenknochen, und junges Lammfett, dieß untereinander klein gehackt, hernach in das Kastrol gethan, eine gute Hühnersuppe drauf gegossen, Muskatenblumen, und frische Butter dazu gethan, und ein wenig sieden gelassen. Nun kleine Hühner genommen, solche zuvor ein wenig aufgekocht, hernach in Butter gebraten, mit kleinen Vögeln, Lämmernieren und Herzen, und Mägen von Hühnern dieselbige gethan, dieß alles in die Schüssel mit in Butter gebräunten Semmelschnitzen gelegt, nach Belieben Gewürze drauf gestreuet, die Suppe drauf gegossen, verdeckt aufs gelinde Kohlfeuer gesetzt, und ein wenig dünsten gelassen.

Suppe von Hühnern und Tauben, oder Tempelherrensuppe, auf böhmisch. Man schälet von Hühnern und Tauben das Fleisch ab, nimmt Rindsfett und Mark, und hackt dieß alles klein untereinander, dieß in ein Reinel, oder ein Kastrol gethan, ein Stück frischer Butter mit Muskatenblumen dazu genommen, und zugedeckt ein wenig dämpfen gelassen, nun eine Halbe guten 5ojährigen Tockayerausbruch mit etwas guter Hühnersuppe dran gegossen, geschnittene Citronenschalen, Safran, Zucker, und Butter dazu gethan, und aufsieben gelassen. Nun werden runde Mundsemmel ausgehöhlet, und in Butter gebacken, das Innere fein gerieben mit dabey. Jetzt reingemachte Krebsschwänze, kleine Schwämme, Lebern und Milch von allerley Fischen genommen, dieß untereinander klein gehackt, in der Butter mit Gewürz dran gethan, gedämpfet, nun Mehl und Eyerdotter und Safran, und dieß dazu genommen, einen Teig gemacht, daraus kleine Küglein formirt, solche in einem großen durchlöcherten eisenen Löffel gethan, in der siedenden Suppe gehalten, und kochen gelassen, jetzt die ausgehöhlerten Semmel damit ausgefüllt, sie in die Schüssel gethan, ihren Rand mit Karmenadel besetzt, und die Suppe drauf gegossen.

Suppe von Krebsen, oder Dominikanersuppe, auf böhmisch. Man nimmt ein Schock gekochter und abgeschälter Krebse, ein Stück von einem rohen Hecht, oder Karpfen, und ein Stückel Semmel im guten Wein eingetaucht, hackt dieß alles klein untereinander, thut es in ein Reinel, Butter, und Muskatenblummen dazu, und läßt es sieden, dann gießt man eine Halbe guten Wein dazu, nimmt in ein Becken sauren Schmetten, zehn Eyerdotter dazu, zerrührt es wohl, gießt es dran, läßt es aufsieden, in die Schüssel an Feuer geröstete Semmelschnitze gethan, und die Suppe drauf gegossen.

Suppe von Weichseln über gebratene Kapauner, auf böhmisch. Spanische Weichseln werden durch ein Tuch gedrückt, daß die Schalen und Kerner zurück bleiben, dann eben so viel geläuterten Zucker, als Weichselsaft ist, dazu genommen, und sieden gelassen, etwas Citronensaft dran gethan, und über den gebratenen Kapaun gegossen.

Suppe von Hechte, oder Benediktinersuppe, auf böhmisch. Es wird ein Stück von einem rohen Hecht, und einem rohen Karpfen genommen, klein gehackt, in ein Reinel mit Butter gethan, und ein wenig dämpfen gelassen, dann thut man am Feuer geröstete und geriebene Semmel drein,

und

und Peterſille, gießt Waſſer dran, thut ein Eingebrenntes dazu, legt am Feuer geröſtete Semmelſchnitze in die Schüſſel, und gießt die Suppe drauf.

Suppe von Hechte oder Karpfen, oder Karmeliterſuppe, auf böhmiſch. Man nimmt einen in Butter gebratenen Hecht und Karpfen, reiniget ſie von ihren Gräten, ein halbes Pfund Mandeln, eine im Wein getauchte Semmel, ſtößt dieß untereinander klein, treibt es mit Peterſillenwaſſer durchs Sieb, macht ein Eingebrenntes, gießt es drauf, indem es auſſiedet, gießt in Schmetten zerriebene Eyerdotter dran, und thut Muskatenblumen dazu, in die Schüſſel in Würfel geſchnittene, und in Schmalz gebaxene Semmelſchnitze gethan, und die Suppe drauf gegoſſen.

Suppe von grünen Erbſen, auf böhmiſch. Man nimmt junge grüne aus ihren Schalen gelöſte Erbſen, die Schalen, nachdem man zuvor ihre Haut abgezogen hat, auch dazu, und kocht ſie in einem Topf. Nachdem ſie gekocht ſind, werden ſie mit ſammt ihrer kurzen Brühe in ſüſſen Schmetten gethan, gut zerrührt, und durch einen dünnen Haarſieb gedrückt, daß blos ihre Schalen zurück bleiben, Butter dran gethan, wieder aufgekocht, und auf geröſtete Semmelſchnitze gegoſſen.

Suppe von Chokolade, auf böhmiſch. Ein Maaß ſüſſen Schmetten wird aus Feuer geſetzt, drauf zerrührt man vier Eyerdotter in etwas Schmetten, rührt dieß in dem aufſiedenden Schmetten, und thut vier Löffel voll fein geriebene Chokolade dazu.

Suppe von Kräutern, auf böhmiſch. Von Ehrenpreiß, Waldmeiſter, edler Leberkraut, ſpaniſchen Sauerampf, Endivie und Spargel, wird von jedem Kraut gleichviel nach Belieben genommen, von

Stengeln und Unrath gesäubert, etwas gröblich geschnitten, in der Butter mit Mehl gebräunet, Hühnersuppe dran gegossen, Gewürz dazu gethan, und auf geröstete Semmelschnitze gegossen.

Suppe von gestossenen Kapaunern, auf böhmisch. Das Fleisch von gebratenen oder gesottenen Kapaunern wird klein gehackt, hernach ein halbes Pfund Mandeln, und eine in süssen Schmetten eingeweichte Semmeln dazu genommen, und dieß alles untereinander in einem Mörsel klein gestossen, dann in eine Pfanne oder Kastrol gethan, Hühnersuppe drauf gegossen, Butter und Muskatenblumen dazu genommen, in die Schüssel braun geröstete Semmelschnitze gelegt, ein paar gefüllte Hühner dazu, und die Suppe drauf gegossen.

Suppe von Hühnerblut, oder Franziskanersuppe, auf böhmisch. Das Blut von Huhn wird im Weinessig zerrührt, und in einer guten Fleischbrühe mit Wein, Pfeffer, Nelken und anderem Gewürz gesotten. Das Huhn wird vor sich in einer Rindssuppe gekocht, dann ein Stück Butter, eingemachte Ribiseln und Welchseln, Zucker und kleingeschnittene Citronen dran gethan, die Brühe drauf gegossen, und alles zusammen kochen gelassen, aufgelegt, und frische Citronenschalen länglich geschnitten, mit Zimmet und Zucker drauf gestreuet.

Suppe von Kaffée, auf böhmisch. Man nimmt acht Loth Kaffeebohnen, eben so viel getrocknete und geschnittene Cichorienwurzeln, und gleichviel Weitzen, dieß gebrennt, doch daß es schön braun, aber nicht schwarz wird, gemahlen, in die siedende süsse Milch gethan, und gekocht, einige zerschlagene oder klar geklopfte Eyerdotter dran gerührt, die Suppe durch ein Sieb gelassen, den Grund weggeworfen,

Zucker, Zimmet, und geschnittene Citronenschalen dran gethan, aufsieden gelassen, Semmelschnitze am Feuer braun geröstet, in die Schüssel gethan, und die Suppe drauf gegossen.

Suppe von Kälberschnitzen, auf böhmisch. Das Fleisch vom Kalbschlägel wird dünn geschnitten, und mit dem Rücken des Messers weich geklopft, hernach im Schmalz gebräunet, dann in die Pfanne gethan, gute Rindssuppe mit Wurzeln und Gewürz drauf gegossen, und ein wenig kochen gelassen.

Suppe von Mandeln, auf böhmisch. Ein halbes Pfund Mandeln werden klein gestossen, Hühnersuppe drauf gegossen, und durch ein dünnes Sieb gelassen, hernach vier Eyerdotter in Butter und Zucker zerrieben, süssen Schmetten, und ein wenig Mehl dazu gemengt, an die Suppe gegossen, und aufkochen gelassen.

Suppe, oder armselige Suppe, auf böhmisch. Einige Pfunde Fleisch werden in dünne Schnitze geschnitten, diese mit dem Messerrücken ganz dünne geklopft, solche in eine Bratpfanne mit Rindsfett gethan, doch nicht aufeinander gelegt, mit ein wenig Mehl bestreuet, und auf beyden Seiten gebräunet, etwas stark Rindsbrühe dran gegossen, und einsieden gelassen, hernach ein halbes Pfund abgeschälte Mandeln, mit dem gerösteten Fleisch klein gestossen, einige Schnitze schwarzes Brod am Feuer braun geröstet, in die siedende Rindsbrühe getaucht, dazu genommen, und auch darunter gestossen, das Mark aus einigen Ochsenknochen genommen, und auch darunter gestossen, auch den Saft aus der Bratpfanne dazu gegossen, und dieß alles gut untereinander gestossen und gemengt. Dieß hernach in einen Topf ge-

gethan, gute starke Rindsbrühe, doch ohne Fett darauf gegossen, und etwas über eine Stunde lang gut sieden gelassen, hernach durch ein Sieb in einen andern Topf gegossen, allerley Gewürze dran gethan, ans Feuer gesetzt, doch nicht mehr sieden gelassen, sondern nur daß die schwache Suppe heiß bleibt, jetzt Semmelschnitze am Feuer gelb gebräunet, in die Schüssel mit gekochten Hühnern gethan, und die Suppe darauf gegossen.

Suppe von Karpfenmilch oder Fastensuppe mit Karpfen, auf böhmisch. Man nimmt die Milch von den Karpfen, thut sie in einen Topf, gießt drauf durchgesiebte Erbsensuppe, röstet Semmelschnitze im Schmalz, und thut sie dazu, dieß ein wenig eingesotten, durch ein Haarsieb gegossen, sie wieder in den Topf gethan, einige Löffelvoll süssen Schmetten dazu gegossen, Salz, und Muskatenblumen dran gethan, und nachdem die Suppe entweder zu dick gesotten, oder zu wenig ist, mehr geläuterte Erbsensuppe dran gegossen, Safran, Muskatenblumen und Butter dazu gethan, wieder ans Feuer gestellt, doch daß sie nur heiß bleibt. Nun werden rein gemachte und zerschnittene Karpfen in einem dünnen von Mehl und Eyerdottern gemachten Teig eingetaucht, und im siedenden Schmalz gebacken, in die Schüssel gelegt, Semmelschnitze in Würfeln geschnitten, und ebenfalls in Schmalz gebräunet, dazu gethan, die Suppe drauf gegossen, verdeckt aufs gelinde Kohlfeuer gesetzt, nicht sieden, sondern nur etwas dünsten, oder dämpfen gelassen, so ist auch diese Fastensuppe fertig.

Suppe vom schwarzen Brod, auf böhmisch. Zu einer Halbe Wein wird ein Seidel Bier gegossen, schwarz geriebenes Brod und Zucker dazu ge-

gethan, dann sechs zerriebene Eyerdotter mit Butter dazu genommen, und aufkochen gelassen.

Suppe von Eyerdottern, auf böhmisch. Man nimmt zehn Eyerdotter, zerrührt oder zerklopft sie wohl in Citronensaft, thut ein Stück frischer Butter und Muskatenblumen dazu, rührt es gut untereinander, in eine Hühnersuppe gegossen, und aufkochen gelassen.

Suppe vom Brod, oder Kapuzinersuppe, auf böhmisch. Man schneidet schwarzes Brod in kleine Würfeln, bräunet es in Speck mit Zwiebeln, gießt gute Fleischsuppe dran, legt gebratene und gefüllte Vögel drein, so ist sie fertig.

Suppe von Schnecken, auf böhmisch. Die Schnecken werden gekocht, rein gemacht, und klein gehackt, Semmelschnitze in der Butter gebräunet, und ebenfalls dazu gehackt, dieß gewürzt in ein Reinel mit Butter gethan, übern Feuer geröstet, Erbsensuppe dran gegossen, und aufgekocht.

Suppe von gefüllten Hühnern, auf französisch. Man nimmt zerschnittene Hühner, die Brust von einem Kapaun, ein Stück Fleisch von einer Kalbskeule und Herzen, Nieren und Lebern von ganz kleinem Vieh, Geflügel und Fischen, schället es von seinen Beinen, und hackt es mit Championen, Artischockenböden, feinen Kräutern und Wurzeln ganz klein untereinander, salzt und würzt es, und füllt die jungen Hühner damit, nähet sie gut zu, und thut sie in einen Kessel an eine gute und kräftige Brühe. Wenn sie gar sind, thut man geröstete Semmelrinden in die Schüssel, begießt sie erst mit Brühe, daß sie aufschwellen, legt die Hühner drauf, und gießt die übrige Brühe drüber.

Suppe

Suppe von einer Kalbskeule, auf französisch. Man nimmt ein gutes Stück Rindfleisch vom Schwanz, ein gutes Stück Hammelfleisch, eine kälberne Keule, und verschiedenes rein gemachtes und ausgenommenes Geflügel, thut dieß zusammen mit Salz, Pfeffer, einem paar mit Nelken gespickten Zwiebeln, mit feinen Kräutern, Petersillwurzeln und Körbelkraut in einen Topf oder Kessel; und wenn es gar gekocht ist, richtet man das Fleisch vor sich mit den Kräutern und Wurzeln an, kocht an der Brühe Nudeln oder Klöser, oder gießt sie über gebähte Semmelschnitte.

Suppe mit Aal, auf französisch. Der große Aal wird abgezogen, in längliche Stücke geschnitten, mit feinen Kräutern, vermischtem Gewürz und kleingeschnittenen Zwiebeln, an die zerlassene Butter in das Kastrol gethan, und ein wenig geröstet, dann in einen Topf an eine gute Fleischbrühe gethan. Wenn er gar ist, richtet man ihn vor sich in einer flachen Schüssel an, drückt drauf Citronensaft, und gießt die Brühe in eine andere Schüssel über gebähtes Brod oder geröstete Semmelschnitte.

Suppe vom Brod, auf französisch. Aus einem runden weißen Brod nimmt man die Krumme heraus, und dörret es in einem Backofen. Dann nimmt man Stücke von verschiedenem beliebigen Fleisch, hackt solches mit einem Stück Bauchspeck, mit Championen, Artischockenböden, feinen Kräutern und Würzeln ganz klein, rührt Salz, vermischtes Gewürz, und kleingeschnittene Zwiebeln darunter, thut es in das Kastrol an das kleingeschnittene und zerlassene Rindsfett, röstet es gut, füllt das Brod damit, und läßt es in einer guten kräftigen Brühe gut aufsieden. Ist es genug aufgeschwellet,

thut

thut man es in eine Schüssel, legt um selbiges andere in guter Brühe aufgeschwollene Semmelrinden, gießt die Brühe drauf, worinn das Brod gekocht hat, und besetzt den Rand der Schüssel mit einem Ragout von Championen, oder mit Fricandeaux, oder mit Kalbsmilch, oder mit Klöſern von einem Fleiſchgebäcke gemacht.

Suppe von Lammsköpfen, auf franzöſiſch. Der Kopf und die Füſſe vom Lamm werden in einer kräftigen Brühe mit Salz und Pfeffer, mit einem paar mit Nelken geſpickten Zwiebeln, und einem Büſchlein feiner Kräuter gekocht. Wenn es gar iſt, läßt man gebähte Semmelſchnitte in einer andern kräftigen Brühe aufſchwellen, thut ſie in die Schüſſel, gießt gute Suppe drauf, legt den Kopf in die Mitte, die Füſſe ringsherum, und um den Rand gebackenes Hirn, geſpickte Zwiebeln, Kräuter, und Wurzeln.

Suppe von Hühnern, auf franzöſiſch. Die reingemachten Hühner werden zerſchnitten, und mit verſchiedenem andern Fleiſch, welches ſchon zuvor halb gekocht iſt, gekocht, vermiſchtes Gewürz, Wurzeln, feine Kräuter, und ein paar mit Nelken geſpickte Zwiebeln dazu gegeben, und wenn ſie gar ſind, über gebähte Semmelſchnitze angerichtet. Mit Kapaunern, jungen Hühnern, Truthähnen, und andern dergleichen Geflügel kann es auch auf dieſe Weiſe gemacht werden.

Suppe von Kräutern, auf franzöſiſch. Man nimmt Herzblätter von Spinath und andern guten Kräutern, thut ſie in einen Hafen, giebt zwey mit Nelken geſpickte Zwiebeln dazu, gießt eine klare Erbſenbrühe dran, würzt es, und läßt es kochen. Wenn es gar iſt, legt man gebähte Semmelſchnitte

in

in die Schüssel, reibt Parmesankäß drauf, und gießt die Brühe durch einen Durchschlag drüber.

Suppe vom Geflügel, auf französisch. Man bratet Geflügel, von welcher Art man will, am Bratspieß. Wenn es gar ist, wird das Brustfleisch davon gelöset, und mit Championen und Artischockenböden klein gehackt, mit Salz, Pfeffer und gestoßenen Nelken gewürzt, in das Kastrol an den zerlaßenen Speck mit kleingeschnittenen Zwiebeln gethan, und geröstet, und damit ein von aller Krumme ausgehöhlertes, und im Backofen gedörrtes Brod gefüllt. Dann wird das ganze Gerippe vom Geflügel mit einem Coulis vom Rindfleisch im Mörsel klein gestoßen, gewürzt, in das Kastrol an den kleingeschnittenen und zerlaßenen Speck gethan, mit kleingehackten Zwiebeln geröstet, hernach in einer guten Fleischbrühe mit Cittronensaft zerrieben, durchs Sieb getrieben, wieder beygesetzt, und wenn es anfängt zu sieden, das gefüllte Brod drein gethan, damit gut aufgekocht, und angerichtet.

Suppe von Erbsen, auf französisch. Man nimmt ein paar junger reingemachter Gänse, bieget ihnen die Brust ein, und kocht sie in einer kräftigen Brühe mit Salz, Pfeffer, und einem Sträußchen feiner Kräuter. Indessen setzt man grüne Erbsen mit Speck und einer paar ganzer Zwiebeln bey, würzt sie, und läßt sie in guter Rindsbrühe ganz zu Brey sieden, gießt hernach von der Brühe dran, worinn die Gänse gekocht sind, zerreibt sie gut, treibt sie durch ein Sieb, und setzt sie wieder bey, daß sie aufkochen, und etwas dicklich werden, dann schüttet man sie in eine Schüssel, und gießt gerösteten Speck mit Zwiebeln drüber. In eine andere Schüssel thut man gebähte Semmelschnitt, gießt die

übrige

übrige Brühe von den Gänsen drauf, und legt die Gänse in die Mitte. Die Gänse können auch mit einer beliebigen Fülle gefüllt, und erst halb gebraten werden, ehe man sie kocht.

Suppe vom Kalbfleisch, auf französisch. Man nimmt ein Stück Fleisch aus der Kalbskeule, das Brustfleisch von einem Kapaun oder Huhn, hackt es mit einer Kalbsmilch, mit Artischockenböden und Championen klein untereinander, würzt es gut, thut würflicht geschnittenen Speck mit kleingehackten Zwiebeln in die Pfanne, röstet dieß Gehäcke darinn, füllt es in eine gute fette Kälberbrust, näht sie zu, und kocht sie in einer guten kräftigen Fleischbrühe. Wenn sie gar ist, thut man in Butter mit kleingehackten Zwiebeln geröstete Semmelrinden in die Schüssel, gießt die Butter drüber, legt die Brust drauf, gießt die Brühe drüber, drückt Citronensaft drauf, und zieret den Rand der Schüssel mit grünen Kräutern, Wurzeln, auch kleinen vom allerhand zarten Fleisch gemachten Würsten.

Suppe von Fischen, auf französisch. Auf ein Gehacktes von Karpfenfleisch mit Champignonen, Salz, Pfeffer, Zwiebeln und Kräutern muß man gleich Anfangs bedacht seyn; dieß alles zusammen untereinander klein gehackt, muß in Speck oder Butter geröstet werden. Dann werden die Körper von den Fischen, und ein in Stücken geschnittener Aal genommen, dieß zusammen mit dem Gehäcke, wird mit Butter, Salz, Pfeffer, einem Büschel feiner Kräuter, und einem Paar mit Nelken gespickten Ziebeln in einen grossen Topf gethan, Wasser dran gegossen, und eine Stunde lang gekocht, und dann durch ein weisses leinen Tuch geschlagen. Hernach werden klein geschnittene Champignonen mit Mehl in Speck oder Butter ge-

gebräunet, das Durchgetriebene dazu gethan, aufgekocht, über gebähte Brodrinden, oder Semmelschnitte gegossen, und der Rand der Schüssel mit einem Ragout von Karpfenmilch, Hechtlebern, Krebsscheren und Schwänzen besetzt, und den Saft von einer Citrone drauf gedrückt.

Suppe von Muscheln, auf französisch. Man nimmt den Muscheln den Bart weg, thut sie trocken in einen eisernen Gropen oder Tiegel, und läßt sie in ihrer eigenen Brühe kochen, bis sie sich spalten. Dann nimmt man ihnen den Darm weg, läßt etliche davon ganz, die andern schneidet man mit Champignonen, Trüffeln, Artischockenböden, Zwiebeln und Puree klein, salzt und würzt es mit vermischtem Gewürz, rührt etliche Dotter darunter, dünster es in Speck oder Butter, gießt dann die Muschelnbrühe drauf, läßt es gut aufkochen, giebt es über gebähte Semmelschnitte, und belegt den Rand der Schüssel mit den übrig behaltenen ganzen Muscheln, und mit ausgelösten Krebsschwänzen.

Suppe von Karpfen, auf französisch. Man schälet das Fleisch von den Karpfen, hackt es mit Champignonen, Trüffeln und feinen Kräutern, salzt und würzt es mit vermischtem Gewürz, und kocht dieß zusammen in der Kastrole mit guter Butter und ein wenig klarer Puree. Dann läßt man die Semschnitte oder Rinden entweder in einer guten Fischbrühe, oder in einer wohlgewürzten klaren Puree, oder in einer durchgeschlagenen Erbsenbrühe aufschwellen, besetzt sie mit dem Gehäcke, und ziert den Rand der Schüssel mit gebackenen Artischockenböden, oder mit einem Ragout von Champignonen.

Suppe von Hecht, auf französisch. Der Hecht wird in Stücke geschnitten, gesalzen, und mit ver-

vermischtem Gewürz, feinen Kräutern und klein gehackten Zwiebeln in der Butter oder in Speck geröstet, dann eine gute Fleischbrühe drauf gegossen und aufgekocht. Hernach legt man gebähte Semmelschnitte in die Schüssel, den Hecht drauf, und gießt die Brühe drüber.

Suppe von Krebsen, auf französisch. Von den übersottenen Krebsen werden die Schwänze genommen, solche ausgelöset, mit Champignonen, Trüffeln, Artischockenböden, Morgeln und Zwiebeln untereinander klein gehackt, gesalzen und gewürzt, und in der Butter oder im Speck gedünstet, dann wird eine gute Fisch- oder Fleischbrühe drauf gegossen, über gebähte Semmelschnitte gegossen, und der Rand der Schüssel mit Krebsschwänze besetzt.

Suppe von Artischocken, auf französisch. Man nimmt Puree von grünen oder auch von andern Erbsen, salzet und würzet diese klare Brühe. Dann thut man entzwey geschnittene Artischockenböden mit ein wenig Mehl und geschnittenen Zwiebeln in die Kastrole an den zerlassenen Speck, röstet sie gut braun, gießt dann die Brühe drauf, läßt sie drin gut aufkochen, giebt sie über gebähte Semmelschnitte, und ziert den Rand der Schüssel mit gebackenen Artischocken.

Suppe, oder vermischte Potage, auf französisch Ouillie. Man nimmt ein Stück dickes Rindfleisch vom Schwanz, ein Stück dickes Fleisch aus der Hammelskeule, und ein Stück aus der Kalbskeule, ferner eine Ante, einen Kapaun, Wachteln und Tauben, thut dieß alles nacheinander in die Kastrole an die zerlassene Butter, und röstet es braun. Dann thut man ein Stück nach dem andern, je nachdem eines länger oder kürzer zu kochen braucht, in einen

nen und selbigen Topf oder Kessel, und läßt zuletzt alles zusammen kochen. Bevor es gar ist, thut man allerhand feine Kräuter und Wurzeln, büschelweise gebunden hinein, und läßt sie mitkochen. Wann es gar ist, rührt man ein dünnes gelbes Eingebrenntes von Weitzenmehl und Butter darunter, und würzt es mit Pfeffer und Ingwer; drauf thut man geraspelte und gebähte Semmelrinden in die Schüssel, gießt etwas von der Brühe drauf, und läßt sie erweichen und aufschwellen, dann thut man das Fleisch drauf in die Mitte, das Geflügel rund herum. Die übrige Brühe mit den Kräutern und Wurzeln gießt man in eine besondere Schüssel über gebähte, und in Butter geröstete Semmelschnitte.

Suppe von Mandeln, auf französisch. Die Mandeln werden geschälet, im Mörser ganz klein gestossen, in die Kastrole gethan, Milch drauf gegossen und aufgekocht. Dann werden etliche Dotter zerklopft, ein wenig geriebene Semmeln darunter gemengt, und drein gequirlet, gebähte und würflicht geschnittene Semmeln gegossen, Zucker und Zimmet drüber gestreuet.

Suppe von Champignonen, auf französisch. Die Champignonen werden würflicht geschnitten, ein Büschlein feiner und klein gehackter Kräuter darunter gemengt, gesalzen, mit vermischtem Gewürz gewürzet, in die Kastrole mit klein gehackten Zwiebeln gethan, und gedünstet, dann eine gute und klare Erbsenbrühe dran gegossen, und gut aufgekocht, über gebähte Semmelschnitte gegossen.

Suppe von Vögeln mit Champignonen, auf französisch. Man nimmt Kriechänten oder andere Vögel von dieser Gattung, spicket sie mit Speck, und bratet sie erst halb, oder thut sie an den zerlassenen seinen Speck in die Kastrole, und röstet sie mit Gewürz und Zwiebeln, und thut sie dann in einen Topf oder Kessel an eine siedende gut gewürzte und kräftige Brühe. Dann werden Champignonen würflicht geschnitten, und in eben dem Speck, in welchem die Aenten oder Vögel geröstet sind, mit ein wenig Mehl gebräunet, und an die Aenten gethan, wenn sie halb gar sind. Wenn nun die Aenten oder Vögel gar sind, so gießt die Brühe davon ab in einen andern Topf oder in eine Kastrole, macht kleine runde Knödel von allerley zarten mit Speck und Zwiebeln klein gehackten Fleisch und mit ein wenig Mehl, Salz, Gewürz und Eyern, und kocht sie dran. Giebt dann die Aenten oder Vögel in die Schüssel, ziert den Rand mit feinen Kräutern, Wurzeln, Champignonen und Knödeln, und gießt die Brühe drauf.

Suppe von Hühnerblut, auf österreichisch. Die Hühner werden abgestochen, das Blut wird in Weinessig aufgefangen, und zerrührt, dann zerschneidet man die geputzten Hühner in vier Theile, salzt sie ein wenig ein, legt sie in ein Rein an die heisse Butter, thut Muskatenblumen, Nelken, Rosmarin, Lorbeerblätter, geschnittene Citronenschalen, Mehl und spanisch Rudelkraut, gießt Wein und Essig drauf, und läßt sie zugedeckt, sacht dünsten, doch oft aufgerührt, daß sich nichts vom Mehl festsetzt. Sobald die Hühner weich sind, werden die Kräuter herausgenommen, zu dem in Essig zerrührten Blut, Milchraum gegossen, ein paar zerklopfte Dotter, und ein Stück frischer Butter dazu gethan, dieß gut untereinander geklopft, und zerrührt, an die siedende Hühnersuppe gegossen, gut untereinander gerührt, und aufsieden lassen.

Suppe von Rindsmark, oder Saftsuppe, auf österreichisch. Das gute saftige Rindfleisch wird dünn geschnitten, dann ein Stück Butter in einem Rein zerlassen, und immer eine Lage Rindfleisch, und eine Lage Mark und Speck gethan, auch nach Belieben klein geschnittene Zwiebeln, und über einem mäßigen Kohlfeuer sachte dünsten lassen, daß das Fleisch mürbe wird und saftig bleibt, hernach eine gute Rindssuppe dran gegossen, und gut sieden lassen, zuletzt gewürzt, und entweder nach Belieben etwas von Teig dran gemacht, oder die Suppe über gebähte Semmelschnitte gegossen.

Suppe von Nieren, auf österreichisch. Die Nieren von Ochsen, Kälbern und Schweinen werden mit etwas Zwiebeln und Petersille ganz klein gehackt, dann geröstete und geriebene Semmelbröseln, Ingwer, Muskatenblumen und Salz darunter gemengt, und in der Butter gedämpfet, hernach eine gute Fleischbrühe dran gegossen, gut untereinander gerührt; und nachdem die Suppe gut aufgekocht hat, solche über gebähte Semmelschnitte gegossen.

Suppe von Maurachen, auf österreichisch. Nachdem die Maurachen gut gesäubert sind, werden sie klein geschnitten, und mit Semmelbröseln und geschnittener grüner Petersill in Butter geröstet, dann ein gute Rindsuppe dran gegossen, und sie gut mürbe sieden lassen, hernach ein wenig Mehl in Milchraum mit zerklopften Dottern zerrührt, dran gegossen, gut untereinander gerührt, ein Stück Butter mit Gewürz dazu gethan, und aufsiedend über gebähte Semmelschnitte gegossen.

Suppe von Prießlein, auf österreichisch. Man siedet die Prießlein von etlichen Kalbskreuschen ab, läßt sie erkalten, und hackt sie mit Petersill ganz klein.

klein. Nun wird in etlichen zerklopften Eyern ein wenig feines Mehl eingerührt, dieß unter das Gebackte mit etwas Salz gerührt, in die Kastrole an die heisse Butter gethan, und gedämpfet; dann siedende Hühner- oder Fleischbrühe dran gegossen, mit Muskatenblumen und Ingwer gewürzt, und eine Weile kochen lassen. Nun weisses Brod in dünne Scheiben geschnitten, und gebähet, oder auch geröstete Semmelschnitte in die Schüssel gethan, und die Suppe mit den Prießlein draufgegossen.

Suppe von Gebactem, auf österreichisch. Man nimmt Mehl auf eine Hackbank, schlägt etliche Eyer dazu, thut etwas Salz dran, und hackt dieß zusammen trocken und ganz klein, rüttelt es hernach durch einen Durchschlag; und nachdem alles durchgegangen ist, thut man es in einem Rein an die heisse Butter, und röstet es, daß es gelb wird, gießt hernach gute Fleischbrühe drauf, würzt sie mit Muskatennuß, und läßt sie aufsieden.

Suppe von geriebenen Mehl, auf österreichisch. Von Mehl und Eyern wird ein sehr fester Teig gemacht, dieser auf dem Reibeisen gerieben, und dann nach Belieben entweder in Milch, oder in einer eingebrennten Suppe, oder in einer Fleischbrühe gekocht.

Suppe von Hühnern, oder Müscherlsuppe, auf österreichisch. Die Hühner werden zerschnitten, ihre Beine zerstossen, Zwiebeln und grüne Petersill klein geschnitten. Nun Butter, und zwey Löffelvoll frisches Baumöl in ein Rein gethan, die Hühner drein gelegt, geröstete und geriebene Semmelbröseln, gestossene Muskatenblumen, eine halbe Citrone, geschnittene Citronenschalen, den Saft aus einer Citrone, und sechs Löffel voll guten Wein dazu gegeben, zugedeckt, die Hühner beym mäßigen Kohlfeuer langsam dünsten lassen, daß ihr Fleisch gut mürbe wird, und saftig bleibt, hernach eine gute Rindssuppe drauf gegossen, und etwas sieden lassen, hernach ein paar Löffelvoll Milchraym und Gewürz dran gethan, und aufsiedend aufgegeben.

Suppe von Artischockenböden, auf österreichisch. Die Artischocken werden geputzt, doch daß der Boden ganz bleibt, dann in einer guten Fleischbrühe gekocht; nachdem sie gar sind, werden sie herausgenommen, und an einen warmen Ort hingestellt. Dann wird ein Kälberprieß ebenfalls in einer guten Fleischsuppe gekocht, und die Artischockenbrühe dazu gegossen. Ist es gar, so wird es in die Schüssel gelegt, gebähte Semmelschnitte giebt man dazu, der Rand mit den Artischocken belegt, und die Suppe darüber gegossen.

Suppe von Linsen mit wilden Tauben, auf österreichisch. Die reingemachten wilden Tauben werden gespickt und gebraten. Die Linsen werden gekocht. Nachdem sie gar sind, wird die Brühe davon (es versteht sich von selbst, daß man sie in einer guten Fleischbrühe gekocht hat) in einen andern Hafen gegossen, ein Theil von den Linsen genommen, in ausgekochtem Milchraum zerrührt, und an die Suppe gegossen. Die übrigen Linsen läßt man an einem heissen Ort indessen stehen, daß sie heiß bleiben. Die Tauben nun in die Schüssel gethan, den Rand mit Linsen, und magern im Wasser vor sich aparte gekochten Speck belegt, die Suppe in eine andere Schüssel über gebähte Semmelschnitte gegossen.

Suppe von Kohl, auf österreichisch. Der braune Kohl wird halben Finger lang geschnitten, und in einer guten Fleischbrühe gar gekocht. Nun den Kohl herausgenommen, doch ihn zugedeckt auf den heissen Heerd hingestellt, daß er warm bleibt, und einen gebratenen Berghahn mit magern Speck, oder einem Stück Hammelfleisch, welches schon zuvor halb gekocht ist, in die Suppe gethan. Nachdem es etwa eine halbe Stunde lang gekocht hat, thut man ein Eingebrenntes daran, und läßt es aufsieden. Das Fleisch wird hernach herausgenommen, in die Schüssel gethan, der Rand mit dem braunen Kohl belegt, und die kurze dickliche Suppe darüber gegossen.

Suppe von Kalbfleisch mit Aspargus, auf österreichisch. Den halben Theil von Bauch, Brust, oder eine Kalbskeule läßt man mit geschnittenen Aspargus sieden. Die harten Stengel läßt man mit ein wenig Petersill und Laktuck vor sich besonders in einer Suppe kochen, dann durch ein Haartuch an das Fleisch gegossen, und zusammen aufsieden lassen. Das Fleisch nun in die Schüssel gethan, mit dem Aspargus den Rand belegt, und die Suppe darüber gegossen.

Suppe von gestossenen Hühnern, auf österreichisch. Die Hühner werden langsam am Spieß gebraten, und fleißig mit Butter begossen, hernach wird das beste Fleisch davon gelöset, das übrige mit gepfärztem Brod klein gestossen, dann eine gute Rindsuppe drauf gegossen; und nachdem es gut gesotten ist, durch einen Durchschlag getrieben. Nun das abgelöste Brädl ebenfalls klein gestossen, in einen Hafen oder Rein gethan, Milchraum draufgegeben, und es drinn gut zerrieben, die durchgetriebene siedende Suppe darunter gerührt, ein paar Sud thun lassen, und aufgegeben.

Suppe von Makronen mit jungen Hühnern, auf österreichisch. Man kocht die Hühner in einer guten Fleischbrühe. Nachdem sie gar sind, gießt man die meiste Suppe davon in einen besondern Hafen ab, und läßt die Hühner indessen zugedeckt auf dem heissen Heerd nahe an der Wärme, oder in der heissen Asche stehen, daß sie warm bleiben, thut Makronen mit einem Stück Butter in die Suppe und läßt sie gar sieden. Die Hühner nun in die Schüssel gethan, und die Makronensuppe darüber gegossen.

Suppe von Hechten, auf österreichisch. Die reingemachten Hechte werden von ihren Gräten gelöst, in kleine Stücke geschnitten, mit Salz ein wenig eingesprengt, in einen dünnen von Eyern und Mehl gemachten Teig eingetaucht, und im siedenden Schmalz gebacken, dann in einem Mörser zu Brey gestossen, in einer siedenden guten Fleischbrühe zerrieben, durch ein Haarsieb in die Kastrole gegossen, aus Feuer gesetzt, Muskatenblumen, Kardemomen und Ingwer, alles klein gestossen dazu gegeben; und nachdem die Suppe ein paar Sud gethan hat, solche über geröstete Semmelscheiben gegossen.

Suppe von Braunkohl, auf österreichisch. Der braune Kohl wird klein gehackt, in ein Pfund heisse Butter gethan, ein paar Löffelvoll Mehl dazu gegeben, oft untereinander gerührt, und zugedeckt gut dünsten lassen, daß er ganz mürbe wird; dann gute siedende Fleischbrühe dran gegossen, ausgelöste und würflicht geschnittene Kastanien dazu gegeben, und ihn ganz einkochen lassen, bis er sämig wird. Sollte er noch wäßig und nicht sämig genug seyn; so wird etwas braun geröstetes Mehl darunter gerührt; und nachdem er gut eingedünstet ist, aufgegeben.

Suppe von Portulak, auf österreichisch. Der Portulak wird blättlweis gepflücket, gewaschen, und mit einem Stück Schinken klein geschnitten, ans Feuer gesetzt, eine gute Fleischbrühe dran gegossen, und etwa eine halbe Stunde gut sieden lassen. Dann werden würflicht geschnittene Semmeln in Butter geröstet, und die Suppe durch ein Haarsieb darüber gegossen.

Suppe von Lebern, auf österreichisch. Man hacket eine Kalbsleber mit andern Lebern von kleinem Vieh, Fischen und Geflügel ganz klein, stößt dieß in einem Mörser zu Brey, gießt eine gute Rindssuppe dran, setzt es ans Feuer, und läßt es etwa eine halbe Stunde gut einsieden, thut klein geschnittene Citronenschalen, Zucker, Zimmet und Korinthen dazu, und mit sieden lassen, dann etliche zerklopfte Dotter in etwas Suppe gut zerrührt dran gegossen, auch Safran dazu gegeben; und nachdem es noch ein paar Wall gethan hat, durch ein Haarsieb über gebähte Semmelschnitte gegossen.

Suppe vom Fleisch, auf österreichisch. Nachdem der Reiß im Wasser aufgepresset, oder übersotten ist, wird er abgeseihet, eine gute Fleischbrühe dran gegossen, und gut weich und zu Brey gesotten, dann in etlichen zerklopften Dottern gut zerrührt, ans Feuer gesetzt; und nachdem die Suppe ein paar Sud gethan hat, wird sie durch ein Haarsieb über gebähte Semmel gegossen.

Suppe von Reiß, auf österreichisch. Die weissen würflicht geschnittenen Ruben werden in einer guten Fleischbrühe mit halb gar gekocht. Nun ein Stück Rindfleisch mit eben so viel Schafs- und Kalbsfleisch ans Feuer gesetzt; und nachdem es etwa eine Stunde lang gesotten hat, ein kleines Stück von einem

nem rohen Schinken oder einer Cervelatwurst dazu gethan, dann ein kleines Stück Speck mit etwas Basilikum im Mörser gestoßen, auch ein Stücklein Parmesankäß ebenfalls an die Suppe gegeben, und alles zusammen kochen gelassen. Ist das Fleisch gar, so wird es herausgenommen, und in die Schüssel gethan, die Suppe durch ein Haarsieb gelassen, und wieder ans Feuer gesetzt, der Reiß mit den Rüben dazu gegeben, und ein paarmal aufwallen gelassen, doch daß die Rüben nicht zu Brey werden, sondern ganz bleiben, und der Reiß nicht zu linde wird, dann aufgegeben.

Suppe von Hühnern, auf österreichisch. Die Hühner werden in vier Theile geschnitten, und mit Semmelrinden, in einem dünnen Eyerteig eingetaucht, im siedenden Schmalz gebacken, dieß beydes zusammen wird dann mit ausgelösten Zirbennüsseln im Mörser untereinander ganz klein und zu einem Brey gestoßen, hernach in einen Rein gethan, eine gute Rindsbrühe drauf gegossen, und gut sieden gelassen. Nun werden junge Hühner mit in Butter gedünsten Brüseln, ausgelösten Krebsschwänzen, und Spargelspitzen gefüllt, hinein gethan, und mitgekocht. Nachdem sie gar sind, werden sie herausgenommen, in die Schüssel gethan, gebähte Semmelschnitte darüber gelegt, und die Suppe drauf gegossen.

Suppe von grünen Erbsen, auf österreichisch. Nachdem die Hühner in der Butter gedünstet und abgesotten sind, wird ein Eingebrenntes dazu gegeben, und die Suppe gewürzt. Die jungen grünen Erbsen werden in der Butter gedünstet. Nachdem sie weich sind, wird die Hühnersuppe dran gegossen, und etwas sieden gelassen. Hernach werden die Hühner aufgegeben, und die Suppe mit den Erbsen gießt man darüber.

Suppe von Citronen, auf österreichisch.

Man zerschneidet die reingemachten Hühner wie gewöhnlich, thut sie in einen Rein, gießt gute Rindssuppe, und etwas Wein dran, und läßt sie weich sieden, macht ein Eingebrenntes drüber, daß die Suppe ihre gehörige Dicke bekömmt, und schaumig wird, röstet geschnittene grüne Petersill mit geschnittenen Citronenschalen in der Butter, gießt Milchraum dran, rührt es untereinander, gießt es an die siedende Suppe, giebt Gewürz dazu; und nachdem sie damit aufgekocht hat, legt man die Hühner in die Schüssel, und gießt die Suppe drüber.

Suppe von Spargel, auf österreichisch.

Man dünstet die zerschnittenen und reingemachten Hühner in der Butter, doch daß sie schön weiß bleiben, gießt dann eine gute Rindssuppe dran, und läßt sie weich kochen, röstet dann geriebene Semmelbröseln, kleingehackte Brieseln, geschnittene grüne Petersille und übersottene Spargeln, davon das Weiche klein geschnitten, in der Butter, thut dieß an die Hühner, rührt es gut untereinander, daß die Suppe ihre gehörige Dicke bekömmt, läßt es untereinander aufsieden, und richtet hernach die Hühner mit der Suppe und den Brüseln und Spargeln, wie gebräuchlich an.

Suppe von Petersille, auf österreichisch.

Die Hühner werden in vier Theile geschnitten, und mit länglicht geschnittenen Petersillwurzeln in einem Rein in Rindsmark und Butter gedünstet, dann wird eine Rindssuppe mit etwas Wein drauf gegossen; und nachdem sie gar sind, ein Eingebrenntes hinein gethan, und sie aufsieden gelassen.

Suppe von Lebern, auf österreichisch.

Man dünstet die zerschnittenen Hühner in der Butter, gießt

gießt Rindssuppe mit etwas Wein dran, thut geschnittene Petersillwurzeln dazu, und läßt sie sieden. Die Hühnerlebern werden mit gepfärztem Brod klein gehackt, in zerklopften Dottern zerrührt, und nachdem sie in der Butter gebacken sind, im Mörsel klein und zu Brey gestossen, dann Hühnersuppe drauf gegossen, sie gut zerrieben, und dazu gethan, und gut untereinander gerührt, und mitsieden gelassen, nun geschnittene Citronenschalen mit Gewürz dazu gegeben; und nachdem sie damit aufgekocht hat, sie aufgegeben.

Suppe von Guggenmucken, auf österreichisch. Man kocht Hühner in einer guten Rindssuppe, thut Petersillwurzeln und gestossene Muskatenblumen dazu. Nachdem sie gesotten sind, werden sie herausgenommen, und Reiß mit in Butter gerösteten Guggenmucken in die Suppe gethan, und sieden gelassen. Nachdem es gar ist, zerrührt man ein paar Dotter, und geriebenen Safran in Milchraum, rührt dieß unter die siedende Suppe, und gießt sie damit aufgekocht über die Hühner in die Schüssel.

Suppe vom Reiß, oder schwache Suppe, auf österreichisch. Der Reiß wird in Butter gedünstet, daß er schön gelblich wird, dann in einer guten Rindssuppe wie gewöhnlich weich gesotten, gut gewürzt, und über kleine gebratene und gefüllte Hühner, oder nach Belieben auch über eine gefüllte Lämmerbrust gegossen.

Suppe von Rebhühnern, auf österreichisch. Die Rebhühner werden wie gewöhnlich gebraten, dann werden Linsen weich gekocht, doch daß sie ganz bleiben, hernach wird ein Eingebrenntes von Kapaunerfett, Rindsmark, Mehl, ein wenig klein geschnittenen Zwiebeln, Citronensaft, und geschnittenen

tenen Citronenschalen gemacht, die Suppe von den
Linsen darüber geseihet, gut untereinander gerührt,
die Rebhühner in die Schüssel gethan, die trockenen
Linsen darüber geschüttet, die aufgekochte Suppe drauf
gegossen, aufs Kohlfeuer gesetzt, und aufsieden gelassen.

**Suppe von kleinen Küchlein, auf öster-
reichisch.** Die reingemachten Küchlein werden in
einer guten Fleischbrühe gesotten. Nun grüne Erbsen mit Petersille und einem Stück frischen Speck vor
sich in einem besondern Hafen in einer Fleischsuppe gekocht. Nachdem es gar ist, wird es in einem Mörser gestossen, durch ein Haartuch getrieben, und auf
glühende Kohlen gesetzt, daß es warm bleibt. Nun
gebähte Semmelscheiben in die Schüssel gethan, etwas von der Brühe, worinnen man die Küchlein
gekocht hat, darauf gegossen, daß sie an sich ziehen
und erweichen, solche mit den Küchlein belegt, und
nun die Erbsensuppe darüber gegossen.

**Suppe mit Hühnern, oder Pastetensup-
pe, auf österreichisch.** Die reingemachten jungen
Hühner werden von einander geschnitten, eingesalzen,
und mit Eßig besprenget. Nun wird in einem Rein
eine Lage von klein gehackten Rindsmark und Hühnerfett gelegt, und eine Lage zerschnittener Hühner
drüber gegeben, dann Citronenschalen, Kapri, Rosmarin, Lorbeerblätter, und spanisch Kudelkraut untereinander klein geschnitten, über die Hühner gestreut,
und ein wenig Eßig und Wein drüber gegossen, und
so fort, immer eine Lage Fett, eine Lage Hühner,
und eine Lage Kräuter, mit Eßig und Wein drüber.
Dann wird oben und unten Glut gegeben, und langsam gedünstet. Nachdem sie gar sind, wird eine gute Rindssuppe dran gegossen, ein Eingebrenntes dazu
ge-

gegeben, gut gewürzt, und aufgekocht, aufgegeben.

Suppe von gestossenen Kapaunern, auf österreichisch. Das Fleisch von übrig gebliebenen gesottenen oder gebratenen Kapaunern wird klein gehackt, und mit gepfärztem Brod klein gestossen. Dieß nun in eine Kastrole gethan, siedende Rindssuppe drauf gegossen; und nachdem es gut gesotten ist, erst durch einen Durchschlag, dann durch ein Sieb getrieben, wieder aus Feuer gesetzt, und gut aufgesotten über gebähte Semmelschnitte gegossen.

Suppe von Gehackten, auf österreichisch. Der in kleine Stücke geschnittene frische oder gesalzene Hausen wird erst mit einem paar Zwiebeln in Butter zugedeckt, bey oberer und unterer Glut gedünstet, dann mit in Salzwasser übersottenen, und von Gräten gelösten Hechten und Karpfen, ausgelösten Krebsschwänzen, mit hart gesottener Karpfenmilch und Kapri ganz klein gehackt, dieß mit geschnittener grüner Petersill, und geriebenen Semmelbröseln in Butter erst gedünstet, dann solches in eine Schüssel gethan, eine gute und klare Erbsenbrühe dran gegossen, mit Muskatenblumen und Safran gewürzt, gesalzen, mit Hechtenlebern und verlohrnen Eyern belegt, auch etwas Mithraum dazu genommen, auf dem Kohlfeuer aufsieden lassen, und gebähte Semmelschnitze hinein gethan.

Suppe von gestossenen Hecht und Karpfen, auf österreichisch. Das von seinen Gräten gelöste Karpfen- oder Hechtenfleisch wird erst klein geschnitten, dann in einem steinernen Mörser mit gepfärzter Brodrinde zu einem Brey gestossen, dann in die Kastrole oder Kessel gethan, eine gute Erbsensuppe dran gegossen, und gut untereinander sieden lassen, nun durch den Durchschlag in den gewöhnlichen Suppenhafen

Hafen getrieben, ein Eingebrenntes darüber gemacht, gewürzt, gesalzen, etwas süssen Milchraum dazu gegeben, und aufsiedend über gebähte Semmelschnitze gegossen.

Suppe von Zelleri, auf österreichisch. Ueber blattweis geschnittenen Zeller, gepfärzte Brodrinden, und Petersill wird eine gute lautere Erbsensuppe gegossen, dieß untereinander weich gekocht, hernach durch den Durchschlag in den gewöhnlichen Suppenhafen getrieben, und sieden lassen, in einem andern Hafen etwas Mehl mit frischem Wasser, Milchraum und mit etlichen ganzen Eyern und zweymal so viel Dottern gut zerrührt und geklopft, an die siedende Suppe gegossen, doch nicht sieden lassen, sondern nur gewürzt und gesalzen, und ein wenig Butter dazu gethan.

Suppe von Kauli, auf österreichisch. Der geputzte Kauli wird mit gepfärzten Brodrinden, und Petersillwurzeln in einer guten Erbsenbrühe weich gekocht, und hernach wie die Zellersuppe gemacht.

Suppe von Chokolad, auf österreichisch. Das Mehl wird erst in einem Reinel braun geröstet, dann durchgefähet oder durchgesiebt; so viel als man davon nöthig hat, in einem Suppenhafen in kalter Milch zerrührt, in einem andern Hafen süsse Milch ans Feuer gesetzt, und indem sie anfängt aufzusieden, diese drein gerührt, und an die siedende Suppe mit einem Stück frischer Butter gegossen, und gut aufkochen lassen. Wenn etwas mehr Zimmet genommen wird, so kann diese Suppe auch ohne Cioccolatt gemacht werden.

Suppe vom schwarzen Brod, auf österreichisch. In einer guten klaren Erbsenbrühe werden erst blattweis geschnittene Petersillwurzeln weich ge-

gekocht; dann würflicht geschnittenes schwarzes Hausbackenbrod in Schmalz gebräunet, in die Suppe gethan, und drinn aufsieden lassen, nun gewürzt und gesalzen, und verlohrne Eyer drauf gegeben.

Suppe von Schnecken, auf österreichisch.
Die übersottenen und klein gehackten Schnecken werden mit Petersill und Semmelbröseln in Butter geröstet, solche hernach in einer eingebrennten Erbsenbrühe mit etwas dazu gegossenem Milchraum aufgesotten, gewürzt, und über gebähte Semmelschnitze gegossen.

Suppe mit Kräpfeln, auf österreichisch.
Ein wenig Zeller, Petersill, Kauli, gepfärzte Brodrinden und von Gräten gelöste und gebackene Karpfen oder Hechten werden in einer guten Erbsenbrühe weich gesotten, durch einen Durchschlag getrieben, gewürzt und gesalzen, und wieder ans Feuer gesetzt, nun von einem Butterteig kleine Kräpfeln mit dem Krapfelrädel in der Grösse eines Groschen gemacht, solche in Schmalz gebacken, und die aufgesottene Suppe drauf gegossen.

Suppe von Bretzeln, auf österreichisch.
Auf die in Stücken gebrochenen Bretzeln wird aufgesottene Milch nach und nach gegossen, daß sie sich gut erweichen, dann ein wenig gesalzen, in Butter geröstete Semmelbröseln, und verlohrne Eyer darauf gegeben.

Suppe von Schwamme, auf Österreichisch.
Die zuvor gut gereinigten Nägelschwämme werden erst ein wenig im Wasser übersotten, dann etwas gröblich gehackt, in Butter mit grüner Petersill und geriebenen Semmelbröseln geröstet, hernach in eine eingebrennte Erbsensuppe gethan, gewürzt, gesalzen und aufsieden lassen.

Suppe von Krebsen, auf österreichisch. Von den übersottenen Krebsen werden die Schwänze ausgelöst, das übrige mit gepfärzter Brodrinde und gebackenen Karpfen im Mörser ganz klein gestoßen, dann in eine Kastrole gethan, gute Erbsenbrühe dran gegossen und sieden lassen, dann durch ein härenes Sieb getrieben, die Suppe in den gewöhnlichen Hafen gegossen und ans Feuer gesetzt, nun in einem Häserl ein wenig Mehl mit frischem Wasser, etlichen ganzen Eyern und Dottern und mit etwas Milchraum zerrührt, dieß an die siedende Krebssuppe gegossen, gewürzt und gesalzen, gerührt, doch nicht mehr zum sieden kommen lassen.

Suppe mit Erbsen, mit Zeller und Kohlprokuli bedeckt, auf österreichisch. In der durchgetriebenen Erbsensuppe wird länglicht geschnittener Zeller gekocht, dann überbrennter Kohlprokuli dran gethan, die Suppe eingebrennt, gewürzt und gesalzen, gerührt, und gut aufsieden lassen.

Suppe mit Karpfenmilch, auf österreichisch. Die Karpfenmilch wird geschwind gebacken, mit dem in der Erbsenbrühe weich gekochten Zeller gestoßen, die Erbsenbrühe dran gegossen, gut zerrieben, durch den Durchschlag getrieben, ans Feuer gesetzt, und indem es zu sieden anfängt, Dotter in Milchraum zerklopft dran gegossen, immer gerührt, ein Stück frischer Butter, Gewürz und Salz dran gethan, und aufsieden lassen.

Suppe von gebackten Karpfen, auf österreichisch. Das von seinen Gräten gelöste Karpfenbreit wird erst in Butter gedünstet, hernach mit ein wenig Kapern klein gehackt, und mit geschnittener grüner Petersill, auch geriebenen Semmelbröseln in Butter geröstet, das übrige von dem Karpfen wird zu kleinen Stücken gehackt, und auch in Butter gedünstet, dann eine gute Erbsenbrühe dran gegossen, und etliche gepfärzte Brodrinden dazu gethan, gut sieden lassen, durch den Durchschlag getrieben, ans Feuer gesetzt, das Gebäck drein gethan, untereinander gerührt, gewürzt und gesalzen, und auf gebähte Semmeln gegossen.

Suppe von Mandeln, auf österreichisch. Zu einem halben Pfund klein gestossener Mandeln wird eine in aufgekochter süsser Schmetten ganz durchgeweichte Semmel gut untereinander zerrührt, dann eine Maß siedender Milch drauf gegossen, zusammen gerührt, durch einen Durchschlag getrieben, in ein mit Butter, oder Schmalz ausgeschmiertes Reinel oder einen Hafen gethan, aufsieden lassen, zuletzt ein Stück frischer Butter und Salz dazu gethan.

Suppe von Eyern, auf österreichisch. Man zerreibt in einer Schüssel in wenig Eßig und Wasser etwas Mehl, rührt hernach sechs oder mehrere ganze zerklopfte Eyer darunter, in die Kastrole gegossen, ans Feuer gesetzt, und indem es aufsiedet, die Schüssel mit ein wenig Wein ausgespielt dazu gegossen, Gewürz, Butter und Salz dazu gethan, und aufsieden lassen.

Suppe von Milch, auf österreichisch. Eine kleine Portion Koriander und ein wenig Zucker wird in der Milch eine halbe Stunde lang gesotten, dann würflicht geschnittene Semmelschnitte auf dem Rost gebacken, und ein wenig gesalzen, oder sie auch in zerklopfte Dotter getaucht und in Schmalz gebräunet, und die gesottene Suppe durch ein Haarsieb dran gegossen.

Suppe von Milchraum, auf österreichisch. Erst wird ein wenig Mehl in einem Hafen im Wasser zerklopft, daß auch nicht die kleinste Klimpe übrig bleibt, dann noch einmal so viel siedendes Wasser, als aufgekochten Milchraum darunter gerührt, dann gut aufsieden lassen, gewürzt und gesalzen.

Suppe von Krebsen mit Milch, auf österreichisch. Eine Halbe Milch wird mit einer Halben Milchraum vermischt, ans Feuer gesetzt, und nachdem sie aufgekocht ist, halb kalt werden lassen. Die Krebse werden gesotten, ausgelöst und gestossen, in der Milch mit etlichen Dottern zerrührt, ans Feuer gesetzt, immer gerührt, ein wenig gesalzen, und etwas gezuckert, und aufsiedend auf gebähtes Brod, oder gebähte Semmelschnitte gegossen.

Suppe von Spargel, auf österreichisch. Der Spargel wird erst im siedenden Wasser ein wenig aufgeprellt, hernach klein geschnitten, und in einer guten Bouillon sieden lassen, bis er linde oder mürbe ist, zuletzt gebähtes Brod so viel als nöthig ist, mit etwas geschnittener grüner Petersill hinein gethan, und aufsieden lassen.

Suppe von Körbelkraut, auf österreichisch. Das Körbelkraut wird erst in Butter gedünstet, dann eine klare Erbsenbouillon dran gegossen, etliche Frösche dazu gethan, und gut versieden lassen, dann auf Semmeln, die in Schmalz gebacken sind, gegossen.

Suppe von Schildkröten, auf österreichisch. Die Schildkröten werden erst im siedenden Wasser ein wenig aufgeprellt, dann rein gemacht, in Stücke geschnitten, von Schmalz mit ein wenig Mehl ein dünnes Eingebrenntes gemacht, solche drinn abgedünstet, dann Petersillwasser drauf gegossen, und sie darinn etwas sieden lassen, bis sie gar sind, hernach Citronensaft, geschnittene Citronenschalen, Gewürz

würz und Safran dazu gethan, und solche aufsiedend über gebähte Semmeln gegossen.

Suppe von Linsen, auf österreichisch. Die Linsen werden erst im siedenden Wasser ein wenig aufgeprellt, das Wasser wird hernach davon gegossen, und sie in klarer Erbsenbrühe gekocht, Zellerie und Petersillwurzeln, einen ganzen Zwiebel, ein wenig Basilikum und Thimian dazu gethan, nun etliche gebackene Fische und einige Eyer dazu gegeben, und mitkochen lassen; hernach das Fette davon abgeschöpft, die Brühe durch das Haartuch gegossen, wieder ans Feuer gesetzt, das würflicht geschnittene, und in Butter gebackene Brod hinein gethan, und aufsieden lassen.

Suppe von Maurachen, auf österreichisch. Die frischen oder gedörrten Maurachen müssen zuvor gut im warmen Wasser gewaschen werden, dann werden sie in einer guten Erbsensuppe aufgesotten, nun entzwey geschnitten, und sie in Butter mit klein geschnittener grüner Petersille, ein wenig klein geriebenen Semmelbröseln, Milchraum, Salz und Gewürz gedünstet oder gedämpfet: nun das Breit von einem Fisch oder die Karpfenmilch klein geschnitten, ein in süsser Schmetten geweichtes Stück Brod dazu gethan, dieß im Mörser zusammen gestossen, hernach ein Stück Krebs- oder andere Butter so lange gerührt, bis sie säumig wird, einen Theil Eyer und zwey Theile Dotter gut zerklopft darunter gerührt, dieß mit Muskatblumen gewürzt, gut gesalzen, auch etwas Milchraum darunter gerührt, nun die Kastrol mit Butter ausgeschmiert, etwas von diesem Farsch auf den Boden gestrichen, Maurachen drauf gelegt, und so fort von Farsch und Maurachen bis alles drein ist, oben geriebene Semmelbröseln gestreuet, mit zerlassener
But-

Butter und Milchraum betropft, oben und unten gleiche Glut gegeben, und langsam gebacken; jetzt ein mit Butter Eingebrenntes gemacht, doch nicht zu dick, die Erbsensuppe, worinnen die Maurachen gekocht sind, dran gegossen, auch etwas süssen Milchraum dazu genommen, gewürzt und gesalzen. Nun die gebackenen Maurachen statt des Suppenbrods in die Schüssel gethan, und die Suppe drauf gegossen. In Fleisch‑tägen kann man diese Suppe auch machen; nur wird hernach Rindssuppe, und statt des Fisches kälbernes Fleisch und Ochsenmark genommen.

Suppe von Fischen, auf österreichisch. Ein paar Stücke Karpfen oder Schleyen werden mit etlichen Semmelschnitzen und einem paar Eyern gebacken, hernach in die Kastrole mit etwas Petersillwurzeln, ein wenig Basilikum und Kudelkraut gethan, eine klare Erbsensuppe dran gegossen und gut kochen lassen, solche hernach durchgetrieben, wieder ans Feuer gesetzt, gesalzen, mit geriebener Muskatnuß gewürzt, und aufsiedend über gebähte Semmelschnitte gegossen. Dazu kann auch eine braune Fastensuppe genommen werden.

Suppe vom Kohl, auf österreichisch. Der Würsching oder weisse Kohl wird erst ganz im siedenden Wasser aufgeprellt, dann in ein frisches Wasser gethan, und gut ausgedrückt, hernach werden die Torten davon geschnitten, die Häupter mit Bindfäden zusammen gebunden, solche in die Kastrol ins heisse Schmalz gethan, gelbe Ruben, Pastonat, Petersillwurzeln, Zellerie, ein wenig Basilikum, Thimian, einige Lorbeerblätter, einen ganzen Zwiebel und einige Nelken dazu gegeben, und ihn zugedeckt in dem Schmalz oder in der Butter langsam dünsten und sieden lassen, daß er recht linde oder mürbe wird. Nun das Fett ganz abgenommen, den Würsching oder die Kohlhäupter trocken in den Suppentopf gethan, die Würschingsbouillon durch ein Haarsieb dran gethan, und eine klare Erbsenbouillon dazu gegossen, zugedeckt etwa eine Viertelstunde langsam sieden lassen, die Kohlhäupter hernach herausgenommen, in die Suppenschüssel gelegt, mit gebähten Semmelschnitten belegt, gewürzt, und die Bouillon drauf gegossen.

Suppe von Wein, auf österreichisch. Man zerreibt erst in einem Hafen etwas Mehl mit kaltem Wein, rührt etliche Eyer mit zweymal so viel Dottern gut zerklopft darunter, gießt hernach zwey Theile guten Wein, und ein Theil Wasser in eine Kastrole gethan, und indem es zu sieden anfängt, das Eingerührte dazu gegossen, gut untereinander gerührt, gezuckert, mit geriebenen Muskatenblumen und Safran gewürzt und gesalzen, gut aufsieden lassen, in die Schüssel würflicht geschnittenes Brod gethan, mit Zimmet bestreut, und die Suppe drauf gegossen.

Suppe von Bier, auf österreichisch. Ein wenig Mehl wird erst in Bier gut zerrieben, dann werden achtzehn Dotter gut zerklopft drein gerührt, nun sechs Maß weisses Bier ans Feuer gesetzt, und indem es anfängt zu sieden, das Eingerührte ganz langsam dazu gegossen, immer gerührt, gezuckert, gesalzen, gewürzt, ein Stück frischer Butter dazu gegeben, gebähtes oder würflicht geschnittenes Brod, oder geröstete Semmelschnitze in die Schüssel gethan, und die aufsiedende Suppe drauf gegossen.

Suppe von Rogen, auf österreichisch. Man läßt in einem Suppenhafen Petersill sieden, macht ein Eingebrenntes mit Zwiebeln dran, und rührt es gut untereinander, schneidet hernach den Rogen in kleine Stücke, salzet sie, läßt solche in der eingebrennten Suppe sieden, giebt zuletzt wieder Salz und Gewürz dazu.

Suppe von Kräutern, auf österreichisch. Spinath, Kerbelkraut, Petersill, Schnittling, grüne Zwiebeln, Sauerampf und Bertram werden klein geschnitten, und in Butter oder Schmalz geröstet, dann Wasser dran gegossen, und etwa eine Viertelstunde sieden lassen, hernach in einem andern Hafen ein wenig Mehl mit Wasser, etlichen ganzen Eyern, und zweymal so viel Dottern gut zerklopft, und mit gutem Milchraum gut untereinander gerührt, an das siedende Kräuterwasser nach und nach gegossen, und immer gerührt, doch daß es nicht mehr zum sieden kömmt, nun gewürzt, gesalzen, und ein wenig Butter dazu gethan.

Suppe von Erbsen, auf österreichisch. Die Erbsen werden mit Petersill, und gerösteten Brodrinden ganz weich gekocht und durch den Durchschlag getrieben, dann ein Eingebrenntes von Butter, Mehl und klein geschnittenen Zwiebeln gemacht, die durchgetriebene Erbsensuppe dran gegossen und gut untereinander gerührt, solche mit Wein oder Eßig nach Belieben ein wenig gesäuert, und auf gebähtes Brod gegossen.

Suppe von Fisolen, auf österreichisch. Die Fisolen werden mit Petersillwurzeln ganz weich gekocht, dann ein Eingebrenntes mit Butter, Mehl und klein geschnittenen Zwiebeln unter die durchgesiebte Suppe gerührt, solche mit Wein oder Eßig etwas säuerlich gemacht, gewürzt und gesalzen und auf die Fisolen gegossen.

Suppe von Zisserln, auf österreichisch. Man läßt die Zisserln über Nacht in frischen Wasser zugedeckt und auf den heissen Herd gesetzt, weichen, kocht

kocht sie hernach in dem gewöhnlichen Suppenhafen, rührt ein Eingebrenntes darunter, thut etwas Eßig darunter, Gewürz und Salz dran, und läßt es aufsieden. Will man die Haut davon haben; so gießt man das Wasser, worinnen sie geweicht sind, weg, prellet sie drauf in einer Lauge, die den Tag zuvor gemacht ist, auf, und wäscht sie dann gut im frischen Wasser, so gehen die Bälge weg.

Suppe vom Obers, auf österreichisch. Man läßt erst ein Maß süß Obers in einem Reinel oder Hafen sieden, rührt hernach ein Viertelpfund klein gestoßener Mandeln mit einem paar in Milch geweichter Semmelschnitze darunter, läßt solches ein wenig sieden, treibt es hernach durch ein härenes Sieb in ein mit Butter ausgeschmiertes Reinel, thut ein Stück frischer Butter und Zucker dazu, und läßt es damit aufsieden.

Suppe von Fleisch oder Allerleysuppe, auf österreichisch. Man kocht Rindfleisch, Hammelfleisch, Kalbfleisch, Schweinfleisch, und ein paar alte Hühner in einer guten Fleischbrühe. Ist es nach dem ersten Sud abgeschäumt, so legt man etwa eine halbe Stunde darnach allerley Gartengewächse dazu, als Kerbelkraut, edle Sauerampfer, junge gelbe Ruben, Spinath, Lattich, junge grüne Erbsen, Spargel und Hopfen, auch ganzes Gewürz, ganzen Pfeffer, Ingwer, und ganze Muskatenblumen dazu gethan, und mit dem Fleisch sieden lassen. Nun gebähte Semmelschnitte in die Schüssel gethan, das Fleisch in die Mitte gelegt, mit dem Gartengewächse den Rand belegt, und die Suppe darüber gegossen.

Suppe von Spargel, auf österreichisch. Man nimmt von einem Kalb die Keule, salzet sie, gießt gute Fleischsuppe drauf, und läßt sie sieden, hernach

ach thut man die, von den Spargeln geschnittenen Köpfe dazu, daß sie mitkochen. Die guten Stengel von dem Spargel werden vor sich besonders mit Petersill und Lattich in der Kalbsbrühe gekocht. Nachdem sie gar sind, werden sie im Mörser gestossen, in ihrer eigenen Brühe zerrieben, durch ein Haarsieb gegossen, aus Feuer gesetzt, das Fleisch mit seiner noch übrigen Brühe dazu gethan, Muskatenblumen, Pfeffer und Ingwer dazu gegeben, und aufsieden lassen. Gebähte Semmelschnitte in die Schüssel gethan, das Fleisch drauf gelegt, die Suppe drüber gegossen, und den Rand der Schüssel mit den Spargelköpfen belegt.

Suppe von Fasahn, auf österreichisch. Nachdem der Fasahn schön gelb gebraten ist, wird er in eine weite und tiefe Schüssel gelegt, dann werden vierzig ausgelöste Austern in der Butter geröstet, ein Seidel guten Wein (rothen Ofner wenn man hat) daran gegossen, das Meerwasser von den Austern dazu gegeben, den Saft aus einer Citrone hinein gedruckt, ihre Schalen klein geschnitten mit Gewürz dazu gegeben. Nachdem dieß alles gut untereinander aufgekocht hat, wird es über den Fasahn gegossen, die Schüssel aufs Kohlfeuer gesetzt, und zugedeckt ein wenig aufsieden lassen.

Suppe von Rindfleisch, oder Oleysuppe, auf österreichisch. Man schneidet Rindfleisch, Kalbfleisch und von einem schöpsenen Schlögel das Breite in dünne Scheiben, Rindsmark und Speck klein gehackt, Ruben und Zwiebeln klein geschnitten, gelbe Ruben halben Finger lang geschnitten, auch Zwiebeln nach Belieben klein gehackt, einen Kapaun und eine alte Henne in Stücken geschnitten. Nun in dem klein Butter zerschmolzen, eine Lage von Fleisch und

Hüh-

Hühnern drein gemacht, und mit Rindsmark, Speck und Zwiebeln bestreuet, und immer so fort, eine Lage Fleisch, und eine Lage Fett mit Zwiebeln darüber gegeben, und gedünstet, dann eine gute Rindssuppe dran gethan, und gut sieden lassen, zuletzt gut gewürzt, durch den Durchschlag über gebähte Semmelschnitte gegossen, und den Rand der Schüssel mit gebackenen Lämmerfüßeln oder Hühneln belegt.

Suppe von gebratenen Kapaunern, auf österreichisch. Das Fleisch von den gebratenen Kapaunern oder Hühnern wird von seinen Beinen gelöset, ganz klein gehackt, im Mörser mit zwanzig oder dreyßig Austern zu Brey gestoßen, in einer guten Rindssuppe zerrieben, ans Feuer gesetzt; und nachdem es einige Wall gethan hat, durch ein Haarsieb in die Schüssel über geröstete Semmeln gegossen.

Suppe von weissen Wein, auf sächsisch. An eine Kanne Wein werden, indem er aufsiedet, fünf zerklopfte Eyer mit ein wenig Mehl drein zerrieben, drein gerührt, geriebene Muskaten, Zucker, Kardemomen, und ein wenig Butter dazu gegeben, aufkochen lassen, doch immer gerührt, gequierlet, über geröstete Semmelschnitte gegossen, Zucker und Zimmet drüber gestreuet.

Suppe von Wein mit Citronat, auf sächsisch. Man gießt halb Wein und halb Wasser in eine gut verzinnte Kastrol, thut geriebenes Brod dazu, und läßt es gut aufsieden, schlägt es hernach durch ein Haarsieb, und setzt es wieder bey, thut Zucker, Zimmet, Kardemomen, Muskatnuß, Citronensaft, und geschnittene Schalen dazu, und läßt es gut aufkochen, schneidet würflichten Citronat in die Schüssel, und die Suppe drüber.

Suppe von Citronen, auf sächsisch. Von [d]en Citronen wird das Gelbe und Weisse abgeschä[l]t, solche werden in dünne schmale und vierecktigte [S]tücke geschnitten, mit Zucker bestreuet, und vier [S]tunden zugedeckt liegen lassen, dann wird geriebenes [H]errbrod in Schmalz geröstet, und in die Schüssel [üb]er die geschnittenen Citronenschalen gestreuet, auch [ge]stossenen Zimmet und Kardemomen dazu gegeben, [her]nach wird guter Wein beygesetzt, etliche Dotter [ge]klopft, in Sahne oder Milchraum zerrieben, gerie[b]ner und in Wasser aufgelöster Safran dran gegossen, [al]t untereinander gerührt, an den siedenden Wein ge[go]ssen, und immer gerührt; und sobald er damit auf[ge]kocht ist, gießt man ihn in die Schüssel über die [Ci]tronenschnitte, und giebt ein Stück Zucker nach Be[lie]ben dazu.

Suppe von Maulbeeren, auf sächsisch. [In] einem Nößl oder Seidel Wein thut man fünf [Lö]felvoll Maulbeersaft, der mit Zucker gekocht ist, [drü]ckt den Saft aus einer Citrone dazu, und läßt es [ko]chen, ein Eingebrenntes dazu gethan, gequirlet, [un]d aufgekocht, über würflicht geschnittene und in [Ri]ndsfett geröstete Semmelschnitte gegossen, und ge[af]fert.

Suppe eingebrannt, auf sächsisch. Das [B]rod wird in Scheiben geschnitten, die Hälfte davon [wir]d in Rindsfett gebraten, nun mit der Hälfte des [ge]bratenen den Boden der Schüssel belegt, das Un[geb]ratene in die Mitte, und die andere Hälfte des Ge[bra]tenen oben gelegt, dann wird Wasser beygesetzt, [un]d wenn es siedet, schlägt man etliche frische Eyer [ein]es nach dem andern ganz drein, läßt sie aber nicht [har]t werden, nimmt sie mit einem Eyerschöpchen her[au]s, und legt sie in die Schüssel auf das Brod,

gießt

gießt gute Fleischbrühe drauf, und braune Butter drüber.

Suppe sauer gemacht, auf sächsisch. An eine Halbe siedender Fleischbrühe gießt man zwey Löffelvoll Eßig, giebt Pfeffer und Safran dazu, brennt sie mit einem Löffelvoll Mehl ein, läßt sie damit aufkochen, quierlet sie, und gießt sie über würflicht geschnittenes Brod.

Suppe von Mehl, auf sächsisch. Zwey Löffelvoll Mehl werden in Rindsfett gebräunet, an eine Halbe siedender Fleischbrühe gethan, aufgekocht, gequierlet, und über würflicht geschnittene Semmeln gegossen.

Suppe von Eyerdottern, auf sächsisch. Fünf Dotter werden gut zerklopft, ein wenig Mehl, Muskatenblumen, und ein Löffelvoll Eßig gut darunter gerührt, an eine Kanne Fleischbrühe gequierlet, und aufgekocht über würflicht geschnittene Semmeln gegossen.

Suppe von Gehackten, auf sächsisch. Man nimmt Eyer, die Hälfte Kraft- und die Hälfte Waitzenmehl und macht daraus einen festen Teig, mangelt oder wirkt ihn aus, doch nicht zu dünn, schneidet daraus kleine Plätzchen, und läßt sie trocknen, hackt sie dann klein, läßt sie noch dürrer werden; und nachdem man sie hernach noch zwischen den Händen zerrieben hat, röstet man sie in der Butter, kocht sie an der Fleischbrühe, thut Muskaten und ein wenig Butter dazu, auch Safran, und giebt sie auf.

Suppe von Mehlteig, oder geriebene Suppe, auf sächsisch. Man macht aus Eyern, Butter und Mehl einen recht festen Teig, walkt ihn zu einem runden Ball, und reibt ihn auf dem

Reibeisen immer in die Runde ab, streuet solche auf dem Papier dünne aus, daß sie nicht zusammenpichen. Nachdem sie gut trocken sind, werden sie noch vollends mit den Händen zerrieben, an einer guten Fleischbrühe gekocht, und Muskaten, und ein Stück frischer Butter dazu gegeben.

Suppe von Linsen, auf sächsisch. Die Linsen werden in guter Fleischbrühe weich gekocht, doch daß sie ganz bleiben, dann werden sie eingebrennt, und ein Löffelvoll Eßig dazu gegeben, hernach werden zwey Bratwürste gebraten, die Linsen aufgegeben, eine Bratwurst in die Mitte gethan, die andere in Stücken geschnitten um den Rand gelegt.

Suppe von Gurken, auf sächsisch. Die Gurken werden geschälet, blattweis geschnitten, und in Fleischbrühe gekocht, dann durch einen Durchschlag getrieben, und wieder beygesetzt, ein wenig geriebenen Parmesankäs, ein Stück frischer Butter dazu gegeben, und ein paar Eyer drein gequierlet, und über geröstete Semmelschnitte gegossen.

Suppe von Körbel, auf sächsisch. Der reingemachte Körbel wird klein gehackt, und in Rindsfett geröstet, dann an die siedende Fleischbrühe gethan, und ein wenig sieden lassen, ein paar Eyer drein gequierlet, und über geröstete Semmelschnitte gegossen.

Suppe von Zwiebeln, auf sächsisch. Das Brod wird würflicht geschnitten, in Butter geröstet, in die Schüssel gethan, gute Fleischbrühe drauf gegossen, die gröblich geschnittenen Zwiebeln werden in der Butter gebräunet drüber gethan, die Schüssel zugedeckt aufs Kohlfeuer gesetzt, und aufgekocht.

Suppe von Brod, auf sächsisch. Man nimmt ein kleines rundes Brod, schneidet es mitten durch, so, daß die obere Rinde ganz oben bleibet, dann werden Schnitten draus in die Länge und Quere geschnitten, solche an die heisse Butter gethan, und geröstet, in die Schüssel gegeben, gute Rindsuppe drüber gegossen, und Ingwer drüber gestreuet.

Suppe von Nieren, auf sächsisch. Kalbs- und Schweinsnieren werden mit sammt ihrem Fett klein gehackt, an eine gute Rindsuppe gethan, Muskatenblumen, Kardemomen und ein Stück frischer Butter zugegeben; und nachdem es gar gekocht ist, über geröstete Semmelschnitte gegossen.

Suppe von Käse, auf sächsisch. Parmesan- oder guter holländischer Käs wird gerieben, an der Rindsuppe gekocht, durch ein Sieb gelassen, wieder beygesetzt, Ingwer, Muskatenblumen und Butter dazu gegeben, ein paar Eyer drein gequirlet, und aufgekocht über geröstete Semmeln gegossen.

Suppe von Bretzeln, auf sächsisch. Die Bretzeln werden in kleine Stücke gebrochen, an die heisse Butter gethan und geröstet, in die Schüssel gethan, Fleischbrühe drauf gegossen, Ingwer und Muskatenblumen dazu gethan, aufs Kohlfeuer gesetzt und zusammen aufsieden lassen.

Suppe von Rosinen, auf sächsisch. Eine Handvoll grosser, und eine Handvoll kleiner reingemachter Rosinen, werden mit vier Loth geriebener Mandeln, und ein paar gerösteter in Wein geweichter ausgedruckter Semmelschnitte im Mörser gestossen, dann ans Feuer gesetzt, ein Seidel Wein dran gegossen, Zucker und Zimmet dazu gethan, und gut

auf-

aufsiedend durch ein Sieb über geröstete Semmelschnitte gegossen.

Suppe von Erdbeeren, auf sächsisch. Nachdem die Erdbeeren in Wein mit etwas Zucker gesotten sind, werden sie durch ein Sieb gegossen und wieder ans Feuer gesetzt, inzwischen werden Semmelschnitte in Butter geröstet, Zucker und Zimmet drauf gestreuet, und die aufgekochte Suppe drüber gegossen.

Suppe von Reiß, auf sächsisch. Der Reiß wird erst in Butter geröstet, dann in einer guten Rindsbrühe gekocht, aus einem andern Fleischtopf etwas Rindsuppe genommen, sechs ganze Eyer drein gequirlet, an den siedenden Reiß ganz sachte gegossen, und nicht gerühret, daß die Eyer wie ein Knaul werden, etwas Citronensaft drauf gedruckt, hernach werden die Eyer herausgenommen, der Reiß in die Schüssel gethan, die Eyer drauf gelegt, die Rindsuppe drüber gegossen, und fein länglicht geschnittene Citronenschalen drüber gestreuet.

Suppe von Austern, auf sächsisch. Zwanzig ausgelöste Austern werden klein gehackt, an eine Kanne oder Maß siedender Fleischbrühe gethan, mit Muskatenblumen, Kardemomen und Pfeffer gewürz, ein wenig Wein, Citronensaft, und ein Stück frischer Butter zugethan, ein paar zerklopfte Dotter drein gequirlet, etliche ganze Austern eingelegt, dann geröstete Semmelschnitte in die Schüssel gethan, die ganzen Austern drauf gelegt, und die Suppe durch den Durchschlag drüber gegossen.

Suppe von Sardellen, auf sächsisch. Die reingemachten und von Gräten gelösten Sardellen werden halb mit Wein und halb mit Rindsuppe und einer Schnitte gebähten Brods beygesetzt. Nachdem

dem sie gekocht sind, werden sie durch einen engen Durchschlag geseihet, die Suppe wieder ans Feuer gesetzt, Ingwer, Muskatenblumen, den Saft aus einer Citrone, und ein Stück frischer Butter dazu gegeben, und nachdem sie aufgekocht ist, über würflicht geschnittenes, und in Butter geröstetes Brod gegossen.

Suppe von Grieß, auf sächsisch. Der Grieß wird erst gut gelb in der Butter geröstet, dann in einer guten Rindsuppe gekocht, gerühret, daß er nicht knollicht wird, Muskatenblumen, Butter, Citronensaft und geschnittene Citronenschalen dazu gegeben, in die Schüssel gegossen, und eine halbe Citrone in die Mitte gethan.

Suppe von Schnecken, auf sächsisch. Nachdem die Schnecken im Wasser übersotten und weich sind, wird die Hälfte davon ganz gelassen, die andere Hälfte aber aus den Schalen gelöset, rein gemacht, klein gehackt, und an einer guten Fleischbrühe gekocht, Pfeffer, Muskatenblumen, Kardemomen, und ein Stück frischer Butter zugethan, würflicht geschnittenes und in Butter geröstetes Brod in die Schüssel gethan, die ganzen Schnecken aus den Häusern genommen, rein gemacht, auf das Brod gelegt, die Suppe drüber gegossen, und klein länglicht geschnittene Citronenschalen drüber gestreuet.

Suppe von grünen Erbsen, auf sächsisch. Die jungen grünen Erbsen werden aus den Schalen gelöset, von den gut grünen und saftigen Schotten die innere Schale abgezogen, solche hernach mit den gelösten Schotten an eine gute Rindsuppe gethan, doch nicht zu lange gekocht, sie verlieren sonst die grüne Farbe; nun die Suppe von den Erbsen abgeseihet, die eine Hälfte von den Erbsen stehen lassen,

die

die andere Hälfte mit einer in Fleischbrühe gekochten Semmel ganz zerrieben, in der gekochten Rindsuppe errührt, durch ein Haarsieb gelassen und wieder beygesetzt, Pfeffer, Muskatenblumen, und ein Stück frischer Butter dazu gegeben; und indem es aufkocht, die ganzen Erbsen dazu gethan, gut aufsieden lassen, und aufgegeben.

Suppe von Hühnern, auf sächsisch. Das übrig Gebliebene von gekochten Hühnern und Kapaunern wird mit sammt den Beinen im Mörser klein gestoßen, an eine gute Rindsuppe gethan, Muskatenblumen, Kardemomen, und ein Stück frischer Butter dazu gethan, geröstete Brod- oder Semmelschnitte in die Schüssel gethan, verlohrne Eyer drauf gelegt, und die Suppe durch ein Haarsieb drüber gegossen.

Suppe von Kirschen, auf sächsisch. Die sauren Kirschen oder Weichseln werden gestoßen, aufs Feuer gesetzt, halb Wasser und halb Wein dran gegossen und gekocht, dann durch ein Sieb gegossen, wieder beygesetzt, etwas mehr Wein zugegeben, und ein wenig gebranntes Mehl drein gerührt, und aufgekocht über würflicht geschnittene und in Butter geröstete Semmelschnitte gegossen, Zucker und Zimmet über gestreuet.

Suppe von Weinbeeren, auf sächsisch. Nachdem der Stiel von den Weinbeeren genommen, werden sie mit einer Schnitte gerösteten Brods im Mörser gestoßen, mit Wein beygesetzt, Zimmet und Nelken gestoßen, mit Zucker dazu gegeben; und nachdem es gut aufgekocht hat, wird es durch ein Sieb über geröstete Semmelschnitte gegossen.

Suppe von Leber, auf sächsisch. Die Kalbsleber wird ganz klein gehackt und im Mörser gestoßen, dann beygesetzt, Wein dran gegossen, kleine

Ro-

Rosinen oder Korinthen, mit klein geschnittenen Citronenschalen untereinander klein gestoßen, mit Zimmet und geriebenen und in Wasser aufgelösten Safran zugethan, etliche zerklopfte Dotter darunter gerührt; und nachdem es gut aufgekocht ist, wird es durch einen Durchschlag gegossen und aufgegeben.

Suppe von Hecht, auf sächsisch. Der Hecht wird rein gemacht, von den Gräten gelöset, in kleine Stücke geschnitten, gesalzen, mit Mehl bestreuet, in die siedende Butter gethan, solche geschwind und hart gebacken, dann im Mörser gestoßen, hernach in siedendem Wein, und siedender Fleischsuppe zerrieben, aus Feuer gesetzt, Muskatenblumen, Ingwer, Kardemomen, und ein wenig Butter dazu gethan, und gut aufgekocht, durch ein Sieb über geröstete Semmelschnitte gegossen.

Suppe von Krebsen, auf sächsisch. Die Krebse werden gesotten, der Darm davon genommen, solche im Mörser klein gestoßen, dann an eine gute Rindsbrühe, mit ein paar gebähte Semmelschnitte, und ein wenig Wein gethan, gestoßene Muskatenblumen, Kardemomen und ein wenig Butter zugegeben, und durch ein Sieb über geröstete Semmelschnitte gegossen.

Suppe, oder Potage von einem Marksbein, auf sächsisch. Das Marksbein wird der Länge nach von einander gehackt, zusammen gebunden, und mit Fleisch gekocht, vier in Butter gebratene Tauben dazu gethan, Spitzmorgeln, Petersillwurzeln mit dem Grünen, und Zellerie mit dem grünen Herz dazu gegeben; und nachdem es gar ist, geriebene Semmeln und Butter zugethan. Nun geröstete Semmelschnitte in die Schüssel gethan, das Marksbein in die Mitte, die vier Tauben um das

Bein herum, Zellerie und Morgeln dazwischen, von der grünen Petersill einen Kranz um den Rand, und die Suppe drüber gegossen.

Suppe von Tauben, auf sächsisch. Die Tauben werden beygesetzt, Endivien klein gepflückt dazu gegeben, dicke Petersillwurzeln nach ihrer Länge dünn geschnitten, eine dicke davon ganz gelassen, und zusammen gebunden auch zugethan, siedende Rindsbrühe drauf gegossen und sieden lassen, hernach Käsekohl in lange Stücke geschnitten, dran gethan, und wenn es gar ist, vermischtes Gewürz, geriebene Semmeln und Butter dazu gegeben. Nun vier in Butter geröstete Semmelschnitte in die Schüssel gethan, ein wenig von der Brühe drauf gegossen, die Tauben drauf in die Mitte gethan, den Endivien dazwischen, die Wurzeln aufgebunden, vier oder fünf Stück gegeneinander auf dem Rand, und ein Stück Käsekohl dazwischen rund herum gelegt, das ganze Stück in runde Scheiben geschnitten, auf die Tauben gelegt, und die Brühe vollends drüber gegossen.

Suppe von Krebsen, oder Olapatriesuppe, auf sächsisch. Die abgesottenen Krebse werden ausgelöset und rein gemacht, dann mit ihren Schalen davon der vordere Theil und das Haarigte weggenommen ist, im Mörser klein gestoßen, hernach an einer Fleischbrühe gekocht, durch ein Tuch geseihet und ausgedrückt, wieder beygesetzt, Ingwer, Pfeffer, und Muskatenblumen dran gethan, und wenn es gar ist, ein Stück Butter zugegeben. Inzwischen werden Brüschen, frische oder getrocknete Morgeln mit Mägen und Lebern von Hühnern klein untereinander gehackt, in einen Tiegel gethan, die Krebsenbrühe drauf gegossen, auch junge ausgelöste Schotten dazu gethan; nun Semmelschnitte in Butter gebacken

backen in die Schüssel gethan, und die Suppe drüber gegossen.

Suppe von Sahne oder Schmetten, auf sächsisch. Etliche Eyer werden in einem Geschirr zerklopft, vier oder fünf Löffelvoll sauere Sahne mit ein wenig Eßig und Safran darunter gerührt, an die siedende Rindsuppe gequierlet, ein Stück Butter zugegeben, und aufgekocht über gewürfelte Semmeln gegossen.

Suppe von Mandeln, auf sächsisch. Ein halbes Pfund geschälter Mandeln werden in einem Mörser klein gestoßen, dann in eine Schüssel gethan, eine Maß Milch oder Sahne nach und nach darunter gerührt, hernach durch ein Tuch ausgedruckt, in einen Topf gethan, vier Eyer, Zucker, und ein wenig Rosen- oder Zimmetwasser darunter gerührt, aufgekocht, über geröstete Semmelschnitte gegossen, Zucker und Zimmet drüber gestreuet.

Suppe von Fischrogen, auf sächsisch. Die Fischrogen werden mit sammt der Milch in einer guten Erbsenbrühe zerrieben, ans Feuer gesetzt, Pfeffer, Salz und Butter dazu gethan, und aufgekocht, über geröstete Semmelschnitte gegossen.

Suppe sauer gemacht, auf sächsisch. In ein Seidel sauerer Sahne werden zwey Eyer gequierlet, aufsieden lassen, ein Stück frischer Butter dazu gethan, und geröstete Semmelschnitte gegossen.

T.

Tartoffeln.

Tartoffeln ganze, auf böhmisch. Sie werden sauber geputzt, und gebürstet, und gekocht mit gutem starken Wein, Lorbeerblättern und Citronenschalen,

schalen, bis sie weich sind, giebt man sie trocken in ein Servier oder mit Guli.

Taschen.

Taschen oder Krapfen. Siehe Krapfen.
Taschen von Mandeln oder Mandeltaschen, auf österreichisch. Zu ein Pfund gesähtes Mehl werden zwey ganze Eyer, drey Dotter, ein Löffel Milchraum, zwey Löffel Wein, drey Löffel Wasser, und etwas Salz genommen, dieß alles gut zuvor in einem Topf zusammen gerührt, an das Mehl gegossen; und nachdem der Teig gut durchgearbeitet ist, läßt man ihn eine Weile rasten, inzwischen wird ein Pfund Butter ausgewaschen, ausgemangelt und abgetrocknet, den Teig ebenfalls ausgetrieben, das Butterblatt drauf gethan, die andere Hälfte des Teigs drüber gedeckt, ihn dreymal ausgetrieben, aber zwischen jedenmal etwas rasten gelassen, und dann wieder dreyfach geschlagen. Indessen werden anderthalb Pfund kleingestossener Mandeln in einen Weidling gethan, 12 Loth gesähten Zucker, 8 ganze Eyer und 14 Dottern, eines nach dem andern dazu genommen, und unter die Mandeln gerührt, und zwar eine Stunde lang, dann nimmt man kleingeschnittene Citronenschalen dazu; und nachdem dieß alles gut untereinander gerührt ist, wird der Teig Messerrücken dick ausgetrieben, mit dem Kropfenrädel werden viereckigte oder länglichte Flecken ausgerädelt, die abgetriebene Mandelfüll drauf geschmiert, dreyfach übereinander gelegt, auf das mit Butter beschmierte Tortenblech gethan, mit Dottern bestrichen, und gebacken. Es kann auch ein Zuckereis mit Pistazi vermengt, drüber gestreuet werden.

Tauben.

Taubenlegat auf böhmisch. Das Blut von den Tauben wird in etwas Weinessig aufgefangen, und darinn gut zerrührt. Die reingemachten Tauben werden im siedenden Wasser aufgeprellet, dann mitten entzwey geschnitten, solche in braune Butter gelegt, und sie darinn ein wenig dämpfen gelassen, dann ein großes Stück frischer Butter, weissen Pfeffer, und das im Essig zerrührte Blut dazu gethan, und gut zusammen sieden gelassen, bis ein wenig dicker Sauce übrig bleibt.

Tauben auf böhmisch gedämpft. Den Tauben wird die Brust eingedrückt, und werden mit einigen Sardellen in Butter gedämpfet, ganze Nelken, Muskatenblumen und Pfeffer dazu gethan, dann wird etwas Wein und Hühnersuppe drauf gegossen, geröstete und geriebene Semmeln mit Kapern dazu gegeben, und gut aufsieden gelassen.

Tauben mit Schmetten, auf böhmisch. Nachdem den Tauben die Brust eingedrückt ist, werden sie mit etwas Mehl bestreuet, in die siedende Butter gethan, ganze Nelken, Pfeffer und Lorbeerblätter dazu gegeben (einige thun auch Zwiebeln und Knoblauch dazu) und gedämpft, dann gießt man etwas Wein und Suppe drauf, und läßt es gut einsieden, zuletzt sauren Schmetten dazu gegossen, und aufsieden gelassen.

Tauben auf französisch frikandirt. Man macht erst eine Fülle von Speck, Schinken, Trüffeln, Championen, einigen verschiedenen Lebern vom kleinen Vieh, Petersillen, Zwiebeln, hackt dieß alles zusammen klein, würzt es mit Salz und vermischtem Gewürz, und röstet es in der Butter, wenn es ausgekühlt

gekühlt ist, rührt man etliche Dotter darunter, füllet die Tauben damit zwischen dem Fell und Fleisch im hohlen Leib, schneidet aus einem Lammsschlegel dünne Schnitte, spicket sie mit Speck, legt sie über die Tauben, bindet sie mit Fäden dran fest, und bratet sie am Spieß. Wenn sie gar sind, werden sie zu einem Vorgericht, mit einem Ragout darunter von Kälbermilch, Championen, Artischockenböden und feinen Kräutern, alles zusammen in das Kastrol gut gekocht, und gesalzen, und gewürzt, angerichtet.

Tauben mit Ramolade, auf französisch. Man nimmt große Tauben, schneidet sie entzwey, würzt sie mit Salz, Pfeffer, und feinen kleingehackten Kräutern vermischt. Dann belegt man den Boden eines Kastrols mit dünnen Speckschnitten und Transchen vom geklopften Rindfleisch, legt die zerschnittenen Tauben drauf, belegt sie oben wieder mit dünnen Speckschnitten, bestreuet sie mit kleingeschnittenen feinen Kräutern und Zwiebeln vermischt, gießt ein wenig guter kräftiger Rindsbrühe dran, vermacht den Deckel mit Teig, und läßt sie bey oberer und unterer gleichmäßiger Gluth langsam dünsten. Hernach werden sie trocken herausgenommen, und in Schweinschmalz gebacken. An ihre Brühe thut man etliche Sardellen, Petersillen und Kapern, alles klein geschnitten, auch ein paar mit Nelken gespickte Zwiebeln, gießt noch ein wenig mehr Brühe dran, läßt dieß zusammen gut aufkochen, und richtet hernach die Tauben in einer Schüssel mit dieser Ramolade an.

Tauben auf französisch komponirt. Man nimmt fette Tauben, thut sie an den zerlassenen Speck in das Kastrol, und läßt sie mit kleingeschnittenen Zwiebeln erst ein wenig rösten. Dann thut man eine gute kräftige Brühe mit einem Glas Wein dran,

giebt

giebt Championen, feine Kräuter und vermischtes Gewürz dazu, und läßt dieß zusammen zugedeckt dämpfen. Auf die letzt wenn sie gar sind, thut man ein Coulis von Kalbfleisch dazu, und richtet dieß Komponirte sodann mit kleinen Cervelatwürsten zum Vorgericht warm an.

Tauben auf französisch. Die jungen reingemachten Tauben werden in Mehl gewelzet, dann in das Kastrol an den zerlassenen Speck, oder an die zerlassene frische Butter gethan, und mit kleingeschnittenen Zwiebeln erst ein wenig gelb geröstet, dann eine gute Fleischbrühe dran gegossen, Salz, Pfeffer, Championen, Artischockenböden, Kälbermilch, alles klein geschnitten, mit einem Büschel feiner Kräuter dazu gegeben, und alles zusammen gut gekocht, bis die Brühe etwas dicklich geworden ist, dann wird das Ragout zum Voressen mit gebackenen Championen oder Fricandeaux oder Citronenscheiben warm angerichtet.

Tauben auf französisch gefüllt. Von den reingemachten Tauben werden die Lebern mit Speck, Zwiebeln und Petersillen klein gehackt, gesalzen und gepfeffert, in die Tauben gefüllt, und zugenäht, mit breiten Speckschnitten belegt, und am Spieß gebraten. Sind sie gar, so werden sie mit einem Ragout von Championen, Kälbermilch, Artischockenböden und vermischtem Gewürz in dem Kastrol gekocht, angerichtet.

Tauben mit Ragout, auf französisch. Die Tauben werden gespickt, in das heiße Kastrol mit kleingeschnittenen Zwiebeln an die heiße Butter gethan, und braun gebraten. Dann wird eine gute kräftige Rindsbrühe dran gegossen, Trüffeln, Artischockenböden und Spargelspitzen dazu gethan, gewürz;

würzt, und gut eingekocht. Wenn es gar ist, wird dieß Ragout zum Vorgericht mit gebackener Kälbermilch und darunter gemischtem und gebackenem Petersillenkraut angerichtet.

Tauben mit Basilik, auf französisch. Die reingemachten und ausgenommenen Tauben werden im siedenden Wasser überbrühet. Dann nimmt man rohen Speck, Basilik und Petersille, hackt dieß zusammen mit einem paar Zwiebeln klein untereinander, salzt und pfeffert es, thut es an den zerlassenen Speck, und röstet es gelb, rührt dann, wenn es ausgekühlt ist, etliche Eyer darunter, füllt die Tauben damit, und kocht sie in einer guten kräftigen Brühe mit vermischtem Gewürz. Sind sie gar, so werden sie herausgenommen, in zerklopfte Dotter getaucht, mit geriebenen Semmeln bestreuet, an das siedende Schweinschmalz gethan, und schön gelb gebacken. An die Brühe kann man kleine runde Klösser machen, oder sie auch nur über gebähte Semmelschnitte giessen, dieß kann zu einem Voressen aufgegeben werden. Die Wachteln kann man auch so anrichten.

Tauben auf französisch marinirt. Der Saft von unzeitigen Trauben, Citronen und Zwiebeln wird ausgepreßt, Salz, Pfeffer und Nelken gestossen, mit geschnittenen Lorbeerblättern dazu gegeben, die Tauben zerschnitten, oder nach Belieben auch ganz drein gelegt, und zugedeckt, etliche Stunden darinn beizen gelassen. Dann werden sie in einem dünnen von Dottern, Mehl und weissen Wein gemachten Teig eingetaucht, an das siedende Schmalz, oder an den zerlassenen Speck gethan, gebacken, und zu einem Beygericht mit gebackenen Petersilken gegeben. Sie können auch bey Vorgerichten zur Verzierung des Randes der Schüsseln gebraucht werden. Auf die

Weise

Weise können auch die Rebhühner, junge Hühner und dergleichen Geflügel mehr, angerichtet werden.

Tauben auf österreichisch eingemacht. Man zerschneidet die jungen Tauben, legt Rindsmark und Hähnerfett in ein Rein, die Tauben mit geschnittener grüner Petersill dazu, und läßt sie langsam dünsten, gießt hernach eine gute Rindssuppe mit etwas Wein dran, und läßt sie weich sieden. Nachdem sie gar sind, werden sie eingebrennt, doch nicht zu dick, thut Salz, Gewürz, Citronenschalen und Milchraum dazu, und läßt sie aufsieden. Nach Belieben giebt man auch grüne Erbsen oder Nägerlschwämme dazu.

Tauben auf sächsisch gefüllt. Die Mägen und Lebern der Tauben werden mit einem Stück Kalbsleber klein gehackt, in eine Schüssel gethan, geriebene Semmeln, Ingwer, Pfeffer, Nelken, ein wenig zerlassene Butter, und ein wenig Milch darunter gerührt, die Tauben damit gefüllt, und am Spieß schön gelb gebraten.

Tauben auf sächsisch gespickt. Die Tauben läßt man eine Nacht im Essig liegen, schneidet ihnen Kopf und Füsse ab, spicket sie, speilert ihnen die Beine hinauf, bratet sie bey mäßiger Hitze langsam, daß sie schön gelb werden, und begießt sie oft mit Butter. Man kann sie auch mit ein wenig Nelken und Zimmet bestechen.

Tauben mit saurer Sahne, auf sächsisch. Die Tauben werden zerschnitten, und in ein verzinntes Kastrol gethan, dann wird gute Fleischbrühe in einen Topf genommen, saure Sahne darunter gequirlet, Muskatenblumen, Ingwer und Pfeffer zugethan, dieß an die Tauben gegossen, und gut einkochen gelassen. Wenn sie bald gar sind, werden ein Stück Butter, und blattweis geschnittene Citronen dazu

dazu gegeben. Und nachdem sie damit gut aufgekocht sind, werden sie angerichtet.

Tauben auf sächsisch gedämpft. Die Tauben werden mit Suppe, ein wenig Eßig, Nelken, Pfeffer und Muskatennuß beygesetzt. Wenn sie bald weich gekocht sind, werden sie herausgenommen, mit Mehl bestreuet, an die heiße Butter gethan, und gebräunet, dann die Brühe, in der sie gekocht sind, drauf gegossen, blattweis geschnittene Citronen dazu gegeben; und nachdem sie gut aufgekocht sind, angerichtet.

Teig.

Teig zu Marzepan. Man stößt zwey Pfund zuvor geschälte Mandeln in einem steinernen Mörsel mit ein wenig Rosenwasser, und knötet sie, wenn sie recht klar gestoßen sind, mit 1½ Pfund durchgesiebten Zucker, und läßt es eine Stunde stehen, damit es kalt werde. Man wälzt es dünne, und schneidet es in beliebige Formen, und bäckt es auf dem Kuchenboden. Wenn dieß geschehen, so rührt man Rosenwasser, Zucker und Eyweiß (Eyerklar) wohl durcheinander, und besprützt es mit einer Bürste, setzt es wieder in den Ofen, und nimmt es, wenn das bestrichene Weiße aufgeht, heraus, setzt es auf ein langes Stück Marzepan, das nicht längst gebacken worden, und verziert es nach Belieben.

Teig, oder Marzepanteig, auf böhmisch. Zu ein Pfund gestoßenenen und durchgesiebten Zucker wird ein Pfund feines Mehl genommen, 8 Eyer dran geschlagen, ein wenig Wasser dazu gegossen, und lange und wohl durcheinander gerührt, dann allerley Gewürz als Muskatennuß und Blumen dazu genommen, und ein lockerer doch kein dünner Teig daraus ge-

gemacht, den Teig zu einem dünnen Kuchen ausgemangelt, Bleßlein daraus geschnitten, und gelinde gebacken.

Teig vom Butter, auf böhmisch. Man nimmt ein halbes Pfund schönes Mehl auf das Walkbret, zwey ganze Eyer, und zwey Eyerdotter, ein engroß Schmalz, Salz, etwas Wein und Wasser, auch Zucker nach Belieben, dieß wohl untereinander gerührt, dann ein Viertelpfund ausgewaschene Butter dran gethan, und zusammen gewalket. Hernach draus gemacht, was man will.

Teig von Citronen, auf böhmisch. Ein halbes Pfund frischer Butter wird gut zerrührt, dann ein ganzes Ey und vier Eyerdotter dazu gethan, und eine halbe Stunde lang gut untereinander gerührt, hernach von drey Citronen den Saft, und von einer die geschnittenen Schalen, ein halbes Pfund durchgesiebten Zucker, und ein halbes Pfund Mehl dazu genommen, und einen Teig, und daraus eine Torte, oder Pastete nach Belieben gemacht. Doch muß nichts Nasses dazu kommen.

Teig vom Butter, auf französisch. Man nimmt so viel Mehl als man zu dem glaubt genug zu haben, was man draus machen will, es sey nun eine Torte oder Pastete, thut es in eine Schüssel, reibt Zwiebeln auf einem Reibeisen, röstet sie in einem großen Stück Butter gelb, gießt dieß in das Mehl, und arbeitet dieß zusammen erst gut durch; dann gießt man eben so viel warmes Wasser als Butter war dazu, macht einen nicht allzufesten Teig daraus, und mangelt ihn zu Torten mit Aepfeln oder zu Pasteten aus.

Teig zu Torten, auf französisch. Man nimmt schönes Mundmehl, Dotter und frisches Wasser von beyden gleichviel, ein wenig Salz, macht davon

von einem nicht allzufesten Teig. Nachdem er dann ausgemangelt ist, schneidet man zwölf gleiche große Stücke draus, bestreicht jedes Stück mit kaltem frischen Schweinschmalz. Dann legt man ein Blatt auf das andere, übermangelt sie ein wenig, daß sie nur fingersdick werden, bäckt sie hernach eine halbe Stunde im Ofen, und giebt sie auf.

Teig von Marzepan, auf französisch.
Man wirft ein Pfund geschälte süsse Mandeln in kaltes Wasser, daß sie weiß bleiben, trocknet sie jetzt zwischen reinen Tüchern ab, stößt sie in einem steinernen Mörsel so lange, bis man sie nicht mehr für Mandeln erkennet; befeuchtet sie aber während dem Stossen mit Zimmet, Pomeranzenblüthen, oder gutem Rosenwasser, mischt ein Pfund Zucker dazu, und macht alles zu einem dicken Brey, welchen man durch ein Haarsieb, oder sauberes Tuch zwinget; daß übrig gebliebene Grobe stößt man noch einmal, und macht es wie mit dem erstern, und setzt die ganze Masse in einer Pfanne über gelindes Feuer, wo man es stät umrührt, daß es nicht anbrenne. Wenn man nun befindet, daß dieser Teig gar ist, so thut man solchen aus der Pfanne in ein mit Zucker bestreutes Geschirr, läßt ihn kalt werden, wälgert ihn mittelst einem Rollholze auf einem glatten Tische, und macht sich davon seine Figuren, welche man in einem mittelmässigen Ofen so lange backen läßt, bis der Rand braun zu werden anfängt, wo man es heraus nimmt, und erkalten läßt. Das Eis darüber macht man von Zimmet, Pomeranzenblüthen oder Rosenwasser mit Zucker so dick, wie ein weisser Honig, womit man die Figuren überzieht, so lange bäckt, bis das Eis sich aufzublasen anfängt, dann läßt man es erkalten, und verwahrt es an einem trocknen Orte.

Teig vom abgerührten Butter, auf sächsisch. In einem Aschwerden zwey Pfunde Butter ganz pfläumig abgerieben, dann zwanzig zerklopfte Dotter gut darunter gerührt, in einem Eimer gesetzt, und im Brunnen über Nacht hangen gelassen, so, daß der Boden des Eimers das Wasser berührt. Dann wird es herausgenommen, der siebente Theil einer Metze feines Mehl aufs Walkbret gethan, die Butter mit den Eyern drein gewalket, und zu einem linden Teig gemacht, ihn dann zu Torten fingersdick ausgemaingelt, solche mit einer beliebigen Fülle gefüllt, ein Blatteig drüber mit Figuren gemacht, aufs Tortenblech gethan, und bey mäßiger Hitze im Backofen gebacken.

Teig vom Mundmehl, oder mürber Blätterteig, auf sächsisch. Man thut schönes Mundmehl auf das Nudelbret, schneidet frische ausgewaschene und recht harte Butter drein, gießt etliche zerklopfte Dotter mit ein wenig warmer Milch vermengt dazu, knötet den Teig gut durch, mangelt ihn dünne aus, bestreicht ihn mit Butter, walkt ihn wieder zusammen, mangelt ihn wieder aus, und bestreicht ihn, und dieß nimmt man wohl zwanzigmal mit ihm vor, dann mangelt man ihn zuletzt zu einer Torte oder Pastete aus.

Thunfisch.

Thunfisch auf französisch zugerichtet. Er wird in dünne etwa drey fingerbreite Stücke geschnitten, mit Salz, Pfeffer und Nelken vermischt bestreuet, mit Zwiebel und unreifer Traubensaft eingesprengt, und zwey Stunden zugedeckt liegen gelassen. Drauf werden sie in einem dünnen von Eyern ein wenig Wein, Mehl und Salz gemachten Teig eingegetaucht, an die heisse Butter in das Kastrol gethan und gebacken.

Torte.

Torte von Mandeln, oder die sogenannte Kardinaltorte, auf böhmisch. Man bedient sich hiezu eines Pfundes über Nacht im Wasser gelegener, geschälter und ganz klar gestossener Mandeln, welche man nach und nach mit einem Pfunde durchgesiebten Zucker und mit 8 Eyerdotter im stäten Umrühren recht untereinander mischt; man streicht es auf Oblaten recht gleich, thut es in eine Tortenpfanne, und macht, wenn sie über die Hälfte gebacken haben, ein Eis darüber von einem Viertelpfund Zucker und wohlrüchendem Wasser, und bäckt sie aus.

Torte von Kalbfleisch, auf böhmisch. Das gekochte Kalbsgekräse wird mit einer in Schmetten geweichten Semmel klein gehackt, Eyer, Pfeffer, und anderes Gewürz dazu gerührt, eine Torte aus einem Teig, wie bekannt, gemacht, damit gefüllt und gebacken.

Torte von harten Eyern, auf böhmisch. Nachdem ein Pfund süße Mandeln geschält, und mit ein wenig Wasser dazwischen gegossen, gut klein gestossen sind, werden eilf Loth frische Butter, geschnittene Citronenschalen, und der Saft aus zwey Citronen genommen, dieß in den Mörsel mit 12 Loth Zucker zugethan, untereinander gut gemischt, darauf wird dieser Teig mit Zucker aus dem Mörsel heraus aufs Bret gemalket, kleine runde Torten daraus gemacht, auf ein mit Butter beschmiertes Blech, und Oblaten aufgelegt, solche drauf gethan, und langsam gebacken.

Torten oder Linzertorten, auf böhmisch. Es werden zu ein Pfund frischer Butter vier Loth süsse Mandeln, drey Eyerdotter, sechs Löffel Wein, ein Viertelpfund Zucker, und ein halbes Pfund Mehl genommen, aus diesem auf bewußte Art ein Teig gemacht, solchen auf das Nudelbret gethan, die Torte nach einer beliebigen Form gemacht, sie gefüllt, mit was man will, Papier auf Blech gelegt, sie drauf gethan, und bey einem mäßigen Feuer backen lassen.

Torte von gehackten Mandeln, auf böhmisch. Man nimmt zu ein halbes Pfund klein gehackter Mandeln, drey Viertelpfund durchgesiebten Zucker, zerklopft in einem Töpfel 8 Eyer so lange bis sie säumig werden, thut dieß mit kleingeschnittenen Pomeranzenschalen daran, macht aus diesem Teig eine Torte, nach einer beliebigen Form, und mit willkührlichen Figuren oben drauf, einen papierenen Reif oder Rand herum, an die gähe Hitze gethan, doch halbgebacken davon genommen, ein von dem Eyweiß geschlagenes Eiß darauf gegossen, und vollends gähe ausgebacken.

Torte von Krebsen, auf böhmisch. Zu 8 Loth ausgelöster Krebse werden 14 Loth kleingestoßene Mandeln genommen, welche letztere mit Tornisol gefärbet werden müssen. Die Krebse werden gehackt, und zu einem Teig gestoßen, hernach mit den Mandeln vermegt, und sechs Loth Krebsbutter, ein Eyweiß und 10 Loth gestoßenen Zucker dazu genommen, dann über Nacht an einem kühlen Ort stehen gelassen. Hernach nimmt man die eine Hälfte von diesem Teig, mangelt es auf ein mit Zucker bestreutes Tortenblech aus, streuet darauf klein länglich geschnittene Mandeln mit Rosinen und geschnittenen Pomeranzschalen, macht von der andern Hälfte

te ein Deckel mit ausgeschnittenen Figuren darüber, giebt oben etwas mehr Gluth als unten, und bäckt es langsam.

Torten von Brod, auf böhmisch. Es werden ein halbes Pfund süsse Mandeln genommen, diese im warmen Wasser von ihren Schalen gereiniget, drauf ganz klein gestossen, hernach sieben Eyerdotter, und sieben ganze Eyer darein geschlagen, ein halbes Pfund geriebenen Zucker daran gestreuet, und dieses eine Stunde lang wohl ineinander gerührt, darauf ein Loth Zimmet, ein halbes Loth Nelken, eine Muskatennuß, dieses alles fein gestossen, durchgesiebet, dann feingeschnittene Citronenschalen, und ein Pfund weisses Hausbrod fein gerieben, und alles zusammen gerührt, solches gleich darauf in die mit frischer Butter ausgeschmierte Form gethan, erst an die gähe Hitze gesetzt, bis der Teig empor gestiegen ist, und dann beym mäßigen Feuer ausgebacken.

Torte von Butter, oder Buttertorte, auf böhmisch. Man rührt ein halbes Pfund Butter wohl ab, bis sie säumig wird, thut hernach 22 Eyerdotter, mit kleingeschnittenen Citronenschalen, und Zucker nach Belieben darunter, dieß durchgearbeitet, in einen mit Butter ausgeschmiertes Reif gethan und langsam ausgebacken.

Torte von gestossenen Mandeln, auf böhmisch. Ein Pfund reingemachte süsse Mandeln werden mit etwas Wasser daran gesprengt, nicht gar zu klein gestossen, hernach ein halb Pfund ausgewaschene Butter, acht Eyerdotter, und Zucker nach Belieben, auch Pomeranzen- und Citronenschalen daran gethan, dieß alles wohl untereinander gewalket oder gestossen, die eine Hälfte von dem Teig hernach auf das Blech gethan, zu einem Kuchen ausgemangelt,

gefüllt,

gefüllt, mit was man will, die andere Hälfte darüber gelegt, einen Rand oder Reif herum gemacht, daß nichts von dem Gefüllten ausrinnt, und bey mäßiger Hitze langsam gebacken.

Torte von Zimmet, auf böhmisch. Man bröcklet ein halbes Pfund Butter in ein halbes Pfund Mehl, thut ein halbes Pfund geriebenen Zucker, sechs Loth gestossenen Zimmet, und 10 Loth geschnittene Mandeln dazu, menge dieß alles untereinander, thut dann acht Eyerdotter daran, und walkt den Teig zusammen, nimmt hernach ein Tortenblech, bestreuet es mit Zucker, und macht von der einer Hälfte des Teigs eine Torte nach einer beliebigen Form, füllt sie mit etwas eingemachten, und von der andern Hälfte einen Deckel mit Figuren darüber, bestreicht sie mit in Zucker zerklopften Eyweiß, und bäckt sie langsam.

Torte vom Speck, auf böhmisch. Ein halbes Pfund frischen Specks wird in einer Pfanne geröstet, doch die Haut davon abgeschälet, und immer so lange mit durchgesiebtem Zucker bestreuet, bis sich der Zucker ganz durchgezogen hat, und der Speck einer Citrone gleich sieht, nun wird eben so viel eingemachter Citronat als Speck ist, genommen, beydes klein geschnitten, und untereinander gemengt, nun nimmt man in ein Töpfel ein Seidel süssen Schmetten, zerklopft vier Eyerdotter darinn, setzt es über die Gluth, und läßt es zusammen gerinnen, nun ausgekühlt, und das Dünne davon, den Molken abgegossen, dieß hernach unter ein halbes Pfund gestossener Mandeln gemengt, Rindsmark, Zimmet, und auch Zucker nach Belieben dazu genommen, in ein Kastrol gethan, auf ein gelindes Kohlfeuer gesetzt, zugedeckt, und gut dämpfen gelassen, doch oft gerührt, daß es sich nicht ansetzen kann, nun auskühlen gelassen, und dann unter dem

dem Speck mit Citronen gemengt. Jetzt einen mürben Butterteig gemacht, die Hälfte davon auf dem mit Mehl bestreuten Tortenblech fingerdick ausgemangelt, die Fülle drauf gethan, von der andern Hälfte einen Deckel darüber mit ausgeschnittenen Figuren gemacht, und langsam backen lassen.

Torte von Zucker und Mandeln, oder Pfaffentorte, auf böhmisch. Man läutert ein Pfund feinen Zucker so lange bis er sich spinnet, thut dann ein Pfund klein gestossener Mandeln drein, und acht Eyerdotter und rührt es gut über einem mäßigen Kohlfeuer zusammen, jetzt Citronensaft und geschnittene Citronenschalen dazu gemengt; nun die Hälfte dieses Mandelteigs auf einem Tortenblech fingerdick ausgemangelt, eine Fülle nach Belieben drauf gethan, von der andern Hälfte des Teigs willkührliche Figuren drauf gemacht, mit in Zucker zerklopften Eyerdottern bestrichen, und bey einer mäßigen Glut von oben und unten langsam gebacken.

Torte auf böhmisch. Man nimmt zu drey Viertelpfund Butter drey Viertelpfund Mehl, und knötet dieß gut untereinander, dann werden sechs Eyerdotter in ein Töpfel genommen, Zucker nach Belieben, und ein Löffel voll Zimmet, dieß wohl zerklopft und gerührt, an das mit Butter gewalkte Mehl gegossen, einen Teig und eine Torte draus gemacht, und gebacken.

Torte von Gehacktem, auf böhmisch. Ein halbes Pfund frische Butter wird in schönes Mehl gut eingewalket, so bald der Teig gut fest ist, wird er klein gehackt, dann werden sechs Eyerdottern, sauere Schmetten und etwas Salz dazu gethan, ein mürber Teig draus gemacht, und mit einer Fülle zu einer Torte, wie bekannt, formirt.

Torte von Schmalz, auf böhmisch. Zu drey Viertelpfund Schmalz wird ein Viertelpfund frische Butter gethan, und eine Stunde so lange gerührt, bis es säumig wird, dann thut man zwölf Eyerdotter dazu, und von sechs Eyern das Weiße, zuvor säumig geklopft, und wieder eine Stunde lang gerührt, dann ein halbes Pfund Mehl, Zucker nach Belieben, und auch ein Viertelpfund klein gestoßener Mandeln dazu genommen, untereinander gerührt, eine Torte nach einer beliebigen Form draus gemacht, sie mit etwas Eingemachten gefüllt, mit in Zucker zerklopften Eyerdottern bestrichen und langsam backen lassen.

Torte von Eyern, auf böhmisch. Zu einem halben Pfund klein gestoßener Mandeln werden aus sechs hart gekochten Eyern die Dotter, und ein Viertelpfund frischer Butter genommen, und dieß zusammen im Mörser eine halbe Stunde lang gut untereinander gestoßen, dann das zerklopfte Weiße mit geschnittenen Citronenschalen und Zucker dazu gethan, und einen festen Teig draus gemacht, nun den halben Teig auf dem mit Mehl bestreuten Tortenblech fingerdick ausgemangelt, eine beliebige Fülle von etwas Eingemachten drauf gethan, von der andern Hälfte des Teigs einen Deckel mit ausgeschnittenen Figuren darüber gemacht, einen papierenen Rand um die Torte gemacht, mit in Zucker zerklopften Eyerdottern bestrichen, und langsam gebacken.

Torte auf englisch. Zu einer Halbe sauren Schmetten werden achtzehn Eyerdotter und ein wenig Salz genommen, und dieß gut untereinander gerührt, nun schönes Mehl drein gewalket, und einen Teig draus gemacht, hernach 2 Pfunde ausgewaschener Butter ausgemangelt, den Teig auch fingerdick

gerdick ausgewalket, die Hälfte von der Butter drauf
gethan, mit dem Teig einen Ueberschlag gemacht, zusammen
gewalket, und nach Belieben Torten oder
Pasteten draus gemacht. Doch muß dieß nicht in
der Wärme, sondern an einem kühlen Orte geschehen.

Torte vom Speck, auf französisch. Es
wird ein Pfund Speck zerlassen, und mit klein gestoßenen
und weich gekochten Artischockenböden durch
ein Sieb geschlagen, ausgekühlt, und vier zerklopfte
Dotter mit vier gestoßenen Makronen, Salz, Zucker,
mit klein geschnittenen und eingemachten Citronenschalen,
und ein wenig Pomeranzenblüthwasser darunter
gerührt, ein wenig über dem Feuer gehalten und immer
gerührt. Wäre die Fülle zu dünn, thut man
noch ein paar Dotter dazu; dann macht man von feinem
Teig einen Tortenboden, streicht die Fülle drauf,
und läßt es ohne Deckel erst drey Viertelstunden lang
backen. Drauf wird ein Deckel drüber gemacht, gestoßener
feiner Zucker in Pomeranzenblüthwasser zerrieben,
damit bestrichen, wieder in den Ofen gesetzt,
eine Stunde gebacken, dann Zucker drüber gestreuet.

Torte von Karpfenmilch, auf französisch.
Von einem feinen Teig wird ein Tortenboden
ausgemangelt, die Karpfenmilch drauf gelegt, mit
Salz, Pfeffer, Muskatnuß, feinen Kräutern, klein
geschnittenen Zwiebeln, Schampionen, Morcheln und
Butter gewürzt, ein Deckel von eben diesem Teig
drüber gemacht, beym gelinden Feuer gebacken; und
wenn sie gar ist, mit Citronensaft beträpfelt.

Torte von Tauben, auf französisch.
Man macht den Teig von warmen Wasser, Butter
und schönem weissen Mehl, salzt ihn, läßt ihn eine

Weile raſten, knötet dann wieder ein Stück friſcher Butter darunter, füllt die in Fleiſchbrühe überſottenen Tauben drein, doch daß die Bruſt oben zu liegen kömmt, füllt den übrigen Raum mit Kälbermilch, Schampionen, Trüffeln und Bratillen, würzt die Torte mit Pfeffer, Nelken, und einem Päcklein feiner Kräuter, thut ſie auf ein mit Butter beſchmiertes Tortenblech, und backt ſie ohne Deckel, nimmt hernach die Kräuter weg, und thut geſchmolzenen Speck mit Citronen- oder unreifen Traubenſaft drein.

Torte von Hühnern, auf franzöſiſch. Die jungen Hühner werden in kleine Stücke geſchnitten, darauf ein Teig von warmen Waſſer, weiſſem Mehl, Butter und einem paar Eyer gemacht, ein Tortenboden davon in die Tortenpfanne gethan, die zerſchnittenen jungen Hühner drauf gelegt, würzt ſie mit vermiſchtem Gewürz, thut auch ein Bündchen feiner Kräuter dazu, macht einen Deckel drüber von eben dieſem Teig mit ausgebrochenen beliebigen Figuren; und wenn ſie gebacken iſt, nimmt man die Kräuter weg, und thut Citronenſaft hinein.

Torte von Wachteln, auf franzöſiſch. Man rollt einen Tortenboden von einem gut gemachten Teig auf ein Tortenblech aus, bieget dann die Wachteln zierlich ein, legt ſie drauf, würzt ſie mit Salz, Pfeffer, und einem Bündchen feiner Kräuter, legt rings um ſie Kälbermilch, Schampionen, Trüffeln, geſtoſſenen Speck und Ochſenmark, macht einen Deckel drüber mit ausgehölerten Figuren wie gewöhnlich, und backt ſie zwey Stunden, und thut hernach im Auftragen den Saft von einer Citrone drein.

Torte von Lerchen, auf französisch. Man macht einen beliebigen Teig, rollt einen Boden auf ein Tortenblech aus, legt die Lerchen drauf, und rund herum Schampionen, fette Lebern, gestossenen Speck, Rindsmark, und ein Bündchen feiner Kräuter, würzt dieß mit Salz und Pfeffer, macht einen Deckel von eben diesem Teig drüber, und bäckt sie zwey Stunden. Wenn sie gar ist, wird eine Sose dazu gemacht von zerlassenem Speck, geröstetem Mehl, Kapern, und unreifen Trauben- oder Citronensaft.

Torte vom Fleisch, auf französisch. Kapauner- und Kalbfleisch wird mit halb so viel Rindsmark klein gehackt, und mit Salz, Pfeffer und klein gehackten feinen Kräutern und Zwiebeln gewürzt. Dann wird von Wasser, Mehl und ein wenig Butter ein weichlicher Teig gemacht, solcher fingersdick ausgerollt, halb so viel gerührte Butter drauf gethan, beydes mit dem Rollholz gewälgert; und nachdem er etlichemal zusammen geschlagen ist, läßt man ihn ein paar Stunden rasten; dann wird daraus ein Tortenboden gerollt, solcher auf ein Blech in die Tortenpfanne gethan, das Gebäcke mit Schampionen, Trüffeln, Hahnenkämmen, Kälbermilch, Artischockenböden und gestossenem Speck drauf gestrichen, ein Deckel von eben diesem Teig drüber gemacht, und anderthalb Stunden gebacken. Wenn sie gar ist, wird der Saft von einer Citrone, oder eine Kraftbrühe von Schöpsenfleisch drein gethan.

Torte von Bratillen, auf französisch. Sie werden im warmen Wasser rein geputzt; dann wird ein guter Teig gemacht, ein Tortenboden davon ausgerollt, in eine Tortenpfanne gethan, die Bratillen mit Kälbermilch, Schampionen, Trüffeln, und

ge-

gehacktes Rindsmark drauf gelegt, Salz, Pfeffer, einem Bündchen feiner Kräuter, und geschmolzenem Speck gewürzt, ein Deckel von eben diesem Teig drüber gemacht, mit zerklopften Dottern bestrichen, und zwey Stunden gebacken. Wenn sie gar ist, wird eine gute Brühe von Hammelfleisch mit Citronensaft dran gethan.

Torte von Mark, auf französisch. Das Ochsenmark wird zerlassen und durch ein Sieb geschlagen. Wenn es verkühlt ist, werden etliche zerklopfte Dotter mit gestossenen Makronen, und geriebenen und eingemachten Citronenschalen darunter gerührt, mit Salz, Zimmet und Zucker gewürzt, über dem Feuer ein wenig gehalten und gerührt. Dann streicht man diese Fülle auf einem Tortenboden von feinem Teig, bäckt sie ohne Deckel eine halbe Stunde, rührt dann Zucker mit Citronensaft in wohlriechendem Wasser, und bestreicht sie damit.

Torte von Austern, auf französisch. Die Austern werden ausgelöset, Wein mit Citronensaft dran gegossen, geriebenes und in Butter geröstetes Brod mit Kapern und Citronenscheiben und etlichen Dottern darunter gerührt, auf ein Tortenblat von einem beliebig gemachten Teig gestrichen, ein Deckel von eben diesem Teig mit willkührlichen ausgeschnittenen Figuren, bestreicht sie mit zerklopften Dottern; und wenn sie gebacken ist, drückt man Citronen- oder Pomeranzensaft drauf.

Torte von Artischocken, auf französisch. Die weich gekochten Artischocken werden mit klein geschnittenen Zwicheln und Kräutern auf ein Tortenblat von feinem Teig gelegt, mit Salz, Pfeffer und Muskatnuß gewürzt, gebröckelte Butter drauf gestreuet, ein Deckel von eben diesem Teig mit ausgehölerhölzerten Figuren drauf gemacht; und wenn sie gebacken ist, eine weiße Soſe mit einem Löffelvoll Weineßig dran gegoſſen.

Torte von Butter und Citronenſchalen, oder Buttertorte, auf franzöſiſch. Eingemachte Citronenſchalen werden mit Makronen, ein wenig Salz, Zimmet, einem Stück friſcher Butter und etlichen rohen Eyern im Mörſer geſtoſſen, dann auf den Tortenboden eines feinen Teigs geſtrichen, ein Deckel wie gewöhnlich drüber gemacht, und wenn ſie gebacken iſt, mit Zucker und Pomeranzenblüthwaſſer beſtrichen.

Torte von Aepfeln, auf franzöſiſch. Die guten Aepfel werden geſchälet, klein geſchnitten, das Kernhaus weggeworfen, und in Wein gekocht, drauf mit Zucker und Pomeranzenblüth im Mörſer geſtoſſen, durch ein Sieb gelaſſen, kleine Roſinen mit länglicht geſchnittenen Mandeln darunter gerührt, eine Torte mit einem feinen Teig draus gemacht, mit Zucker in Dotter zerrieben beſtrichen und gebacken.

Torte von Aalen, auf franzöſiſch. Man nimmt zwey groſſe Aale, zieht ihnen die Haut ab, löſet das Fleiſch von dem einen von den Gräten, und hackt es mit Schampionen, Morcheln, Zwiebeln und feinen Kräutern klein, würzt es mit Salz und Pfeffer, röſtet es in der Butter, läßt es auskühlen, und rührt dann etliche zerklopfte Dotter darunter. Hernach macht man einen feinen Teig, rollt einen Tortenboden aus, ſtreicht die Fülle erſt fingersdick drauf, legt den andern Aal in Stücken geſchnitten drüber, macht einen Deckel vom Uebrigen des Teigs drauf, beſtreicht ſie mit zerklopften Dottern; und wenn ſie gebacken iſt, drückt man Citronenſaft drauf.

Torten, die ſogenannten Spaniſchen, auf öſterreichiſch. Es werden drey Viertelpfund
fri-

frischer Butter heiß gemacht, ein wenig stehen lassen, daß sich das Unreine setzt, dann durch ein Sieb geseihet, und indem sie noch warm ist, drey zerklopfte Eyerdotter eine Weile darunter gerührt, hernach werden zwey Loth gefähten Zimmet, von zwey Citronen die Schalen klein geschnitten, zwölf Loth gefähten Zucker, und drey Viertelpfund Mundmehl dazu genommen, und den Teig gut durchgearbeitet, den Teig wie gewöhnlich in zwey Blätter ausgemangelt, das eine Blatt auf ein mit Butter beschmiertes flaches Tortenblech gethan, mit einer treckenen Fülle gefüllt, von dem andern Blatt ein Gütter drüber gemacht, mit zerklopften Dottern überstrichen, mit Zucker bestreuet, und in geschwinder Hitz gebacken.

Torte von Bröseln, auf österreichisch. Zu anderthalb Pfund Mehl wird ein Pfund Butter blättelt drein geschnitten, ein halbes Pfund Zucker drein gethan, und mit dem Nudelwalger gut durchgearbeitet, dann ein Ey und vier Dotter, und ein wenig Salz darunter gerührt, nun den Boden einer Tortenschüssel mit der einen Hälfte des Teigs ausgelegt, mit etwas Eingemachten gefüllt, von der andern Hälfte ein doppeltes oder geflochtenes Gütter drüber gemacht, mit zerklopften Dottern bestrichen, und langsam gebacken.

Torten, Linzertorten, auf österreichisch. Man treibt drey Viertelpfund Butter in einem Weidling pfläumig ab, rührt neun Dotter eines nach dem andern eine halbe Stunde lang drein, nimmt ein halbes Pfund klein gestoßener Mandeln, ein halbes Pfund gefähten Zucker, zwey Loth gefähten Zimmet, und rührt dieß zusammen eine Stunde lang untereinander, zuletzt werden drey Viertelpfund feines Mundmehl dazu genommen, gut untereinander gearbeitet, ein flaches

ches Tortenblatt mit samt dem Reif mit Schmalz bestrichen, den halben Theil des Teigs Messerrücken dick drauf gestrichen, eine beliebige Fülle von etwas Eingemachten drauf gethan, von dem andern halben Theil ein Deckel drüber mit beliebigen Figuren gemacht, langsam gebacken, und ein Eiß drüber gegeben.

Torte von schwarzem Brod, auf österreichisch. Es werden acht Eyer und sechs Dotter in einem Hafen zerklopft, ein halbes Pfund gesähten Zucker eine halbe Stunde drein gerührt, dann ein halbes Pfund klein gestossener Mandeln dazu gethan, und wieder drey Viertelstunden lang gerührt, zuletzt werden zwey Hände voll schwarzes geriebenes Brod, gestossene Nelken, geriebene Muskatnuß, und klein geschnittene Citronenschalen dazu genommen, und dieß alles zusammen gut untereinander gerührt; nun ein flaches Tortenblatt mit samt dem Reif bestrichen, das Gerührte drein gethan, langsam gebacken, und ein Eyß drüber gemacht.

Torten von Erdbeeren oder Himbeeren, auf österreichisch. Der Teig wird gemacht wie zu den Torten gewöhnlich, und in zwey gleich dicke und große Blätter ausgemangelt, die reingemachten Erdbeeren oder Himbeeren werden mit ein wenig durchgesiebten Zucker, gestossenen Zimmet, mit ein wenig gestossenem Zwieback, und klein gehackten Citronenschalen bestreuet, auf das Tortenblatt gethan, das andere drüber gedeckt, und die gemachte Torte bey mäsiger Hitze langsam gebacken.

Torte von Aepfeln, auf österreichisch. Die geschälten Aepfel werden in vier Stücke geschnitten, vom Kernhaus befreyet, und die Stücke in dünne Scheiben geschnitten, mit durchgesiebtem Zucker,

gestoſſenen Zimmet, und klein geſchnittenen Citronenſchalen beſtreuet, ein wenig mit gutem Wein beſpren-
get, und in der Butter gedünſtet, einen guten blät-
rigen Butterteig gemacht, in zwey gleich große Blätter ausgemangelt, das eine Blatt mit den gedünſten
Aepfeln belegt, das andere Blatt drüber gedeckt, aus-
geſchnittene und beliebige Figuren drauf gemacht, und
langſam bey mäßiger Hitze gebacken.

Torten von Schmalz, auf öſterreichiſch.
Ein halbes Pfund friſches Schmalz wird in einem
Weidling pfläumig abgetrieben, acht Dotter, zwey
ganze Eyer, und ein halbes Pfund klein geſtoſſener
Mandeln dazu genommen, und dieß zuſammen eine
Stunde gut untereinander gerührt, von einer Citrone
die klein geſchnittenen Schalen, und drey Viertelpfund Mundmehl dazu gethan, und wieder gut untereinander gerührt, dann die Hälfte davon zu einem fingerdicken Blatt ausgetrieben, auf ein mit Butter beſchmiertes flaches Tortenblech gethan, mit etwas Eingemachten gefüllt, von der andern Hälfte ein Gitter
drüber gemacht, und gebacken.

**Torten von Zucker, oder Zimmettorten,
auf öſterreichiſch.** Zu einem Pfund klein geſtoſſener Mandeln wird ein halbes Pfund gefähten Zucker,
ein Viertelpfund Butter, und eben ſo viel Mundmehl,
zwey Dotter, und drey Loth gefähten Zimmet genommen, dieß alles zuſammen in einem Mörſer gut untereinander geſtoſſen, nun die Hälfte davon zu einem
Blatt ausgemangelt, auf ein flaches mit Butter beſchmiertes Tortenblatt gethan, mit etwas Eingemachten gefüllt, von der andern Hälfte des Teigs einen
Deckel mit Figuren drüber gemacht, und langſam
gebacken.

Torten von Nudeln, auf österreichisch. Es werden drey Viertelpfund geschälter Mandeln genommen, die eine Hälfte davon wird mit Citronensaft benetzet, im Mörser klein gestossen, die andere Hälfte wird gestiftlet geschnitten. Die gestossenen Mandeln in ein Weidling gethan, ein halbes Pfund gefäßten Zucker, und vier Eyer und drey Dotter dazu genommen, und dieß eine halbe Stunde lang gut untereinander gerührt, dann von zwey Eyern und Mehl mit ein wenig Zucker vermengt, geschnittene Nudeln gemacht, solche im Schmalz weiß gebacken, sie hernach so kurz gebrochen wie die gestifleten Mandeln, und beydes zusammen in das Abgetriebene gut untereinander gerührt, dieß hernach auf ein flaches mit Butter beschmiertes, und mit Oblaten belegtes Tortenblatt gethan, einen Reif herum gemacht, und langsam gebacken.

Torte von Gerben, auf österreichisch. Ein halbes Pfund ausgewaschener Butter wird zu einem Blatt ausgemangelt, dann ein halbes Pfund Mehl aufs Nudelbret oder auf die Tafel gethan, hernach werden in einem Topf oder Hafen drey ganze Eyer und drey Dotter zerklopft, vier Löffelvoll dünnen Milchraum, und zwey Löffelvoll gewässerter Gerben gut darunter gerührt, ans Mehl gethan, gut zusammen gerührt, den Teig nicht gar zu fest gemacht, ihn viereckigt ausgetrieben, doch nur die Hälfte davon, das Butterblatt drauf gelegt, die andere Hälfte des Teigs ebenfalls viereckigt ausgetrieben, drüber gethan, und wie einen Butterteig abgeschlagen, nicht gar die Hälfte des Teigs zu einem fingerdicken Blatt ausgemangelt, solches auf ein flaches Tortenblatt, das einen Reif hat, und mit Butter ausgeschmiert ist, gethan, mit gedünsten Weinbeeren, Zibeben, Zucker und Zimmet vermischt, gefüllt, von der andern Hälfte des Teigs ein doppeltes Gütter drüber gemacht, an einem warmen Ort erst eine Weile stehen lassen, daß die Torte aufgeht, dann mit zerklopften Dottern bestrichen und gebacken.

Torte von Mandeln, oder französische Torte, auf österreichisch. Man rührt zu einer großen Torte sechs Loth frisches Schmalz in einem Weidling pfläumig ab, rührt dann drey Viertelpfund klein gestoßener Mandeln eine halbe Stunde lang gut darunter gerührt, von zwey Citronen die klein geschnittenen Schalen, und auch den Saft dazu genommen, und ein halbes Pfund gesäbten Zucker dazu gethan, und dieß zusammen noch eine halbe Stunde gut untereinander gerührt, nun die Hälfte auf ein flaches Tortenblatt gestrichen, mit etwas Eingemachten gefüllt, vom Uebrigen des Teigs ein doppeltes Gütter drüber gemacht, oder Ringel gespritzt, und langsam gebacken

Torte von Körbel, auf sächsisch. Ein Pfund geschälter Mandeln wird klein gehackt, ein guter Theil junger reingemachter Körbel ebenfalls. Dann gießt man eine Halbe Sahne in eine Schüssel, schlägt zwölf Eyer drein, thut die Mandeln mit dem Körbel, ein halbes Pfund gestoßenen Zucker und kleine Rosinen dazu, rührt dieß gut untereinander, thut es in einen Tiegel an die zerlassene Butter, rührt es oft, und läßt es zugedeckt dünsten, macht hernach einen beliebigen Teig, formirt eine Torte, füllt sie damit, und bäckt sie wie bewußt.

Torte von Aepfeln, auf sächsisch. Man macht einen warmen Butterteig wie bekannt, schält hernach Borsdorfer oder andere gute Aepfel, schneidet sie scheibicht, thut dazu kleine Rosinen, geschnittene

tene Mandeln, Citronat, geschnittene Citronenschalen, Zucker und Zimmet, und mengt dieß recht untereinander. Dann wird ein Stück vom Teig zu einem Blatt ausgemangelt, die Fülle drauf gestrichen, ein Deckel von beliebig ausgeschnittenen Figuren drüber gemacht, und gebacken.

Torte vom Brod, auf sächsisch. Man nimmt Malvasier, thut geriebenes Brod drein, daß es seine rechte Dicke bekömmt, und rührt Eyer, Zucker, Zimmet und Nelken darunter, mandelt einen Boden von einem beliebig gemachten Teig aus, schmiert die Fülle halben Fingers dick drauf, macht einen Deckel mit ausgeschnittenen willkührlichen Figuren drüber, und bäckt sie im Backofen.

Torte vom Speck, auf sächsisch. Der frische Speck wird gehackt, in eine Schüssel gethan, geriebene Semmeln mit ein wenig Sahne, Eyern und Salz darunter gerührt. Der Teig dazu wird wie zu den Torten gemacht, eine Torte mit dieser Fülle draus formirt, und wie bekannt gebacken. Man kann auch in den Teig und in die Fülle Zucker, Zimmet, und Rosenwasser thun.

Torte von Austern, auf sächsisch. Die Austern werden ausgelöset, Pfeffer, Muskatblumen, ein wenig geriebenes Brod, Citronenschnitte, und geschnittene Schalen darunter gerührt, in der Butter geröstet, eine Torte aus einem beliebigen Teig gemacht, solche mit den Austern gefüllt, Dotter aus hart gesottenen Eyern in die Fülle in einem Ring gesteckt, und zwischen jedem Dotter ein Stückgen Butter gethan, und die Torte wie bekannt gebacken.

Torte vom Fleisch, auf sächsisch. Man nimmt beliebiges Fleisch von Geflügel oder Lamm oder einem Spanfärkel, oder von allen etwas, hackt es

ganz

ganz klein, rührt ein wenig Salz, Ingwer, Pfeffer, Muskatblumen und Kardemomen dazu, röstet es in der Butter, und läßt es kalt werden. Dann wird ein Stück vom Teig zu einem fingerdicken Blatt ausgemangelt, so groß als man die Torte haben will, legt das Fleisch fingersdick drauf, macht von dem übrigen Teig einen Deckel und beliebige Figuren drauf, bestreicht das Tortenblech mit Butter, und backt sie wie gewöhnlich.

Torte von Mandeln, auf sächsisch. Ein Pfund geschälter Mandeln wird klein gestossen, und im währenden Stossen werden zwey halbe Eyerschalen voll Rosenwasser nach und nach dran gegossen, dann in eine Schüssel gethan, ein halbes Pfund durchgesiebten Zucker, und zehn Eyer eines nach dem andern drein geschlagen, und eine Stunde lang gut untereinander gerührt, hernach in die mit geschmolzener Butter ausgeschmierte Form gegossen, und in einem temperirten Ofen gebacken.

Torte von Johannisbeeren, auf sächsisch. Diese abgestreiften Beere läßt man in einem Topfe mit etwas Butter heiß werden, vermischt sie mit kleinen Rosinen, Zucker, Kardemomen, gestossenen Zimmet und geriebenen Brod, füllt es in einen mürben geründelten Boden, bedeckts mit einem Gütter von Teig, bäckts und bestreuts mit Zucker und Zimmet.

Torte dreyfärbig zu machen, auf sächsisch. Man macht in eine Tortenforme einen Butterteig auf den Boden und Rand, füllt ihn mit Himbeerfülle, Zucker und Zimmet, gießt darüber einen Mandeltortenteig, bäckt sie, und macht zuletzt ein weiß- gelb- und rothes Eyß darauf.

Trut-

Truthüner.

Truthahn, auf englisch. Wird eben so wie unten, doch ohne Fülle zugerichtet, innen und aussen gesalzen und gepfeffert und in die Sose gethan; dann werden länglicht geschnittene Scharlotten und Zwiebeln im Wasser blanchirt und mit eben so geschnittenen eingemachten Gurken, gekochten Schinken, Kapern, hart gesottenen länglicht geschnittenen Eyern, geschnittener Petersille und Kaulis in ein Kastrol gethan, ausgekocht und mit Citronensaft an den Truthahn passirt.

Truthüner mit Salbey, auf französisch. Die Truthähne werden zierlich eingebogen, und halb am Spieß gebraten, dann in Stücke geschnitten, in eine Kastrole gethan, klein gehackte Trüffeln, Schampignonen und etliche klein geschnittene Sardellen dazu gegeben, Wein und ein wenig Rindsbrühe dazu gegossen, und zugedeckt, langsam gedünstet oder gekocht. Wenn sie gar sind, so wird die Sose mit einem Kaulis von Kalbfleisch verdicket; die Truthähne werden abgeschmalzen, und mit dem Saft von einer Citrone oder Pomeranzen zum Vorgericht warm angerichtet. Die Schnepfen und Wasserschnepfen, und anderes Geflügel mehr werden mit gleicher Sose angerichtet.

Truthüner auf sächsisch gefüllt. Die Truthüner werden rein gemacht und ausgenommen, eingesalzen, mit Lorbeerblätter bestreuet, mit Eßig besprenget, und zugedeckt über Nacht an einem kühlen Ort liegen lassen, dann ausgewaschen, die Lebern und Mägen von andern Hünern klein gehackt, geriebene Semmeln, vermischtes Gewürz, Salz, Eyer und Sahne dazu genommen, dieß gut untereinander gerührt, in Butter gedünstet, die Truthüner damit

gefüllt,

gefüllt, solche am Spieß gebraten, immer mit Butter begossen, dann in einer guten Rindsuppe aufgekocht, und aufgegeben.

Truthahn (Indian) am Spieß gebraten, auf sächsisch. Man bindet ihm, wenn er ausgenommen ist, unten die Füsse recht fest zusammen, schlächlägt sie ihn oben am Gelenke entzwey, und reißt die Füsse los, so gehen alle Flaxen mit heraus. Die Leber, etwas Speck, Scharlotten, Petersill, Basilikum und Thimian, hackt man klein, salzt, pfeffert, und vermischt die Masse mit 3 Eyerdottern, eingeweichter Semmel und Citronensaft, füllt damit den Kropf, steckt eine Speckbarte auf die Brust, steckt ihn an Spieß, verbindet ihn mit einem mit Butter bestrichenen und gesalzenen Papier, bratet und begießt ihn oft. Man bratet Kastanien und auch Bratwürste, die man in kleine Stückchen zerschneidet, in Kaulis weich kocht und den Saft von einer Citrone dazu tropft.

Tunke.

Tunke von Meerrettig, auf sächsisch. Man reibt auf einem Reibeisen guten Meerrettig der nicht fasigt ist, ganz fein, und ein paar borsdorfer Aepfel dazu, zuckert es, und gießt Wein drauf. Diese Tunke kann zu einem gebratenen Karpfen gegeben werden.

Tunke von Sahne oder Schmetten, auf sächsisch. Man siedet gute süsse Sahne auf, und läßt sie wieder erkalten; dann wird die dicke Haut davon mit einem Schaumlöffel abgenommen, in eine Schüssel gethan, und mit Zucker bestreuet.

Tunke von Rosinen, auf sächsisch. Die Rosinen werden mit gerösteten Brodschnitten im Mörser gestossen, dann in Wein zerrieben, durch ein Sieb in ein Gefäß gegossen, gezuckert und mit Zimmet bestreuet.

Tunke von Nüssen, auf sächsisch. Die Nüsse werden geschälet, und mit geriebenen Semmeln und dem Weissen von hart gekochten Eyern in einem Mörser ganz zu Brey gestossen, in Wein zerrieben, durchgeseihet, gewürzt und gesalzen, oder gezuckert.

Tunke von Petersillen, auf sächsisch. Die grüne Petersille wird klein gehackt, mit einer in Wein geweichten Semmelkrumme in einem steinernen Mörser klein gestossen, ausgedrückt, oder durch ein enges Sieb getrieben, gezuckert, und klein gehackte harte Eyer drauf gestreuet.

W.

Wandel.

Wandel von Gebacktem, auf österreichisch. Das Breite vom Kalbsschlägel wird ganz klein gehackt, und mit Semmelbröseln, und Kapri, Bindly und Weinbeeren in Butter gedünstet, dann Milchraum und ein wenig Wein und Eßig dazu gegossen, und es gut dicklich zusammen dünsten lassen, ausgekühlt, die Wandeln mit Butter oder Schmalz ausgeschmiert, den Boden von einem mürben Teig gemacht, die Fülle drein gelegt, den Deckel von einem guten Teig drüber gemacht, mit zerklopften Dottern überstrichen, und langsam bey einer mäßigen Hitze im Ofen gebacken.

Wandel von Biskoten, auf österreichisch. Ein Viertelpfund frischer Butter wird pfaumig abgetriegetrieben, dann drey Eyer und zwey Dotter zerklopft, Biskotenbröseln mit gutem Wein angefeucht, sechs Loth durchgesiebten Zucker, ein Loth gestoßenen Zimmet, und zwey Loth Citronat dazu genommen, alles gut untereinander gearbeitet, die mit Butter ausgeschmierten Wandeln etwas über die Hälfte damit ausgefüllt, und langsam gebacken.

Wandel von Mark, auf österreichisch. Der gute mürbe Butterteig wird Messerrücken dick ausgetrieben oder ausgemangelt, zur Fülle werden 8 Loth gestäßten Zucker, drey Eyer, drey Dotter, klein gehacktes Rindsmark, und acht Loth klein geschnittenen Citronat genommen, und dieß alles eine Stunde lang gut untereinander gerührt, die mit Butter ausgeschmierten Mandeln mit einem Blatt von Teig ausgelegt, die Fülle drauf gethan, doch nicht zu voll, und ohne Deckel langsam gebacken.

Wandel von Semmel, auf österreichisch. In einem Häferl werden ein halbes Pfund Zucker, acht Eyer und acht Dotter eine Stunde lang gut gerührt, dann acht Loth geschälte Semmelschmollenbröseln die gefäht sind, von einer Citrone die Schalen klein geschnitten, und drey Loth länglicht geschnittene Pistazi gut darunter gerührt, in die mit Butter ausgeschmierten Wandeln gethan, und langsam gebacken.

Wandel mit Krebsen, auf österreichisch. Ein Viertelpfund Krebsbutter wird pflaumig abgetrieben, dann werden ein Ey, vier Dotter, zwey Löffelvoll Gerben, gesottene ausgelöste und klein gehackte Krebsschwänze, gestoßene Muskatenblumen, ein halbes Seidel Milch, und ein halbes Pfund Mundmehl genommen, ein wenig gesalzen, dieß alles gut untereinander gerührt, einen lockern Teig gemacht, ihn ein wenig an der Wärme stehen laſſen, daß er aufgeht, nun die Wandeln mit zerſtoſſener Butter ausgeſchmiert, ſie halb mit dieſem Teig angefüllt, und langſam backen laſſen.

Wandel mit Hechten, auf öſterreichiſch. Es wird ein mürber Butterteig gemacht, damit fülle man den dritten Theil der mit Butter ausgeſchmierten Wandeln aus, nur überſottene Hechte, ausgelöſte Krebsſchwänze, und Hechtenmilch und Leber klein gehackt mit ein wenig gedünſten grünen Erbſen, etwas Milchraum, und mit ein wenig Salz und Gewürz in Butter gedünſtet, die Wandeln mit dieſer Fülle halb voll gefüllt, einen Deckel von Teig darüber gemacht, und langſam etwa drey Viertelſtunden lang gebacken.

Wandel von Milchraum, auf öſterreichiſch. Zu einem halben Pfund pfläumig abgetriebener friſcher Butter werden achtzehn Dotter, ein Seidel Milchraum, vier Löffelvoll Gerben, 1 Pfund ſchönes Mundmehl und ein wenig Salz genommen, dieß alles gut untereinander gearbeitet, die Wandeln mit Butter ausgeſchmiert, ſolche halben Theil damit gefüllt, etwas an der Wärme gehen laſſen, und dann langſam gebacken.

Wandel von Reiß, auf öſterreichiſch. Den Teig und die Wandeln macht man wie die Markwandeln. Zur Fülle wird in Milch ganz weich geſottener und geſtoſſener Reis genommen, klein geſtoſſene Mandeln, dieß zuſammen geſtoſſen, und drey Viertelpfund Butter pfläumig abgetrieben, fünf Eyer, zwölf Dotter gut zerklopft, acht Loth durchgeſiebten Zucker, etwas geſäßten Zucker, geſchnittene Citronenſchalen, Citronat, Weinbeerlein dazu genommen, und dieß alles gut untereinander gerührt, die Wandeln mit einem Teigblatt ausgelegt, die Fülle darauf, doch nicht zu voll gethan, und langsam gebacken.

Wandel von Brod, auf böhmisch. Man nimmt zehn Loth Zucker, ein Viertelpfund süsse Mandeln, und zwey Loth Zimmet, dieß alles klein gestossen, acht Eyer dran geschlagen, eine Stunde lang gerührt, dann ein Viertelpfund Brod dazu gerieben, untereinander gemengt, die Wandeln mit Butter ausgeschmiert, den Teig hinein gethan, schön bräunlich werden lassen, und langsam gebacken.

Wandel von Schmalz, auf böhmisch. Es wird ein Viertelpfund frische Butter, ein halb Viertelpfund Schmalz, ein Löffelvoll Krebsbutter, vier ganze Eyer, vier Dotter, vier Löffelvoll abgewässerte Höfen, ein halb Viertel feines Mehl, Zucker und Citronenschalen nach Belieben genommen, daraus ein lockerer wohlgeschlagener Teig gemacht, den man etwas stehen läßt, und ihn hernach in den dazu gehörigen, mit Fett ausgeschmierten Formen langsam bey gelinder Hitze ausbäckt.

Wasserschnepfen, siehe **Schnepfen.**

Weichseln.

Weichseln, auf böhmisch einzumachen. Man nimmt schöne Weichseln, schneidet den halben Stengel ab, reinigt sie in Wasser, nämlich in so ferne, daß man sie damit abspielt, dann nimmt man zu ein Pfund auch ein Pfund durchgesiebten feinen Zucker, sie damit in einen messingenen Kessel, oder in ein gut verzinntes Kastrol gethan, ein paar Löffelvoll Wasser dazu gegossen, über ein mäßiges Kohlfeuer gesetzt, oft sachte geschüttelt, daß sie sich nicht anlegen, aber mit keinem Löffel gerührt, sonst zerdrückt

drückt man sie. Nachdem sie einige Wäll gethan, oder ein wenig aufgekocht sind, nimmt man die Weichseln heraus, und läßt den Syrop noch so lange sieden, bis er ein wenig eingekocht ist, und anfängt dicklicher zu werden, dann läßt man ihn erkühlen, bis er zu einer Sulz gestehlet ist. Thut er dieß noch nicht, so läßt man ihn wieder kochen und kalt werden. Nun thut man die Weichseln in ein Zuckerglas, und gießt die Zuckersulze drauf, oder man kann solche auch in ein besonderes Glas thun, und Weichseln und Saft jedes vor sich besonders aufbewahren, und wenn man sie zum Gebrauch nimmt, erst die Sulze oder den Syrop drauf giessen. Die Johannisbeeren werden eben so eingemacht.

Weichseln oder Kirschen auf österreichisch gebacken. Man thut schönes Mundmehl in einen Weidling, gießt weisses Bier oder Wein dran, thut zerklopfte Eyer, etwas gestäbten Zucker, und ein wenig Salz dazu, und macht den Teig in der gehörigen Dicke, daß er dicklich fliessend wird. Die Weichseln oder Kirschen werden in kleine Büscheln zusammen gebunden, drein getaucht, und im heißen Schmalz gebacken.

Weichseln, die sogenannten spanischen, auf österreichisch einzumachen. Man gießt an drey Viertelpfund Zucker ein Seidel Wasser. Indem er anfängt zu sieden, wird er dreymal mit frischen Wasser abgeschröckt, daß er sich läutere. Wenn er dick eingesotten ist, nimmt man ihn vom Feuer, und läßt ihn ein wenig auskühlen. Dann wird ein Pfund schöner Weichseln genommen, die Stengel davon halb abgeschnitten, die Weichseln dran gethan, über eine mäßige Glut gesetzt, und sie langsam sieden lassen. In währendem sieden werden sie oft sachte ge-

geschüttelt und vom Feuer genommen. Man läßt sie so lange sieden bis sie klar und durchsichtig werden. Dann thut man sie in einen Weidling und läßt sie über Nacht an einem kühlen Ort stehen. Des andern Tags werden sie wieder ein wenig übersotten. Hernach werden sie gut abgeseihet, herausgenommen, in ein Zuckerglas gethan, die Sulz etwas verkühlt drüber gegossen, die Gläser vermacht, und an einen kühlen Ort hingestellt. Die Amerillen, spanische Gundien, und andere schöne Pelzweichseln werden eben so eingemacht.

Weinbeere.

Weinbeeren auf sächsisch gekocht. Sie werden von den Stengeln abgepflückt, erst ein wenig in Butter gebraten, dann etwas Wein drauf gegossen, Zucker und Zimmet dazu gethan, und damit gut aufgekocht, in die Schüssel über in Butter geröstete Semmelschnitten gegossen.

Weinbeerbrühe, siehe **Brühe.**
Wälscher Hahn, siehe **Hahn.**
Wälsche Hüner, siehe **Truthüner.**

Wälschkohl.

Wälschkohl auf sächsisch gekocht. Die grossen Blätter davon werden weggethan, und nur die Stäudchen genommen, solche voneinander geschnitten, in einen Tiegel an die siedende Fleischbrühe gethan, und weich gekocht, geschälte in vier Theile geschnittene und in Rindsfett geröstete Kastanien, mit einem Stück frischer Butter, und Muskatenblumen dazu gegeben, gut einsieden lassen und aufgegeben.

Wälsch:

Wälschkohl auf sächsisch gefüllt.

Vom Wälschkohl werden die grossen Blätter abgebrochen, oben beym Strunk ausgehölert, im frischen Wasser gewaschen und ausgedrückt. Dann wird Kalbfleisch mit Rindsmark klein gehackt, Gewürz, Salz, Eyer, und geriebene Semmelbröseln darunter gerührt, die ausgehölerten Stauden damit gefüllt, oben drüber ein Blatt gebunden, solche in einer Kalbfleischbrühe weich gekocht, dann trocken herausgenommen, sie in einen Tiegel gethan, eine Muskatenblumenbrühe mit Butter drüber gegossen; nachdem sie damit aufgekocht sind, werden sie in die Schüssel gethan, voneinander geschnitten, daß das Fleisch oben kommt, und die Brühe drauf gegossen.

Wespennest.

Wespennest, auf österreichisch. Man treibt zwölf Loth frischer Butter pfaumig ab, thut ein Ey, drey zerklopfte Dotter, zwey Löffelvoll Gerben, sieben Löffelvoll Milch, etwas Salz und ein halbes Pfund Mundmehl genommen, den Teig gut durchgearbeitet, ihn auf dem gemelbigten Nudelbret eines kleinen Fingers dick ausgetrieben, klein geschnittene Mandeln, Weinbeeren, gestossenen Zimmet und Zucker auf die Flecken gestreuet, drey Finger breite Flecken ausgerädelt, während daß solche zusammen gerollt werden, mit Butter bestrichen, in eine mit Butter ausgeschmierte Pfanne gethan, an einen warmen Ort hingestellt, daß sie aufgehen können, wieder mit Butter bestrichen, langsam gebacken, hernach ein wenig aufgekochte Milch dran gegossen.

Wildpret.

Wildpret vom Rindfleisch, auf böhmisch gemacht. Mageres Rindfleisch wird klein gehackt, hernach Kälberblut in Wein gerührt und sieden lassen, hernach Rindfleisch in Stücke geschnitten, jenes alles mit geriebenem Brod drauf gegossen, Pfeffer dran gethan, zugedeckt, und über dem Feuer gut stufen, oder dämpfen lassen.

Wildpret auf österreichisch. Die Rückbräteln und der Schlegel vom Hirsch werden gut gespickt, in ein Rein gethan, ganze Zwiebeln, Rosmarin, geschnittenes spanisch Rudelkraut, grob geschnittenes Hirschfett und Speck dazu gegeben, und die Brühe in der es gebeitzt hat, drüber gegossen, oben und unten Glut gegeben, und es gut dünsten lassen. Nachdem es mürbe und gar ist, wird es entweder so aufgegeben, oder nach Belieben eine Kapern- oder Sardellensuppe drüber gegossen.

Wuchteln.

Wuchteln mit Krebsbutter, auf böhmisch. Ein halbes Pfund Krebsbutter wird so lange gerührt, bis sie säumig wird, dann werden zwey ganze Eyer und sechs Dotter gut zerklopft, mit einem Schock gesottener, ausgelöster und klein gehackter Krebse, acht Löffelvoll süssen Schmetten, ein paar Löffelvoll gewässerter Hösen, und etwas schönes Mehl dazu genommen, alles dieß gut zusammen gerührt, einen gelinden Teig draus gemacht, ihn Fingers dick ausgemangelt, kleine runde Plätze, oder platte Kügelein draus geschnitten, sie etwas in der Wärme stehen lassen, daß sie aufgehen, dann etwas süssen Schmetten, mit einem Stück frischer Butter und

und eben so viel Krebsbutter in einer Pfanne oder Kastrole aufsieden lassen, die Wuchteln nicht auf sondern neben einander hinein gethan, zugedeckt, oben etwas mehr als unten Feuer gegeben, sie ungefähr eine Viertelstunde lang sieden und dämpfen lassen.

Wuchteln von Krebsen, auf böhmisch. Zu zwey Seidel Mehl wird ein halbes Seidel Schmetten oder Sahne, ein grosser Löffelvoll Krebsbutter, drey Eyerdottern, drey Löffelvoll abgewässerte Hösen genommen, und daraus ein gut durchgearbeiteter lockerer Teig gemacht, man nimmt auch dazu gestossene Muskatenblumen, und salzt ihn mäßig, drauf wird er auf dem Bret wie ein Kuchen ausgewirket oder gemangelt: hernach nimmt man von einem halben Schock Krebse die Schwänze, hackt solche klein, schmiert sie auf den Kuchen, überwickelt, und rollt ihn wie eine Toutte zusammen, schneidet hernach davon länglichte Stücke wie ein Ey groß, läßt sie etwas stehen, und sich ausdehnen. Dann nimmt man in einem Reinel guten Schmetten, thut die Stücke hinein, legt einen grossen Löffelvoll Krebsbutter drauf, und läßt sie bey mäßiger Hitze backen.

Wurst.

Würste von Kapaunern recht delikat auf böhmisch zu machen. Man hackt vom Kapaunek die Brust, das Fett und die Leber, auch ein wenig Majoran und mit in Schmetten geweichter und wieder ausgedrückter Semmel, drey dünn gerührte Eyer, Ingwer, Pfeffer, Muskatenblumen, Safran, Salz und Weinbeeren untereinander ganz klein, macht kleine Würste daraus, bratet sie in Butter, und macht eine Soße von Kapern, Citronen ꝛc. darüber.

Wurst

Wurst oder Bratwurst auf böhmisch zu machen. Die Spitzen von dem Lungenbraten samt etwas Fleisch vom Herz werden klein geschnitten, mit Schweinspeck in einem Mörser gestoßen, gewürzt, und mit würflicht geschnittenem Speck nebst einem Glas guten Wein vermischt. Oder man macht sie von Halsfleisch vom Ochsen, von Speck, Nierenfett und Schweinsblut, welche man 24 Stunden in einem starken Rauch von Kronatwet - (Wachholderholz) geräuchert und dann in Baukohl oder Sauerkraut gekocht werden. Oder man macht sie auf wälsche Art von grob gehacktem Rindfleisch von der Weiche, eben so gehacktem Speck, Knoblauch, Baumöl, fein gehackte Citronenschalen, ein wenig Salpeter und groben Pfeffer. Man räuchert sie eben so lang, kocht und giebt sie kalt auf. Sie können aber auch von Grumbfleisch vom Ochsen, Milz, Speck, Rokambol, Majoran, Salpeter, bittere Pomeranzenschalen und groben Pfeffer gemacht, in einen Darm gefüllt, gepreßt, wie oben geräuchert und kalt aufgegeben.

Wurst von Kalb- oder andern Fleisch, auf böhmisch. Das Fleisch wird dünn geschnitten, in Butter gebraten, hernach ganz klein gehackt, vier oder fünf Eyer dran geschlagen, zerflossene Butter, mit eingemachten Weinbeerlein oder Korinthen, Pfeffer, Muskatenblumen, Salz, Petersille oder Majoran, geriebene und in Butter gebräunte Semmel dran gethan, alles untereinander gerührt, das Kälberneh in Gestalt einer Wurst damit gefüllt, und in der Pfanne oder im Kastrol in Fett gebraten.

Wurst von Kapaunern, auf böhmisch. Das Fleisch von gesottenen Kapaunern wird mit Rindsmark klein gehackt, hernach das Hirn aus einem gesottenen Kalbskopf, eine in Schmetten geweichte Semmel, acht zerklopfte Dotter, und Muskatenblumen dazu genommen, Würste draus gemacht, und solche hernach entweder in Schmalz gebraten, oder nach Belieben in einer Suppe gekocht.

Wurst von Spinath, auf böhmisch. Der Spinath wird gekocht, ausgedrückt und klein gehackt, und wenn es an keinem Fasttag ist, so thut man Speck, Rindsmark, geschälte Mandeln, ein Stück Fleisch von einem jungen Ferkel und ausgelöste Krebsschwänze, alles untereinander klein gehackt, geriebene Semmeln, zerklopfte Eyer, und Muskatenblumen, auch nach Belieben ein wenig Zucker dazu, rührt dieß alles gut zusammen, macht Würste draus, bratet sie in Schmalz, legt sie drauf in eine siedende Mandelmilch, oder Hünersuppe, und läßt sie drinnen aufsieden.

Wurst von Krebsen, auf böhmisch. Ein Schock gesottener und ausgelöster Krebse werden klein gehackt, in eine Schüssel gethan, drey ganze Eyer und zehn Dotter gut zerklopft mit einer in Schmetten geweichten Semmel, mit Muskatenblumen und Ingwer dazu gegeben, alles gut mit einem Stück Krebsbutter untereinander gerührt, Würste draus gemacht, solche entweder in einer Suppe gekocht, oder in Schmalz gebraten, und eine Soße darüber nach Belieben gegeben.

Wurst von Citronen oder Pomeranzen, auf böhmisch. Die Schalen von Citronen oder Pomeranzen werden auf einem Reibeisen gerieben, dann zweymal so viel geriebene Semmeln als Citronen sind, und gut zerklopfte Dotter so viel als nöthig sind, dazu genommen, nach Belieben gezuckert, gut untereinander gerührt, die Därmer damit gefüllt, solche

che erst in Schmalz gebacken, dann solche in eine von Wein, Dottern, Zucker, und Butter gemachten Soſe gethan, und sie darinnen auſſieden laſſen.

Würſte von Karpfenblut am Faſtage, auf böhmiſch. Das Blut von etlichen Karpfen wird mit Semmelſchnitzen aufgefangen, dann mit der Milch und Leber von Karpfen, auch mit dem Blut und den Mägen und Lebern von jungem Geflügel als Tauben, und von ganz jungen Ferkeln oder Meerſchweinen, und mit in Schmetten geweichten Semmelrinden ganz klein untereinander gehackt, einige gut zerklopfte Dotter mit Salz, geſtoſſenen Muskatblumen, Nelken, Ingwer, geſchnittenen Citronenſchalen, und an der Wärme zerfloſſener Butter dazu gethan, dieß alles gut untereinander gerührt, die Därmer damit doch nicht zu voll gefüllt, und die Würſte nach Belieben entweder in der Butter gebraten, oder in einer guten Rinds- oder Hünerſuppe gekocht.

Würſte von Rindfleiſch, oder Cervelatwürſte, auf böhmiſch. Zu einem Theil Rindfleiſch werden zwey Theile Schweinfleiſch genommen, dieß erſt klein gehackt, dann im Mörſer ganz klein geſtoſſen, klein geſchnittenen und gehackten Speck nach Belieben, nachdem man die Würſte mehr oder weniger fett haben will, dazu genommen, Salz, Pfeffer, Ingwer, Nelken, und Muskatenblumen ganz grob geſtoſſen, dazu genommen, dieß alles gut untereinander gemengt, die Rindsdärmer damit ganz feſt gefüllt, mit Spagat dicht zugebunden, solche drey bis vier Tage, länger aber nicht, im kalten Rauch hängen laſſen, dann in die Luft gehängt.

Würſte von Spargel, auf böhmiſch. Der geſottene Spargel wird mit gebratenem Kapaunerfleiſch und Rindsmark klein gehackt, dann in eine

Schüſ-

Schüssel gethan, eine in Schmetten geweichte Semmel, zerrührte Butter, gestoßene Mandeln, zerklopfte Dotter und gestoßene Muskatenblumen dazu gegeben, dieß alles gut untereinander gerührt, Därmer damit gefüllt, und die Würste nach Belieben entweder gebraten oder gesotten.

Wurst vom Kohl, auf böhmisch. Der Kohl wird halb gesotten, dann ausgekühlt mit einem Schock ausgelöster Krebse klein gehackt, in eine Schüssel gethan, geröstete und geriebene Semmeln, Eyer, Butter und Gewürz dazu genommen, und Würste draus gemacht, solche in Schmalz gebacken, dann in einer Butterbrühe aufsieden lassen.

Wurst von Hechten und Karpfen, oder Paulanerwürste, auf böhmisch. Das Fleisch von Karpfen, Hechten und Aalen wird von seinen Gräten und Rückgrad als roh gelöset und klein gehackt, in eine Schüssel gethan, geröstete und geriebene und in Butter gebräunte Semmeln, zerklopfte Eyer, Butter, Pfeffer, Ingwer und Muskatenblumen dazu gegeben, Würste draus gemacht, und solche hernach entweder in Schmalz gebraten, oder auch in einer Brühe gekocht.

Wurst von Kuh- und Krebseider, oder gelbe Cervelatwürste, auf böhmisch. Ein Stück von einem gesottenen Kuheyter wird mit einem paar Kalbseytern, und mit dem von seinen Beinen geschälten rohen Fleisch eines Kapaunen klein untereinander gehackt, dann halb so viel als diese Masse beträgt, frischen Speck in kleine Würfeln geschnitten, mit gröblich gestoßenem Pfeffer, Muskatenblumen und Salz darunter gemengt, die Rindsdärmer damit gefüllt, die Würste ein paar Tage in kaltem Rauch gehängt, zu verstehen, daß die Luft von allen Seiten

freyen

freyen Zugang haben kann, dann in Butter gebraten, und auf Kraut oder Kohl gethan, oder auch in einer Suppe gekocht, und kalt mit Eßig und Baumöl angericht.

Würste von Karpfen in der Fasten, auf böhmisch. Das rohe Fleisch von Karpfen und Hechten wird von seinen Gräten gelöset, mit einem Schock ausgelöster Krebsschwänze, einer in Schmetten geweichten Semmel, etlichen Stücken Aal, Mägen und Lebern von allerhand Geflügel und mit einem Stück Fleisch von einem Spanferkel ganz klein gehackt, in eine Schüssel gethan, ein Stück frischer Butter, sechs ganze Eyer und zwölf Dotter gut zerklopft mit Salz, Gewürz, und klein geschnittenen Pomeranzenschalen dazu gegeben, gut untereinander gerührt, Würste draus gemacht, und in Schmalz gebraten, nun geröstete Semmelschnitze, klein geschnittene Petersillwurzeln, klein geschnittenes Fleisch von Karpfen und Hechten, und etwas abgeschälter Mandeln im Mörser ganz zu einem Brey gestossen, in Petersillwasser gut zerrührt, durch ein dünnes Sieb getrieben, ans Feuer gesetzt, geriebenen Safran, Butter und Muskatenblumen dazu gethan, etwas sieden lassen, dann die gebratenen Würste in diese siedende Soße gelegt, und sie darinnen aufsieden lassen.

Würste von Spanferkeln, auf böhmisch. Einem grossen Spanferkel werden Kopf und Füsse abgehackt, das Fleisch von Haut und Beinen geschälet, mit frischem Speck klein gehackt, geschnittene Citronenschalen, geriebene Lorbeerblätter, gestossene Nelken, Pfeffer und Muskatenblumen dazu gegeben, und alles gut untereinander gemischt, die Haut wie einen Ranzen zusammen genäht.

Wurst,

**Wurst, oder Cervelatwurst von Reb-
hünern, auf böhmisch.** Man nimmt das brätige Fleisch von Rebhünern, Hasen, Kapaunern, und ein Stück von einem lämmern Schlägel, von jedem gleich viel, schneidet die Hälfte davon gewürfelt mit etwas Speck darunter, thut grob gestoßenen Pfeffer und Muskatenblumen dazu, mischet dieß alles gut untereinander, füllet Rindsdärmer damit, läßt sie 2 Tage im kalten Rauch hängen; nun die andere Hälfte ebenfalls klein gehackt, in etwas Rindsbrühe gekocht, Citronensaft, Ingwer, Pfeffer, Muskatenblumen, und geschnittene Citronenschalen dazu gegeben, die Würste in Schmalz gebraten, drein gelegt, und darinn aufsieden lassen.

Würste vom Kalbfleisch, auf französisch. Man nimmt Kälberkröse, unausgelassenes Schweinschmalz und Schweinfleisch, und ein wenig Scharlotten, hackt dieß zusammen ganz klein, thut Dotter in Milchraum zerrieben dazu, salzt und pfeffert es, und rührt dieß alles gut untereinander, füllt die Schweinsdärmer damit, thut sie in einen Kessel an die siedende Fleischbrühe, giebt unausgelassenes Schweinenschmalz oder ein Stück Speck mit Salz, Pfeffer, Nelken und Muskatnuß dazu, und läßt sie bey mäßiger Hitze langsam kochen. Wenn sie gar sind, läßt man sie in ihrer eigenen Brühe kalt werden; und wenn man sie aufgeben will, so bratet man sie entweder auf dem Rost oder mit Butter in der Pfanne.

Würste von Schweinenfleisch, auf französisch. Man nimmt rohes Schwein- und Kapaunerfleisch, unausgelassenes Schweinschmalz und Rindsmark, hackt dieß untereinander ganz klein, thut ein wenig Zwiebeln, Petersillen, und feine Kräuter alles klein geschnitten dazu, salzt und pfeffert es, gießt

etwas

etwas Milch mit etlichen Eyern drein zerklopft dran, rührt dieß alles gut untereinander, füllt es in die Schweinsdärmer, und kocht hernach die Würste nach Belieben oder bratet sie.

Würste von Krebsen, auf österreichisch. Nachdem die gewöhnlichen Eyerflecke in der Kastrole gebacken, und ausgekühlt sind, werden viele Flecken aus einem, oder Fingers lange Würfel gemacht, solche mit eben der Fülle, die bey der Krebsstrudel gebraucht ist, bestrichen, zusammen gerollt, an die heiße Butter in die Kastrole gethan, bey oberer und unterer Glut braun gebacken, dann einen süßen Obers drauf gegossen, wieder oben und unten Glut gegeben, und sie ein wenig kochen lassen.

Wurst von Reiß, auf sächsisch. Der Reiß wird in einer guten Fleischbrühe ganz weich, dick und zu Brey gekocht und ausgekühlt, das Schweinenfleisch wird in kurzer Brühe ganz weich gekocht, dann ganz klein gehackt, mit Salz, Pfeffer, Majoran und der Brühe zum Reiß genommen, gut untereinander gerührt, Schöpsen- oder Schweinsdärmer damit gefüllt, und die Würste gekocht.

Wurst von Eyern, auf sächsisch. Man zerrührt etliche Eyer in Butter doch nicht zu hart, vermengt sie mit kleinen Rosinen, Zucker und Zimmet, dann werden Eyer in einem Töpfchen gequierlet, ein wenig Butter in ein Pfännchen gethan, wenn sie heiß ist, herum geschwenkt, und wieder ausgegossen, geschwind von den gequierleten Eyern aus dem Töpfchen drein gegossen, auch umgeschwenkt, und wieder heraus, ein wenig über dem Feuer gehalten, dann los von der Pfanne gehoben, auf ein Bret gebreitet, und wieder so gemacht, bis so viele sind als man haben will, auf jedes so ein Blättchen etwas von den ge-

rührten

rührten Eyern geschmiert, überrollt wie eine Wurst, in geschmelzter Butter auf allen Seiten braun gebacken.

Wurst von Kalbslebern, auf sächsisch. Die Kalbsleber wird mit frischem Speck klein gehackt, vermischtes Gewürz, Salz, ein wenig Sahne, und etliche zerklopfte Eyer darunter gerührt. Die Fülle muß weder zu dick noch zu dünne seyn, die Schweinsdärmer damit nicht zu voll gefüllt, in Fleischbrühe gekocht, solche hernach entweder auf dem Rost gebraten, oder eine beliebige Brühe drüber gemacht.

Wurst von Bröschen, auf sächsisch. Die Bröschen, Mägen und Lebern von Hünern werden mit Rindsmark klein untereinander gehackt, in eine Schüssel gethan, etliche Eyer dazu geschlagen, geriebene und in Rindsfett geröstete Semmelbröseln, mit Ingwer, Pfeffer, Kardemomen, Muskatenblumen und ein wenig Salz dazu gegeben, gut untereinander gerührt, ein Netz länglicht damit gefüllt, zugenäht, in zerschmolzene Butter gethan, gebraten, und dann eine beliebige Brühe drüber gemacht.

Würste von Kalbfleisch, auf sächsisch. Ein Stück aus dem Stoß wird mit frischem Speck und Rindsmark klein gehackt, dann dürrer Majoran, Salbey, Ingwer, Pfeffer und Salz darunter gemengt, Rinds- oder Schweinsdärmer damit gefüllt, gekocht bis der Darm weich ist, herausgenommen, die Würste in dünne Schnitten geschnitten, in die Schüssel gethan, und immer eine Lage von Würsten, und die andere von Citronenschnitten drüber gelegt, eine Citronenbrühe drüber gegossen, zugedeckt aufs Kohlfeuer gesetzt, und aufgekocht.

Würste oder Bratwürste, auf sächsisch gebacken. Die Bratwürste werden erst gebraten, dann

dann der Länge nach in etliche Stücke geschnitten, in einem dünnen von Mehl und Eyern gemachten Teig eingetaucht, an die heiße Butter gethan und gebacken, oder statt des Teigs, sie in geriebenen Semmeln mit klein geschnittener grüner Petersill, Muskatenblumen und Salz vermengt, eingewälzt, und in Schweinsfett oder Butter gebräunet.

Z.

Zeltel.

Zeltel von Mischenski = oder Borsdorferäpfeln, auf böhmisch. Man nimmt einen Mischenskiapfel, kocht ihn bis er springt, dann nachdem die Schale abgenommen ist, wird er fein gerieben, seinen durchgesiebten Zucker mit Zimmet dazu genommen, untereinander gemengt, mit der Form ausgedruckt, und in der Luft getrocknet.

Zelteln von bittern Mandeln, auf böhmisch. Es werden acht Loth bittere Mandeln mit ihrer Schale klein gestoßen, ein halb Pfund durchgesiebten Zucker dazu gemengt, etliche Tropfen Citronensaft drein gerührt, aus diesem Teig kleine Küchlein und Bletzlein oder Zeltlein gemacht, solche auf das Blech gethan, und dann beym mäßigen Feuer backen lassen.

Zibelotte.

Zibelotte von Hünern, auf französisch. Die jungen Hüner werden entzwey geschnitten, in die Kastrole gethan, ein wenig guter Brühe, weißer Wein, Champignonen, Trüffeln, ein Stück frischer Butter, Salz, Pfeffer, und klein gehackte Petersille, mit

mit einem paar mit Nelken gespickten Zwiebeln dazu gethan. Wenn sie in dieser Zibelotte gar gekocht sind, thut man noch ein wenig gute Rindsbrühe dran, und giebt sie damit warm auf.

Ziegenfleisch.

Ziegen- (Gais- oder Kitzlein) fleisch zu-zurichten, auf französisch. Man reinigt sie wie gewöhnlich, reibt sie mit Salz ab, viertheilt, füllt unter die Haut einen guten zarten Farsch, spickt sie entweder mit Salbey, Majoran, Rosmarin und andern guten Kräutern, oder mit zartem Speck, Pomeranzen- und Citronenschalen, bratet sie und macht eine beliebige kurze Brühe dran.

Ziemer.

Ziemer oder Schwanz von Ochsen, auf französisch zugerichtet. Das hinterste Stück vom Schwanzriemen wird mit dickem Speck gespickt, mit Salz, Pfeffer, und Nelken gewürzt, Zwiebeln und Lorbeerblätter dazu gethan, den ausgepreßten Saft von unzeitigen Trauben und Citronen dran gegossen, ein Glas Weineßig dazu gegeben, und zugedeckt in dieser Beiße einen halben Tag liegen lassen; dann wird es in einem von Mehl, Dottern und Wein gemachten Teig eingetaucht, an den zerlassenen Speck oder an das siedende Schweinschmalz in die Kastrole gethan, und erst halb gebraten. Dann wird der Rindsziemer herausgenommen, in ein leinen Tuch gut eingewickelt, in einen grossen Kessel mit etwa drey Pfund unausgelassenen Schweinenschmalz gethan; die Beiße, worinn er gelegen hat, mit Petersillen und Citronenscheiben dazu gegeben. Wenn es gut eingekocht ist, nimmt man den Kessel vom Feuer, und läßt den Ochsenziemer in der Brühe kalt werden. Indessen wird ein Gehäcke von einem schönen Stück Rindfleisch, von Champignonen, Morcheln, Rindsmark und Speck, alles untereinander klein gehackt, gesalzen und gewürzt, gemacht, in der Kastrole geröstet, dann ausgekühlt, etliche zerklopfte Eyer darunter gerührt. Hernach wird der Ochsenziemer in eine grosse zinnerne Schüssel gethan, dieß Gehäcke drauf gelegt, und im Backofen etwa einer Viertelstunde lang überbacken.

Zimmetbrod, siehe **Brod.**
Zitronensaft, siehe **Saft.**

Zucker.

Zucker auf böhmisch zu läutern. Zu ein Pfund Zucker wird ein Seidel Wasser genommen, in eine Pfanne gethan, über ein mäßiges Kohlfeuer gesetzt, gerührt und zergehen lassen. Sobald es anfangen will zu sieden, so thut man ein wohl gerührtes Eyweiß dran, läßt es zusammen sieden, nimmt den Schaum mit dem Ey ab, und läßt es so lange sieden, bis fast alles Wasser eingesotten ist.

Zunge.

Zunge vom Rinde, auf böhmisch. Die frische Ochsenzunge wird zuvor im Wasser ein wenig gekocht, daß man die Haut abziehen kann, hernach mürbe geschlagen, doch so, daß nichts an ihr zerrissen wird, nun werden rothe Ruben in guten Wein gerieben, Salz, Pfeffer und anderes Gewürz dazu gethan, die Zunge drein gelegt, und etwa zehn oder vierzehn Tage darinnen liegen und beißen lassen,

her-

hernach in die freye Luft gehängt, austrocknen lassen, und zum beliebigen Gebrauch aufbewahrt.

Zunge von Schöps oder Hammel mit Ragout, auf französisch. Sie wird in Wasser übersotten geschälet, mit Salz gerieben, mit weissem Pfeffer und geriebenen Semmeln bestreuet und auf dem Rost gebraten. Indessen thut man Champignonen, Hammelsnieren, und Mägen und Lebern vom Geflügel alles zusammen klein gehackt, mit Gewürz, und einem Büschel feiner Kräuter an die zerlassene Butter in die Kastrole; und röstet es mit klein geschnittenen Zwiebeln und ein wenig Mehl, thut dann die Zungen drein, gießt ein wenig gute Rindsbrühe, auch nach Belieben ein Glas Wein dran, und giebt sie hernach mit diesem Ragout zu einem Vorgericht warm auf.

Zunge von Ochsen mit Ragout, auf französisch. Sie wird erst im Wasser mit Salz übersotten, dann geschälet, gespickt, am Spieß gebraten, und mit zerlassener Butter im Eßig, Salz und Pfeffer zerrührt begossen. Wenn sie gar ist, wird sie in grosse Stücke geschnitten, in die Kastrole gethan, Sardellen, Kapern, Zwiebeln, grüne Petersilie und Wurzeln, alles klein geschnitten mit vermischtem Gewürz dazu gethan, eine gute Rindsbrühe dran gegossen, etliche in Eßig übersottene Rokambolen dazu gegeben, und damit gut aufgekocht, zu einem Voressen angerichtet. Man kann auch diese Ramolade weglassen, die gebratene und in Stücken geschnittene Zunge in die Kastrole thun, vermischtes Gewürz drüber streuen, Champignonen, Kälbermilch, Artischockenbödden, alles klein gehackt, dazu gethan, eine gute Rindsbrühe dran giessen, und im währenden Kochen mit Butter oder brennendem Speck betriefen.

triefen. Die Kalbszungen können auch so zugerichtet werden.

Zunge von Ochsen, oder Rindszunge mit einer Kapernbrühe, auf sächsisch. Nachdem die Zunge gekocht, geschält, und aufgeschnitten ist, werden Kapern mit geriebenem Brod an die heiße Butter gethan und gebräunet, dann Suppe drauf gegossen, Ingwer, Pfeffer, Muskatenblumen, kleine Rosinen, ein wenig Zucker, und ein Stück frischer Butter dazu gethan; und nachdem es gut aufgekocht ist, über die angerichtete Zunge gegossen.

Zunge vom Rinde mit Austern, auf sächsisch. Nachdem die frische Rindszunge weich gekocht ist, wird sie geschälet, voneinander geschnitten, und in einen Tiegel gethan, dann nimmt man sechzig Austern, vierzig davon löset man aus, bestreuet sie mit Salz, Pfeffer, und Muskatenblumen, besprenget sie mit Citronensaft, zerreibt sie in ein wenig Wein, gießt von der Brühe dran, worinn die Zunge gekocht hat, zerrührt sie drinn, setzt sie mit einem Stück Butter aus Feuer, giebt geschnittene Citronenschalen, zerriebene und in Butter geröstete Semmeln und die ganzen, abgewaschenen Austern dazu, und läßt dieß zusammen gut aufkochen; giebt dann die Zunge auf, macht mit den ganzen Austern einen Kranz herum, und gießt die Brühe drüber.

Zunge vom Ochsen, auf sächsisch geräuchert. Die Zunge wird eine halbe Viertelstunde im siedenden Wasser überkocht, dann eingesalzen, oben beschwehrt, und acht Tage in der Beitze liegen lassen, hernach läßt man sie abtrocknen, umwindet sie mit einem Tuch oder Papier, und hängt sie in Rauch.

Zwetsch-

Zwetſchken.

Zwetſchken auf böhmiſch grün einzumachen. Man nimmt unreife grüne Zwetſchken, doch ſolche, die ſich ſchon ihrer Reife vor andern nähern, ſticht bey ihrem Stiel mit einer groben Nadel ein paar Löcher hinein, gießt heiſſes Waſſer auf ſie, und läßt ſie zugedeckt ſo lange ſtehen, bis ſie wieder erkaltet ſind. Sind ſie nicht weich genug, ſo ſetzt man ſie übers Feuer, und läßt ſie recht heiß werden, doch nicht kochen, ſondern nur ſo lange bis ſie recht weich ſind. Hernach thut man Zucker nach Belieben dran, ſetzt ſie übers Feuer, und läßt ſie langſam kochen; dann läßt man ſie bis den andern Tag ſtehen, gießt den Zucker davon ab, läßt ihn kochen, kalt werden, gießt ihn drauf, und läßt ſie wieder bis den folgenden Tag ſtehen, dann gießt man den Zucker wieder ab, läßt ihn ſo lange kochen, bis er zähe wird, thut die Zwetſchken dazu, und läßt ſie einige Wall drein thun, hernach kalt ins Zuckerglas gethan, verdeckt und aufbewahrt.

Zwetſchken auf böhmiſch einzumachen, wenn ſie reif oder zeitig ſind. Es werden zeitige Zweſchken genommen, doch ſolche, die noch nicht ganz reif ſind, abgetrocknet, und beym Stiel mit einer groben Nadel einigemal geſtochen, hernach wird ein ſchlechter grober Zucker geläutert, und zu einem dünnen Syrop gekocht, die Zwetſchken drein gethan, ſie ſo lange ſieden laſſen, bis ſie weich werden, dann werden ſie ſtückweiſe in ein Sieb gethan, und bis über Nacht ſtehen laſſen, dann läßt man ſie wieder in ihrem Syrop warm werden, einen halben Tag darinn liegen, wieder ſtückweiſe herausgenommen, und in ein weites Sieb gelegt, daß ſie etwas plat und trocken, doch

doch an keinem warmen Ort. Auf die Weise kann man sie hernach lange aufbehalten.

Zwieback.

Zwieback auf böhmisch. Zu einem Pfund fein gestoßenen und durchgesiebten Zucker werden 1½ Pfund feines Mehl, eine Handvoll süßer, reingemachter und geschnittener Mandeln, eine Handvoll Annis, oder Fönickel oder Citronenschalen genommen, der Zucker wird zuvor in sechs oder acht Eyern länger als eine Stunde gerührt und geschlagen, dann alles zusammen gethan, den Teig mit acht oder zehn Eyern angemacht, wohl durchgearbeitet. Drauf macht man von Papier viereckigte Schachteln in der Größe eines Wanels, thut den Teig drein, setzt sie in eine flache eiserne Pfanne, und an die Hitze, bis sie auflaufen, dann nimmt man das Papier herab, und läßt sie vollends ausbacken.

Zwiebeln.

Zwiebeln auf italiänisch. Sie werden geviertelt, im Wasser blanchirt, mit Butter, Pfeffer und Salz im Kastrol gedünstet und mit zerstückten Lammsbrüsten und Bouillon, endlich mit Eyern, die man mit Parmesankäs, Petersill, Basilikum, süßen Schmetten und Salz vermischt, gekocht. Man kann nach Belieben noch besonders einen geriebenen Käs geben.

www.ingramcontent.com/pod-product-compliance
Lightning Source LLC
Chambersburg PA
CBHW051232300426
44114CB00011B/708